MANUAL DE DIREITO TRIBUTÁRIO

www.editorasaraiva.com.br/direito
Visite nossa página

Sergio Pinto Martins

MANUAL DE DIREITO TRIBUTÁRIO

18ª edição
2019

saraiva jur

ISBN 978-85-536-0548-4

DADOS INTERNACIONAIS DE CATALOGAÇÃO NA PUBLICAÇÃO (CIP)
ANGÉLICA ILACQUA CRB-8/7057

Martins, Sergio Pinto

Manual de direito tributário / Sergio Pinto Martins. – 18. ed. – São Paulo : Saraiva Educação, 2019.

1. Direito tributário 2. Direito tributário - Brasil I. Título.

18-1612 CDU 34:336.2

Índice para catálogo sistemático:

1. Direito tributário 34:336.2

SOMOS EDUCAÇÃO | saraiva jur

Av. das Nações Unidas, 7.221, 1º andar, Setor B
Pinheiros – São Paulo – SP – CEP 05425-902

SAC | 0800-0117875
De 2ª a 6ª, das 8h às 18h
www.editorasaraiva.com.br/contato

Direção executiva	Flávia Alves Bravin
Direção editorial	Renata Pascual Müller
Gerência editorial	Roberto Navarro
Consultoria acadêmica	Murilo Angeli Dias dos Santos
Edição	Eveline Gonçalves Denardi (coord.) Daniel Pavani Naveira
Produção editorial	Ana Cristina Garcia (coord.) Luciana Cordeiro Shirakawa Rosana Peroni Fazolari
Arte e digital	Mônica Landi (coord.) Claudirene de Moura Santos Silva Fernanda Matajs Guilherme H. M. Salvador Tiago Dela Rosa Verônica Pivisan Reis
Planejamento e processos	Clarissa Boraschi Maria (coord.) Juliana Bojczuk Fermino Kelli Priscila Pinto Marília Cordeiro Fernando Penteado Mônica Gonçalves Dias Tatiana dos Santos Romão
Novos projetos	Fernando Alves
Diagramação e revisão	Textos & Livros
Capa	Paulo Caetano
Produção gráfica	Marli Rampim Sergio Luiz Pereira Lopes
Impressão e acabamento	Gráfica Paym

Data de fechamento da edição: 18-12-2018

Dúvidas? Acesse www.editorasaraiva.com.br/direito

CL 605403 CAE 630828

TRABALHOS DO AUTOR

Livros

1. *Imposto sobre serviços – ISS*. São Paulo: Atlas, 1992.
2. *Direito da seguridade social*. 37. ed. São Paulo: Saraiva, 2018.
3. *Direito processual do trabalho*. 40. ed. São Paulo: Saraiva, 2018.
4. *Direito do trabalho*. 34. ed. São Paulo: Saraiva, 2018.
5. *A terceirização e o direito do trabalho*. 14. ed. São Paulo: Saraiva, 2017.
6. *Manual do ISS*. 10. ed. São Paulo: Saraiva, 2017.
7. *Práticas discriminatórias contra a mulher e outros estudos*. São Paulo: LTr, 1996.
8. *Participação dos empregados nos lucros das empresas*. 4. ed. São Paulo: Atlas, 2015.
9. *Contribuição confederativa*. São Paulo: LTr, 1996.
10. *Medidas cautelares no processo do trabalho*. São Paulo: Malheiros, 1996.
11. *Manual do trabalho doméstico*. 13. ed. São Paulo: Atlas, 2016.
12. *Tutela antecipada e tutela específica no processo do trabalho*. 3. ed. São Paulo: Atlas, 2002.
13. *Manual do FGTS*. 5. ed. São Paulo: Saraiva, 2017.
14. *Manual de direito do trabalho*. 8. ed. São Paulo: Saraiva, 2016.
15. *Contribuições sindicais*. 5. ed. São Paulo: Atlas, 2009.
16. *Contrato de trabalho de prazo determinado e banco de horas*. 4. ed. São Paulo: Atlas, 2002.
17. *Estudos de direito*. São Paulo: LTr, 1998.
18. *Comentários à CLT*. 20. ed. São Paulo: Saraiva, 2016.
19. *Síntese de direito do trabalho*. Curitiba: JM, 1999.
20. *Legislação previdenciária*. 22. ed. São Paulo: Saraiva, 2016.
21. *Legislação sindical*. São Paulo: Atlas, 2000.
22. *A continuidade do contrato de trabalho*. São Paulo: Atlas, 2000.
23. *Flexibilização das condições de trabalho*. 5. ed. São Paulo: Atlas, 2016.
24. *Comissões de conciliação prévia*. 3. ed. São Paulo: Atlas, 2008.
25. *Direito processual do trabalho*. 19. ed. São Paulo: Saraiva, 2016. (Série Fundamentos.)
26. *Instituições de direito público e privado*. 17. ed. São Paulo: Saraiva, 2017.
27. *Direito da seguridade social*. 17. ed. São Paulo: Saraiva, 2016. (Série Fundamentos.)
28. *Direito do trabalho*. 17. ed. São Paulo: Saraiva, 2016. (Série Fundamentos.)

29. *A greve do servidor público*. 2. ed. São Paulo: Saraiva, 2017.
30. *O pluralismo do direito do trabalho*. 2. ed. São Paulo: Saraiva, 2016.
31. *Execução da contribuição previdenciária na Justiça do Trabalho*. 4. ed. São Paulo: Atlas, 2013.
32. *Manual de direto tributário*. 16. ed. São Paulo: Saraiva, 2017.
33. *CLT Universitária*. 20. ed. São Paulo: Saraiva, 2016.
34. *Cooperativas de trabalho*. 5. ed. São Paulo: Atlas, 2014.
35. *Reforma previdenciária*. 2. ed. São Paulo: Atlas, 2006.
36. *Manual da justa causa*. 5. ed. São Paulo: Saraiva, 2017.
37. *Comentários às Súmulas do TST*. 16. ed. São Paulo: Saraiva, 2016.
38. *Constituição*. CLT legislação previdenciária e legislação complementar. 3. ed. São Paulo: Atlas, 2013.
39. *Dano moral decorrente do contrato de trabalho*. 4. ed. São Paulo: Atlas, 2013.
40. *Profissões regulamentadas*. 2. ed. São Paulo: Atlas, 2013.
41. *Direitos fundamentais trabalhistas*. 2. ed. São Paulo: Atlas, 2015.
42. *Convenções da OIT*. 3. ed. São Paulo: Saraiva, 2016.
43. *Estágio e relação de emprego*. 4. ed. São Paulo: Atlas, 2016.
44. *Comentários às Orientações Jurisprudenciais da SBDI 1 e 2 do TST*. 7. ed. São Paulo: Saraiva, 2016.
45. *Direitos trabalhistas do atleta profissional de futebol*. 2. ed. São Paulo: Saraiva, 2016.
46. *Prática trabalhista*. 6. ed. São Paulo: Saraiva, 2016.
47. *Assédio moral no emprego*. 5. ed. São Paulo: Saraiva, 2017.
48. *Comentários à Lei n. 8.212/91. Custeio*. São Paulo: Atlas, 2013.
49. *Comentários à Lei n. 8.213/91. Benefícios da Previdência Social*. São Paulo: Atlas, 2013.
50. *Prática previdenciária*. 3. ed. São Paulo: Saraiva, 2017.
51. *Teoria geral do processo*. 2. ed. São Paulo: Saraiva, 2017.
52. *Teoria geral do Estado*. São Paulo: Saraiva, 2017.
53. *Introdução ao estudo do direito*. São Paulo: Saraiva, 2017.
54. *Reforma trabalhista*. São Paulo: Saraiva, 2017.

Obras Coletivas

1. ROCHA, Valdir de Oliveira (Coord.). *Beneficiários da participação nos lucros*. Participação nos lucros. São Paulo: Dialética, 1995. p. 81.
2. ROCHA, Valdir de Oliveira (Coord.). *Exação da seguridade social criada pela Lei Complementar n. 84/96; Contribuições previdenciárias*: questões atuais. São Paulo: Dialética, agosto de 1996. p. 191.
3. Contribuições sindicais. *Direito e Processo do Trabalho*. Estudos em homenagem a Octavio Bueno Magano. São Paulo: LTr, 1996. p. 313.
4. *O precatório após a Constituição de 1988*. Estudos em homenagem a José Augusto Rodrigues Pinto. São Paulo: LTr, 1997. p. 379.
5. Receita sindical: contribuição sindical compulsória e contribuição confederativa. *Curso de direito coletivo do trabalho*. Estudos em homenagem ao Ministro Orlando Teixeira da Costa, São Paulo: LTr, 1997. p. 134.
6. MARTINEZ, Wladimir Novaes (Coord.). Incidências de contribuições sobre valores indenizatórios. *Temas atuais de Previdência Social*. Homenagem a Celso Barroso Leite. São Paulo: LTr, 1998. p. 260.
7. Decadência e prescrição da contribuição previdenciária. *Estudos de direito*. Homenagem do Prof. Washington Luiz da Trindade. São Paulo: LTr, 1998. p. 522.
8. Contribuição confederativa. *Direito sindical brasileiro*. Estudos em homenagem ao Prof. Arion Sayão Romita. São Paulo: LTr, 1998. p. 350.
9. *Cartilha do trabalhador*. Juntamente com o Dr. Luiz Eduardo Gunther. Curitiba, 1998.
10. Financiamento das entidades sindicais. *A transição do direito do trabalho no Brasil*.

Estudos em homenagem a Eduardo Gabriel Saad. São Paulo: LTr, 1999. p. 157.

11. Remuneração. *Fundamentos do direito do trabalho.* Estudos em homenagem ao Ministro Milton de Moura França. São Paulo: LTr, 2000. p. 411.
12. PAIVA, Mário Antônio Lobato de (Coord.). *A importância do advogado para o direito, a justiça e a sociedade*. Rio de Janeiro: Forense, 2000. p. 563.
13. *Os princípios do direito do trabalho e os direitos fundamentais do trabalhador.* Os novos paradigmas do direito do trabalho. Homenagem a Valentin Carrion. São Paulo: Saraiva, 2001. p. 205.

Artigos

1. A dupla ilegalidade do IPVA. *Folha de S. Paulo*, São Paulo, 12 mar. 1990. Caderno C, p. 3.
2. Descumprimento da convenção coletiva de trabalho. *LTr*, São Paulo, n. 54-57/854, jul. 1990.
3. *Franchising* ou contrato de trabalho? *Repertório IOB de Jurisprudência*, n. 9, texto 2/4990, p. 161, 1991.
4. A multa do FGTS e o levantamento dos depósitos para aquisição de moradia. *Orientador Trabalhista – Suplemento de Jurisprudência e Pareceres*, n. 7, p. 265, jul. 1991.
5. O precatório e o pagamento da dívida trabalhista da fazenda pública. *Jornal do II Congresso de Direito Processual do Trabalho*, p. 42, jul. 1991. (Promovido pela LTr Editora.)
6. As férias indenizadas e o terço constitucional. *Orientador Trabalhista Mapa Fiscal – Suplemento de Jurisprudência e Pareceres*, n. 8, p. 314, ago. 1991.
7. O guarda de rua contratado por moradores. Há relação de emprego? *Folha Metropolitana*, Guarulhos, 12 set. 1991, p. 3.
8. O trabalhador temporário e os direitos sociais. *Informativo Dinâmico IOB*, n. 76, p. 1164, set. 1991.
9. O serviço prestado após as cinco horas em sequência ao horário noturno. *Orientador Trabalhista Mapa Fiscal – Suplemento de Jurisprudência e Pareceres*, n. 10, p. 414, out. 1991.
10. Incorporação das cláusulas normativas nos contratos individuais do trabalho. *Jornal do VI Congresso Brasileiro de Direito Coletivo do Trabalho* e *V Seminário sobre Direito Constitucional do Trabalho*, p. 43, nov. 1991. (Promovido pela LTr Editora.)
11. Adicional de periculosidade no setor de energia elétrica: algumas considerações. *Orientador Trabalhista Mapa Fiscal – Suplemento de Jurisprudência e Pareceres*, n. 12, p. 544, dez. 1991.
12. Salário-maternidade da empregada doméstica. *Folha Metropolitana*, Guarulhos, 2-3 fev. 1992, p. 7.
13. Multa pelo atraso no pagamento de verbas rescisórias. *Repertório IOB de Jurisprudência*, n. 1, texto 2/5839, p. 19, 1992.
14. Base de cálculo dos adicionais. *Orientador Trabalhista Mapa Fiscal – Suplemento de Legislação, Jurisprudência e Doutrina*, n. 2, 130, fev. 1992.
15. Base de cálculo do adicional de insalubridade. *Orientador Trabalhista Mapa Fiscal – Suplemento de Legislação, Jurisprudência e Doutrina*, n. 4, p. 230, abr. 1992.
16. Limitação da multa prevista em norma coletiva. *Repertório IOB de Jurisprudência*, n. 10, texto 2/6320, p. 192, 1992.
17. Estabilidade provisória e aviso-prévio. *Orientador Trabalhista Mapa Fiscal – Suplemento de Legislação, Jurisprudência e Doutrina*, n. 5, p. 279, maio 1992.
18. Contribuição confederativa. *Orientador Trabalhista Mapa Fiscal – Suplemento de Legislação, Jurisprudência e Doutrina*, n. 6, p. 320, jun. 1992.
19. O problema da aplicação da norma coletiva de categoria diferenciada à empresa que dela não participou. *Orientador Trabalhista Mapa Fiscal – Suplemento de Legislação, Jurisprudência e Doutrina*, n. 7, p. 395, jul. 1992.
20. Intervenção de terceiros no processo de trabalho: cabimento. *Jornal do IV Congresso Brasileiro de Direito Processual do Trabalho*, p. 4, jul. 1992. (Promovido pela LTr Editora.)
21. Relação de emprego: dono de obra e prestador de serviços. *Folha Metropolitana*, Guarulhos, 21 jul. 1992, p. 5.

22. Estabilidade provisória do cipeiro. *Orientador Trabalhista Mapa Fiscal – Suplemento de Legislação, Jurisprudência e Doutrina*, n. 8, p. 438, ago. 1992.
23. O ISS e a autonomia municipal. *Suplemento Tributário LTr*, n. 54, p. 337, 1992.
24. Valor da causa no processo do trabalho. *Suplemento Trabalhista LTr*, n. 94, p. 601, 1992.
25. Estabilidade provisória do dirigente sindical. *Orientador Trabalhista Mapa Fiscal – Suplemento de Legislação, Jurisprudência e Doutrina*, n. 9, p. 479, set. 1992.
26. Estabilidade no emprego do aidético. *Folha Metropolitana*, Guarulhos, 20-21 set. 1992, p. 16.
27. Remuneração do engenheiro. *Orientador Trabalhista Mapa Fiscal – Suplemento de Legislação, Jurisprudência e Doutrina*, n. 10, p. 524, out. 1992.
28. Estabilidade do acidentado. *Repertório IOB de Jurisprudência*, n. 22, texto 2/6933, p. 416, 1992.
29. A terceirização e suas implicações no direito do trabalho. *Orientador Trabalhista Mapa Fiscal – Suplemento de Legislação, Jurisprudência e Doutrina*, n. 11, p. 583, nov. 1992.
30. Contribuição assistencial. *Jornal do VII Congresso Brasileiro de Direito Coletivo do Trabalho* e *VI Seminário sobre Direito Constitucional do Trabalho*, p. 5, nov. 1992.
31. Descontos do salário do empregado. *Orientador Trabalhista Mapa Fiscal – Suplemento de Legislação, Jurisprudência e Doutrina*, n. 12, p. 646, dez. 1992.
32. Transferência de empregados. *Orientador Trabalhista Mapa Fiscal – Suplemento de Legislação, Jurisprudência e Doutrina*, n. 1, p. 57, jan. 1993.
33. A greve e o pagamento dos dias parados. *Orientador Trabalhista Mapa Fiscal – Suplemento de Legislação, Jurisprudência e Doutrina*, n. 2, p. 138, fev. 1993.
34. Auxílio-doença. *Folha Metropolitana*, Guarulhos, 30 jan. 1993, p. 5.
35. Salário-família. *Folha Metropolitana*, Guarulhos, 16 fev. 1993, p. 5.
36. Depósito recursal. *Repertório IOB de Jurisprudência*, n. 4, texto 2/7239, p. 74, fev. 1993.
37. Terceirização. *Jornal Magistratura & Trabalho*, n. 5, p. 12, jan. e fev. 1993.
38. Auxílio-natalidade. *Folha Metropolitana*, Guarulhos, 9 mar. 1993, p. 4.
39. A diarista pode ser considerada empregada doméstica? *Orientador Trabalhista Mapa Fiscal – Suplemento de Legislação, Jurisprudência e Doutrina*, p. 207, n. 3/93.
40. Renda mensal vitalícia. *Folha Metropolitana*, Guarulhos, 17 mar. 1993, p. 6.
41. Aposentadoria espontânea com a continuidade do aposentado na empresa. *Jornal do Primeiro Congresso Brasileiro de Direito Individual do Trabalho*, p. 46-7, 29 e 30 mar. 1993. (Promovido pela LTr Editora.)
42. Relação de emprego e atividades ilícitas. *Orientador Trabalhista Mapa Fiscal – Suplemento de Legislação, Jurisprudência e Doutrina*, p. 345, n. 5/93.
43. Conflito entre norma coletiva do trabalho e legislação salarial superveniente. *Revista do Advogado*, n. 39, p. 69, maio 1993.
44. Condição jurídica do diretor de sociedade em face do direito do trabalho. *Orientador Trabalhista Mapa Fiscal – Suplemento de Legislação, Jurisprudência e Doutrina*, p. 394, n. 6/93.
45. Equiparação salarial. *Orientador Trabalhista Mapa Fiscal – Suplemento de Legislação, Jurisprudência e Doutrina*, p. 467, n. 7/93.
46. Dissídios coletivos de funcionários públicos. *Jornal do V Congresso Brasileiro de Direito Processual do Trabalho*, p. 15, jul. 1993. (Promovido pela LTr Editora.)
47. Contrato coletivo de trabalho. *Orientador Trabalhista Mapa Fiscal – Suplemento de Legislação, Jurisprudência e Doutrina*, p. 536, n. 8/93.
48. Reintegração no emprego do empregado aidético. *Suplemento Trabalhista LTr*, p. 641, n. 102/93.
49. Incidência da contribuição previdenciária nos pagamentos feitos na Justiça do Trabalho. *Orientador Trabalhista Mapa Fiscal – Suplemento de Legislação, Jurisprudência e Doutrina*, p. 611, n. 9/93.

50. Contrato de trabalho por obra certa. *Orientador Trabalhista Mapa Fiscal – Suplemento de Legislação, Jurisprudência e Doutrina*, p. 674, n. 10/93.
51. Autoaplicabilidade das novas prestações previdenciárias da Constituição. *Revista de Previdência Social*, n. 154, p. 697, set. 1993.
52. Substituição processual e o Enunciado n. 310 do TST. *Orientador Trabalhista Mapa Fiscal – Suplemento de Legislação, Jurisprudência e Doutrina*, p. 719, n. 11/93.
53. Litigância de má-fé no processo do trabalho. *Repertório IOB de Jurisprudência*, n. 22/93, texto 2/8207, p. 398.
54. Constituição e custeio do sistema confederativo. Jornal do VIII Congresso Brasileiro de Direito Coletivo do Trabalho e VII Seminário sobre Direito Constitucional do Trabalho, nov. 1993, p. 68. (Promovido pela LTr Editora.)
55. Participação nos lucros. *Orientador Trabalhista Mapa Fiscal – Suplemento de Legislação, Jurisprudência e Doutrina*, n. 12/93, p. 778.
56. Auxílio-funeral. *Folha Metropolitana*, Guarulhos, 22 dez. 1993, p. 5.
57. Regulamento de empresa. *Orientador Trabalhista Mapa Fiscal – Suplemento de Legislação, Jurisprudência e Doutrina*, p. 93, n. 1/94.
58. Aviso-prévio. *Orientador Trabalhista Mapa Fiscal – Suplemento de Legislação, Jurisprudência e Doutrina*, p. 170, n. 2/94.
59. Compensação de horários. *Orientador Trabalhista Mapa Fiscal – Suplemento de Legislação, Jurisprudência e Doutrina*, p. 237, n. 3/94.
60. *Controle externo do Judiciário. Folha Metropolitana, Guarulhos, 10-3-1994, p. 2; Folha da Tarde, São Paulo, 26 mar. 1994, p. A2.*
61. Aposentadoria dos juízes. *Folha Metropolitana*, Guarulhos, 11 mar. 1994, p. 2; *Folha da Tarde*, São Paulo, 23 mar. 1994, p. A2.
62. Base de cálculo da multa de 40% do FGTS. *Jornal do Segundo Congresso Brasileiro de Direito Individual do Trabalho*, promovido pela LTr, 21 a 23 mar. 1994, p. 52.
63. Denunciação da lide no processo do trabalho. *Repertório IOB de Jurisprudência*, n. 7/94, texto 2/8702, p. 117, abr. 1994.
64. A quitação trabalhista e o Enunciado n. 330 do TST. *Orientador Trabalhista Mapa Fiscal – Suplemento de Legislação, Jurisprudência e Doutrina*, p. 294, n. 4/94.
65. A indenização de despedida prevista na Medida Provisória n. 457/94. *Repertório IOB de Jurisprudência*, texto 2/8817, p. 149.
66. A terceirização e o Enunciado n. 331 do TST. *Orientador Trabalhista Mapa Fiscal – Suplemento de Legislação, Jurisprudência e Doutrina*, p. 353, n. 5/94.
67. Superveniência de acordo ou convenção coletiva após sentença normativa – prevalência. *Orientador Trabalhista Mapa Fiscal – Suplemento de Legislação, Jurisprudência e Doutrina*, p. 386, n. 6/94.
68. Licença-maternidade da mãe adotiva. *Orientador Trabalhista Mapa Fiscal – Suplemento de Legislação, Jurisprudência e Doutrina*, p. 419, n. 7/94.
69. Medida cautelar satisfativa. *Jornal do VI Congresso Brasileiro de Direito Processual do Trabalho*, p. 58, promovido pela LTr nos dias 25 a 27 jul. 1994.
70. Estabelecimento prestador do ISS. *Suplemento Tributário LTr*, p. 221, n. 35/94.
71. Turnos ininterruptos de revezamento. *Orientador Trabalhista Mapa Fiscal – Suplemento de Legislação, Jurisprudência e Doutrina*, p. 468, n. 8/94.
72. Considerações em torno do novo Estatuto da OAB. *Repertório IOB de Jurisprudência*, n. 17/94, texto 2/9269, p. 291, set. 1994.
73. Diárias e ajudas de custo. *Orientador Trabalhista Mapa Fiscal – Suplemento de Legislação, Jurisprudência e Doutrina*, p. 519, n. 9/94.
74. Reajustes salariais, direito adquirido e irredutibilidade salarial. *Orientador Trabalhista Mapa Fiscal – Suplemento de Le-*

gislação, Jurisprudência e Doutrina, p. 586, n. 10/94.

75. Os serviços de processamento de dados e o Enunciado n. 239 do TST. *Orientador Trabalhista Mapa Fiscal – Suplemento de Legislação, Jurisprudência e Doutrina*, p. 653, n. 11/94.
76. Desnecessidade de depósito administrativo e judicial para discutir o crédito da seguridade social. *Orientador Trabalhista Mapa Fiscal – Suplemento de Legislação, Jurisprudência e Doutrina*, p. 700, n. 12/94.
77. Número máximo de dirigentes sindicais beneficiados com estabilidade. *Repertório IOB de Jurisprudência*, n. 24/94, texto 2/9636, p. 408, dez. 1994.
78. Participação nos lucros e incidência da contribuição previdenciária. *Revista de Previdência Social*, n. 168, p. 853, nov. 1994.
79. Proteção do trabalho da criança e do adolescente – considerações gerais. *BTC – Boletim Tributário Contábil – Trabalho e Previdência*, n. 51, p. 625, dez. 1994.
80. Critérios de não discriminação no trabalho. *Orientador Trabalhista Mapa Fiscal – Suplemento de Legislação, Jurisprudência e Doutrina*, p. 103, n. 1/95.
81. Embargos de declaração no processo do trabalho e a Lei n. 8.950/94 que altera o CPC. *Repertório IOB de Jurisprudência*, n. 3/95, texto 2/9775, p. 41, fev. 1995.
82. Empregado doméstico – Questões polêmicas. *Orientador Trabalhista Mapa Fiscal – Suplemento de Legislação, Jurisprudência e Doutrina*, p. 152, n. 2/95.
83. Não concessão de intervalo para refeição e pagamento de hora extra. *Orientador Trabalhista Mapa Fiscal – Suplemento de Legislação, Jurisprudência e Doutrina*, p. 199, n. 3/95.
84. Lei altera artigo da CLT e faz prover conflitos. *Revista Literária de Direito*, p. 13, mar./abr. 1995.
85. Empregados não sujeitos ao regime de duração do trabalho e o artigo 62 da CLT. *Orientador Trabalhista Mapa Fiscal – Suplemento de Legislação, Jurisprudência e Doutrina*, p. 240, n. 4/95.
86. A Justiça do Trabalho não pode ser competente para resolver questões entre sindicato de empregados e empregador. *Revista Literária de Direito*, p. 10, maio/jun. 1995.
87. Minutos que antecedem e sucedem a jornada de trabalho. *Orientador Trabalhista Mapa Fiscal – Suplemento de Legislação, Jurisprudência e Doutrina*, p. 297, n. 5/95.
88. Práticas discriminatórias contra a mulher e a Lei n. 9.029/95. *Repertório IOB de Jurisprudência*, n. 11/95, texto 2/10157, p. 149, jun. 1995.
89. Conflito entre a nova legislação salarial e a norma coletiva anterior. *Orientador Trabalhista Mapa Fiscal – Suplemento de Legislação, Jurisprudência e Doutrina*, p. 362, n. 6/95.
90. Imunidade tributária. *Suplemento Tributário LTr*, p. 241, 34/95.
91. *Cogestão. Revista do Tribunal Regional do Trabalho da 8ª Região, v. 28, n. 54, p. 101, jan./jun. 1995.*
92. Licença-paternidade. *Orientador Trabalhista Mapa Fiscal – Suplemento de Legislação, Jurisprudência e Doutrina*, p. 409, n. 7/95.
93. Embargos de declaração. *Jornal do VII Congresso Brasileiro de Direito Processual de Trabalho*, São Paulo: LTr, p. 54, 24 a 26 jul. 1995.
94. Reforma da Constituição e direitos previdenciários. *Jornal do VIII Congresso Brasileiro de Previdência Social*, n. 179, p. 723, out. 1995.
95. Ação declaratória incidental e coisa julgada no processo do trabalho. *Suplemento Trabalhista LTr*, p. 665, 099/95, e *Revista do TRT da 8ª Região*, Belém, v. 28, n. 55, p. 39, jul./dez. 1995.

Este livro estava sendo escrito no final de dezembro de 2001 quando meu pai, Rubens, estava no hospital. Lutava há três anos contra o câncer linfoma. No início do mês, tinha ido comigo a Poços de Caldas (MG), quando fui ministrar aula na PUC, nessa cidade, como havia feito em todas as vezes anteriores. Nos últimos dias, reclamava das dores insuportáveis que sentia, mas mesmo assim continuava lutando contra sua doença. No dia 7-2-2002, faleceu. Do meu pai guardo vários exemplos. O primeiro foi a insistência que sempre teve para que eu estudasse e me esforçasse para aprender e continuar diariamente me aperfeiçoando. O segundo é a persistência no trabalho diário, que não tem hora para terminar e é feito todos os dias. O terceiro é a perseverança em continuar lutando contra as adversidades para conseguirmos nossos objetivos, porque ele lutou contra os seus problemas até o fim, mesmo que na última vez não o conseguisse. Este livro talvez tenha sido o mais difícil de terminar, pois eu estava redigindo o capítulo do Crédito Tributário quando ele faleceu. Infelizmente, ele não mais está aqui para vê-lo pronto, mas me deu forças, mostrando que eu deveria acabá-lo, ainda que com muita dificuldade, porque havia muito tempo que não estudava a matéria e certos capítulos eram feitos de forma muito demorada. Sei que iria ficar contente, ao seu modo, com o resultado, mas tenho certeza de que continuará torcendo por mim, esteja onde estiver. Ficam a sua lembrança e o seu exemplo para mim.

SUMÁRIO

Capítulo 28

NOTA DO AUTOR

O gosto pelo Direito Tributário vem desde a faculdade, tanto que havia certa dúvida se gostava mais dessa matéria ou do Direito do Trabalho.

No curso de Contabilidade, usava o Direito Tributário para aplicá-lo principalmente à apuração do imposto de renda da pessoa jurídica.

Aprendi a fazer as declarações de imposto de renda pessoa física dos clientes de meu pai em seu escritório de contabilidade, assim como durante muitos anos fui eu quem fiz a apuração dos balanços das empresas em sua firma de contabilidade. Gostava de estudar o tema em revistas especializadas para entender o assunto e atualizar-me, assim como para verificar soluções que implicassem o pagamento do menor imposto para o contribuinte, mas sempre dentro da previsão da lei.

Na faculdade de Direito, fui monitor de Direito Tributário do Prof. Bernardo Ribeiro de Moraes e ajudava-o tanto na Faculdade de Direito da Universidade Mackenzie, como na Faculdade de Ciências Econômicas de São Paulo, tomando conta de provas, ajudando na correção de provas, de trabalhos, e participando de suas aulas e nos seminários. Auxiliava também como monitor o Prof. Ormezindo Ribeiro de Paiva em provas e trabalhos.

Gostava de advogar na área tributária, principalmente em questões que julgava que o fisco exigia tributos de forma indevida.

Em 14-9-1990, tomei posse como juiz do trabalho, tendo-me afastado um pouco do Direito Tributário, embora continuasse gostando dele.

Fui fazer mestrado em Direito Tributário na faculdade de Direito da Universidade de São Paulo. Foi meu orientador o Prof. Walter Barbosa Corrêa.

Gostava das aulas do Prof. Ruy Barbosa Nogueira, assim como de sua simpatia e lições de vida. Ele exigia que fizéssemos um resumo de cada tema para a aula seguinte, assim como um seminário por semestre e participássemos como debatedores nas exposições de outros colegas. Em razão disso, tinha alguns textos sobre temas de Direito Tributário, que, posteriormente, foram publicados no *Suplemento Tributário LTr.*

Esse material foi reunido e atualizado, mas houve necessidade de inclusão de muitas outras matérias.

Apresentei dissertação de mestrado sobre *A lei complementar definidora dos serviços submetidos ao ISSQN*, em 1992. Esse trabalho foi ampliado com a inclusão dos comentários à lista da Lei Complementar n. 116, e publicado como *Manual do ISS* pela Editora Atlas.

Na parte do custeio da Seguridade Social, tive de voltar a estudar o Direito Tributário de forma mais pormenorizada para aplicá-lo nas lacunas da Lei n. 8.212, revendo conceitos, analisando institutos para empregá-los na Seguridade Social. Aqui, os conceitos tributários tiveram de ser estudados de maneira muito mais aprofundada.

O livro que ora se apresenta é realmente um curso, pois se destina tanto ao curso de Direito Tributário das faculdades de Direito, como aos cursos de Administração de Empresas, Economia, Contabilidade ou outros, nos quais é ministrada a matéria com a denominação Legislação Tributária ou mesmo Direito Tributário. Poderá também ser útil nos concursos públicos que abranjam a matéria Direito Tributário.

Procurei fazer uma exposição didática, que se inicia com a Teoria do Direito Tributário, com seu histórico, denominação, conceito, autonomia, posição enciclopédica, relações com outros ramos, fontes, eficácia no tempo e no espaço, aplicação da legislação tributária, interpretação e integração de suas normas e princípios. Engloba, portanto, parte do que a Constituição e o Código Tributário Nacional (CTN) chamam de normas gerais de Direito Tributário.

Em seguida, são analisados o tributo e suas espécies, o sistema tributário nacional, as limitações constitucionais ao poder de tributar, a discriminação de rendas tributárias, a obrigação tributária, o crédito tributário, com suas divisões, especialmente a suspensão de seus efeitos, sua extinção e hipóteses de exclusão, assim como a administração tributária, o ilícito tributário e o processo administrativo e judicial tributário.

Ao final, há um pequeno estudo em relação a cada imposto, indicando seus principais aspectos.

Nesta edição, foram feitas atualizações decorrentes da legislação e da jurisprudência.

Espero que, com este livro, eu possa ter sido útil ao leitor.

Capítulo 1

HISTÓRICO

1 INTRODUÇÃO

O Direito não deixa de ser uma realidade histórico-cultural, não admitindo o estudo de quaisquer de seus ramos sem que se tenha uma noção de seu desenvolvimento dinâmico no transcurso do tempo.

À luz da história, é possível compreender com mais acuidade os problemas atuais. A concepção histórica mostra como foi o desenvolvimento de certa disciplina, além das projeções que podem ser alinhadas com base no que se fez no passado, inclusive no que diz respeito à compreensão dos problemas atuais. Não se pode, portanto, prescindir de seu exame. É impossível ter o exato conhecimento de um instituto jurídico sem fazer o seu exame histórico, pois se verificam suas origens, sua evolução, os aspectos políticos ou econômicos que o influenciaram.

Ao analisar o que pode acontecer no futuro, é preciso estudar e compreender o passado, verificando o que ocorreu no curso do tempo, o progresso da tecnologia. Heráclito já dizia: o homem não volta a banhar-se no mesmo rio, pois nem o rio é o mesmo nem o homem é o mesmo. Isso ocorre porque o tempo passa e as coisas não são exatamente iguais como eram. Todavia, precisam ser estudadas para se compreender o futuro. Para fazer um estudo sobre o que pode acontecer no futuro, é necessário não perder de vista o passado. Não se pode romper com o passado, desprezando-o. Segundo as lições de Waldemar Ferreira, "nenhum jurista pode dispensar o contingente do passado a fim de bem compreender as instituições jurídicas dos dias atuais"[1].

2 HISTÓRICO

Para compreender o Direito Tributário, é necessário verificar sua história.

A origem da tributação vem das épocas mais antigas da humanidade.

Inicialmente, o tributo tinha um sentido de homenagem. Os homens homenageavam seus deuses e líderes com presentes, que eram denominados tributos.

Dionísio, de Siracusa, cobrava impostos excessivos dos cidadãos. Quanto mais eles reclamavam, mais impostos eram cobrados. Num dia, depois de mais um aumento, ninguém reclamou. Os siracusanos riam e contavam piadas do tirano. Dionísio ordenou aos coletores: "Parem de cobrar, eles já não têm mais nada, pois nos desprezam"[2].

Em Roma eram cobrados dos cidadãos impostos diretos, denominados *tributum*. Eram considerados empréstimos para financiar a guerra, sendo devolvidos posteriormente por intermédio de pilhagens de guerra.

A relação entre o soberano, o senhor feudal e o súdito era de sujeição. Poderia ser de vencedor e vencido. Assim, era rendida uma homenagem ao soberano, pagando um tributo.

Os reis passaram a cobrar tributos para sustentá-los. A partir daí não têm natureza de homenagem, mas de obrigação.

Na Idade Moderna, o rei cobrava tributos de seus súditos para poder fazer grandes viagens, visando novas rotas comerciais para o oriente.

As Cortes de Leão, de 1118, na Espanha, faziam referência a que os impostos somente poderiam ser cobrados mediante votação pelos delegados dos contribuintes.

Em Portugal, havia convocação da Corte de Lamengo, em 1413, para obter os impostos necessários.

Na França, os representantes da nobreza, o clero e o povo eram reunidos em États Généraux e nos Estados Provinciais para a obtenção de tributos. Isso ocorria desde o início do século XVI. Certos reis, como Francisco I, Henrique IV e Luís XIV, acharam que essas reuniões eram desnecessárias.

---

1 FERREIRA, Waldemar. *História do direito brasileiro*. São Paulo: Saraiva, 1962. v. 1, p. 1.

2 PLUTARCO. *Obras morais e de costumes*, 3º v.

Na Inglaterra, ficou célebre a luta dos barões contra João Sem-Terra, que deu origem à Carta Magna, de 1215, em que foi determinado que "nenhuma taxa de isenção do serviço militar (*scutagium*) nem contribuição alguma será criada em nosso reino, salvo mediante consentimento do conselho comum do reino" (art. 12). A partir de 1689, o Bill of Rights estabeleceu que os poderes de legislar e criar tributos não eram prerrogativas do monarca, mas da competência privada do Parlamento. Afirmava "que a cobrança de impostos para uso da Coroa, a título de prerrogativa, sem autorização do Parlamento e por um período mais longo ou por modo diferente do autorizado pelo Parlamento, é ilegal".

Muitas das grandes revoluções também tiveram por fundamento a discussão sobre a tributação, que era excessiva.

No Brasil, por ocasião da descoberta, eram aplicadas as leis fiscais portuguesas.

Portugal entendia que o pau-brasil era monopólio real. O particular, mediante contrato com a Coroa Portuguesa, poderia explorá-lo, mas deveria pagar um quinto do produto da venda. O pagamento era feito em espécie e não em moeda.

Havia ainda cobrança de 10% sobre as mercadorias importadas e exportadas. Quinto era a quinta parte cobrada dos metais e pedras preciosas, como ouro, prata etc. Dízimo era a cobrança da décima parte do pescado e das colheitas de todos os produtos da terra. Sisa era a cobrança por cabeça de índio tornado escravo.

A Independência dos Estados Unidos é decorrente dos impostos excessivos que a coroa britânica cobrava das suas colônias.

A Declaração dos Direitos do Homem e do Cidadão de 1789 assegurava: "para a manutenção da força pública e para as despesas da administração, é indispensável uma contribuição comum; ela deve ser igualmente repartida entre todos os cidadãos, na medida de seus recursos" (art. 13). "Todos os cidadãos têm o direito de verificar, pessoalmente ou por meio de representantes, a necessidade da contribuição pública, bem como de consenti-la livremente, de fiscalizar o seu emprego e de determinar-lhe a alíquota, a base de cálculo, a cobrança e a duração."

Um dos primeiros atos após a Revolução Francesa foi a isonomia tributária. Os impostos incidiriam sobre "todos os cidadãos e toda propriedade, da mesma maneira e da mesma forma".

A Declaração de Direitos da Constituição francesa de 1791 previa que todos os tributos seriam repartidos entre todos os cidadãos de modo igual, na proporção de seus recursos (art. 2).

A Declaração dos Direitos do Homem e do Cidadão da Constituição francesa de 1793 previa que "nenhum tributo pode ser estabelecido, a não ser por razões de utilidade geral. Todos os cidadãos têm o direito de concorrer ao estabelecimento de tributos, de fiscalizar o seu emprego e de exigir uma prestação de contas" (art. 20).

Dispunha a Declaração dos Direitos e Deveres do Homem e do Cidadão da Constituição francesa de 1795 que "todo tributo é estabelecido em razão da utilidade geral; ele deve ser repartido entre os contribuintes, em função de seus recursos" (art. 16).

A Inconfidência Mineira também foi fruto da excessiva cobrança do quinto sobre o ouro.

Previa a Constituição de 1824 no item X do art. 15 que competia ao Poder Legislativo "fixar, anualmente, as despesas públicas, e repartir a contribuição direta. Ninguém será isento de contribuir para as despesas do Estado em proporção dos seus haveres".

A Constituição de 1891 estabeleceu a divisão tributária entre os tributos da União e dos Estados-membros. Competia a estes estabelecer os tributos dos Municípios. Os tributos somente poderiam ser exigidos por lei (§ 30 do art. 72). O imposto federal era uniforme no território nacional (§ 2º do art. 7º). A União não poderia estabelecer distinções e preferências em relação a um Estado ou a um Município (art. 8º). Havia imunidade recíproca de bens, serviços e rendas públicas (art. 10).

Tinha por base a Constituição de 1934 a de Weimar. Havia três esferas tributantes: a União, os Estados e os Municípios. Os Municípios passaram a ter impostos próprios. A União tinha os seguintes tributos: imposto sobre a importação de mercadorias de procedência estrangeira; imposto de renda e proventos de qualquer natureza; imposto de transferência de fundos para o exterior; imposto sobre atos emanados de seu governo; taxas telegráficas, postais e de outros serviços federais; taxas de entrada, saída e estadia; contribuições de melhoria (art. 124). Os tributos dos Estados eram: imposto sobre propriedade territorial rural; imposto sobre transmissão de propriedade *causa mortis*; imposto sobre transmissão de propriedade imobiliária *inter vivos*; imposto de consumo de combustível de motor a explosão; imposto de vendas e consignações; imposto de exportação de mercadorias de sua produção; imposto de indústrias e profissões, imposto sobre atos emanados de seu governo; taxas de serviços estaduais, contribuições de melhoria (art. 124). Os tributos dos Municípios eram: imposto de licença; imposto predial e territorial urbano; imposto sobre diversões públicas; taxas de serviços municipais; contribuições de melhoria (art. 124).

A Carta Magna de 1937 manteve o sistema tributário da Constituição anterior. Foram suprimidos alguns impostos dos Estados e dos Municípios, como o imposto sobre o consumo de combustível de motor a explosão, o imposto cedular sobre a renda de imóveis rurais. Parte da arrecadação dos impostos estaduais iria para os Municípios, como a metade da arrecadação do imposto de indústrias e profissões. Deixou de existir a contribuição de melhoria.

A Constituição de 1946 estabeleceu outra discriminação de rendas tributárias. Os tributos da União eram: imposto sobre importação de mercadorias do exterior; imposto sobre consumo de mercadorias; imposto sobre produção, comércio, distribuição e consumo e importação e exportação de lubrificantes e de combustíveis líquidos e gasosos; imposto sobre a renda e proventos de qualquer natureza; imposto sobre transferência de fundos para o exterior; imposto sobre negócios de sua economia, atos e instrumentos regulados por lei federal (imposto do selo); imposto extraordinário e taxas e contribuições de melhoria. Os tributos dos Estados eram: imposto sobre propriedade territorial; imposto sobre transmissão de propriedade imobiliária *inter vivos*; imposto sobre vendas e consignações; imposto sobre exportação de mercadorias de sua produção para o estrangeiro; imposto sobre atos regulados por lei estadual; taxas e contribuições de melhoria. Os tributos dos Municípios eram: imposto predial e territorial urbano; imposto de licença; imposto de indústrias e profissões; imposto sobre diversões públicas; imposto sobre atos de sua economia; taxas e contribuições de melhoria. Verifica-se que as taxas e contribuições de melhoria eram tributos comuns aos entes tributantes. Na verdade, existiam três sistemas tributários autônomos. Os Municípios tinham participações na arrecadação do imposto único, do imposto territorial rural, do imposto de consumo, do imposto de renda, do imposto estadual concorrente.

A Emenda Constitucional n. 18, de 1º-12-1965, aprovou nova discriminação constitucional de rendas tributárias. A referida norma instituiu uma classificação de impostos baseada em nomenclatura econômica e não mais jurídica, como ocorria anteriormente, quando existiam impostos de licença, de vendas e consignações, de indústrias e profissões, que nada tinham de econômicos. Com base na nova disposição, passamos a ter um sistema tributário uno e nacional e não mais três sistemas independentes. A União ficou com 10 impostos. Os Municípios e os Estados ficaram apenas com dois impostos cada um. A União tinha competência para instituir: imposto sobre importação de produtos estrangeiros; imposto sobre exportação; imposto sobre propriedade territorial rural; imposto sobre a renda e proventos de qualquer natureza; imposto sobre produtos industrializados; imposto sobre operações de crédito, câmbio e seguro; imposto sobre serviços de transportes e comunicações, salvo os de natureza estritamente municipal; imposto sobre combustíveis e lubrificantes líquidos ou gasosos; taxas e contribuições de melhoria. Os Estados tinham: imposto sobre transmissão de bens imóveis e de direitos reais sobre imóveis; imposto sobre operações relativas à circulação de mercadorias; taxas e contribuições de melhoria. Os

Municípios tinham: imposto sobre propriedade predial e territorial urbana; imposto sobre serviços de qualquer natureza; taxas e contribuições de melhoria.

Rubens Gomes de Sousa tinha feito um projeto de código tributário nacional que estava parado no Congresso Nacional desde 1954. O projeto foi revisto pelo mesmo professor e por Gilberto de Ulhôa Canto, Gerson Augusto da Silva e Luiz Gonzaga do Nascimento e Silva. Foi adaptado à Emenda Constitucional n. 18/65, e encaminhado ao Congresso Nacional. A Constituição de 1946 permitia que a matéria fosse editada sob a forma de lei ordinária, pois não existia lei complementar. O projeto foi votado e aprovado, sendo sancionado como a Lei n. 5.172, de 25-10-1966. Foi denominado Código Tributário Nacional (CTN) pelo Ato Complementar n. 36, de 13-3-1967 (art. 7º).

A Carta Magna de 15-3-1967 manteve o sistema de nomenclatura econômica da Emenda Constitucional n. 18/65. A União poderia decretar outros impostos, além dos já previstos na Constituição.

A Emenda Constitucional n. 1, de 17-10-1969, manteve o sistema tributário anterior, sendo os tributos impostos, taxas e contribuições de melhoria. Somente a União tinha competência para instituir contribuições e empréstimos compulsórios (art. 21). As taxas não poderiam tomar por base de cálculo a já prevista para impostos. Lei complementar iria estabelecer normas gerais de direito tributário, dispor sobre conflitos de competência tributária e regular as limitações constitucionais ao poder de tributar (§ 1º do art. 18). Era vedado à União instituir impostos que não fossem uniformes em todo o território nacional. Mediante lei complementar, a União poderia estabelecer isenção de impostos estaduais e municipais.

A Constituição de 5-10-1988 aproveitou em parte o sistema tributário anterior, mas também estabeleceu questões novas. A União, os Estados, o Distrito Federal e os Municípios podem instituir impostos, taxas e contribuição de melhoria (art. 145). A União, mediante lei complementar, pode instituir empréstimos compulsórios (art. 148). As contribuições sociais passaram a ser delineadas de forma mais clara no art. 149. Os arts. 150 a 152 passaram a estabelecer as limitações constitucionais ao poder de tributar do Estado. A União pode instituir impostos sobre: importação de produtos estrangeiros; exportação; renda e proventos de qualquer natureza; produtos industrializados; operações de crédito, câmbio e seguro, ou relativas a títulos ou valores mobiliários; propriedade territorial rural; grandes fortunas. Os impostos dos Estados-membros e do Distrito Federal são: transmissão *causa mortis* e doação, de quaisquer bens ou direitos; operações relativas à circulação de mercadorias e sobre prestações de serviços de transporte interestadual e intermunicipal e de comunicação, ainda que as operações e prestações se iniciem no exterior; propriedade de veículos automotores; adicional de 5% do que for pago à União por pessoas físicas ou jurídicas domiciliadas nos respectivos territórios, a título do imposto de renda. Os impostos dos Municípios são: propriedade predial e territorial urbana; transmissão *inter vivos*; serviços de qualquer natureza; vendas a varejo de combustíveis líquidos e gasosos, exceto óleo *diesel*.

A Emenda Constitucional n. 3, de 17-3-1993, suprimiu o adicional de 5% do imposto de renda pago à União, que era chamado de imposto de renda estadual, e o imposto de vendas a varejo de combustíveis líquidos e gasosos, exceto óleo *diesel*. Os demais impostos foram mantidos na competência de cada ente tributante.

Verificação de aprendizagem

1. Que garantia foi conquistada com a Carta Magna de 1215 na Inglaterra?
2. Como eram cobrados os tributos por ocasião da descoberta do Brasil?
3. Que mudanças trouxe a Emenda Constitucional n. 18, de 1965, a nosso sistema tributário?
4. Como se configura o atual sistema tributário nacional, determinado pela Constituição de 1988?

Capítulo 2

O DIREITO

1 ETIMOLOGIA

Direito vem do latim *directu(m)*, acusativo singular da forma participial adjetiva *directus, a, um*. Tem o significado da qualidade do que é conforme a regra.

São encontrados vários significados para a palavra *Direito*, como norma, lei, regra, faculdade, o que é devido à pessoa, fenômeno social etc. Direito é o que está conforme a regra. É algo que vai reto, que não se desvia.

2 DENOMINAÇÃO

O Direito tem várias denominações em cada língua. Em espanhol, fala-se *derecho*. Em italiano, *diritto*. Em francês, *droit*. Em inglês, *law*. Em alemão, *Recht*.

3 CONCEITO

Aristóteles mencionava que o homem é um animal político. Assim, havia necessidade de regras para que pudesse viver em harmonia, evitando a desordem.

Celso, no Direito Romano, dizia que o Direito é a arte do bom e do equitativo (*ius est ars boni et aequi*).

Miguel Reale menciona que o Direito é "a vinculação bilateral atributiva da conduta para a realização ordenada dos valores de convivência"[1].

Direito é o conjunto de princípios, de regras e de instituições destinado a regular a vida humana em sociedade.

É preciso analisar os elementos desse conceito.

O Direito representa um conjunto, pois é composto de várias partes organizadas, que formam um todo, de maneira sistemática.

Tem o Direito princípios próprios, como qualquer ciência, ainda que não seja exata. Exemplos são o princípio da boa-fé, da razoabilidade etc.

Possui o Direito inúmeras regras. Algumas delas são compendiadas em códigos, como o Código Civil (CC), o Código Tributário Nacional (CTN), o Código Comercial, o Código de Processo Civil (CPC), o Código de Processo Penal (CPP), além de inúmeras leis esparsas.

As instituições são entidades que perduram no tempo. O Direito tem várias delas, como os sindicatos, os órgãos do Poder Judiciário, do Poder Executivo etc.

O objetivo do Direito é regular a vida humana em sociedade, estabelecendo, para esse fim, normas de conduta, que devem ser observadas pelas pessoas.

O homem, por natureza, é um ser gregário. Vive em conjunto com os demais, necessitando de regras para regular essa situação. O Direito é fruto da convivência humana.

O importante não é se o Direito tem ou não coação ou sanção pelo descumprimento da norma, de forma a torná-la coercitiva, mas se ela é cumprida, o que pode ser feito espontaneamente pela pessoa, sem que exista a sanção.

O Direito Tributário é uma das espécies do ramo Direito.

Verificação de aprendizagem

1. Que é Direito?
2. É importante a sanção para a configuração do Direito?

---

[1] REALE, Miguel. *Filosofia do direito*. 6. ed. São Paulo: Saraiva, 1972. v. 2, p. 617.

Capítulo 3

CONCEITO DE DIREITO TRIBUTÁRIO

1 DENOMINAÇÃO

Initium doctrinae sit consideratio nominis, isto é, a doutrina deve iniciar seu estudo pela análise do nome, ou pelo estudo da denominação.

São empregadas várias denominações para identificar a matéria, como Direito Financeiro, Direito Fiscal, Legislação Tributária, Legislação Fiscal, Direito do Imposto, Direito Tributário.

1.1 Direito financeiro

Direito Financeiro é, na verdade, o gênero que compreende o estudo de todas as receitas e despesas públicas. O tributo é uma das receitas públicas.

1.2 Direito fiscal

Direito Fiscal seria proveniente de fisco, do latim *fiscalis*, *fiscus*, *fisci*, do qual se originaram *fisco* e o adjetivo *fiscal*. Considerava-se inicialmente que a palavra *fiscus* significava o cesto de vime ou de junco que era usado pelos romanos para guardar dinheiro. Mais tarde, teve o significado de tesouro do príncipe, que eram as receitas provenientes das províncias imperiais. O erário público (*aerarium publicum*) era a caixa que ficava com o Senado romano, para onde iam as receitas das províncias do Senado e dos confiscos. A palavra *fiscus* também já foi entendida como o conjunto de bens pertencentes ao Estado.

Em inglês, é encontrada a expressão *Fiscal Law*. Em francês, *Droit Fiscal*. Na Espanha, usa-se a denominação *Derecho Fiscal*.

Em Portugal, há distinção entre Direito Fiscal e Direito Tributário. Direito Tributário engloba as normas que tratam do exercício da função tributante dos entes públicos, cobrando os tributos. Tem sentido amplo. Direito Fiscal representa o conjunto de normas jurídicas que têm por objetivo a análise somente dos impostos, tendo sentido restrito. Parte da doutrina, contudo, emprega as duas expressões como sinônimas. Direito Fiscal diz respeito, porém, ao fisco, ao erário público[1].

Ressalte-se que uma das mais importantes entidades que estuda a matéria é denominada *International Fiscal Association*, que no Brasil é representada pela Associação Brasileira de Direito Financeiro.

Direito Fiscal seria o controle e a fiscalização feita pelo Estado. No Direito Tributário será estudado o tributo de modo geral, e não apenas a fiscalização do tributo.

1.3 Legislação tributária

A denominação *Legislação Tributária* é usada em faculdades de Economia, Administração e Contabilidade. Não se estuda somente a legislação tributária, mas também o Direito Tributário em sua totalidade, suas normas gerais, seus princípios, sua interpretação, sua aplicação etc. A legislação é apenas uma parte do Direito Tributário.

1.4 Legislação fiscal

Na mesma linha de raciocínio, é empregada a expressão *Legislação Fiscal*. São as leis relativas ao fisco. Como visto, não será estudado apenas o lado do fisco, mas também o tributo.

1.5 Direito do imposto

Em alemão, fala-se em Direito Impositivo (*Steuerrecht*), apesar de haver a palavra *Abgabrecht*. *Steuerrecht* é usada principalmente por autores alemães e suíços.

Direito do Imposto é uma denominação muito específica, pois diz respeito apenas ao estudo do imposto. Este é uma espécie do gênero tributo. A matéria irá estudar o tributo e não apenas uma de suas espécies, que é o imposto.

---

1 COSTA, José M. Cardoso da. *Curso de direito fiscal*. 2. ed. Coimbra: Almedina, 1973. p. 2-3.

1.6 Direito tributário

Em italiano, usa-se a expressão *Diritto Tributario*. Em espanhol, fala-se em *Derecho Tributario*. Em alemão, *Abgabrecht*.

Tributário vem do latim *tributarius, a, um*, que é a pessoa que paga tributo.

Atualmente, a denominação empregada é *Direito Tributário*, por dizer respeito ao gênero tributo. É a expressão mais aceita. É encontrada no inciso I do art. 24 da Constituição. A Lei n. 5.172 é denominada Código Tributário Nacional (CTN).

2 CONCEITO

Cada autor costuma oferecer definição própria do Direito Tributário.

Rubens Gomes de Sousa afirma que Direito Tributário é "o ramo do direito público que rege as relações jurídicas entre o Estado e os particulares, decorrentes da atividade financeira do Estado no que se refere à obtenção de receitas que correspondam ao conceito de tributos"[2].

Leciona Hugo de Brito Machado que Direito Tributário é "o ramo do Direito que se ocupa das relações entre o fisco e as pessoas sujeitas a imposições tributárias de qualquer espécie, limitando o poder de tributar e protegendo o cidadão contra os abusos desse poder"[3].

Paulo de Barros Carvalho ensina que "o direito tributário positivo é o ramo didaticamente autônomo do direito, integrado pelo conjunto das proposições jurídico-normativas que correspondam, direta ou indiretamente, à instituição, arrecadação e fiscalização de tributos. Compete à Ciência do Direito Tributário descrever esse objeto, expedindo proposições declarativas que nos permitem conhecer as articulações lógicas e o conteúdo orgânico desse núcleo normativo, dentro de uma concepção unitária do sistema jurídico vigente"[4].

Direito Tributário é o conjunto de princípios, de regras e de instituições que regem o poder fiscal do Estado e suas relações.

O Direito Tributário é um conjunto, pois forma um todo organizado, um sistema.

Tem o Direito Tributário princípios próprios, como o da legalidade, da anterioridade etc.

---

[2] SOUSA, Rubens Gomes de. *Compêndio de legislação tributária*. São Paulo: Resenha Tributária, 1975. p. 40.

[3] MACHADO, Hugo de Brito. *Curso de direito tributário*. 19. ed. São Paulo: Malheiros, 2001. p. 46.

[4] CARVALHO, Paulo de Barros. *Curso de direito tributário*. 4. ed. São Paulo: Saraiva, 1991. p. 11.

As principais regras estão contidas na Constituição, no Código Tributário Nacional (CTN) e em outras leis esparsas. O fato de o Direito Tributário ter um código evidencia também que tem um conjunto de regras próprias, indicando uma espécie diferenciada do ramo Direito.

Há instituições próprias, como o Ministério da Fazenda, as Secretarias Estaduais da Fazenda, os Conselhos de Contribuintes, os Tribunais de Impostos e Taxas etc.

O objeto do Direito Tributário é verificar as relações do Estado no que diz respeito a seu poder de tributar, que compreende a criação do tributo, sua arrecadação e fiscalização.

3 DIVISÃO

A divisão da matéria será feita da seguinte forma: apresenta-se um histórico do Direito Tributário, sua denominação e conceito, o Estado e seu poder fiscal, a autonomia do Direito Tributário, sua posição enciclopédica, a relação com outros ramos do Direito, suas fontes, a eficácia da legislação tributária, sua aplicação, interpretação e integração, os princípios de Direito Tributário, o que é o tributo e suas espécies, o sistema tributário nacional, as limitações constitucionais ao poder de tributar, a discriminação de rendas tributárias, a obrigação tributária, o crédito tributário e suas consequências, a administração tributária, o ilícito tributário, o processo administrativo tributário e o processo judicial tributário. Por fim, serão tratados os impostos federais, estaduais e do Distrito Federal e municipais.

Verificação de aprendizagem

1. A denominação Direito Financeiro é adequada para nominar a matéria? Por quê?
2. Que quer dizer direito do imposto?
3. Qual a denominação adequada para a matéria em estudo?
4. Qual a divisão da matéria?

Capítulo 4

ESTADO E SEU PODER FISCAL

O Estado surge da evolução da família.

No Feudalismo, o feudo era um pequeno Estado, dominado pelo senhor feudal, que era o dono das terras e as explorava.

Na Monarquia, o rei tem todo o poder, e é o próprio Estado.

No século XIII, na Inglaterra, foi imposta a Carta Magna a João Sem Terra.

Hobbes dizia em *Leviatã* que o Estado determinava tudo, como um monstro horrível que devora e absorve todos os direitos individuais das pessoas.

Para Rousseau, o Estado nasce de um contrato. Não poderiam existir corpos intermediários entre o indivíduo e o Estado, ficando proibidas as corporações de ofício. A lei é a expressão da vontade geral. Esses ideais foram observados na Revolução Francesa de 1789.

O Estado moderno está amparado na lei, que é votada em duas casas.

Marcelo Figueiredo afirma que o Estado é "uma comunidade constituída por um povo que, a fim de realizar a democracia, através da busca incessante da justiça e do bem-estar, em dado território nele soberanamente delega aos mandatários o poder (*lato sensu*) de direção dos objetivos constitucionais, com vistas à organização social e política. Ou ainda dito de outra forma mais simplificadora, o Estado é uma pessoa jurídica (como se verá adiante) idealizada pelos homens principalmente para manter a ordem e a segurança – e que exerce uma jurisdição universal nos seus limites territoriais, para o que utiliza o Direito, respaldado pela força conferida pelo povo – que é reconhecida interna e externamente como autoridade soberana. O Estado, enfim, é o produtor de Direito, é sujeito de Direito e é objeto de Direito, mas não é o Direito"[1]. Esses aspectos do Estado mostram-no sob o enfoque objetivo.

Estado é a sociedade política e juridicamente organizada, dotada de soberania, dentro de um território, sob um governo, para a realização do bem comum do povo.

São elementos do Estado: o povo, o território e o governo.

O povo é o componente humano. É o conjunto de pessoas que estão adstritas pela ordem jurídica estatal, a sua jurisdição, que compreende tanto o que reside no Estado, como o que está fora dele.

Território é o elemento material, espacial ou físico do Estado. Compreende a superfície do solo que o Estado ocupa, seu mar territorial e o espaço aéreo.

Governo é a organização necessária para o exercício do poder político[2].

Soberania é o poder de organizar-se juridicamente e de fazer valer dentro de seu território a universalidade de suas decisões nos limites dos fins éticos de convivência[3]. A soberania do Estado não reconhece poder igual, superior ou concorrente na ordem interna, nem poder superior na ordem internacional. Consiste a soberania num poder: incondicionado, absoluto, sem qualquer limite, já que seus limites são traçados pelo próprio Estado; originário, pois não é derivado de qualquer outro, nascendo com o próprio Estado; e exclusivo, visto que só o Estado o possui e pode exercê-lo[4]. É una a soberania, porque não se admite que um mesmo Estado tenha duas soberanias; é um poder superior aos demais, não admitindo a convivência de dois poderes iguais no mesmo âmbito. É indivisível, visto que não admite a separação das partes autônomas da mesma soberania[5]. O Estado soberano pode autodeterminar-se ou autogovernar-se, autolimitar-se, isto é, estabelecendo seu ordenamento jurídico; é, contudo, autônomo para decidir sobre tal ordenamento jurídico[6]. Tem, pois, o Estado um poder superior aos demais. A soberania é um dos funda-

---

1 FIGUEIREDO, Marcelo. *Teoria geral do estado*. 2. ed. São Paulo: Atlas, 2001. p. 28.

2 SALVETTI NETO, Pedro. *Curso de teoria do estado*. 4. ed. São Paulo: Saraiva, 1981. p. 55 e 273.

3 REALE, Miguel. *Teoria do direito e do estado*. 2. ed. São Paulo: Martins, 1960. p. 127.

4 ZANZUCCHI, Marco Tullio. *Instituzioni di diritto publico*. Milão: Giuffrè, 1948. p. 21.

5 DALLARI, Dalmo de Abreu. *Elementos de teoria geral do estado*. 19. ed. São Paulo: Saraiva, 1995. p. 69.

6 MORAES, Bernardo Ribeiro de. *Compêndio de direito tributário*. Rio de Janeiro: Forense, 1984. p. 118-119.

mentos da República Federativa do Brasil (art. 1º, I, da Constituição). É exercida a soberania popular por meio do sufrágio universal e pelo voto direto e secreto, com valor igual para todos, conforme o art. 14 da Lei Fundamental.

O conceito de Estado é jurídico, enquanto o conceito de Nação é sociológico. Nação é a sociedade natural de homens, dentro de um território, com mesma origem, costumes, língua e comunhão de vida. Exemplo de nação era a Itália antes da unificação social, que era constituída de vários Estados. A nação seria, em princípio, a semente da qual surgiu o Estado.

O fim do Estado é assegurar a vida humana em sociedade, pelo fato de que o homem não vive isoladamente e necessita de normas que disciplinem comportamentos. Tem o Estado por objetivo básico a realização do bem comum.

O Estado deve garantir a ordem interna, governando as pessoas que estão em seu território. Assegura a soberania na ordem internacional. Faz as regras de conduta. Distribui justiça.

Nas guerras, o vencedor exigia do vencido o pagamento de um valor.

Com fundamento em sua soberania, o Estado exige que seus súditos transfiram para ele parte de seus rendimentos, visando custear os fins de que necessita. O Estado tem custos para a manutenção de seus fins, como na manutenção de repartições públicas, da própria máquina de arrecadação, dos vencimentos dos funcionários públicos, da limpeza das ruas, da segurança pública etc. Assim, surge o tributo, como a necessidade de obter receita de seus súditos para fazer frente aos gastos que lhe são inerentes. O poder de tributar do Estado consiste justamente em uma parcela da soberania estatal, de poder exigir tributos dentro de seu território.

O Estado tem o poder de penetrar no patrimônio dos particulares, exigindo deles contribuições derivadas e compulsórias. É seu poder fiscal.

Consiste o poder fiscal na faculdade que o Estado tem de criar tributos e de exigi-los dos particulares que estão sujeitos a sua soberania territorial.

O fundamento do poder fiscal do Estado não é de troca, pois em certos casos ele não faz qualquer contraprestação ao contribuinte. Quem paga o tributo não tem o direito de querer exigir do Estado uma atividade.

Cobra o Estado o tributo em razão de que tem soberania e da previsão legal, que determina o pagamento da exação compulsória.

O Estado pode ou não utilizar o poder fiscal, já que se trata de uma faculdade.

É irrenunciável e indelegável o poder fiscal do Estado, pois não pode ser transferido a outrem, caso não seja exercitado.

Não se pode dizer que o Estado tem apenas o poder de tributar, pois esse poder de tributar compreende a relação jurídica entre ele e o contribuinte. Há direitos e deveres do Estado, como dos contribuintes. As normas a serem aplicadas dizem respeito tanto ao Estado como aos contribuintes.

O Brasil é uma federação de Estados. O poder tributário é dividido entre a União, os Estados-membros, o Distrito Federal e os Municípios.

Há necessidade, porém, de estabelecer limites ao poder fiscal do Estado, pois, do contrário, tributaria toda a riqueza do contribuinte ou a maior parte dela. Essa é a razão pela qual se fala em reforma tributária, principalmente nos momentos em que se verifica que o Estado tem um superávit fiscal. Logo, recebe dos contribuintes muito mais do que necessita para cobrir suas necessidades e os serviços que presta.

Competência tributária consiste na delimitação do poder tributário do Estado. A Constituição é que irá estabelecer a competência tributária de cada ente da federação para tributar determinadas situações. Essa competência tributária será utilizada de acordo com a lei ordinária de cada um dos entes tributantes.

Verificação de aprendizagem

1. Que é Estado?
2. Que é soberania?
3. Como o Estado exige tributos?
4. Há limites para exigência dos tributos?
5. No que consiste a competência tributária?

Capítulo 5

AUTONOMIA DO DIREITO TRIBUTÁRIO

Compreende a autonomia de um ramo do Direito aspecto meramente didático. Verifica-se apenas se a disciplina reúne um grupo suficiente de regras jurídicas, de forma orgânica. Não se pode dizer, porém, que um ramo do Direito seria autônomo do próprio Direito, pois seria o mesmo que admitir a autonomia da espécie em relação ao gênero.

Haverá autonomia de um dos ramos do Direito se seus princípios, regras e instituições estabelecerem diferenças entre os demais ramos do Direito.

Seria possível afirmar que duas teorias informam a autonomia do Direito Tributário.

A primeira teoria é denominada de monista. Ela entende que o Direito Tributário pertence ao Direito Financeiro e dele não se separou.

A segunda teoria é chamada de dualista, indicando que o Direito Tributário é autônomo em relação ao Direito Financeiro.

Tanto o Direito Financeiro, como o Direito Tributário são originários da mesma raiz, da necessidade de receita para o Estado poder cumprir seu papel. O Direito Tributário cuida apenas de parte das entradas nos cofres do Estado, apenas de parte da receita pública, que é o tributo. O Direito Financeiro tem por objetivo qualquer receita do Estado, seja ela proveniente de seu patrimônio, dos contribuintes, seja das próprias despesas. O Direito Financeiro regula toda a atividade financeira do Estado e não apenas os tributos. O Direito Tributário estuda apenas a receita compulsória e derivada que é o tributo. Não tem por objetivo estudar despesas públicas, que ficam a cargo do Direito Financeiro.

Segundo Alfredo Rocco[1], para caracterizar a autonomia de uma ciência, é mister que: (a) ela seja bastante vasta, a ponto de merecer um estudo de conjunto, adequado e particular; (b) contenha doutrinas homogêneas dominadas por conceitos gerais comuns e distintos dos conceitos gerais que informam outras disciplinas, e (c) possua método próprio, empregando processos especiais para o conhecimento das verdades que constituem objeto de suas investigações. Na verdade, não existe método próprio no estudo do Direito. O método é um só e vale para todos os seus ramos.

Para verificar a autonomia do Direito Tributário, é preciso constatar se ele tem princípios próprios, regras próprias, instituições próprias, conceitos próprios etc.

O Direito Tributário tem princípios próprios, como os da legalidade tributária, da capacidade contributiva, da anterioridade, da proibição do confisco etc. São princípios que não pertencem a outros ramos do Direito.

Tem o Direito Tributário regras próprias. Elas têm seu marco inicial na Constituição, no Título VI (Da tributação e do orçamento), Capítulo I (Do sistema tributário nacional), nos arts. 145 a 162. O CTN (Lei n. 5.172/66) é considerado lei complementar, que tem por objetivo estabelecer regras gerais de tributação. O fato de existir um código a tratar da tributação indica que há autonomia da matéria, pois foram reunidas várias normas gerais sobre tributação no referido código, de forma sistemática e ordenada. Há várias leis ordinárias que tratam sobre o tema, como as relativas ao imposto de renda, ao imposto sobre produtos industrializados, aos impostos de exportação e importação, da contribuição de melhoria (Decreto-lei n. 195/67) etc.

Tem o Direito Tributário instituições próprias, como o Ministério da Fazenda, as Secretarias Estaduais da Fazenda, os Conselhos de Contribuintes, os Tribunais de Impostos e Taxas etc.

Mostra indiretamente o art. 109 do CTN que o Direito Tributário é autônomo de outros ramos do Direito, pois os princípios gerais de direito privado utilizam-se para pesquisa da definição, do conteúdo e do alcance de seus institutos, conceitos e formas, mas não para definição dos respectivos efeitos tributários, que, portanto, são autônomos em relação ao direito privado.

---

1 ROCCO, Alfredo. *Principi di diritto comerciale*. Turim: Utet, 1928. p. 72.

O Direito Tributário tem conceitos próprios, como de fato gerador (art. 114 do CTN), obrigação tributária (art. 113 do CTN), sujeito ativo (art. 119 do CTN), sujeito passivo (art. 121 do CTN), contribuinte, responsável, base de cálculo, alíquota, crédito tributário (art. 139 do CTN), lançamento (art. 142 do CTN), dívida ativa etc.

Tem autonomia didática, pois a maioria das faculdades de Direito tem cadeira própria estudando a matéria. Mesmo nas faculdades de Ciências Econômicas, Contábeis e Administrativas costuma haver uma cadeira, geralmente no terceiro ano, em que se estuda o Direito Tributário, pois não é possível tratá-lo no mesmo ano em que é ministrada a disciplina Instituições de Direito Público e Privado, que contém muita matéria para ser dada em um ou em dois anos.

Nos concursos públicos, passa a ser exigida a matéria Direito Tributário, seja para juiz de direito ou federal, para procurador do Estado, para procurador da Fazenda Nacional, para o Ministério Público estadual ou federal etc.

Mesmo no exame da Ordem dos Advogados do Brasil, têm sido exigidas questões sobre Direito Tributário, podendo o candidato, na fase final, optar pela referida matéria.

A autonomia científica também é notada, pois existem muitas obras sobre Direito Tributário, em cursos, tratados, monografias específicas etc., como de Rubens Gomes de Sousa, Aliomar Baleeiro, Ruy Barbosa Nogueira, Bernardo Ribeiro de Moraes, Ives Gandra da Silva Martins, Paulo de Barros Carvalho, Geraldo Ataliba, José Souto Maior Borges, Hugo de Brito Machado, Sacha Calmon Navarro Coelho e outros.

Logo, é possível dizer que o Direito Tributário é autônomo do Direito Financeiro, por todos os motivos expostos.

Verificação de aprendizagem

1. O Direito Tributário tem regras próprias?
2. O Direito Tributário tem princípios próprios?
3. Há conceitos próprios no Direito Tributário?
4. Há autonomia do Direito Tributário?

Capítulo 6

POSIÇÃO ENCICLOPÉDICA DO DIREITO TRIBUTÁRIO

Posição enciclopédica ou taxionomia é o lugar que ocupa uma espécie do Direito dentro da ciência do Direito.

Ulpiano já dividia o Direito em público e privado, embora entendendo tal classificação como meramente didática, pois o Direito, enquanto ciência, é o gênero, que tem seus diversos ramos, que são considerados espécies. Cada ramo do Direito mantém relações e conexões com as demais espécies do gênero.

No século XIX, os juristas de tradição romanista entendiam que o Direito Público era o que compreendia a organização do Estado. Já o Direito Privado era o que dizia respeito ao interesse dos particulares. Essa orientação permanece nos dias atuais.

A posição enciclopédica do Direito Tributário situa-se no campo do Direito Público. Todas as regras decorrem da previsão legal. O tributo é pago porque é compulsório. Não existe acordo de vontades para pagá-lo. Se houvesse vontade, o contribuinte não o pagaria.

A natureza do Direito Tributário, portanto, é *ex lege*. Decorre da previsão da lei. O tributo só é devido em razão da determinação legal. Tem, portanto, cunho publicístico, abrangendo o contribuinte e o Estado, que arrecada o tributo e o utiliza para custear as necessidades gerais da coletividade.

A relação jurídica tributária compreende um sujeito ativo (credor), um sujeito passivo (devedor) e um objeto (prestação).

O Direito Tributário é um direito obrigacional, pois compreende um sujeito ativo (Estado), um sujeito passivo (contribuinte) e uma prestação (tributo).

Verificação de aprendizagem

1. Que é posição enciclopédica ou taxionomia?
2. Qual é a posição enciclopédica do Direito Tributário?
3. Que envolve a relação jurídica tributária?

Capítulo 7

RELAÇÕES DO DIREITO TRIBUTÁRIO COM OS DEMAIS RAMOS DO DIREITO

1 DIREITO CONSTITUCIONAL

A partir principalmente da Lei Magna de 1934, nossas constituições passaram a trazer regras de Direito Tributário.

A Constituição de 1988 tratou do Direito Tributário em todo um capítulo, denominado "Do Sistema Tributário Nacional", dentro do Título VI, da Tributação e do Orçamento. A matéria está prevista nos arts. 145 a 162. A Seção I trata dos princípios gerais (arts. 145 a 149). A Seção II versa sobre as limitações do poder de tributar (arts. 150 a 152). A Seção III indica os impostos da União. A Seção IV arrola os impostos dos Estados e do Distrito Federal (art. 155). A Seção V prevê os impostos dos Municípios (art. 156). A Seção VI prescreve sobre a repartição das receitas tributárias (arts. 157 a 162).

Há uma hierarquia entre a norma constitucional e as normas que lhe são complementares.

A Lei Maior passa a prever um verdadeiro estatuto do contribuinte, prevendo garantias para os contribuintes serem tributados pelo Estado.

Determina o inciso I do art. 24 da Lei Magna que compete à União, aos Estados e ao Distrito Federal legislar concorrentemente sobre Direito Tributário.

2 DIREITO FINANCEIRO

O Direito Tributário poderia ser considerado a parte do Direito Financeiro que cuida especificamente dos tributos. Ambos pertencem ao Direito Público.

O Direito Financeiro vai estudar a atividade financeira do Estado, seu orçamento, compreendendo as receitas e despesas, o crédito público e a despesa pública. Estuda, portanto, toda a atividade financeira do Estado. Entre as receitas públicas, está o tributo.

Na Constituição de 1946, a cobrança do tributo dependia de prévia autorização pela lei orçamentária, que era chamada de princípio da anualidade tributária. As Constituições posteriores não mais fizeram essa exigência.

A Ciência das Finanças representa o conhecimento dos fatos da atividade financeira do Estado. Ela estuda essa atividade financeira sob os ângulos sociológico, político, administrativo, econômico e jurídico. Leciona Hugo de Brito Machado que "a Ciência das Finanças Públicas está para o Direito Tributário tal como a Ciência da Administração está para o Direito Administrativo; a Ciência Econômica, ou Economia, está para o Direito Econômico; a Criminologia está para o Direito Penal, e assim por diante"[1].

3 DIREITO ADMINISTRATIVO

Antigamente, afirmava-se que o Direito Tributário era uma parte do Direito Administrativo, por dizer respeito à administração. O Direito Administrativo regula as atividades gerais da administração.

Uma das ligações entre o Direito Tributário e o Direito Administrativo é o lançamento. Este é um ato administrativo vinculado, em que o fiscal irá constituir o crédito tributário.

O processo administrativo tributário é a discussão no âmbito administrativo da exigência do tributo. Isso é feito, por exemplo, no Conselho Administrativo de Recursos Fiscais, nos Tribunais de Impostos e Taxas.

Os decretos, muitas vezes, regulamentam leis tributárias. Têm os decretos natureza administrativa.

---

1 MACHADO, Hugo de Brito. *Curso de direito tributário*. 19. ed. São Paulo: Malheiros, 2001. p. 49.

4 DIREITO PENAL

O Direito Penal Tributário é ramo do Direito Penal. Trata dos crimes de natureza tributária, como sonegação fiscal (Lei n. 4.729/65). Na apropriação indébita tributária, o responsável retém, por exemplo, o imposto de renda, porém não o repassa ao Tesouro Nacional.

Somente a lei pode cominar penalidades para as ações e omissões contrárias a seus dispositivos, ou para outras infrações nela definidas (art. 97, V, do CTN).

A Lei n. 8.137, de 27-12-1990, versa sobre os crimes contra a ordem tributária. Há divisão entre crimes praticados por particulares e por funcionários públicos.

O Direito Tributário Penal é um ramo do Direito Tributário, que vai verificar a infração administrativa. Não se discute a existência de crime, mas de infração pelo não pagamento do tributo.

5 DIREITO DA SEGURIDADE SOCIAL

No custeio do Direito da Seguridade Social, são usados conceitos do Direito Tributário, como de contribuinte, fato gerador, lançamento, crédito tributário, dívida ativa etc. Pode-se dizer que o Direito Tributário é fonte subsidiária do Direito da Seguridade Social, pois, na omissão da Lei n. 8.212/91, aplica-se o CTN.

A contribuição da Seguridade Social tem natureza tributária, de contribuição social, conforme previsão do art. 149 da Constituição[2].

6 DIREITO INTERNACIONAL PÚBLICO

Há tratados, convenções e acordos internacionais que têm por objetivo evitar a possibilidade de dupla tributação da renda de determinado contribuinte. São também disciplinadas tarifas aduaneiras, de forma a regular o comércio entre os países envolvidos.

Prevê o art. 98 do CTN que os tratados e as convenções internacionais revogam ou modificam a legislação tributária interna e serão observados pela que lhes sobrevenha.

7 DIREITO PROCESSUAL CIVIL

São propostas perante o Poder Judiciário várias ações que visam à discussão dos tributos. A Lei n. 6.830/80 trata da execução fiscal da dívida ativa da União, dos Estados, do Distrito Federal, dos Municípios e suas autarquias.

---

[2] MARTINS, Sergio Pinto. *Direito da seguridade social*. 37. ed. São Paulo: Saraiva, 2018. p. 132-140.

O contribuinte discute no Judiciário direito líquido e certo de não ser tributado, o que é feito por meio de mandado de segurança. Ajuíza ação que visa à devolução de tributo pago indevidamente, a que se denomina de ação de repetição de indébito. O contribuinte propõe ação de consignação em pagamento contra o fisco, quando, por exemplo, não sabe quem é o sujeito ativo da relação tributária, ou quando o Estado não quer receber tributo devido.

A relação com o Direito Processual Civil é denominada de *Direito Processual Tributário*. É o estabelecimento de regras processuais para a discussão sobre a cobrança do tributo, na execução fiscal ou em ação proposta pelo contribuinte para não pagar o tributo exigido pelo fisco.

8 DIREITO CIVIL

Quando não existia um Código Tributário, eram utilizados os institutos do Direito das Obrigações, relativos à extinção das obrigações, contidos no Código Civil, como pagamento, compensação, consignação em pagamento, pagamento com sub-rogação, imputação do pagamento, dação em pagamento (o credor receber imóvel pela dívida), confusão, remissão das dívidas. São ainda usados conceitos relativos a capacidade, personalidade jurídica, domicílio, mora etc.

9 DIREITO COMERCIAL

A empresa é a principal contribuinte na área do Direito Tributário. Há, portanto, necessidade de estudar tanto o que é empresa para fins tributários, como quando ela é contribuinte ou responsável.

O Direito Tributário precisa conhecer os conceitos de recuperação judicial e falência. O crédito tributário prefere qualquer outro crédito na falência, com exceção do crédito trabalhista.

A lei tributária não pode alterar a definição, o conteúdo e o alcance de institutos, conceitos e formas de Direito Privado, utilizados, expressa ou implicitamente, pela Constituição da República, pelas Constituições estaduais, ou pelas Leis Orgânicas do Distrito Federal e dos Municípios, para definir ou limitar competências tributárias (art. 110 do CTN).

10 DIREITO DO TRABALHO

O imposto de renda incide sobre verbas de natureza remuneratória que são pagas ao empregado, como salário, adicionais, férias gozadas, 13º salário, repouso semanal remunerado etc.

A contribuição do FGTS incide sobre remuneração, tendo natureza de contribuição social, espécie do gênero tributo.

Verificação de aprendizagem

1. Qual é a relação do Direito Tributário com o Direito Constitucional?
2. Qual é a relação do Direito Tributário com o Direito Financeiro?
3. Qual é a relação do Direito Tributário com o Direito Administrativo?
4. Qual é a relação do Direito Tributário com o Direito Penal?
5. Qual é a relação do Direito Tributário com o Direito Internacional Público?
6. Qual é a relação do Direito Tributário com o Direito Civil?
7. Qual é a relação do Direito Tributário com o Direito Comercial?

Capítulo 8

FONTES DO DIREITO TRIBUTÁRIO

1 INTRODUÇÃO

Fonte vem do latim *fons*, com o significado de nascente, manancial.

No significado vulgar, tem o sentido de nascente de água, o lugar donde brota água. Figuradamente, refere-se à origem de alguma coisa, de onde provém algo. Fonte de Direito tem significado metafórico, em razão de que já é uma fonte de várias normas.

Claude du Pasquier afirma que fonte de regra jurídica "é o ponto pelo qual ela se sai das profundezas da vida social para aparecer à superfície do Direito"[1].

José de Oliveira Ascensão menciona que fonte tem diferentes significados: (a) histórico: considera as fontes históricas do sistema, como o direito romano; (b) instrumental: são os documentos que contêm as regras jurídicas, como códigos, leis etc.; (c) sociólogo ou material: são os condicionamentos sociais que produzem determinada norma; (d) orgânico: são os órgãos de produção das normas jurídicas; (e) técnico-jurídico ou dogmático: são os modos de formação e revelação das regras jurídicas[2].

---

1 PASQUIER, Claude du. *Introduction à la théorie générale et a la philosophie du droit*. Paris: Delachaux et Niestlé, 1978. p. 47.

2 ASCENSÃO, José de Oliveira. O *direito*: introdução e teoria geral. Lisboa: Fundação Calouste Gulbenkian, 1978. p. 39.

O estudo das fontes do Direito pode ter várias acepções, como sua origem, fundamento de validade das normas jurídicas e a própria exteriorização do Direito.

Fontes formais são as formas de exteriorização do Direito. Exemplos seriam as leis, o costume etc.

Eduardo Garcia Máynez afirma que as fontes formais são como o leito do rio, ou canal, por onde correm e manifestam-se as fontes materiais[3].

Fontes materiais são o complexo de fatores que ocasionam o surgimento de normas, que envolvem fatos e valores. São analisados fatores sociais, psicológicos, econômicos, históricos etc. São os fatores reais que influenciam na criação da norma jurídica.

Alguns autores afirmam que apenas o Estado é a única fonte do Direito, pois ele goza do poder de sanção. Uma segunda corrente prega que existem vários centros de poder, de onde emanam normas jurídicas.

Para certos autores, relevante é apenas o estudo das fontes formais. As fontes materiais dependem da investigação de causas sociais que influenciaram na edição da norma jurídica, matéria que é objeto da Sociologia do Direito.

Miguel Reale prefere trocar a expressão *fonte formal* por *teoria do modelo jurídico*. Este é "a estrutura normativa que ordena os fatos segundo valores, numa qualificação tipológica de comportamentos futuros, a que se ligam determinadas consequências"[4].

As fontes podem ser classificadas em heterônomas e autônomas. Heterônomas são as impostas por agente externo. Exemplos: constituição, leis, decretos. Autônomas são as elaboradas pelos próprios interessados. Exemplos: costume, contrato.

O art. 96 do CTN indica algumas fontes, como as leis, os tratados e as convenções internacionais, os decretos e as normas complementares que versem, no todo ou em parte, sobre tributos e relações jurídicas a eles pertinentes.

São normas complementares das leis, dos tratados e das convenções internacionais e dos decretos: (a) os atos normativos expedidos pelas autoridades administrativas; (b) as decisões dos órgãos singulares ou coletivos de jurisdição administrativa, a que a lei atribua eficácia normativa; (c) as práticas reiteradamente observadas pelas autoridades administrativas. Novas interpretações feitas pelo fis-

---

3 GARCIA MÁYNEZ, Eduardo. *Introducción al estudio del derecho*. México: Porrúa, 1968. p. 51.

4 REALE, Miguel. *O direito como experiência*. 2. ed. São Paulo: Saraiva, 1999. p. 162.

co não podem prejudicar o contribuinte, que agiu de acordo com a orientação anterior do fisco na época da ocorrência do fato gerador; (d) os convênios que entre si celebrarem a União, os Estados, o Distrito Federal e os Municípios (art. 100 do CTN).

São fontes do Direito Tributário: a Constituição, as leis, os decretos, os atos do Poder Executivo.

2 CONSTITUIÇÃO

As normas jurídicas têm hierarquias diversas, porém compõem um todo, que se inicia com a Constituição.

A Constituição é como um esqueleto ou um tronco de árvore. O esqueleto dá sustentação ao corpo. O tronco da árvore dá sustentação a toda a árvore. A Lei Maior dá sustentação a todo o ordenamento jurídico tributário.

Passou a Constituição de 1988 a ter todo um capítulo sobre o Sistema Tributário Nacional (arts. 145 a 162).

A Constituição não cria o tributo, apenas outorga competência para a União, Estados, Distrito Federal e Municípios criá-lo.

Estabelece a Constituição que os tributos só podem ser instituídos e cobrados de acordo com os limites por ela estabelecidos.

3 LEI

Lei é a expressão da vontade geral. É estabelecida genericamente para regular condutas. É a norma emanada do Poder Legislativo, que estabelece regras de conduta. Obriga a todos dentro da sociedade, pois não visa a situações particulares, mas genéricas.

Lei em sentido formal é a norma emanada do Estado, que tem caráter imperativo. Lei em sentido material é a disposição imperativa, que tem caráter geral e regra de direito objetivo.

Abaixo da Constituição, existem várias leis.

4 LEI COMPLEMENTAR

Nosso legislador constituinte foi abeberar-se na Constituição francesa de 1958 para criar as leis complementares. Na França, eram denominadas de leis orgânicas, tendo processo legislativo diverso do previsto para a votação das leis ordinárias (art. 46)[5].

Uma espécie de lei complementar à Constituição, em sentido amplo, já era prevista como "lei orgânica", visando a sua "execução completa" (Constituição de 1891, art. 34, n. 34; Constituição de 1934, art. 39, n. 1). A Emenda Constitucional n. 4, de 2-9-1961, à Constituição de 1946, que instituiu o sistema parlamentar de governo, previa, no art. 22, que se complementasse o sistema parlamentar de governo mediante leis caracterizadas pela exigência de maioria absoluta de votação para sua aprovação, nas duas Casas do Congresso Nacional. Essa Emenda, porém, foi revogada pela Emenda Constitucional n. 6, de 23-1-1963, ao ser estabelecido o sistema presidencial de governo.

Leciona Walter Barbosa Corrêa que a lei complementar "nasceu no sistema constitucional brasileiro por ocasião da Emenda Constitucional n. 18 anterior à Constituição de 1946, para dar solução a questões tributárias, de âmbito nacional, envolvendo os fiscos federais, estaduais e municipais"[6]. Na verdade, a Comissão de Reforma Tributária de 1965 enviou ao governo projeto de emenda constitucional diverso do que culminou na Emenda Constitucional n. 18/65, no qual se definiam a figura da lei complementar e a matéria versada por esta, inclusive seu processo legislativo. Ocorreu, entretanto, que o governo entendeu não haver necessidade desse projeto, pois, com os poderes que lhe foram conferidos pelo Ato Institucional n. 2, de 27-10-1965, o projeto de reforma que abrangia a lei complementar perdeu oportunidade, não o tendo o Executivo enviado ao Congresso Nacional.

A partir da Carta Magna de 1967, e também com a Emenda Constitucional n. 1/69, diversos dispositivos da Constituição passaram a fazer menção à lei complementar para preencher suas determinações, inclusive especificando o processo especial para votação das referidas normas.

A Constituição de 1988, estabelecendo o processo legislativo, preceitua, como fonte de direito, a lei complementar:

> Art. 59. O processo legislativo compreende a elaboração de:
> I - (...);
> II - leis complementares;

---

5 SILVA, José Afonso da. *Aplicabilidade das normas constitucionais*. São Paulo: Revista dos Tribunais, 1968. p. 232; FERREIRA, Pinto. Verbete: Lei complementar I. *Enciclopédia Saraiva de Direito*. São Paulo: Saraiva, 1979. p. 494; FERREIRA FILHO, Manoel Gonçalves. Verbete: Lei complementar II. *Enciclopédia Saraiva de Direito*. São Paulo: Saraiva, 1979. p. 513.

6 CORRÊA, Walter Barbosa. *Fontes do direito tributário*. Coordenação de Ives Gandra da Silva Martins. São Paulo: Saraiva, 1982. p. 41-42.

(...)
Parágrafo único. Lei complementar disporá sobre a elaboração, redação, alteração e consolidação das leis.

Celso Ribeiro Bastos conceitua a lei complementar como a regra "que contempla uma matéria a ela entregue de forma exclusiva e que, em consequência, repele normações heterogêneas, aprovadas mediante um *quorum* próprio da maioria absoluta"[7]. Na verdade, a lei complementar vai integrar a eficácia da norma constitucional[8].

A lei complementar tem *quorum* especial de votação previsto pela Constituição (art. 69). Somente pode ser aprovada por maioria absoluta dos membros das duas Casas do Congresso Nacional.

Em princípio, todas as leis são complementares, porque se destinam a complementar preceitos básicos determinados pela Lei Fundamental. Contudo, a expressão *lei complementar* é utilizada para as normas sem as quais certos dispositivos constitucionais carecem de aplicação.

Pode-se dizer que a lei complementar é norma geral destinada ao legislador ordinário. Como norma geral, é lei "nacional", e não "federal", e é aplicável não só à União, como também aos Estados-membros, Distrito Federal e Municípios[9].

Se a lei complementar é aprovada sem o *quorum* especial de votação, não passará de mera lei ordinária. Se a lei ordinária for rotulada de lei complementar, mas não for observado o *quorum* de votação do art. 69 da Lei Magna, continuará sendo lei ordinária.

A instituição da lei complementar só pode ser feita nos casos enunciados pelo Estatuto Supremo, sob pena de ser considerada mera lei ordinária, ou de ter eficácia de lei ordinária, apesar de no processo legislativo ter sido observado *quorum* especial de votação[10].

Na área tributária, a lei complementar tem também função específica, conforme consagra a própria Constituição:

Art. 146. Cabe à lei complementar:
I – dispor sobre conflitos de competência, em matéria tributária, entre a União, os Estados, o Distrito Federal e os Municípios;
II – regular as limitações constitucionais ao poder de tributar;

---

7 BASTOS, Celso Ribeiro. *Lei complementar*. São Paulo: Saraiva, 1985. p. 17.

8 BORGES, José Souto Maior. *Lei complementar tributária*. São Paulo: Revista dos Tribunais, 1975. p. 33.

9 BALEEIRO, Aliomar. *Direito tributário brasileiro*. 10. ed. Rio de Janeiro: Forense, 1981. p. 29.

10 ATALIBA, Geraldo. *Lei complementar na Constituição*. São Paulo: Revista dos Tribunais, 1971. p. 37.

III – estabelecer normas gerais em matéria de legislação tributária, especialmente sobre:

a) definição de tributos e suas espécies, bem como, em relação aos impostos discriminados nesta Constituição, a dos respectivos fatos geradores, bases de cálculo e contribuintes;

b) obrigação, lançamento, crédito, prescrição e decadência tributários;

c) adequado tratamento tributário ao ato cooperativo praticado pelas sociedades cooperativas.

d) definição de tratamento diferenciado e favorecido para as microempresas e para as empresas de pequeno porte, inclusive regimes especiais ou simplificados no caso do imposto previsto no art. 155, II, das contribuições previstas no art. 195, I e §§ 12 e 13, e da contribuição a que se refere o art. 239.

Cabe à lei complementar tratar das quatro regras contidas no art. 146 da Constituição. Isso não fere o pacto federativo ou a autonomia municipal, em razão da expressa determinação da Lei Maior disciplinando o conteúdo da lei complementar em matéria tributária.

O inciso III do art. 146 da Constituição traz hipóteses exemplificativas, pois usa o advérbio *especialmente*. Outras hipóteses podem ser estabelecidas pela lei complementar para tratar de normas gerais de tributação.

Não se pode estabelecer tratamento tributário menos favorável ou mais gravoso ao ato cooperativo. Tratamento adequado ao ato cooperativo não é tratamento privilegiado, mas é o específico para a cooperativa. Tratamento adequado é o justo, razoável para a cooperativa pagar, pertinente à sua situação, que não é o mesmo para a empresa. É uma forma de estímulo e proteção da sociedade cooperativa. É o respeito às peculiaridades e diferenças da cooperativa.

A lei complementar que vier a regular o inciso III, *d*, do art. 146 da Constituição, ao estabelecer tratamento diferenciado e favorecido para as microempresas e para as empresas de pequeno porte, também poderá instituir um regime único de arrecadação dos impostos e contribuições da União, dos Estados, do Distrito Federal e dos Municípios, observado que: (a) será opcional para o contribuinte; (b) poderão ser estabelecidas condições de enquadramento diferenciadas por Estado; (c) o recolhimento será unificado e centralizado e a distribuição da parcela de recursos pertencentes aos respectivos entes federados será imediata, vedada qualquer retenção ou condicionamento; (d) a arrecadação, a fiscalização e a cobrança poderão ser compartilhadas pelos entes federados, adotado cadastro nacional único de contribuintes (parágrafo único do art. 146 da Lei Maior). A Lei Complementar n. 123/2006 regula a matéria.

Lei complementar poderá estabelecer critérios especiais de tributação, com o objetivo de prevenir desequilíbrios da concorrência, sem prejuízo da competência de a União, por lei, estabelecer normas de igual objetivo (art. 146-A da Constituição). A lei ordinária federal pode obrigar Estados e Municípios, desde que não interfira na competência privativa deles.

> Art. 148. A União, mediante lei complementar, poderá instituir empréstimos compulsórios:
> I – para atender a despesas extraordinárias, decorrentes de calamidade pública, de guerra externa ou sua iminência;
> II – no caso de investimento público de caráter urgente e de relevante interesse nacional, observado o disposto no art. 150, III, *b*.
> Parágrafo único. A aplicação dos recursos provenientes de empréstimo compulsório será vinculada à despesa que fundamentou sua instituição.

O CTN é considerado lei complementar, embora na época tenha sido aprovado sob a forma de lei ordinária, que é a Lei n. 5.172/66. Na época da aprovação do CTN não existia lei complementar. Formalmente o CTN não é lei complementar. Na vigência da Carta Magna de 1967, o CTN foi elevado à categoria de lei complementar, em razão de tratar de matéria por ela determinada. O STF reconheceu a natureza de lei complementar do CTN[11]. A Constituição de 1988 recepciona o CTN como lei complementar, pois ele regula matérias que são privativas de lei complementar na Lei Magna.

5 LEI ORDINÁRIA

A lei ordinária, em alguns casos, também completa ou complementa a Constituição. Todavia, difere da lei complementar pelo fato de esta ter *quorum* especial para sua votação. A lei ordinária é aprovada no Congresso Nacional por maioria simples.

São leis ordinárias as que tratam do imposto de renda, do imposto sobre produtos industrializados etc.

A Lei n. 6.830/80 (Lei de Execução Fiscal) também é lei ordinária.

Somente a lei pode estabelecer: (a) a instituição de tributos, ou sua extinção; (b) a majoração de tributos, ou sua redução, salvo impostos de importação e exportação, IPI, IOF; (c) a definição do fato gerador da obrigação tributária principal; (d) a fixação da alíquota do tributo e de sua base de cálculo; (e) a cominação de penalidades para as ações ou omissões contrárias a seus dispositivos, ou para outras infrações nela definidas; (f) as hipóteses de exclusão, suspensão e extinção de créditos tributários, ou de dispensa ou redução de penalidades (art. 97 do CTN).

---

11 *RTJ* 105/194.

Equipara-se à majoração do tributo a modificação de sua base de cálculo, que importe em torná-lo mais oneroso.

Não constitui majoração de tributo a atualização do valor monetário da respectiva base de cálculo. Entretanto, o Município não pode atualizar o IPTU, mediante decreto, em porcentual superior ao índice oficial de correção monetária (Súmula 160 do STJ).

O conteúdo e o alcance dos decretos restringem-se aos das leis em função das quais sejam expedidos, determinados com a observância das regras de interpretação. O objetivo do decreto é esclarecer o conteúdo da lei, mas não pode exceder o que nela contém, sob pena de nulidade.

6 LEI DELEGADA

Lei delegada é um ato normativo originário do Poder Executivo. As leis delegadas serão elaboradas pelo presidente da República, que deverá solicitar delegação ao Congresso Nacional (art. 68 da Constituição). A delegação é feita por meio de resolução do Congresso Nacional, que especificará seu conteúdo e forma de exercício (§ 2º do art. 68 da Constituição).

No Direito Tributário, a lei delegada não é considerada fonte, pois não são objeto de delegação os atos de competência exclusiva do Congresso Nacional e a matéria reservada à lei complementar (§ 1º do art. 68 da Constituição). A competência tributária é, inclusive, indelegável (art. 7º do CTN).

7 DECRETO LEGISLATIVO

Os decretos legislativos servem para regular matéria de competência do Congresso Nacional (art. 49 da Constituição) com efeitos externos. Independem de sanção e veto do presidente da República.

É o decreto legislativo fonte do Direito Tributário quando o Congresso Nacional aprova tratados, convenções ou atos internacionais (art. 49, I, da Constituição), como os relativos à matéria tributária.

8 RESOLUÇÃO

As resoluções são utilizadas para regular matéria de competência do Congresso Nacional e de suas casas, tendo efeitos internos.

O inciso V do art. 52 da Constituição prevê que o Senado Federal pode autorizar operações externas de natureza financeira, de interesse da União, dos Estados, do Distrito Federal e dos Municípios, o que é feito por meio de resolução.

Resolução do Senado Federal estabelece: (a) alíquotas do ICMS em relação às operações de circulação de mercadorias e prestação de serviços, interestaduais e de exportação; (b) alíquotas mínimas nas operações internas em matéria de ICMS (art. 155, § 2º, V, *a*, da Constituição); (c) alíquotas máximas nas operações da alínea anterior para resolver conflito específico que abranja interesse de Estados (art. 155, § 2º, V, *b*, da Constituição).

As alíquotas máximas do imposto de transmissão *causa mortis* e doação são fixadas pelo Senado Federal, o que é feito por resolução.

9 TRATADOS INTERNACIONAIS

Serão os tratados internacionais fontes de Direito Tributário quando forem aprovados por decreto legislativo e promulgados por decreto do Presidente da República.

Ratificação, segundo Hildebrando Accioly, é "o ato pelo qual o poder executivo, devidamente autorizado pelo órgão para isso designado na lei interna, confirma um tratado ou declara que este deve produzir seus devidos efeitos"[12]. Antes da ratificação "o tratado não constitui ato perfeito e acabado: a ratificação é que o completa e lhe dá força obrigatória"[13].

Estabelece o inciso VIII do art. 84 da Constituição que é da competência privativa do Presidente da República celebrar tratados, convenções e atos internacionais, sujeitos a referendo do Congresso Nacional.

Determina o inciso I do art. 49 da Constituição que compete exclusivamente ao Congresso Nacional resolver definitivamente sobre tratados, acordos ou atos internacionais que acarretem encargos ou compromissos gravosos ao patrimônio nacional. A aprovação do tratado ou convenção é feita no Congresso Nacional por meio de decreto legislativo.

Para a vigência da norma internacional, é necessário publicidade, tornando público o texto oficial, o que é feito por intermédio de decreto de promulgação, isto é, por decreto do Presidente da República.

---

12 ACCIOLY, Hildebrando. *Tratado de direito internacional público*. 2. ed. Rio de Janeiro: Ministério das Relações Exteriores, 1956. v. 1, p. 574.

13 Idem, ibidem, p. 577.

Leciona Hildebrando Accioly que promulgação "é o ato jurídico, de natureza interna, pelo qual o governo de um Estado afirma ou atesta a existência de um tratado por ele celebrado e o preenchimento das formalidades exigidas para sua conclusão e, além disso, ordena sua execução dentro dos limites aos quais se estende a competência estatal"[14].

Não existe determinação constitucional no sentido de a promulgação ser feita por decreto. Assevera Francisco Rezek que é uma praxe "tão antiga quanto a Independência e os primeiros exercícios convencionais do Império". Vale o decreto "como ato de publicidade da existência do tratado, norma jurídica de vigência atual ou iminente. Publica-os, pois, o órgão oficial, para que o tratado – cujo texto completo vai em anexo – se introduza na ordem legal, e opere desde o momento próprio. A simples publicação no *Diário Oficial*, autorizada pelo Ministro das Relações Exteriores e efetivada pela Divisão de Atos Internacionais do Itamaraty, garante a introdução no ordenamento jurídico nacional dos acordos celebrados no molde 'executivo' – sem manifestação tópica do Congresso ou intervenção formal, a qualquer título, do Presidente da República"[15].

A norma internacional só vige "depois de oficialmente publicada" (art. 1º da Lei de Introdução às Normas do Direito Brasileiro), o que é feito com o decreto de promulgação publicado no *Diário Oficial da União*. Com isso, a norma internacional é traduzida para o português, é tornada pública, e indicada a data de sua vigência.

A publicação do texto da norma internacional no *Diário do Congresso Nacional* não tem o condão de torná-la obrigatória, o que só é realizado com a publicação no *Diário Oficial da União*, quando é fixada a data do início de sua vigência.

A hierarquia das normas internacionais pode ser analisada sob o ângulo de duas teorias. A teoria monista, que prega a unidade do sistema do Direito Internacional e do Direito interno do país. A teoria dualista, que entende que existem duas ordens jurídicas distintas, a internacional e a interna.

Na corrente monista seria possível sustentar duas situações: (a) a que entende que haveria primazia da ordem internacional sobre o direito interno, tese defendida por Haroldo Valladão[16]; (b) a que equipara, "dependendo a prevalência de uma

---

[14] ACCIOLY, Hildebrando. *Tratado de direito internacional público* cit., p. 602.

[15] REZEK, José Francisco. *Direito internacional público*. 7. ed. São Paulo: Saraiva, 1998. p. 84.

[16] VALLADÃO, Haroldo. *Direito internacional privado*: introdução e parte geral. 3. ed. Rio de Janeiro: Freitas Bastos, 1971. p. 95.

fonte sobre a outra da ordem cronológica de sua criação"[17], isto é, o direito interno prevalece sobre o direito internacional, se aquele for posterior a este.

A Constituição de 1988 não é clara no sentido de que observou uma teoria ou outra. Tudo indica que adotou a teoria monista, em virtude da qual o tratado ratificado complementa, altera ou revoga o direito interno, desde que se trate de norma autoaplicável e já esteja em vigor no âmbito internacional. O Brasil, em suas relações internacionais, rege-se pelo princípio da independência nacional (art. 4º, I), não podendo haver, portanto, a coexistência de duas ordens ao mesmo tempo. O § 2º do art. 5º da Lei Maior determina que os direitos e garantias expressos na Constituição não excluem outros decorrentes do regime e dos princípios por ela adotados, ou dos tratados internacionais que o Brasil seja parte. O inciso VIII do art. 84 da Lei Magna determina que compete privativamente ao Presidente da República celebrar tratados, convenções e atos internacionais, sujeitos a referendo do Congresso Nacional. A Convenção da OIT tem natureza de lei federal, tanto que o Congresso Nacional tem competência exclusiva para resolver definitivamente sobre tratados internacionais (art. 49, I), o que é feito por meio de decreto legislativo, que também tem natureza de lei federal (art. 59, VI, da Constituição). A alínea *b* do inciso III do art. 102 da Constituição esclarece que compete ao STF, em grau de recurso extraordinário, julgar as causas em única ou última instância, para declarar a inconstitucionalidade de tratado, mostrando que o tratado fica hierarquicamente logo abaixo da Constituição. A alínea *a* do inciso III do art. 105 da Lei Maior dispõe que compete ao STJ julgar, em recurso especial, as decisões que contrariem tratado, ou negar-lhes vigência, indicando que o tratado tem hierarquia de lei federal. Adotam a teoria monista a Alemanha, o México, o Uruguai, os Estados Unidos, a França e outros países.

A teoria dualista afirma que não há a aplicação da norma internacional sem que a norma interna a regulamente. O país tem o compromisso de legislar na conformidade do diploma internacional. Amílcar de Castro, que é adepto de tal teoria, afirma que o tratado "só opera na ordem internacional, que é independente da nacional, e entre ordens independentes não podem as normas de uma provir da outra. É aceitável, por isso, a opinião de Azilotti no sentido de que 'as normas internacionais não podem influir sobre o valor obrigatório das normas internas, e vice-versa'"[18]. A Argentina adota esse sistema, em que a norma internacional e a interna vigoram ao mesmo tempo. Adotam, ainda, esse sistema a Austrália, o Canadá e a Inglaterra, entre outros.

---

[17] DOLINGER, Jacob. *Direito internacional público*: parte geral. Rio de Janeiro: Renovar, 1994. p. 83.

[18] CASTRO, Amílcar de. *Direito internacional privado*. Rio de Janeiro: Forense, 1995. p. 123.

Julgou o STF que a norma posterior ao tratado prevalece sobre o instrumento internacional, ainda que não tenha sido ele denunciado pelo Brasil[19]. O STF entendeu que "os tratados concluídos pelo Estado Federal possuem, em nosso sistema normativo, o mesmo grau de autoridade e de eficácia das leis mencionadas"[20]. Não há necessidade, portanto, de aprovação de lei ordinária para que o tratado tenha validade interna no país. Entretanto, é possível justificar que a norma internacional tem sua forma própria de revogação, a denúncia, e só pode ser alterada por outra norma de categoria igual ou superior, internacional ou supranacional, e jamais pela inferior, interna ou nacional.

Sendo o tratado anterior à Constituição e dispondo contra ela, prevalece a Constituição se esta for mais recente. Se o tratado for posterior à Constituição, o primeiro é inconstitucional tanto que é cabível o recurso extraordinário para declarar sua inconstitucionalidade (art. 102, III, *b*, da Constituição). Nesse sentido, foi acolhida representação do Procurador-Geral da República para afirmar a ineficácia jurídica de determinadas normas da Convenção n. 110 da OIT, por se atritarem com disposições da Constituição no momento da ratificação (STF, Pleno, Representação n. 803, j. 14-6-1974, Rel. Min. Djaci Falcão). Estabelece o art. 60 da Constituição o processo de emenda à Constituição, sendo que o tratado não está nele incluído.

Determina o art. 98 do CTN que os tratados e as convenções internacionais revogam ou modificam a legislação tributária interna, e serão observados pela que lhes sobrevenha, justamente porque têm hierarquia superior à lei federal.

Atualmente, o STF entende que os tratados têm natureza supralegal: acima da lei e abaixo da Constituição.

Os tratados e convenções internacionais sobre direitos humanos que forem aprovados, em cada casa do Congresso Nacional, em dois turnos, por três quintos dos votos dos respectivos membros, serão equivalentes às emendas constitucionais (§ 3º do art. 5º da Constituição).

10 ATOS DO PODER EXECUTIVO

Não são apenas as leis oriundas do Poder Legislativo que são fontes do Direito, mas também as normas provenientes do Poder Executivo.

---

19 STF, Pleno, RE 80.004, j. 1º-6-1977, Rel. Min. Cunha Peixoto, *RTJ* 83/809.

20 STF, ADIn n. 1.347-5, Rel. Min. Celso de Mello, *DJU* I 1º-12-1995, p. 41.685.

No período em que o Poder Executivo podia expedir decretos-leis, foram baixadas várias normas. O STF entendia que era possível a criação de tributo por decreto-lei.

Edita o Poder Executivo medidas provisórias, que têm força de lei no período de 60 dias, prorrogável uma vez por igual período (art. 62 da Constituição). Não é vedada a edição de medida provisória sobre Direito Tributário. Apenas não pode ser editada medida provisória sobre matéria em que a Constituição estabelece que é reserva de lei complementar. O STF entende que é possível criar ou majorar tributos por meio de medida provisória, pois ela tem força de lei. Medida provisória que implique instituição ou majoração de impostos, exceto os impostos de importação, exportação, IPI, IOF e impostos extraordinários por motivo de guerra, só produzirá efeitos no exercício financeiro seguinte se houver sido convertida em lei até o último dia daquele ano em que foi editada. Se a medida provisória não implica a criação ou majoração de impostos, produzirá efeitos imediatos, a contar de sua edição, quando aprovada pelo Congresso Nacional.

Os decretos complementam as leis, regulamentando-as. Também são chamados de regulamentos de execução, porém não podem contrariar ou inovar seu conteúdo. Determina o inciso IV do art. 84 da Constituição que compete privativamente ao Presidente da República expedir decretos e regulamentos para a fiel execução da lei. O decreto não poderá, porém, criar tributos ou aumentá-los. Não poderá ir além do descrito na lei, prevendo situação não descrita na norma legal. Se assim fizer, será nulo, pois seu objetivo é apenas esclarecer o conteúdo da lei. Lembra Hely Lopes Meirelles, citando Medeiros Silva, "que 'a função do regulamento não é reproduzir, copiando-se, literalmente, os termos da lei. Seria um ato inútil se assim fosse entendido. Deve, ao contrário, evidenciar e tornar explícito tudo aquilo que a lei encerra. Assim, se uma faculdade ou atribuição está implícita no texto legal, o regulamento não exorbitará, se lhe der forma articulada e explícita'. Como ato inferior à lei, o regulamento não pode contrariá-la ou ir além do que ela permite"[21].

Os Ministérios do Poder Executivo, muitas vezes, expedem portarias, ordens de serviço, instruções normativas, circulares etc. que visam ao esclarecimento da lei e a sua interpretação. Eles têm fundamento no inciso II do parágrafo único do art. 87 da Constituição.

Decreto é atribuição do Presidente da República. Instrução normativa é atribuição de Ministro do Estado (art. 87, parágrafo único, II, da Constituição).

---

21 MEIRELLES, Hely Lopes. *Direito administrativo brasileiro*. 19. ed. São Paulo: Malheiros, 1994. p. 163-164.

Decisões administrativas a que a lei atribua eficácia normativa são as decisões proferidas por órgãos singulares (ex.: diretor do departamento jurídico fiscal do Município, superintendente da Receita Federal) e colegiados (Conselho Administrativo de Recursos Fiscais, Tribunais de Impostos e Taxas). Atualmente, são enquadrados nessa categoria os pareceres normativos do Coordenador do Sistema de Tributação do Ministério da Fazenda, que têm por objetivo unificar a interpretação da legislação tributária, em razão de consultas.

Práticas reiteradas das autoridades administrativas são posições constantemente afirmadas pelo fisco. São espécies de costumes administrativo-tributários. O CTN não estabelece quando é que ocorrem essas práticas reiteradas.

O art. 199 do CTN prevê que a Fazenda Pública da União e as dos Estados, do Distrito Federal e dos Municípios prestar-se-ão mutuamente assistência para a fiscalização dos tributos respectivos e permuta de informações, na forma estabelecida, em caráter geral ou específico, por lei ou convênio. Os arts. 213 e 214 do CTN também mencionam hipóteses de utilização de convênios. Dispõe o art. 214 que o Poder Executivo promoverá a realização de convênios com os Estados, para excluir ou limitar a incidência do ICMS, no caso de exportação para o exterior.

É possível o estabelecimento de convênios para fiscalização e arrecadação de tributos (art. 7º do CTN), mas não para delegar a competência tributária.

São estabelecidos convênios em matéria de ICMS entre os Estados-membros.

11 USOS E COSTUMES

Na reiterada aplicação de certo costume pela sociedade é que pode originar-se a norma legal.

Antecedeu o costume à lei, pois os povos não conheciam a escrita. O Direito costumeiro era ligado à religião e as modificações eram feitas muito lentamente.

Nos países que adotam o sistema do *Common Law*, não existe lei escrita. As normas são decorrentes dos costumes e da tradição. Há os precedentes judiciais, que influenciam outras decisões. É um Direito originário das decisões judiciais: *judge made law*.

O costume é a vontade social decorrente de uma prática reiterada, de certo hábito, de seu exercício. Representa o costume a valorização jurídica da prática.

Surge o costume da prática de certa situação. Não tem forma prevista ou é escrito, nem é controlado. Perde sua vigência pelo desuso, pois a vigência é decorrência de sua eficácia[22]. Não tem prazo certo de vigência.

---

22 REALE, Miguel. *Lições preliminares de direito*. 23. ed. São Paulo: Saraiva, 1996. p. 156-157.

O costume é espontâneo. É elaborado e cumprido pelo grupo.

Só haverá o costume jurídico quando: (a) seja habitual um comportamento durante certo período; (b) esse comportamento obrigue a consciência social.

No costume, há dois fatores: (a) objetivo: que é seu uso prolongado; (b) subjetivo: a convicção jurídica e a certeza de sua imprescindibilidade (*opinio iuris est necessitatis*).

Torna-se o costume direito quando as pessoas que o praticam reconhecem-lhe a obrigatoriedade, como se fosse uma lei.

Não basta, porém, que haja um uso prolongado do costume, mas que seja observado pelas pessoas obrigatoriamente.

Muitas vezes, é do costume que acaba surgindo a norma legal; ele serve de base para a criação desta última regra.

Classifica-se o costume em: (a) *extra legem* (fora da lei) ou *praeter legem*, que atua na hipótese de lacuna da lei (art. 4º da Lei de Introdução); (b) *secundum legem*, segundo o que dispõe a lei e que a interpreta; (c) *contra legem*, que contraria o disposto na norma legal, como pelo desuso da norma diante da realidade ou pelo costume ab-rogatório, que cria uma nova regra.

As funções do costume são: (a) supletiva ou integrativa, em que serve para suprir as lacunas da lei: (b) interpretativa, que aclara o conteúdo da norma legal.

Dispõe o art. 4º da Lei de Introdução que, se a lei for omissa, o juiz decidirá o caso de acordo com os costumes.

O tributo não poderá ser exigido em decorrência dos usos e costumes, mas da previsão legal. Entretanto, omissa a lei, o juiz poderá decidir de acordo com os costumes.

12 DOUTRINA E JURISPRUDÊNCIA

A doutrina e a jurisprudência também exercem importante papel no Direito, mas a verdadeira fonte é a legislação.

A jurisprudência pode ser considerada como fonte do Direito. Ela indica o caminho predominante em que os tribunais entendem de aplicar a lei, suprimindo, inclusive, eventuais lacunas desta. Dispõe o § 2º do art. 102 da Constituição que "as decisões definitivas de mérito, proferidas pelo STF, nas ações diretas de inconstitucionalidade e nas ações declaratórias de constitucionalidade produzirão eficácia contra todos e efeito vinculante, relativamente aos demais órgãos do Poder

Judiciário e à administração pública direta e indireta, nas esferas federal, estadual e municipal".

Dispõe o parágrafo único do art. 28 da Lei n. 9.868, de 10-11-1999, que a declaração de constitucionalidade ou de inconstitucionalidade, inclusive a interpretação conforme a Constituição e a declaração parcial de inconstitucionalidade sem redução de texto, têm eficácia contra todos e efeito vinculante em relação aos órgãos do Poder Judiciário e à Administração Pública federal, estadual e municipal.

O Supremo Tribunal Federal poderá, de ofício ou por provocação, mediante decisão de dois terços dos seus membros, após reiteradas decisões sobre matéria constitucional, aprovar súmula que, a partir da sua publicação na imprensa oficial, terá efeito vinculante em relação aos demais órgãos do Poder Judiciário e à administração pública direta e indireta, nas esferas federal, estadual e municipal (art. 103-A da Constituição).

O CPC de 2015 estabelece que os tribunais devem uniformizar sua jurisprudência e mantê-la estável (art. 926). Os juízes observarão a orientação do plenário ou do órgão especial aos quais estiverem vinculados (art. 927, V, do CPC/2015). Dispõe o inciso VI do § 1º do art. 489 do CPC/2015 que não se considera fundamentada a sentença que deixar de seguir enunciado de súmula, jurisprudência ou precedente invocado pela parte, sem demonstrar a existência de distinção no caso em julgamento ou a superação do entendimento. A súmula, a jurisprudência ou o precedente passam a ser fontes de direito. Assim, passamos de um sistema de *civil law* para um sistema de *common law*, em que a jurisprudência e os precedentes são considerados como fonte de direito e devem ser respeitados.

A doutrina também se constitui em valioso subsídio para a análise do Direito, mas também não se pode dizer que venha a ser uma de suas fontes, justamente porque os juízes não estão obrigados a observá-la em suas decisões, tanto que ela muitas vezes não é pacífica, tendo posicionamentos opostos.

A analogia, a equidade, os princípios gerais de Direito e o Direito Comparado não constituem fontes formais, mas critérios de integração da norma jurídica.

13 HIERARQUIA

O art. 59 da Constituição dispõe quais são as normas existentes no sistema jurídico brasileiro. Não menciona que haja hierarquia entre umas e outras. A hierarquia entre as normas somente viria a ocorrer quando a validade de determinada norma dependesse de outra, onde esta regularia inteiramente a forma de criação da primeira norma. É certo que a Constituição é hierarquicamente superior às demais normas, pois o processo de validade destas é regulado pela primeira. Abaixo da Constituição estão os demais preceitos legais, cada qual com campos diversos: leis complementares, leis ordinárias, decretos-leis (nos períodos em que existiram), medidas provisórias, leis delegadas, decretos legislativos e resoluções. Não há dúvida de que os decretos são hierarquicamente inferiores às primeiras normas, até porque não são emitidos pelo Poder Legislativo, mas pelo Poder Executivo. Após os decretos, há normas internas da Administração Pública, como portarias, circulares, ordens de serviço etc., que são hierarquicamente inferiores aos decretos.

Verificação de aprendizagem

1. Que é fonte?
2. Que é fonte material?
3. Qual o conteúdo da lei complementar tributária?
4. Os tratados são fontes de Direito Tributário?
5. A medida provisória pode criar e majorar tributos?

Capítulo 9

EFICÁCIA DA LEGISLAÇÃO TRIBUTÁRIA

1 EFICÁCIA

Eficácia significa a aplicação ou a execução da norma jurídica. É a produção de efeitos jurídicos concretos ao regular as relações. Tal conceito não se confunde com validade, que é a força imponível que a norma tem, isto é, a possibilidade de ser observada. A vigência da norma diz respeito a seu tempo de atuação.

Aplicabilidade tem o sentido de pôr a norma em contato com fatos e atos.

A eficácia abrange a aplicabilidade da norma e se ela é obedecida ou não pelas pessoas.

Ocorre a eficácia global quando a norma é aceita por todos.

A eficácia parcial ocorre se é aceita parcialmente, implicando ineficácia parcial.

As normas constitucionais são divididas em de eficácia plena, contida e limitada[1]. Têm eficácia plena dispositivos que não necessitam ser regulamentados pela legislação infraconstitucional. Exemplo seria o adicional de horas extras de 50% (art. 7º, XVI). Na eficácia contida, a norma constitucional terá eficácia, po-

---

[1] SILVA, José Afonso da. *Aplicabilidade das normas constitucionais*. 3. ed. São Paulo: Malheiros, 1999. p. 81-82.

rém o legislador infraconstitucional poderá determinar restrições em relação ao tema. Na eficácia limitada, a norma somente terá eficácia quando for regulamentada no plano infraconstitucional (exemplo: participação na gestão das empresas).

Normas programáticas são as que enunciam apenas princípios, programas, necessitando de complementação pela legislação infraconstitucional.

A eficácia da norma jurídica pode ser dividida em relação ao tempo e ao espaço.

Determina o art. 101 do CTN que "a vigência, no espaço e no tempo, da legislação tributária rege-se pelas disposições legais aplicáveis às normas jurídicas em geral, ressalvado o previsto neste Capítulo".

2 EFICÁCIA NO TEMPO

Eficácia no tempo refere-se à entrada da lei em vigor.

Geralmente, a lei entra em vigor na data de sua publicação. Inexistindo disposição expressa da lei, esta começa a vigorar 45 dias depois de oficialmente publicada (art. 1º da Lei de Introdução às Normas do Direito Brasileiro). Nos Estados estrangeiros, a obrigatoriedade da lei brasileira, quando admitida, inicia-se três meses depois de oficialmente publicada (§ 1º do art. 1º da Lei de Introdução). É o que se chama de *vacatio legis*. Objetiva-se com isso divulgar o texto, discuti-lo e apreender seu conteúdo.

Se, antes de entrar a lei em vigor, ocorrer nova publicação de seu texto, destinada a correção, o prazo de vigência começará a correr da nova publicação.

As correções a texto de lei já em vigor consideram-se lei nova.

Não se destinando a lei a ter vigência temporária, terá vigor até que outra a modifique ou revogue.

A lei posterior revoga a anterior quando: (a) expressamente o declare, como ocorre no final de muitas leis, que rezam: revogam-se as disposições em contrário; ou quando revoga especificamente outra lei ou artigo de lei; (b) seja com ela incompatível. Exemplo seria prescrever conduta totalmente contrária à especificada na lei anterior; (c) regule inteiramente a matéria de que tratava a lei anterior.

A lei nova, que estabeleça disposições gerais ou especiais a par das já existentes, não revoga nem modifica a lei anterior. Difícil na maioria das vezes é dizer qual é a lei geral e qual a lei especial.

Salvo disposição em contrário, a lei revogada não se restaura por ter a lei revogadora perdido a vigência. Repristinação é a restauração da norma anteriormente revogada, pelo fato de que a lei revogadora perdeu vigência. No sistema jurídico brasileiro, em regra, não existe repristinação. A repristinação só existirá se a lei a assim dispor em sentido contrário, como se observa do § 3º do art. 2º da LINDB. O § 2º do art. 11 da Lei n. 9.868/99 diz respeito à restauração da lei anterior, em caso de concessão de liminar em cautelar para declarar a inconstitucionalidade de norma.

A lei em vigor terá efeito imediato e geral, respeitados o ato jurídico perfeito, o direito adquirido e a coisa julgada.

Reputa-se ato jurídico perfeito o já consumado segundo a lei vigente ao tempo em que se efetuou.

Direito adquirido é o que integra o patrimônio jurídico da pessoa, por esta já ter implementado todas as condições para adquirir o direito, podendo exercê-lo a qualquer momento. Consideram-se, assim, adquiridos os direitos que seu titular, ou alguém por ele, possa exercer, como aqueles cujo começo do exercício tenha prazo prefixado, ou condição preestabelecida inalterável em relação à vontade de outra pessoa.

Chama-se coisa julgada ou caso julgado a decisão judicial de que já não caiba recurso (§ 3º do art. 6º da LINDB). Há coisa julgada "quando se repete ação que já foi decidida por decisão transitada em julgado" (§ 4º do art. 337 do CPC/2015). Denomina-se coisa julgada material a autoridade que torna imutável e indiscutível a decisão de mérito, não mais sujeita a recurso (art. 502 do CPC/2015).

Salvo disposição em contrário, as normas complementares entram em vigor:

a) os atos administrativos a que se refere o inciso I do art. 100 do CTN (atos normativos expedidos pelas autoridades administrativas), na data de sua publicação;
b) as decisões dos órgãos dotados de jurisdição administrativa quanto a seus efeitos normativos, 30 dias após a data de sua publicação;
c) os convênios celebrados entre a União, os Estados, o Distrito Federal e os Municípios, na data neles prevista. Se nada estiver expresso quanto à vigência do convênio, considera-se que entre em vigor na data de sua publicação (art. 103 do CTN).

Entram em vigor no primeiro dia do exercício seguinte àquele em que ocorra sua publicação os dispositivos de lei referentes a impostos sobre o patrimônio (IPTU, imposto sobre transmissão de bens) ou a renda:

a) que instituem ou majoram tais impostos;
b) que definem novas hipóteses de incidência;

c) que extinguem ou reduzem isenções, salvo se a lei dispuser de maneira mais favorável ao contribuinte, e observado o art. 178 do CTN (art. 104 do CTN).

A regra do art. 104 do CTN tem de ser interpretada em consonância com a alínea *b* do inciso III do art. 150 da Constituição, que determina ser vedada a cobrança de tributos (e não só de impostos) no mesmo exercício financeiro em que haja sido publicada a lei que os instituiu ou aumentou. Assim, o inciso I do art. 104 do CTN não se aplica apenas a impostos, mas também a tributos.

Medida provisória que implique instituição ou majoração de impostos, exceto os impostos de importação, exportação, IPI, IOF e impostos extraordinários por motivo de guerra, só produzirá efeitos no exercício financeiro seguinte se houver sido convertida em lei até o último dia daquele em que foi editada (§ 2º do art. 62 da Constituição). Se a medida provisória não implica a criação ou majoração de impostos, produzirá efeitos imediatos, a contar de sua edição, quando aprovada pelo Congresso Nacional.

Os tributos não podem ter efeito retroativo. Veda a alínea *a* do inciso III do art. 150 da Constituição, a cobrança dos tributos em relação a fatos geradores ocorridos antes da vigência da lei que os houver instituído ou aumentado.

A determinação do inciso III do art. 104 do CTN não se aplica apenas aos impostos sobre o patrimônio e a renda, mas também a qualquer tributo, conforme a disposição da Constituição de 1988.

A vigência da lei tributária a ser observada é a data da ocorrência do fato gerador da obrigação tributária, mesmo que no instante do lançamento ela esteja modificada ou revogada (art. 144 do CTN).

O contribuinte tem direito de ser tributado de acordo com a lei vigente na data da ocorrência do fato gerador, mesmo que haja modificação posterior na lei.

As contribuições previdenciárias têm vigência 90 dias depois de publicada a lei que as instituiu ou modificou (§ 6º do art. 195 da Constituição).

3 EFICÁCIA NO ESPAÇO

A eficácia da lei no espaço diz respeito ao território em que vai ser aplicada a norma. A lei tributária é territorial. Aplica-se no Brasil, tanto para os nacionais como para os estrangeiros que aqui residam.

Em certos casos, a lei pode ter eficácia no exterior, quando a própria norma assim disponha. É o que pode ocorrer por determinação de tratados ou convenções internacionais em matéria tributária. Exemplos podem ser de funcionários públicos que estão prestando serviços no exterior, de estudantes que estão no exterior, que terão seus rendimentos tributados pela nossa legislação do imposto de renda.

As leis complementares e ordinárias federais têm vigência em todo o território nacional e não apenas em determinado ponto.

A regra, em princípio, é de que a lei ordinária dos Estados, do Distrito Federal e dos Municípios vigora no respectivo território. É a territorialidade das referidas normas.

A legislação tributária dos Estados, do Distrito Federal e dos Municípios vigora, no país, fora dos respectivos territórios, nos limites em que lhe reconheçam extraterritorialidade dos convênios de que participem, ou do que disponham o CTN ou outras leis de normas gerais expedidas pela União (art. 102 do CTN). Tal dispositivo diz respeito à legislação tributária assim considerada pelo CTN (art. 96 do CTN) e não apenas à lei tributária. Mostra, por exceção, a extraterritorialidade da norma tributária.

Verificação de aprendizagem

1. Que é eficácia?
2. Quando vigora a lei tributária no tempo?
3. Quando passam a vigorar as normas complementares tributárias?
4. A partir de quando passa a vigorar a contribuição previdenciária majorada?
5. Como se dá a eficácia no espaço da lei tributária?

Capítulo 10

APLICAÇÃO DA LEGISLAÇÃO TRIBUTÁRIA

Na aplicação da lei, o juiz atenderá aos fins sociais a que ela se dirige e às exigências do bem comum (art. 5º da LINDB).

Havendo duas ou mais normas sobre a mesma matéria, começa a surgir o problema de qual delas deva ser aplicada.

A aplicação da lei tributária diz respeito à incidência dela ao caso concreto a ser enquadrado na norma jurídica.

A legislação tributária aplica-se imediatamente aos fatos geradores futuros e aos pendentes, assim entendidos aqueles cuja ocorrência tenha tido início, mas não esteja completa nos termos do art. 116 do CTN (art. 105 do CTN).

Em relação a fatos geradores já ocorridos, aplica-se a lei da época, pois a situação já tinha sido constituída sob a vigência da lei anterior. A lei nova seria retroativa se fosse aplicada a fatos geradores já consumados.

No caso do imposto de renda, a lei deve ser publicada no ano anterior, para ser observada a partir do primeiro dia do ano seguinte. Logo, apanha os fatos geradores ocorridos a partir desta última data.

Os fatos geradores pendentes são os que se tenham iniciado, mas ainda não estejam consumados. É o que ocorre com situações complexas. Para o imposto de renda, devem-se observar os ganhos obtidos durante o ano-base.

A regra do art. 105 do CTN fica prejudicada diante do fato de que o sujeito ativo não pode cobrar tributos em relação a fatos geradores ocorridos antes do início da vigência da lei que os houver instituído ou aumentado, ou no mesmo exercício financeiro em que haja sido publicada a lei que os instituiu ou aumentou (art. 150, III, *a* e *b*, da Constituição).

Determina o art. 106 do CTN que a lei aplica-se a ato ou fato pretérito:

> III – em qualquer caso, quando seja expressamente interpretativa, excluída a aplicação de penalidade à infração dos dispositivos interpretados;

Aliomar Baleeiro afirma que a expressão *expressamente interpretativa* "não quer dizer que o novo diploma empregue essas palavras sacramentais, apresentando-se como tal na ementa ou no contexto. Basta que, reportando-se aos dispositivos interpretados, lhes defina o sentido e aclare as dúvidas. A pesquisa dos fins da nova lei a esclarece"[1]. A lei interpretativa visa apenas esclarecer o conteúdo de outra. Se havia duas condutas possíveis a ser utilizadas pelo contribuinte e ele optou por uma, não pode haver aplicação de penalidade quanto aos dispositivos interpretados;

> II – tratando-se de ato não definitivamente julgado:
> *a)* quando deixe de defini-lo como infração;

É a aplicação da norma penal mais benéfica ao contribuinte. A lei penal não retroagirá, salvo para beneficiar o réu (art. 5º, XL, da Constituição);

> *b)* quando deixe de tratá-lo como contrário a qualquer exigência de ação ou omissão, desde que não tenha sido fraudulento e não tenha implicado falta de pagamento de tributo;
> *c)* quando lhe comine penalidade menos severa que a prevista na lei vigente ao tempo de sua prática.

É a retroatividade da norma para beneficiar o réu. A lei posterior, que de qualquer modo favorecer o agente, aplica-se aos fatos anteriores, ainda que decididos por sentença condenatória transitada em julgado (parágrafo único do art. 2º do Código Penal).

Os casos definidos no art. 106 do CTN devem ser entendidos como exaustivos, pois a aplicação retroativa da norma deve ser exceção e apenas para beneficiar o réu.

O STF decidiu que a contribuição sobre o lucro não poderia ser exigida no próprio exercício de 1988, quando foi instituída, mas apenas no exercício seguinte, pois, do contrário, a norma teria aplicação retroativa.

---

1 BALEEIRO, Aliomar. *Direito tributário brasileiro*. 10. ed. Rio de Janeiro: Forense, 1981. p. 428.

Verificação de aprendizagem

1. A norma tributária pode ter eficácia retroativa?
2. Como se aplica a norma tributária?

Capítulo 11

INTERPRETAÇÃO E INTEGRAÇÃO DA LEGISLAÇÃO TRIBUTÁRIA

1 INTERPRETAÇÃO

Leciona Carlos Maximiliano que a lei "é obra humana e aplicada por homens; portanto imperfeita na forma e no fundo, e dará duvidosos resultados práticos, se não se verificarem, com esmero, o sentido e o alcance das expressões do Direito"[1].

Interpretar a norma é compreender o que o legislador quer dizer. É a análise da norma jurídica que vai ser aplicada aos casos concretos.

Hermenêutica é a teoria da interpretação da norma. A palavra provém de Hermés, o deus da arte de compreender, expressar, explicar, descobrir o sentido.

Na interpretação, haverá a declaração do conteúdo da lei. O intérprete não criará nada de novo ou inovará, mas interpretará o disposto na lei, declarando seu sentido e alcance. O legislador poderia expressar-se inadequadamente, dizendo menos do que queria (*minus dixit quam voluit*) ou mais do que desejava (*plus dixit quam voluit*). Representa, portanto, a interpretação uma atividade lógica do intérprete.

Determina o art. 107 do CTN que a legislação tributária será interpretada conforme o disposto no Capítulo IV do CTN. Entendem-se por legislação tributá-

---

1 MAXIMILIANO, Carlos. *Hermenêutica e aplicação do direito*. 9. ed. Rio de Janeiro: Forense, 1984. p. 9.

ria as leis, os tratados e as convenções internacionais, os decretos e as normas complementares que versem, no todo ou em parte, sobre tributos e relações jurídicas a eles pertinentes (art. 96 do CTN). Entretanto, o Capítulo IV do CTN não tem apenas regras de interpretação, mas também de integração (arts. 108 e 109). O art. 118 do CTN trata de interpretação, mas não está no referido capítulo.

Vários são os métodos de interpretação da norma jurídica:

- **gramatical** ou **literal** (*verba legis*): consiste em verificar qual o sentido e alcance do texto gramatical da norma jurídica. Analisa-se o alcance das palavras encerradas no texto da lei. Deve-se verificar a linguagem comum empregada pelo legislador, porém, se são utilizados termos técnicos, o conceito destes deve prevalecer. Interpreta-se literalmente a norma que disponha sobre: (a) suspensão ou exclusão do crédito tributário; (b) outorga de isenção. Essa é a razão pela qual o art. 177 do CTN dispõe que, salvo disposição de lei em contrário, a isenção não é extensiva às taxas e às contribuições de melhoria e aos tributos instituídos posteriormente a sua concessão. Não se faz, portanto, interpretação extensiva para esse fim; (c) dispensa do cumprimento de obrigações tributárias acessórias (art. 111 do CTN). As situações excepcionais devem ser interpretadas literalmente. A interpretação literal não compreende interpretação restritiva, pois não se está restringindo a interpretação do texto, mas ela está sendo feita de acordo com sua literalidade, textualmente, conforme o significado das palavras;
- **lógica** (*mens legis*): em que se estabelece a conexão entre vários textos legais a serem interpretados. São verificadas as proposições enunciadas pelo legislador. Parte-se de uma premissa menor. Passa-se para uma premissa maior, chegando à conclusão;
- **teleológica** ou **finalística**: a interpretação será dada ao dispositivo legal de acordo com o fim colimado pelo legislador. Toda norma tem uma finalidade. Esse fim deve ser considerado na época da interpretação da lei. O intérprete não poderia extrair do texto interpretação divorciada do fim objetivado pelo legislador;
- **sistemática**: a interpretação será dada ao dispositivo legal de acordo com a análise do sistema no qual está inserido, sem se ater à interpretação isolada de um dispositivo, mas a seu conjunto. São comparados vários dispositivos para se constatar o que o legislador pretende dizer, como leis diversas, mas que tratem de questão semelhante. A lei está inserida dentro de uma estrutura, razão pela qual as partes componentes desta estrutura devem ser analisadas;

- **extensiva** ou **ampliativa**: dá-se um sentido mais amplo à norma a ser interpretada do que ela normalmente teria;
- **restritiva** ou **limitativa**: dá-se um sentido mais restrito, limitado, à interpretação da norma jurídica;
- **histórica**: o Direito decorre de um processo evolutivo. Há necessidade de se analisar, na evolução histórica dos fatos, o pensamento do legislador não só à época da edição da lei, mas também de acordo com sua exposição de motivos, mensagens, emendas, discussões parlamentares etc. O Direito, portanto, é uma forma de adaptação do meio em que vivemos em razão da evolução natural das coisas. A interpretação histórica reconstrói a vontade do legislador quando da elaboração da lei;
- **autêntica**: é a realizada pelo próprio órgão que editou a norma, que irá declarar seu sentido, alcance e conteúdo, por meio de outra norma jurídica. Também é chamada de interpretação legal ou legislativa;
- **sociológica**: em que se constata a realidade e a necessidade social na elaboração da lei e em sua aplicação. A própria Lei de Introdução às Normas do Direito Brasileiro determina que o juiz, ao aplicar a lei, deve ater-se aos fins sociais a que ela se dirige e às exigências do bem comum (art. 5º).

Muitas vezes, a interpretação literal do preceito legal, ou a interpretação sistemática (ao se analisar o sistema no qual está inserida a lei, em seu conjunto), é que dará a melhor solução ao caso que se pretenda resolver. Já dizia Celso, no Direito Romano, que é injurídico julgar ou emitir parecer, tendo diante dos olhos apenas uma parte da lei, em vez de considerá-la em seu conjunto (*incivile est, nisi tota lege perspecta, una aliqua particula eis proposita, iudicare, vel respondere*).

Não há uma única forma de interpretação a ser feita, mas seguem-se os métodos de interpretação mencionados acima.

A lei tributária que define infrações, ou comina-lhe penalidades, interpreta-se da maneira mais favorável ao acusado, em caso de dúvida quanto: (a) à capitulação legal do fato, ou seja, seu enquadramento na lei; (b) à natureza ou às circunstâncias materiais do fato, ou à natureza ou extensão de seus efeitos; (c) à autoria, imputabilidade, ou punibilidade, apesar de o fato ser certo, pois não se sabe, por exemplo, quem foi seu autor; (d) à natureza da penalidade aplicável, como de perdimento de bens ou multa, ou a sua graduação (art. 112 do CTN). O dispositivo trata de Direito Penal Tributário. Aplica-se a norma mais favorável ao acusado quando exista dúvida (*in dubio pro reo* ou pró-contribuinte). Na verdade, o art. 112 do CTN diz respeito apenas à lei e não à lei tributária, como entende o CTN (art.

96), pois decretos e normas complementares não podem estipular penalidades, diante do princípio da reserva legal em matéria penal-tributária (art. 97, V, do CTN).

A definição legal do fato gerador é interpretada abstraindo-se:

a) da validade jurídica dos atos efetivamente praticados pelos contribuintes, responsáveis, ou terceiros, bem como da natureza de seu objeto ou de seus direitos. O ato pode até ser inválido juridicamente no âmbito civil ou comercial, mas produzirá efeitos tributários. Pouco importa, portanto, se o ato é lícito ou não, mas o aspecto econômico desse ato para efeito da tributação;
b) dos efeitos dos fatos efetivamente ocorridos (art. 118 do CTN).

Há afirmações no sentido de que a norma de Direito Tributário seria interpretada a favor do fisco (*in dubio pro fisco*), em razão de que deve prevalecer o interesse público sobre o particular. Outros asseveram que a norma tributária deve ser interpretada em favor do contribuinte, pois toda tributação é odiosa e restritiva da propriedade e da liberdade de escolha. Não deve ser observada uma ou outra ideia, mas o *in dubio pro lege*.

Os autores alemães informam que a interpretação no Direito Tributário deve ser feita de acordo com os efeitos econômicos dos fatos regulados pelas normas tributárias. Nossa legislação não trata expressamente do assunto. Apenas o § 1º do art. 145 da Constituição dispõe que, em relação aos impostos, deve-se verificar a capacidade econômica do contribuinte.

2 INTEGRAÇÃO

Integrar tem o significado de completar, inteirar. O intérprete fica autorizado a suprir as lacunas existentes na norma jurídica por meio da utilização de técnicas jurídicas. As técnicas jurídicas são a analogia e a equidade, podendo também ser utilizados os princípios gerais do Direito.

Quando a lei for omissa, o juiz decidirá o caso de acordo com a analogia, os costumes e os princípios gerais de direito (art. 4º da LINDB).

Prevê o art. 108 do CTN que, na ausência de disposição expressa, a autoridade competente para aplicar a legislação tributária utilizará sucessivamente, na ordem indicada: (a) a analogia; (b) os princípios gerais de Direito Tributário; (c) os princípios gerais de Direito Público; (d) a equidade.

A analogia não é um meio de interpretação da norma jurídica, mas de preencher os claros deixados pelo legislador. Consiste na utilização de uma regra semelhante para o caso em exame. A analogia tanto será utilizada em relação ao fisco, como no que diz respeito ao contribuinte. Entretanto, o emprego da analogia não poderá resultar na exigência de tributo não previsto em lei (§ 1º do art. 108 do CTN). Isso se deve ao fato de que o tributo depende da previsão da lei. Se não há previsão do fato gerador da obrigação na lei tributária para a exigência do tributo, não se pode querer exigi-lo com fundamento em analogia, diante da tipicidade cerrada em matéria tributária. Assim, é impossível fazer interpretação extensiva para exigir tributo. Entender de forma contrária seria violar o princípio da legalidade tributária.

São princípios gerais de Direito Tributário: da legalidade, da igualdade, da capacidade contributiva, da proibição do confisco.

O Direito Tributário pertence ao Direito Público. O inciso III do art. 108 do CTN faz referência a princípios gerais de Direito Público. São exemplos: a impessoalidade, a moralidade, a eficiência, a publicidade, a irretroatividade das leis, o contraditório e a ampla defesa, o devido processo legal, a pessoalidade da pena.

Em grego, equidade chama-se *epieikeia* e tem o significado de completar a lei lacunosa, porém será vedado julgar contra a lei. Aristóteles entendia que a equidade era uma forma de corrigir a injustiça da lei. No Direito Romano, a equidade (*aequitas*) era um processo de criação da norma jurídica para sua integração no ordenamento jurídico. Tem também significado de igualdade, de benignidade, de proporção, equilíbrio. A decisão por equidade só poderá, porém, ser feita nas hipóteses autorizadas em lei (parágrafo único do art. 140 do CPC). Os romanos já advertiam que a estrita aplicação do Direito poderia trazer consequências danosas à justiça (*summum ius, summa injuria*). Assim, o juiz pode até praticar injustiça num caso concreto quando segue rigorosamente o mandamento legal, razão pela qual haveria também a necessidade de se temperar a lei para aplicá-la ao caso concreto e fazer justiça. O emprego da equidade não poderá resultar na dispensa do pagamento de tributo devido (§ 2º do art. 108 do CTN). A lei pode autorizar a autoridade administrativa a conceder, por despacho fundamentado, a remissão total ou parcial do crédito tributário, atendendo a considerações de equidade, em relação com as características pessoais ou materiais do caso (art. 172, IV, do CTN).

Apenas na ausência de disposição expressa é que será possível utilizar em primeiro lugar a analogia, em segundo lugar os princípios gerais de Direito Tributário, em terceiro lugar os princípios gerais de Direito Público e, em quarto lugar, a equidade. Assim, tais regras de integração somente serão utilizadas na lacuna da lei.

Os arts. 109 e 110 do CTN devem ser interpretados em conjunto. O art. 110 do CTN acaba complementando o dispositivo anterior.

Os princípios gerais de Direito Privado são usados para pesquisa da definição, do conteúdo e do alcance de seus institutos, conceitos e formas, mas não para definição dos respectivos efeitos tributários (art. 109 do CTN), que dependem da previsão da lei tributária. O referido dispositivo faz referência a princípios gerais de Direito Privado e não a leis de Direito Privado. Princípios gerais de direito privado são autonomia privada, *pacta sunt servanda*, boa-fé, livre concorrência.

A lei tributária não pode alterar a definição, o conteúdo e o alcance de institutos, conceitos e formas de direito privado, utilizados, expressa ou implicitamente, pela Constituição da República, pelas Constituições dos Estados, ou pelas Leis Orgânicas do Distrito Federal ou dos Municípios, para definir ou limitar competências tributárias (art. 110 do CTN). Enno Becker entendia que o Direito Tributário poderia redefinir os conceitos, institutos e formas reguladas no direito privado. O objetivo era adotar a interpretação econômica como método antielisivo. Os conceitos dos institutos estabelecidos no Direito Privado, assim como seu alcance, não podem ser modificados pelo Direito Tributário, que deve considerá-los. É o que ocorre com os conceitos de doação, venda e compra, comodato, usufruto etc. Os efeitos tributários dos referidos institutos não são, porém, baseados no Direito Privado, mas nas regras de Direito Tributário, que vão estabelecer a respectiva tributação. O Direito Tributário pode modificar os efeitos fiscais em relação aos conceitos de Direito Privado, mas não o próprio conceito. Exceção quando define o conceito para fins tributários, como de prescrição.

O art. 110 do CTN é direcionado não só ao legislador ordinário, quando manda observar o conteúdo e o alcance dos institutos de Direito Privado, mas também ao intérprete da lei tributária, que, ao analisá-la, deve observar tais conceitos.

Verificação de aprendizagem

1. Em que casos se observa a interpretação literal?
2. É possível fazer interpretação a favor do fisco?
3. A analogia pode criar tributo?
4. A equidade pode implicar a dispensa do pagamento do tributo?
5. Quando os princípios gerais de Direito Privado são usados?
6. A lei tributária pode alterar conceitos e institutos do Direito Privado?

Capítulo 12

PRINCÍPIOS DE DIREITO TRIBUTÁRIO

1 CONCEITO DE PRINCÍPIO

José Cretella Jr. afirma que "princípios de uma ciência são as proposições básicas, fundamentais, típicas que condicionam todas as estruturações subsequentes. Princípios, neste sentido, são os alicerces da ciência"[1].

Na lição de Miguel Reale, "princípios são 'verdades fundantes' de um sistema de conhecimento, como tais admitidas, por serem evidentes ou por terem sido comprovadas, mas também por motivos de ordem prática de caráter operacional, isto é, como pressupostos exigidos pelas necessidades da pesquisa e da *praxis*"[2].

Celso Antonio Bandeira de Mello esclarece que princípio "é, por definição, mandamento nuclear de um sistema, verdadeiro alicerce dele, disposição fundamental que se irradia sobre diferentes normas, compondo-lhes o espírito e servindo de critério para sua exata compreensão e inteligência, exatamente por definir a lógica e a racionalidade do sistema normativo, no que lhe confere a tônica e lhe dá sentido harmônico"[3].

---

1 CRETELLA JR., José. Os cânones do direito administrativo. *Revista de Informação Legislativa*, Brasília, ano 25, n. 97, p. 7.

2 REALE, Miguel. *Lições preliminares de direito*. 23. ed. São Paulo: Saraiva, 1996. p. 299.

3 MELLO, Celso Antonio Bandeira de. *Curso de direito administrativo*. 7. ed. São Paulo: Malheiros, 1995. p. 537-538.

Paulo de Barros Carvalho afirma que princípios são "linhas diretivas que informam e iluminam a compreensão de segmentos normativos, imprimindo-lhes um caráter de unidade relativa e servindo de fator de agregação num dado feixe de normas"[4].

Princípios são as proposições básicas que informam e orientam as ciências. Para o Direito, o princípio é seu fundamento, a base que irá informar e orientar as normas jurídicas.

Afirma Kant que os princípios estão para o Direito assim como o cérebro está para a cabeça do homem.

2 DISTINÇÕES

2.1 Diferença entre princípio e norma

A norma é prescrição objetiva e obrigatória por meio da qual organizam-se, direcionam-se ou impõem-se condutas. Também não deixa a norma de ser prescrição de vontade impositiva para estabelecer disciplina a respeito de uma conduta dirigida ao ser humano. O conceito de norma não é, contudo, pacífico. A norma tem um sentido de orientação, de regular conduta, tendo caráter imperativo (de superioridade, que mostra quem ordena e quem recebe a ordem, que pode compreender obrigação ou proibição). Jhering entende que a norma jurídica é imperativo abstrato dirigido ao agir humano. A norma não deixa de ser uma proposição – proposição que diz como deve ser o comportamento. De maneira geral, toda norma define comportamento. As normas são classificadas, segundo Miguel Reale, em: de conduta ou de organização[5]. As de conduta pretendem disciplinar o comportamento das pessoas. As de organização têm caráter instrumental, visando à estrutura e ao funcionamento de órgãos ou à disciplina de processos técnicos de identificação e aplicação de normas, a fim de assegurar uma convivência juridicamente ordenada[6]. As normas, geralmente, têm sanção por seu descumprimento, porém há normas interpretativas, por exemplo, que não têm sanção.

Em determinado sistema jurídico, não são encontradas apenas normas, mas também princípios, que podem estar ou não positivados, isto é, previstos na legislação.

---

4 CARVALHO, Paulo de Barros. *Curso de direito tributário*. 4. ed. São Paulo: Saraiva, 1991. p. 90.

5 REALE, Miguel. *Lições...* Op. cit. p. 97.

6 Idem, ibidem, p. 97.

Os princípios e as normas são razões de juízo concreto do dever-ser.

Princípios são *standards*[7] jurídicos. São gerais. As normas são atinentes, geralmente, a uma matéria.

Têm os princípios grau de abstração muito maior do que o da norma. São as normas gerais, visando ser aplicadas para um número indeterminado de atos e fatos, que são específicos. Não são editadas para uma situação específica. Os princípios servem para uma série indefinida de aplicações.

Trazem os princípios estimações objetivas, éticas, sociais, podendo ser positivados. Os princípios em forma de norma jurídica são, entretanto, regras, pois estão positivados, mas não deixam também de ser princípios.

Norma jurídica é gênero, englobando como espécies regras e princípios. Princípios são normas jurídicas[8].

2.2 Diferença entre princípio e regra

Os princípios diferenciam-se das regras por vários aspectos. As regras estão previstas no ordenamento jurídico. Os princípios nem sempre estão positivados, expressos no ordenamento jurídico, pois em alguns casos estão implícitos nesse ordenamento, contidos em alguma regra. Decorrem os princípios de estimação ética e social.

A regra serve de expressão a um princípio, quando, por exemplo, este é positivado, ou até como forma de interpretação da própria regra, que toma por base o princípio. Os princípios não servem de expressão às regras. As regras são a aplicação dos princípios, ou operam a concreção dos princípios sobre os quais se apoiam.

Sustentam os princípios os sistemas jurídicos, dando-lhes unidade e solidez. São, portanto, vigas mestras do ordenamento jurídico. Princípio é a bússola que norteia a elaboração da regra, embasando-a e servindo de forma para sua interpretação. Os princípios influenciam as regras.

Os princípios inspiram, orientam, guiam, fundamentam a construção do ordenamento jurídico. Sob certo aspecto, podem até limitar o ordenamento jurídico, erigido de acordo com os princípios. Não são, porém, axiomas absolutos e imutáveis, pois pode haver mudança da realidade fática, que implica a necessidade da mudança da legislação, do Direito diante da realidade histórica em que foi erigido.

---

7 DWORKIN, Ronald. *Taking right seriously*. Londres: Duckworth, 1987. p. 22.

8 GRAU, Eros Roberto. *A ordem econômica na Constituição de 1988*: interpretação e crítica. 2. ed. São Paulo: Revista dos Tribunais. 1991. p. 127.

As regras são instituídas tomando por base os princípios. Orientam os princípios a formação de todo o sistema, enquanto a regra está inserida nele, sendo influenciada pelos princípios. O princípio pode ser levado em consideração para a interpretação da regra, enquanto o inverso não ocorre. A aplicação dos princípios é um modo de harmonizar as regras.

Tem o princípio acepção filosófica, enquanto a regra tem natureza técnica[9].

É o princípio o primeiro passo na elaboração das regras, pois dá sustentáculo a elas. O princípio é muito mais abrangente que uma simples regra; além de estabelecer certas limitações, fornece fundamentos que embasam uma ciência e visam a sua correta compreensão e interpretação. Violar um princípio é muito mais grave do que violar uma regra. A não observância de um princípio implica ofensa não apenas a específico mandamento obrigatório, mas também a todo o sistema jurídico.

Como assevera Celso Antonio Bandeira de Mello, "violar um princípio é muito mais grave que transgredir uma norma qualquer. A desatenção do princípio implica ofensa não apenas a um específico mandamento obrigatório, mas a todo o sistema de comandos. É a mais grave forma de inconstitucionalidade, conforme o escalão do princípio atingido, porque representa insurgência contra todo o sistema, subversão de seus valores fundamentais"[10].

Têm os princípios grau de abstração relativamente elevado. Podem ser vagos, indeterminados, amplos. São *standards* juridicamente vinculantes, fundados na exigência de justiça ou na ideia de direito. Fundamentam regras e permitem verificar a *ratio legis*. As regras podem ser normas vinculativas, com conteúdo meramente funcional, prescrevendo imperativamente uma exigência (de imposição, permissão ou proibição).

A norma tem característica genérica, enquanto a regra tem natureza específica. As regras trazem muitas vezes a concreção dos princípios.

As regras aplicam-se diretamente, não comportando exceções. Ou são aplicadas por completo ou não são aplicadas. É um "tudo ou nada", como afirma Eros Grau[11]. Havendo situação de fato que se encaixa no pressuposto fático, a norma é aplicada. Determina o inciso II do art. 1.864 do Código Civil que há necessidade de que duas testemunhas presenciem o testamento público. Apenas uma testemunha não poderá presenciá-lo, pois o requisito básico não foi observado.

---

9 MANS PUIGARNAU, Jaime M. *Los princípios generales del derecho*. Barcelona: Bosch, 1947. p. XXX.

10 MELLO, Celso Antonio Bandeira de. *Curso de direito administrativo*. São Paulo: Malheiros, 1995. p. 538.

11 GRAU, Eros Roberto. *A ordem econômica*... Op. cit. p. 107.

Coexistem os princípios entre si. Permitem interpretação de valores e de interesses, de acordo com seu peso e ponderação. Os princípios devem ser interpretados da mesma maneira como se interpretam as leis, inclusive sistematicamente. Quando os princípios se entrecruzam, deve-se verificar o peso relativo de cada um deles, segundo o entendimento de Eros Grau[12]. A adoção de um princípio implica o afastamento do outro, porém o último não desaparece do sistema. Um princípio pode ser hierarquicamente superior a outro, por ser mais abrangente, ou por ser desdobramento do primeiro ou de outro. Não se pode negar que há uma hierarquia entre os princípios. Havendo conflito entre um e outro, a solução decorre sempre da interpretação que faz prevalecer o mais recente sobre o anterior, o de maior grau sobre o de menor grau. Entretanto, os princípios especiais de certa disciplina, quando existentes, devem prevalecer sobre um princípio geral. Os princípios constitucionais, apesar de alguns serem mais abrangentes e importantes do que outros, também estão hierarquizados dentro do sistema, com a prevalência do princípio de hierarquia superior sobre o de hierarquia inferior. Nos jogos de princípios, deve-se observar a preponderância do princípio do interesse público sobre o particular.

Em relação às regras, não há como verificar a que tem mais importância, pois, se há conflito entre duas regras, uma delas não é válida[13], deixando de existir. As regras antinômicas se excluem. O ordenamento jurídico pode ter critérios para resolver o conflito de regras. Dependendo do caso, a regra de maior hierarquia tem preferência sobre a de menor hierarquia, ou a mais nova tem preferência sobre a mais antiga (§ 1º do art. 2º da LINDB), ou a mais específica sobre a mais genérica.

A regra, de modo geral, é instituída para ser aplicada a uma situação jurídica determinada, embora se aplique a vários atos ou fatos. O princípio acaba, porém, sendo aplicado a uma série indeterminada de situações[14]. Não tem por objetivo o princípio ser aplicado apenas a determinada situação jurídica.

Os princípios não têm sanção por intermédio da lei, por seu descumprimento. A sanção que pode existir é moral.

As regras são normas fundamentais que informam a elaboração e a interpretação do Direito, sendo identificadas, portanto, nos textos legais, nas teorias e na doutrina. A regra tem por objetivo ordenação, pôr ordem, regrar, espelhando uma

---

[12] GRAU, Eros Roberto. *A ordem econômica*... cit., p. 111.

[13] Idem, ibidem.

[14] BOULANGER, Jean. Principes généraux du droit positif et droit positif – le droit privé français au milieu du XXe siècle. In: *Études offertes à Georges Ripert*. Paris: LGDJ, 1950. p. 55-56.

regulamentação de caráter geral. Princípios são construções que servem de base ao Direito como fontes de sua criação, aplicação ou interpretação.

Os princípios e as regras são razões de juízos concretos de dever-ser.

Permitem os princípios o balanceamento de valores e interesses, de acordo com seu peso e a ponderação de outros princípios conflitantes. As regras não deixam espaço para outra solução, pois ou têm validade ou não têm. Os princípios compreendem problemas de validade e peso, de acordo com sua importância, ponderação, valia. As regras colocam apenas questões de validade. Têm os princípios função normogênica e sistemática.

Aplicam-se os princípios automaticamente e necessariamente quando as condições previstas como suficientes para sua aplicação manifestam-se. A regra é geral porque estabelecida para número indeterminado de atos ou fatos, não sendo editada para ser aplicada a uma situação jurídica determinada. O princípio é geral, porque comporta série indefinida de aplicações, não admitindo hipóteses nas quais não seria aplicável, porém não contém nenhuma especificação de hipótese de estatuição.

2.3 Diferença entre princípios e diretrizes

Princípios distinguem-se de diretrizes. Diretrizes são objetivos almejados, que podem ou não ser atingidos. Princípios não são objetivos, pois fundamentam o sistema jurídico.

2.4 Diferença entre princípios e peculiaridades

Princípios não se confundem com peculiaridades. Wagner Giglio faz distinções entre princípios e peculiaridades, sendo adaptadas para o presente estudo, pois foram analisadas apenas no âmbito do Direito Processual do Trabalho:

a) princípios são necessariamente gerais, enquanto peculiaridades são restritas, atinentes a um ou poucos casos;
b) princípios informam, orientam e inspiram preceitos legais, por dedução, podendo deles ser extraídos, por meio de raciocínio indutivo. Das peculiaridades não é possível a extração de princípios, nem delas derivam normas legais;
c) princípios dão organicidade a institutos e sistemas. As peculiaridades não, pois esgotam sua atuação em âmbito restrito[15];
d) princípio é a regra. Peculiaridade é a exceção.

---

[15] GIGLIO, Wagner D. *Direito processual do trabalho*. 12. ed. São Paulo: Saraiva, 2002. p. 71.

3 CONSIDERAÇÕES GERAIS

Para o Direito, o princípio é observado dentro de um sistema. O papel dos princípios nesse sistema será fundamental, pois irá informar e orientar tanto o legislador como o intérprete.

Dentro da Ciência do Direito, o princípio é uma proposição diretora, um condutor para efeito da compreensão da realidade diante de certa norma. Os princípios do Direito não são, porém, regras absolutas e imutáveis, que não podem ser modificadas, mas a realidade acaba mudando certos conceitos e padrões anteriormente verificados, formando novos princípios, adaptando os já existentes e assim por diante. Têm, também, de ser os princípios examinados dentro do contexto histórico em que surgiram. Dentro da dinâmica histórica, podem ser alterados ou adaptados diante da nova situação.

Atuam os princípios no Direito inicialmente antes de ser feita a regra, ou numa fase pré-jurídica ou política. Nessa fase, os princípios acabam influenciando a elaboração da regra, como proposições ideais. Correspondem ao facho de luz que irá iluminar o legislador na elaboração da regra jurídica. São fontes materiais do Direito, pois muitas vezes são observados na elaboração da regra jurídica.

4 FUNÇÕES DOS PRINCÍPIOS

Os princípios têm várias funções: informadora, normativa e interpretativa.

A função informadora serve de inspiração ou orientação ao legislador, dando base à criação de preceitos legais, fundamentando as normas jurídicas e servindo de sustentáculo para o ordenamento jurídico. São as descrições informativas que irão inspirar o legislador. Num segundo momento, os princípios informadores servirão também de auxílio ao intérprete da norma jurídica positivada.

Atua a função normativa como fonte supletiva, nas lacunas ou omissões da lei, quando inexistam outras normas jurídicas que possam ser utilizadas pelo intérprete. Irá atuar em casos concretos em que inexista uma disposição específica para disciplinar determinada situação. Nesse caso, é utilizada como regra de integração da norma jurídica, preenchendo as lacunas existentes no ordenamento jurídico, completando-a, inteirando-a. Seria também uma espécie de função integrativa, como instrumento de integração das normas jurídicas, como ocorre, por exemplo, nas lacunas.

A interpretação de certa norma jurídica também deve ser feita de acordo com os princípios. Irá a função interpretativa servir de critério orientador para os intérpretes e aplicadores da lei. Será uma forma de auxílio na interpretação da norma jurídica e também em sua exata compreensão. De modo geral, qualquer princípio acaba cumprindo também uma função interpretativa da norma jurídica, podendo servir como fonte subsidiária do intérprete para a solução de um caso concreto.

Têm ainda os princípios função construtora. Indicam a construção do ordenamento jurídico, os caminhos que devem ser seguidos pelas normas.

O art. 4º da Lei de Introdução às Normas do Direito Brasileiro[16] permite ao juiz, quando a lei for omissa, decidir o caso concreto que lhe foi submetido de acordo com a analogia, os costumes e os princípios gerais de Direito. O art. 140 do CPC/2015 dispõe que o juiz não se exime de decidir sob a alegação de lacuna ou obscuridade do ordenamento jurídico. O juiz, porém, só decidirá por equidade nos casos previstos em lei (parágrafo único do art. 140 do CPC). Isso significa que serão utilizados quando houver lacuna na lei, completando a norma jurídica. Poderão também ser utilizados como forma de interpretação, quando a norma não for suficientemente clara para o caso a ser dirimido.

Em nosso sistema, os princípios não têm função retificadora ou corretiva da lei, pois só são aplicáveis em caso de lacuna da lei. A finalidade dos princípios é de integração da lei. Havendo norma constitucional ou legal, os princípios não são aplicáveis.

Os princípios serão o último elo em que o intérprete irá se socorrer para a solução do caso que lhe foi apresentado. São, portanto, os princípios espécies de fontes secundárias para aplicação da norma jurídica, sendo fundamentais na elaboração das leis e na aplicação do Direito, preenchendo lacunas da lei.

5 PRINCÍPIOS GERAIS DE DIREITO

Existem princípios que são comuns ao Direito em geral. É de se destacar, por exemplo, que ninguém poderá alegar a ignorância do Direito. O art. 3º da Lei de Introdução às Normas do Direito Brasileiro é claro no sentido de que ninguém se escusa de cumprir a lei, alegando que não a conhece.

O princípio do respeito à dignidade da pessoa humana é hoje encontrado até mesmo na Constituição (art. 1º, III), como um dos objetivos da República Federativa do Brasil, como um Estado Democrático de Direito. Há de se respeitar a personalidade humana, como um direito fundamental. O inciso X do art. 5º da Lei

---

16 Decreto-lei n. 4.657, de 4 de setembro de 1942.

Maior prevê a inviolabilidade à intimidade, à vida privada, à honra e à imagem das pessoas, assegurando o direito à indenização pelo dano material ou moral decorrente de sua violação.

O princípio da proibição do abuso de direito ou do lícito exercício regular do próprio direito é fundamental no Direito. O inciso I do art. 188 do Código Civil mostra que não constituem atos ilícitos os praticados no exercício regular de um direito reconhecido. Logo, se o ato é praticado mediante seu exercício irregular, estaremos diante de um ato ilícito. Silvio Rodrigues afirma que o abuso do direito constitui uma das dimensões do ilícito[17].

Veda também o Direito o enriquecimento sem causa. Uma pessoa não poderá locupletar-se de outra, enriquecendo às custas dela, sem que haja causa para tanto.

Tem, ainda, o Direito função social, que é regular a vida humana na sociedade, estabelecendo regras de conduta que devem ser respeitadas por todos. No Direito Romano, já se dizia que onde existe sociedade, existirá Direito (*ubi societas, ibi ius*) e, reciprocamente, onde existe Direito, existirá sociedade (*ubi ius, ibi societas*). Entretanto, pode-se dizer que o Direito é que está a serviço da sociedade e não esta a serviço do Direito. Não há como negar, porém, que o Direito desempenha função social fundamental para regular a vida humana em sociedade.

É aplicável o princípio da boa-fé, inclusive nos contratos (art. 422 do Código Civil), seja no Direito Civil ou no Comercial. É observado inclusive no processo civil (art. 5º do CPC/2015). Presume-se a boa-fé. A má-fé deve ser provada.

Não se pode alegar a própria torpeza como forma de deixar de cumprir certa relação. Determinada situação não pode ser considerada nula em razão de a própria parte lhe ter dado causa. É a aplicação da regra latina *nemo suam propriam turpitudinem profitare potest*.

O princípio da razoabilidade mostra que qualquer pessoa deve agir de forma razoável. O homem médio age de forma razoável.

Ulpiano entendia que são preceitos do Direito: viver honestamente, não lesar a outrem e dar a cada um o que lhe pertence (*iuris praecepta sunt haec – honest vivere, allerum non suum cuique tribuere*).

Os princípios gerais cumprem, assim, função primordial de assegurar a unidade do sistema, como conjunto de valores e partes coordenadas entre si.

---

[17] RODRIGUES, Silvio. *Direito civil*. São Paulo: Max Limonad, 1962. p. 338.

6 PRINCÍPIOS DE DIREITO TRIBUTÁRIO

6.1 Princípio da legalidade

6.1.1 Introdução

Para que o tributo possa ser exigido, é necessária expressa previsão legal. Tal previsão foi denominada de princípio da legalidade, da reserva da lei, da legalidade tributária, da estrita legalidade e da estrita legalidade tributária.

Dino Jarach afirma que "a base histórico-constitucional do princípio é que os tributos representam invasões de poder público nas riquezas particulares; em um Estado de Direito estas invasões devem ser feitas unicamente por meio de instrumento legal, ou seja, a lei"[18].

O princípio da legalidade tem origem ligada à tributação. Inicialmente, para a exigência de tributos bastava o consenso do indivíduo. Depois, passou-se a um consenso coletivo.

Na Inglaterra, fazia-se distinção entre o *scutage*, situação em que devia pagar-se pela não prestação do serviço militar, e o *aids*, subsídios versados para ajudar o rei a fazer frente a despesas extraordinárias.

Locke já entendia que o pagamento de impostos, em que se utilizava parte do patrimônio do particular para custear a manutenção do Estado, devia ser consentido, feito com a aprovação da maioria, diretamente ou por meio de representantes eleitos. Se alguém pretender exigir tributo por sua própria autoridade, sem o consentimento do povo, estará afrontando a lei fundamental da propriedade e subvertendo a finalidade do governo.

A reivindicação do poder do parlamento, enquanto se pretendia aprovar os tributos impostos, foi um dos principais motivos da luta contra o poderio absoluto dos soberanos. Os súditos já estavam cansados da maneira exorbitante e abusiva com que se impunham os tributos, quando, em 15-7-1215, foi imposta a *Magna Charta Libertarum* inglesa a João Sem-Terra (sancionada em Runnymede), a qual não admitia a decretação de auxílios ou de contribuições sem consentimento dos contribuintes, por seus representantes (os barões), dispondo em seu art. 14 que "nenhum auxílio ou contribuição se estabelecerá em nossos Reinos sem o consentimento do nosso comum Conselho do Reino". Mais tarde, o Conselho passou a ter também o direito de conhecer a aplicação dos recursos cujo percebimento au-

---

[18] JARACH, Dino. *Curso superior de derecho tributario*. Buenos Aires: Liceo Professional Cima, 1957. v. 1, p. 94.

torizara. O referido Conselho foi, em seguida, transformado em autêntico órgão de representação popular, como Câmara dos Comuns.

A Magna Carta inglesa foi alterada 37 vezes até o reinado de Henrique VI, mas sempre foi mantida a cláusula que exigia a prévia autorização para a imposição de *aids* e de *scutage*.

Em 1628, com a edição de *Petition of Rights*, o imposto não poderia ser exigido sem o consentimento de um ato do parlamento (*no taxation without representation*). Após a ditadura de Cromwell, quando foi restaurada a Monarquia em 1689, Guilherme de Orange aceitou o *Bill of Rights*, incorporando o princípio da legalidade a essa Declaração de Direitos. Dispunha em seu art. 4º que "é ilegal toda cobrança de impostos sem o concurso do Parlamento, sob pretexto de prerrogativa, ou em época e modos diferentes dos designados por ele próprio". Esse ideal passou para a Revolução Francesa, com a exigência de consentimento antecipado da tributação pelos representantes do povo.

Com a edição da Declaração dos Direitos do Homem, em 1774, na Filadélfia, houve expressa previsão sobre o princípio da legalidade da tributação.

A Constituição dos Estados Unidos de 1787, no artigo I, seção 8ª, conferiu ao Congresso, órgão de representação popular, a competência exclusiva para fixar e cobrar exações, direitos, impostos e tributos.

O art. 13 da Declaração de Direitos francesa de 1789, repetido por outros textos até o atual, dizia que para a instituição de um imposto era necessária a aprovação dos representantes da nação.

Embora paire dúvida sobre se a Declaração de Direitos francesa inspirou-se na declaração de independência americana, e que esta certamente adotou princípios da Revolução Francesa, já dizia Locke que os impostos são necessários, mas não podem ser exigidos sem o consentimento da maior parte dos componentes da sociedade, ou daqueles que os representam ou que foram por aqueles escolhidos.

6.1.2 Constituições brasileiras

Nossas Constituições sempre acolheram o princípio da legalidade tributária.

A Constituição de 1824 continha o seguinte comando: "Art. 171. Todas as contribuições diretas, à exceção daquelas que estiverem aplicadas aos juros e amortizações da dívida pública, serão anualmente estabelecidas pela assembleia geral; mas continuarão até que se publique a sua derrogação ou sejam substituídas por outras".

A Constituição de 1891 dispunha no § 30 do art. 72 que: "nenhum imposto de qualquer natureza poderá ser cobrado senão em virtude de uma lei que o autorize".

A Constituição de 1934 previa, no inciso VII do art. 17: "É vedado à União, aos Estados, ao Distrito Federal e aos Municípios: (...) VII – cobrar quaisquer tributos sem lei especial que os autorize, ou fazê-lo incidir sobre efeitos já produzidos por atos jurídicos perfeitos". Foi a primeira a fazer referência à palavra tributos.

A Lei Maior de 1937 disciplinava em seu art. 13 que "o Presidente da República, nos períodos de recesso do Parlamento ou dissolução da Câmara dos Deputados, poderá, se o exigirem as necessidades do Estado, expedir decretos-leis sobre as matérias de competência legislativa da União, excetuadas as seguintes: (...) d) impostos". Esta Constituição não continha uma determinação explícita sobre o princípio, mas algumas noções gerais se depreendiam do citado art. 13.

A Constituição de 1946, no Título VI, "Da Declaração dos Direitos", Capítulo VI, "Dos Direitos e das Garantias Individuais", determinava no § 34 do art. 141 que "nenhum tributo será exigido ou aumentado sem que a lei o estabeleça".

Em nosso sistema, imperava até 1965 a exigência de dupla previsão legal para que se legitimasse a imposição tributária. O tributo, além de prescrito na lei ordinária de tributação, deveria estar previsto no orçamento do exercício financeiro em que fosse exigido (prévia autorização orçamentária), e se isso não ocorresse, mesmo havendo uma lei anterior que determinasse como ele seria cobrado, sua exigência não seria legítima. Desde a Emenda n. 18 à Constituição de 1946 é suficiente que exista a lei antes do fato que justifique a imposição para que esta se legitime.

O princípio da legalidade tributária estava previsto, na Constituição de 1967, no § 29 do art. 150. Com a Emenda n. 1 à Constituição de 1967, o princípio passou a ser tratado no § 29 do art. 153: "Nenhum tributo será exigido ou aumentado sem que a lei o estabeleça, nem cobrado, em cada exercício, sem que a lei que o houver instituído ou aumentado esteja em vigor antes do início do exercício financeiro, ressalvadas a tarifa alfandegária e a de transporte, o imposto de produtos industrializados e outros especialmente indicados em lei complementar, além do imposto lançado por motivo de guerra e demais casos previstos nesta Constituição".

A Constituição da República de 1988 determinou no Título VI, "Da Tributação e do Orçamento", Capítulo I, "Do Sistema Tributário Nacional", Seção II, "Das Limitações do Poder de Tributar", que: "Art. 150. Sem prejuízo de outras garantias asseguradas ao contribuinte, é vedado à União, aos Estados, ao Distrito Federal e aos Municípios: I – exigir ou aumentar tributo sem lei que o estabeleça".

O constituinte desejou que o princípio da legalidade tributária fosse considerado uma limitação constitucional ao poder de tributar.

6.1.3 Legalidade da tributação

O princípio da legalidade tributária é decorrente do princípio da legalidade, contido genericamente no inciso II do art. 5º da Constituição.

O princípio da legalidade esclarece que não haverá tributo sem prévia determinação legal (*nullum tributum sine praevia lege*) ou *no taxation without representation*, dos ingleses, enfim, o direito dos contribuintes consentirem – só eles – pelo voto de seus representantes eleitos, na declaração ou majoração de tributos.

A lei tem de definir o fato gerador, a base de cálculo e o contribuinte do tributo (art. 97 do CTN). O objetivo primordial do direito é regular condutas, evitando o arbítrio. A lei deve descrever o fato jurídico e a relação obrigacional, caracterizando a tipicidade tributária.

Na verdade, o princípio da legalidade tributária é um princípio genérico de direito e um princípio específico de Direito Tributário. É decorrência do Estado constitucional, do Estado de Direito, em que há a integral defesa do império da lei, combatendo a tributação arbitrária ou as discriminações.

Defende o patrimônio privado do cidadão, constituindo, em regra, um direito e uma garantia individual mantidos pela Constituição. Esta disposição decorre da necessidade que tem o cidadão, no que tange a sua segurança e à de seu patrimônio, de conhecer as exigências tributárias que podem onerar sua atividade econômica. A lei é sempre, em qualquer situação, o único meio de manifestação possível de consentimento dos obrigados à imposição tributária. O povo consente que o Estado retire parte de seu rendimento para sustentar o segundo, visando à satisfação das necessidades da coletividade. Esta lei deve ser formal, de elaboração legislativa, e não portarias, circulares etc. A redução de tributos também deve ser feita por lei. Nas lições de Fábio Leopoldo de Oliveira, "o princípio da legalidade não reflete, propriamente, uma barreira ou uma limitação ao poder tributário do Estado. Ele constitui o seu único e exclusivo modo de manifestação"[19]. "O tributo só existe quando criado por lei e na medida por ela criado."[20]

---

[19] OLIVEIRA, Fábio Leopoldo de. *Manual de direito tributário*. São Paulo: Resenha Tributária, 1982. p. 59.

[20] NOGUEIRA, Ruy Barbosa. *Da interpretação e aplicação das leis tributárias*. São Paulo: José Bushatsky, 1965. p. 39. (Reprodução fotográfica).

Podem, então, ser demonstradas suas características: (a) deve ser elaborada pelo Poder Legislativo, que é o titular do poder fiscal para a exigência de tributos. Os representantes do povo têm a faculdade de criar as contribuições necessárias para a existência do Estado; (b) a lei deve conter os elementos característicos e essenciais da figura tributária (art. 97 e seus incisos do CTN); (c) as leis tributárias não podem ter efeitos retroativos, sendo que a lei aplicável é a vigente ao tempo da ocorrência do fato gerador da obrigação tributária; (d) deve haver lei para a exigência de todos os tributos (impostos, taxas, contribuições de melhoria, contribuições sociais); (e) deve ser observada por todas as pessoas jurídicas de direito público interno que possuam competência tributária, ou seja, pela União, Estados-membros, Distrito Federal e Municípios.

Tanto a lei irá determinar a criação como o aumento do tributo.

O art. 97 do CTN foi, portanto, recepcionado pela Constituição de 1988.

No regime da Constituição de 1967, de acordo com a Emenda n. 1/69, existiam entendimentos de que o legislador poderia criar tributos por meio de decreto-lei. O STF, no caso do Finsocial, asseverou que poderia um tributo ser criado por decreto-lei (RE 103.778-DF, Tribunal Pleno, Rel. Min. Cordeiro Guerra, *RTJ*, v. 116).

Muitos alegavam que os decretos-leis expedidos para a criação ou majoração de tributos não tinham qualquer urgência ou relevância para serem instituídos. O STF entendeu, porém, que "os pressupostos de urgência e relevante interesse público escapam ao controle do Poder Judiciário".

Com a promulgação da Constituição de 1988, pairou a dúvida sobre se os impostos poderiam ser instituídos ou majorados por meio de medida provisória. A medida provisória poderá criar ou aumentar tributos desde que haja relevância ou urgência para sua instituição[21].

A obrigação tributária não deriva da vontade das partes, mas da expressa disposição da lei; por isso, é uma obrigação *ex lege*, decorrente do princípio da legalidade tributária. Um tributo não pode ser lançado pela autoridade administrativa por mera portaria ou circular, pela ausência de norma legal para tanto. Daí a arbitrariedade, se assim o fizer.

Não basta apenas o fato concreto, mas também a lei que hipoteticamente o descreva, para que, ao ser realizado, ele torne-se suscetível de valoração jurídica. Um ato administrativo que pretenda exigir tributo é simplesmente nulo. O víncu-

---

21 MARTINS, Ives Gandra da Silva. *Comentários à Constituição do Brasil*. São Paulo: Saraiva, 1990. v. 6, t. 1, p. 145.

lo obrigatório não pode surgir se não existir uma norma legal que determine seu nascimento, em relação a determinado fato jurídico, ao qual a lei atribua a eficácia de fazer surgir uma obrigação tributária.

É exatamente a autorização dos tributos por aqueles que os devem pagar que distingue a tributação da simples desapropriação, tornando-a consentida.

Para a criação de tributo ou sua majoração, mister se faz a exigência de lei, ou até de medida provisória, se esta atender aos requisitos da Constituição: relevância e urgência para sua instituição. O STF entende que relevância e urgência são critérios estabelecidos pelo Poder Executivo. A medida provisória pode instituir tributos e contribuições sociais, pois tem força de lei (ADIMC 1417/DF, Rel. Min. Octávio Gallotti).

A lei deve estabelecer todos os elementos do tributo para que ele possa ser exigido: fato gerador, base de cálculo, contribuinte e alíquota. Caso falte um elemento, o tributo não poderá ser exigido, muito menos estabelecido por decreto do ente tributante, pois iria ferir o princípio da estrita legalidade em matéria tributária. Haverá a reserva absoluta da lei.

A tipicidade implica que o legislador descreva de forma taxativa e completa o fato gerador do tributo.

Deve haver uma legalidade da Administração, caracterizando plenamente o Estado de Direito, que nasceu consuetudinariamente do direito dos representantes do povo de autorizarem a tributação, tornando-a geral para o Direito Administrativo do século XIX. A Administração está vinculada não só à lei formal, mas também ao direito, incluindo as próprias normas administrativas. A atividade administrativa plenamente vinculada não torna esta atividade adstrita somente à lei formal, mas a toda a legislação tributária.

Para a aplicação da lei tributária, é mister a correta interpretação da lei e o perfeito conhecimento da situação de fato que dará ensejo ao fato gerador.

Devido ao princípio da estrita legalidade tributária, nenhum método de interpretação pode resultar em criação ou modificação do tributo.

Os métodos de integração das leis tributárias – como, por exemplo, a analogia –, em virtude do princípio da estrita legalidade tributária, não podem constituir os elementos da obrigação tributária principal, ficando seu emprego restrito ao cargo das obrigações acessórias, meramente formais.

Na interpretação das leis tributárias, ao utilizar-se da chamada "consideração econômica", esta nada mais representa do que um método sistemático e teleológico, perfeitamente compatível com o princípio da legalidade tributária. Não poderá ser utilizado, contudo, para a criação de tributos, pois a analogia utilizada não poderá instituir tributos.

A consideração econômica, na apreciação dos elementos de fato, tem sua base no princípio da isonomia, não podendo, no entanto, ser utilizada para impor situação de fato inexistente, como pretende a chamada "teoria dos tipos".

6.2 Princípio da anterioridade

O princípio da anualidade dizia respeito à autorização orçamentária para a cobrança de tributos, que tinha previsão no § 34 do art. 141 da Constituição de 1946. Não poderia o tributo ser cobrado em cada exercício se não houvesse previsão orçamentária para esse fim. Eram exceções "a tarifa aduaneira e o imposto lançado por motivo de guerra". O princípio deixou de existir com a Emenda Constitucional n. 18/65.

Voltou o § 29 do art. 150 da Carta Magna de 1967 a tratar do princípio da anualidade: nenhum tributo "será cobrado em cada exercício sem prévia autorização orçamentária".

O § 29 do art. 153 da Emenda Constitucional n. 1/69 não mais versou sobre o tema.

O art. 165 da Constituição de 1988 ou qualquer outro dispositivo dessa norma não trataram do princípio da anterioridade. O referido artigo traz regras sobre orçamento e não sobre o tema.

O princípio da anterioridade da lei mostra que nenhum tributo pode ser exigido no mesmo exercício financeiro em que haja sido publicada a lei que o instituiu ou aumentou (art. 150, III, *b*, da Constituição). É vedado aos entes tributantes cobrar tributos antes de decorridos 90 dias da data em que haja sido publicada a lei que os instituiu ou aumentou, observado que o tributo não pode ser exigido no mesmo exercício financeiro em que haja sido publicada a lei que os instituiu ou aumentou. Publicada a lei num exercício financeiro, o tributo só pode ser exigido no exercício seguinte, desde que já decorridos os 90 dias da lei que o instituiu ou aumentou. Os 90 dias devem ser considerados a contar da edição da nova lei. Assim, se a nova lei for publicada em 31-12, o imposto só pode ser exigido 90 dias depois. O objetivo da norma é evitar que o ente tributante edite lei em 31-12 e logo no dia seguinte passe a exigir o imposto de acordo com a nova regra, pegando de surpresa o contribuinte. A vedação do princípio da anterioridade não se aplica ao empréstimo compulsório para atender a despesas extraordinárias, decorrentes de calamidade pública, de guerra externa ou sua iminência, aos impostos de importação, exportação, de produtos industrializados, ao IOF, ao imposto extraordinário em virtude de guerra externa. Esses tributos podem ser exigidos no mesmo ano em que foram instituídos.

A irretroatividade da lei é a regra. Ela não pode ser aplicada a situações já constituídas na vigência da lei anterior. O princípio da anterioridade significa que deve haver lei anterior ao fato gerador criado ou majorado pela lei.

O STF entende que os 90 dias de anterioridade (art. 150, III, *b* e *c*, da Constituição) não se aplicam aos casos de manutenção da alíquota já usada, mas aos casos de criação ou majoração de tributos.

A proibição dos 90 dias não se observa, em relação ao empréstimo compulsório para atender a despesas extraordinárias, decorrentes de calamidade pública, de guerra externa ou sua iminência, aos impostos de importação (art. 153, I, da Constituição), exportação (art. 153, II), imposto de renda (art. 153, III), ao IOF (art. 153, V) e ao imposto extraordinário decorrente de guerra externa. Logo, são aplicados ao inciso IV (IPI). Não pode ser exigido de imediato IPI, a contar da publicação da lei que aumentou sua alíquota, como no caso de veículos importados. Tem de esperar 90 dias.

O § 2º do art. 62 da Constituição dispõe que se a medida provisória implicar instituição ou majoração de impostos, exceto os impostos de importação, exportação, IPI e IOF, só produzirá efeitos no exercício financeiro seguinte se houver sido convertida em lei até o último dia do ano em que foi editada.

6.3 Princípio da igualdade tributária

Reza o princípio da igualdade tributária que todos são iguais perante a lei para efeito de tributação, não podendo haver exceção entre pessoas que estejam na mesma situação. Trata-se de aplicação específica do princípio da igualdade contido genericamente no *caput* do art. 5º da Constituição. A lei deve ser aplicada a todos com igualdade. O inciso I do mesmo artigo já dispõe que homens e mulheres são iguais em direitos e obrigações, nos termos da Constituição. Afirma Rui Barbosa que "a regra da igualdade consiste senão em aquinhoar desigualmente os desiguais, na medida em que sejam desiguais. Nessa desigualdade social, proporcionada à desigualdade natural, é que se acha a verdadeira lei da igualdade. Tratar como desiguais a iguais, ou a desiguais com igualdade, seria desigualdade flagrante, e não igualdade real"[22]. Iguais devem ser tratados com igualdade e desiguais com desi-

22 BARBOSA, Rui. *Oração aos moços*. Rio de Janeiro: Casa de Rui Barbosa, 1956. p. 32.

gualdade. Afirma Sampaio Dória que "se dadas as desigualdades naturais, fossem todos nivelados, cometer-se-ia a maior das desigualdades"[23].

Esclarece o inciso II do art. 150 da Constituição que é vedado ao sujeito ativo instituir tratamento desigual entre contribuintes que estejam em situação equivalente, proibida qualquer distinção em razão de ocupação profissional ou função por eles exercida, independentemente da denominação jurídica dos rendimentos, títulos ou direitos.

O princípio é dirigido ao legislador ordinário, que não poderá tratar duas situações iguais de forma diferenciada, mas poderá tratar situações desiguais de forma desigual, justamente porque as pessoas não estão nas mesmas condições.

Contribuintes que têm maior capacidade contributiva devem pagar maior imposto do que os que têm capacidade contributiva inferior. Assim, os contribuintes de maior capacidade contributiva devem ser tratados da mesma forma, diversa, porém, dos contribuintes de menor capacidade contributiva.

Esse princípio diz respeito a pessoas que estejam em situação equivalente e não exatamente igual. Assim, não pode ser instituída alíquota diferenciada do ISS em relação a profissionais liberais, como médicos, engenheiros, advogados etc. A alíquota deve ser a mesma para todos, por estarem em situação equivalente.

6.4 Princípio da uniformidade

Uniforme é o que tem uma só forma; idêntico; semelhante.

Os tributos da União devem ser aplicados de maneira uniforme em todo o território nacional. Do contrário, estaria havendo tratamento desigual. Menciona o princípio da uniformidade que é vedado à União instituir tributo que não seja uniforme em todo o território nacional ou que implique distinção ou preferência em relação a Estado, ao Distrito Federal ou a Município, em detrimento de outro, admitida a concessão de incentivos fiscais destinados a promover o equilíbrio do desenvolvimento socioeconômico entre as diferentes regiões do país (art. 151, I, da Constituição).

6.5 Princípio da liberdade de tráfego

Veda o inciso V do art. 150 da Constituição que as diversas entidades tributantes estabeleçam limitações ao tráfego de pessoas ou bens, por intermédio de tributos interestaduais ou intermunicipais. A ressalva diz respeito à cobrança de pedágio pelo uso de vias conservadas pelo Poder Público.

---

[23] DÓRIA, Sampaio. *Princípios constitucionais*. São Paulo, 1926. p. 121.

6.6 Princípio da capacidade contributiva

O princípio da capacidade contributiva tem origens no ideal de justiça distributiva, em que cada pessoa deve contribuir para as despesas da coletividade, de acordo com a presunção de renda ou capital (de sua riqueza), contribuindo para os cofres públicos à medida que se manifeste uma proporção em maior ou menor grau. Daí a noção de distribuição de carga tributária igualitária, em razão das possibilidades de cada contribuinte.

Este princípio também é chamado de capacidade econômica, de aptidão econômica etc.

6.6.1 Histórico

A noção de capacidade contributiva já é bem antiga. Para alguns, reporta-se a Heródoto, vigorando entre os antigos egípcios[24]. Origina-se também no ideal de justiça distributiva enunciado pelos filósofos gregos, recompondo o sistema aristotélico intentado pelos escolásticos[25]. Os entes tributantes da época baseavam-se na tributação *per capita*, violando o ideal de justiça distributiva.

Utilizava-se a expressão *capacidade contributiva* também na Idade Média, com base nos princípios da Ética e da Moral, e em algumas leis dos primeiros séculos da Idade Moderna. Já se encontra o citado princípio na *Elizabethan poor law*, como também na legislação tributária das colônias inglesas na América[26].

Adam Smith afirmava que a subordinação do cidadão ao governo deve se fazer "na medida do possível, em proporção a sua capacidade de pagar"[27].

Fundadas no ideal de justiça distributiva, muitas Constituições adotaram o princípio em análise, especificando-o em um de seus artigos.

6.6.2 Constituições brasileiras

A Constituição de 1824 previa no item 15 do art. 179 que "ninguém será isento de contribuir para as despesas do Estado na proporção dos seus haveres".

Demonstrava a Constituição de 1934 indícios de adotar o princípio da capacidade contributiva ao dispor sobre a sujeição a "imposto progressivo as transmissões de bens por herança ou legado", sendo que essa forma de progressividade estaria baseada em ter o contribuinte maior ou menor capacidade de participar para

---

24 BECKER, Alfredo Augusto. *Teoria geral de direito tributário*. 2. ed. São Paulo: Saraiva, 1972. p. 437.

25 Idem, ibidem, p. 437.

26 Idem, p. 438.

27 *Riqueza das nações*. Lisboa: Fundação Calouste Gulbenkian, 1983. v. 2, p. 485.

com as despesas do Estado. No art. 185, mencionava que "nenhum imposto poderá ser elevado além de 20% do seu valor ao tempo do aumento", não podendo, dessa forma, ser aumentado mais do que o previsto neste texto legal.

Tratou mais especificamente do tema a Constituição de 1946. Dispunha o art. 202 que "os tributos terão caráter pessoal sempre que isso for possível e serão graduados conforme a capacidade econômica do contribuinte". Este dispositivo posteriormente foi revogado pela Emenda Constitucional n. 18/65, mas dava a ideia clara de que o Brasil passava a tributar seus contribuintes com base na disponibilidade econômica de cada um, como marco inicial em que o legislador ordinário deveria basear-se.

A Carta Magna de 1967, de acordo com a Emenda Constitucional n. 1/69, não versou especificamente sobre o tema, mas para muitos doutrinadores o princípio da capacidade contributiva continuava plenamente válido, pois no § 36 do art. 153 enunciava: "a especificação de direitos e garantias expressos nesta Constituição não exclui outros direitos e garantias decorrentes do regime e dos princípios que ela adota".

A Constituição de 1988 dispôs no § 1º do art. 145 que, "sempre que possível, os impostos terão caráter pessoal e serão graduados segundo a capacidade econômica do contribuinte, facultado à administração tributária, especialmente para conferir efetividade a esses objetivos, identificar, respeitados os direitos individuais e nos termos da lei, o patrimônio, os rendimentos e as atividades econômicas do contribuinte".

6.6.3 Natureza jurídica

A capacidade econômica é a de a pessoa produzir riqueza.

Dino Jarach entendeu que a capacidade contributiva seria a potencialidade de contribuir para os gastos públicos que o legislador atribuir ao sujeito particular. Significa ao mesmo tempo a existência de uma riqueza na posse de uma pessoa ou em movimento entre duas pessoas com a gradação da obrigação tributária segundo a magnitude da capacidade contributiva que o legislador lhe atribui. É tarefa da ciência das finanças e da política financeira estabelecer o conceito de capacidade contributiva em bases determinadas e pressupostos teóricos e, respectivamente, de indicar aos legisladores quais as situações de fato que devem ser eleitas como sintomas de capacidade contributiva[28].

---

[28] JARACH, Dino. *El hecho imponible*. 2. ed. Buenos Aires: Abeledo-Perrot, 1971. p. 87.

No *common law* identifica-se a capacidade contributiva como *ability to pay*. Há entendimento de que deveria ser eliminada de toda discussão sobre Finanças Públicas[29].

Para Giuliani Fonrouge, há um sacrifício individual dos consumidores visando atender aos produtores e seus dependentes, contribuindo para uma vantagem indireta de toda a economia e que ao final reverterá aos próprios consumidores, por meio do bem geral da coletividade que será gerado[30].

Para Gianini, a aplicação da capacidade econômica ficaria a cargo da prudente aplicação do legislador ordinário. Somente os fatos da vida social que tenham índices de capacidade econômica podem ser adaptados pelas leis particulares para a ocorrência do fato gerador. Este autor indica as incertezas e vacilações existentes na jurisprudência italiana em virtude de tal princípio[31].

Sainz de Bujanda aponta duas formas de capacidade contributiva: (a) a absoluta: em que a capacidade abstrata para custear as despesas públicas deve ser levada em conta para sua fixação; (b) a relativa: que se orienta pela determinação para avaliação da concreta carga tributária. Cita, ainda, a lei geral tributária, que enumera as hipóteses para a apreciação da carga tributária de acordo com a posse de um patrimônio, a circulação de bens e a aquisição de renda. Todavia, o legislador espanhol e o intérprete devem respeitar a propriedade privada[32].

A ideia que se tem da locução *capacidade contributiva* é apenas que o contribuinte tem possibilidade de suportar o ônus tributário[33], permanecendo um mínimo para que o contribuinte possa satisfazer a suas necessidades humanas básicas. Não é possível medir com precisão, ou inclusive por meio de um metro, quanto o contribuinte deve pagar e adequar-se às prestações de outros contribuintes, nem quais os limites a serem adotados[34].

Não há também um significado preciso e unívoco a respeito do princípio da capacidade contributiva.

Existem duas correntes que procuram explicitar a natureza da capacidade contributiva: (a) a primeira entende que é de natureza programática, não obrigan-

---

29 DALTON, Hugh. *Principles of public finance*. 9. ed. Londres: Routledge and Sons, 1936. p. 171.

30 FONROUGE, Giuliani. *Derecho financiero*. 3. ed. Buenos Aires: Depalma, 1977. v. 1, p. 282.

31 GIANINI, Achile Donato. *I concetti fondamentale del diritto tributario*. Turim: Unione Tipografico Editrice Torinese, 1956. p. 157-158.

32 SAINZ DE BUJANDA, F. *Lecciones de derecho financiero*. Madri: Universidad Complutense. Facultad de Derecho, 1979. p. 152-153.

33 BECKER, Alfredo Augusto. *Teoria geral*... Op. cit. p. 439.

34 Idem, ibidem.

do nem o legislador ordinário, nem o juiz. Seria uma espécie de orientação não coercível. É a tese esposada por Rubens Gomes de Sousa, Pontes de Miranda e outros; (b) a segunda afirma haver uma regra jurídica que vincula o legislador ordinário ao eleger os fatos presuntivos de renda ou capital, deixando o mínimo indispensável para o contribuinte poder viver normalmente. O juiz fica obrigado a conferir os fatos relativos à renda ou ao capital em cada caso concreto. É a tese sustentada por Aliomar Baleeiro, Emílio Giardina e Antonio Berliri.

A razão, sintetiza Bernardo Ribeiro de Moraes, não está "nem tanto ao mar nem tanto à terra. Não se pode negar qualquer eficácia jurídica ao princípio constitucional e nem se pode estender a sua eficácia de modo a abranger o juiz em cada caso concreto singular"[35].

Na verdade, o princípio decorre de uma regra de direito natural, fundamentada no princípio da igualdade e da justiça tributária[36], mas também da universalidade.

Deve-se atentar para que a tributação sempre esteja centrada na tridimensionalidade fato-norma-valor, como também de acordo com a consideração fático-econômico-jurídica. No entanto, necessitará ater-se sempre à interpretação jurídica da norma, não à econômica, apesar de anteriormente à reforma tributária de 1966 os tributos terem nomenclatura jurídica e agora terem nomenclatura econômica. A consideração poderá ser econômica, porém deverá respeitar os arts. 108 e 118 do CTN. Por outro lado, a interpretação econômica também é jurídica[37], e assim deve ser examinada; contudo, a jurisprudência admitia a pesquisa do conteúdo econômico de situações materiais ou jurídicas pela qual a tributação pretendia alcançar[38].

É também um princípio "pragmático, diretivo ou diretório (*directory provision*), endereçando-se antes ao legislador do que à administração ou ao Judiciário e dependendo a sua concreta invocação pelo intérprete e pelo aplicador de princípios de atuação e de regulamentação a serem traçados pela lei. Entendendo-se, porém, que escolhido o fato gerador de um tributo, sobretudo de um imposto, o legislador terá levado em conta a capacidade econômica dos sujeitos passivos das

---

35 MORAES, Bernardo Ribeiro de. *Compêndio de direito tributário*. 2. ed. Rio de Janeiro: Forense, 1984. p. 414.

36 NOGUEIRA, Ruy Barbosa. *Curso de direito tributário*. 4. ed. São Paulo: IBDT, 1976. p. 102.

37 NOGUEIRA, Liz Coli Cabral. A *consideração econômica no direito tributário*: estudos tributários. São Paulo: Resenha Tributária, 1973. p. 357.

38 *RF* 141/309; *RDA* 23/67.

respectivas relações tributárias"[39]. Outros doutrinadores já entendiam, por volta de 1962, que o citado princípio era dirigido ao legislador ordinário[40]. O STF já havia decidido na época anterior ao CTN que a fixação para a gradação dos impostos é matéria de competência do Legislativo, exclusivamente[41].

Também é um princípio que decorre da igualdade e da universalidade, pois deve haver igualdade entre os iguais, desde que pertençam à mesma categoria econômica ou sejam de determinada profissão, sendo os desiguais tratados desigualmente, à medida que se vão desigualando.

Ainda se poderiam destacar dois elementos fundamentais: (a) um objetivo: pressupondo a existência de uma riqueza de forma direta e indireta, verificando se houve uma real variação no patrimônio/renda do contribuinte; (b) um subjetivo: de forma a apurar corretamente as riquezas do contribuinte por meio de um critério que o legislador ordinário vai estabelecer[42], verificando sempre um mínimo digno de configurar a subsistência do indivíduo. O imposto de renda tem essas características, por meio das diferenças que existem entre cada contribuinte. O próprio Adam Smith entendia que o contribuinte deveria contribuir para o Estado na proporção das rendas de que desfrutasse.

Antonio Berliri afirma, inclusive, que pode haver a tributação das atividades ilícitas, pois, se não se procedesse dessa maneira, se estaria desprezando o princípio da capacidade contributiva[43].

Os contribuintes contribuirão para as despesas públicas na medida de suas riquezas; todavia, o fato gerador é que vai medir, por meio do que o legislador ordinário vier a dispor sobre as reais possibilidades que o sujeito passivo pode contribuir para o Estado, sempre se verificando a valoração e os limites dessa capacidade econômica.

O imposto sempre vai atender a serviços indivisíveis, visando ao bem geral da coletividade, utilizando-se de meios aproximados de aferir a capacidade econômica de cada pessoa[44]. Esclarece Aliomar Baleeiro que, "nos impostos diretos, por exem-

---

39 FALCÃO, Amílcar de Araújo. *Fato gerador da obrigação tributária*. São Paulo: Revista dos Tribunais, 1974. p. 68.

40 BUZAID, Alfredo. Imposto de indústrias e profissões no município de São Paulo. *Revista dos Tribunais*, v. 322, p. 7.

41 STF, 1ª T., RE 18.720, j. 27-12-1952, Rel. Min. Nelson Hungria, *RT* 248/647.

42 JARACH, Dino. *Curso superior de derecho tributario*. Buenos Aires: Liceo Profesional Cima, 1969. t. 1. p. 187.

43 BERLIRI, Antonio. *Principii di diritto tributario*. Milão: Giuffrè, 1957. t. 1, v. 2. p. 229.

44 VILLEGAS, Hector B. *Curso de finanzas, derecho financiero y tributario*. Buenos Aires: Depalma, 1972. p. 98-99.

plo, a diretriz política jaz na capacidade contributiva em relação indireta com a contraprestação dos serviços públicos, e a relação jurídica nasce de ato unilateral do Estado para o comando da prestação"[45]. A Constituição deve dar as linhas gerais, não podendo descer a detalhes, que com certeza ficarão a cargo do legislador ordinário, ao definir os fatos geradores, principalmente dos impostos. Estes, ultrapassando a barreira da capacidade contributiva, estarão onerando sensivelmente o contribuinte, pois do excesso de impostos decorre a perda da liberdade do sujeito passivo.

Os impostos pessoais ajustam-se mais facilmente ao critério de progressividade ao se aplicar o princípio da capacidade contributiva. Todavia, salvo nos casos de tributação extrafiscal, os impostos que recaem sobre a coisa não terão progressividade sobre a pessoa. Como impostos subjetivos que são, serão determinados de acordo com cada indivíduo e suas possibilidades, devendo o legislador ordinário especificar o fato gerador e determinar as variações, a fixação da alíquota, montante etc.

A Constituição faz referência a "sempre que possível", mesma expressão utilizada na Constituição de 1946. Entretanto, esse critério é impreciso, pois, se não for possível que o imposto seja pessoal, não poderá medir a capacidade contributiva e, então, não será aplicado o princípio. A expressão "sempre que possível" diz respeito ao caráter pessoal dos impostos e, ao mesmo tempo, à capacidade contributiva, em razão de que existe no parágrafo a conjunção aditiva e, que se refere tanto ao caráter pessoal como à capacidade contributiva. No ICMS e IPI não é possível falar em capacidade contributiva, pois o imposto é transferido para o contribuinte.

Outro ponto notado na comparação da Constituição de 1946 com a atual é que a antiga usava a palavra *tributos* e a de 1988 menciona apenas impostos, não se referindo, portanto, a outros tributos. Diz respeito, portanto, a impostos, mas pode ser usado facultativamente pela lei em relação às taxas ou contribuição de melhoria. A lei pode determinar que a pessoa não pague custas diante da sua miserabilidade jurídica (Lei n. 1.060/50). Anteriormente, muitos doutrinadores entendiam que o princípio não se aplicava às taxas, pela natureza contraprestacional destas, e que agora, também, não podem ter a mesma base de cálculo de impostos (§ 2º do art. 145). Os impostos serão pessoais e graduados, progressivamente, segundo a capacidade econômica do contribuinte. Não se sabe, porém, como a administração tributária irá identificar a riqueza do contribuinte. Poderá isso representar uma forma de arbítrio, em que a administração irá fiscalizar para apurar

---

45 BALEEIRO, Aliomar. *Limitações constitucionais ao poder de tributar*. 5. ed. Rio de Janeiro: Forense, 1980. p. 330.

realmente a capacidade econômica, ou irá exorbitar, passando a tributar o que não deve ser tributado e não respeitando o mínimo indispensável à sobrevivência do sujeito passivo, mesmo que a Constituição especifique que deverá respeitar os direitos individuais. Apesar de ser um princípio destinado ao legislador ordinário, a parte final do artigo deverá ser muito bem normatizada, sob pena de, em vez de distribuir a justiça fiscal, prejudicar o contribuinte com mais impostos, que poderão ser confiscatórios ou até proibitivos.

Os impostos graduados de acordo com a capacidade contributiva são os chamados impostos progressivos, em que a alíquota aumenta à medida que cresce o montante a ser tributado.

Podem ser considerados impostos regressivos o ICMS e o IPI sobre produtos essenciais ao indivíduo, pois este pagará mais impostos em razão de seu baixo poder aquisitivo. Quanto menor o salário, maiores são os valores destinados a suprir as necessidades básicas (Lei de Engels).

A gradação será feita, então, de acordo com a capacidade contributiva do sujeito passivo, da forma que o legislador ordinário determinará a aferição desta. Poderá ser regressiva ou progressiva, o que comumente acontece.

Não adianta cobrar impostos altos quando, por via indireta, o governo tem de fazer despesas para assistir os necessitados. Afirma Von Wallis que "uma tributação excessiva elimina o incentivo para realizações extraordinárias, subverte a vontade de trabalhar e de economizar"[46].

A capacidade contributiva somente poderá ser notada quando existir um patrimônio ou uma renda. Havendo a disponibilidade econômica, estará configurado o princípio. A tributação será feita sobre a exteriorização da riqueza, sobre os efeitos econômicos produzidos pela atividade do contribuinte. O importante, portanto, não é a forma jurídica.

A capacidade contributiva pressupõe a capacidade econômica. Não existe capacidade contributiva se não houver capacidade econômica do contribuinte de pagar o tributo.

Embora, para muitos, principalmente para Alfredo Becker[47], o princípio da capacidade contributiva seja a constitucionalização do equívoco, algumas conclusões podem ser enunciadas:

---

46 VON WALLIS, Hugo. Há limites na tributação sobre rendimentos? *Imposto de renda*. São Paulo: IBDT: Resenha Tributária, 1981. p. 37-38.

47 BECKER, Alfredo Augusto. *Teoria geral*... Op. cit. p. 451.

I – para tributar o sujeito passivo é necessário restar um mínimo indispensável à sobrevivência do indivíduo;

II – cada imposto será tomado isoladamente para configuração da capacidade econômica;

III – deve-se estabelecer uma relação entre a riqueza do contribuinte e a carga tributária tomando-se por base a aquisição de bens, as despesas efetuadas pelo contribuinte, desde que não essenciais, significando indícios de presunção de renda ou capital;

IV – é determinado o princípio para o legislador ordinário, que o tomará como parâmetro para verificação da capacidade contributiva;

V – a progressividade estará entre a maior e a menor riqueza presumida do contribuinte, quando lhe serão aplicadas alíquotas maiores ou menores;

VI – o princípio deverá ser aplicado com igualdade e universalidade.

O princípio da capacidade contributiva pode favorecer uma tributação extrafiscal, desde que proporcione a repartição do capital, da renda, num sentido distributivo, como quando se adota um tributo com o fim de auxiliar na reforma agrária, especulação financeira, criação de monopólios, cartéis etc.

Maior capacidade contributiva indica maior riqueza do contribuinte. Há um ideal maior de justiça, pois vão-se tributar pessoas que têm maior capacidade de contribuir, em razão de terem maior riqueza.

A riqueza é elemento material para o estabelecimento de indícios que levarão à real capacidade contributiva. Espera-se que o legislador seja feliz ao estabelecer a lei ordinária, verificando e tomando por base a capacidade contributiva do sujeito passivo, com o fim de que cada um pague o que realmente tenha condições de pagar, não importando que mais tarde tenha perdido o poder aquisitivo para solver a obrigação (o que poderá ser resolvido pela remissão). O que importa é a aferição dessa capacidade econômica para o pagamento do imposto devido, com igualdade, universalidade, e visando a justiça distributiva.

O princípio da capacidade contributiva mostra uma forma de se fazer justiça fiscal. Quem tem mais, paga mais. Quem tem menos, paga menos.

A tributação deve deixar um mínimo existencial ao contribuinte, que é decorrente da dignidade da pessoa humana (art. 1º, III, da Constituição), sob pena de ser confiscatória.

Se o contribuinte ganha apenas um valor mínimo para poder existir, não se pode falar em capacidade contributiva. É o que ocorre com a tabela do Imposto de

Renda. Abaixo do valor mínimo nela estabelecido, o cidadão não tem capacidade contributiva.

Na Seguridade Social, uma variante do princípio da capacidade contributiva é o princípio da equidade na forma de participação no custeio (art. 194, parágrafo único, V, da Constituição), pois as pessoas irão pagar a contribuição de acordo com suas condições financeiras. Quem ganha mais paga mais.

6.7 Princípio da vedação do confisco

Há necessidade, inicialmente, de distinguir o tributo proibitivo do tributo confiscatório.

Os tributos proibitivos podem ser conceituados como os que dificultam ou oneram de tal maneira a atividade do contribuinte que este fica impossibilitado de exercê-la, destruindo-a. Os impostos excessivos tornam a atividade do contribuinte mais onerosa, mas não a destroem; apenas o contribuinte passa a ter de suportar uma tributação mais pesada sobre seu mister, que lhe possibilita exercê-la normalmente, só que com maiores encargos. O tributo proibitivo "não é, apenas, o tributo que obsta, de todo em todo, o exercício de qualquer atividade lícita, se não, também, aquele que produz embaraços tais, a ponto de retirar do contribuinte o estímulo normal, ou o impulso animador do respectivo empreendimento"[48].

Para configurar um imposto proibitivo é necessário provar se este realmente inibe ou impede o exercício da atividade do contribuinte de forma a não deixar opção a ele, sob pena de ser caracterizado como mero imposto excessivo ou além do normal. Mister, ainda, que o imposto atinja não só um indivíduo, mas uma categoria inteira. O STF já decidiu sobre o assunto, por volta de 1960, ao tratar do imposto sobre cabinas de banho da cidade de Santos: "Se os recorrentes não têm tino administrativo, auferem menores lucros que seus colegas de profissão, que se queixem de si próprios e não do pretendido excesso de imposto".[49] O contribuinte deverá provar que não era incapaz de suportar o ônus fiscal por sua eficiência em laborar em sua atividade econômica ou profissional.

A Suprema Corte americana, em 1819, pelo juiz Marshal, adotou a seguinte premissa: *The power to tax involves the power to destroy*, ou seja, o poder de tributar implica o poder de destruir[50].

---

[48] RAO, Vicente. Parecer. *RT*, São Paulo, 276/62.

[49] STF, 1ª T., RE 18.720, j. 27-10-1952, Rel. Min. Nelson Hungria, *RT* 248/647; *RDA* 44/135.

[50] McCulloch *versus* Maryland, em 1819.

Mais tarde, Rui Barbosa adotou tal posição ao comentar a Constituição de 1891: "relativamente aos (tributos) que o direito constitucional lhes confia, o (Estado) não tem raias, a não ser na própria discrição. Onde o Estado possa tributar, poderá vedar ou destruir. E se tal extensão pode receber o imposto que proíba ou destrua, ao arbítrio do Estado, que o lança, como negar, ao que pode o mais, a faculdade do menos"[51].

A verdadeira expressão que o magistrado Marshal não conseguiu captar foi sem dúvida a do advogado do governo federal, no caso McCulloch *versus* Maryland, Daniel Webster: um poder ilimitado de tributar implica, necessariamente, o poder de destruir, porque há um limite em que as instituições ou propriedades podem tolerar a tributação e não a parte da expressão que apreendeu o citado juiz. Apenas o poder exercido de maneira ilimitada é que realmente compreenderá o poder de destruir[52]. Entretanto, àquela dogmática vinham críticas que acabaram estampadas na declaração do voto vencido do juiz Holmes no caso Panhandale Oil Co. *versus* Mississippi, em 1928, que diz o seguinte: o poder de tributar não é o poder de destruir, enquanto esta Corte existir[53].

A proibição por intermédio do imposto proibitivo deve, em primeiro lugar, estar na competência do poder que o instituiu, sob pena de nulidade ou de inconstitucionalidade. Em segundo lugar, há necessidade de que a atividade seja realmente nociva ao bem-estar social.

O confisco é a absorção pelo poder do Estado da propriedade do particular, sem pagar-lhe justa indenização que a Constituição prevê. Hoje, também, é prevista na atual Constituição, no inciso IV do art. 150, dentro das limitações do poder de tributar, assim disposto: "utilizar o tributo com efeito de confisco". Isso quer dizer que a tributação não pode exigir exação em porcentual superior a 50% do patrimônio da pessoa, pois importaria a absorção pelo Estado da maior parte de seu patrimônio. Não há necessidade de que o poder tributário do Estado demonstre uma contraprestação, um benefício, para o contribuinte, com o pagamento do tributo. Poderá não haver benefício e o tributo não ser confiscatório, desde que não implique a absorção da propriedade do contribuinte sem pagamento de uma justa indenização.

O poder de tributar deve permitir que o contribuinte mantenha sua atividade, não podendo destruí-la.

---

51 Apud DÓRIA, Antonio Roberto Sampaio. *Princípios constitucionais tributários e a cláusula due process of law*. São Paulo, 1964. p. 249-250.

52 Idem, ibidem, p. 250.

53 Idem. p. 251.

Outro princípio que sempre foi colocado no bojo de nossas Constituições é o da função social da propriedade (art. 170, III, da Constituição). O objetivo desse dispositivo, se também conjugado com o inciso IV do art. 150 da Lei Magna, demonstra que o homem, por força de seu trabalho, e no decorrer de uma existência digna, irá gerar e criar sua família, convivendo com ela e produzindo pela força de seu mister, para isso necessitando de uma moradia que terá função social, não podendo um tributo vir a confiscar-lhe sua propriedade privada, como forma de exteriorização da capacidade contributiva, sem a competente e justa indenização, pois "é garantido o direito de propriedade" (art. 5º, XXII, da Constituição) e de que a propriedade atenderá a sua função social (art. 5º, XXIII, da Lei Maior). Haverá o confisco se o Estado exigir por meio de seu poder fiscal mais do que o indivíduo tem, absorvendo parcela considerável de sua propriedade, ou praticamente sua totalidade, sem justa indenização, pois "a lei estabelecerá o procedimento para desapropriação por necessidade ou utilidade pública, por interesse social, mediante justa e prévia indenização em dinheiro, ressalvados os casos previstos nesta Constituição", conforme disposto no inciso XXIV do art. 5º.

Diante da regra do art. 108 do CTN, somente serão utilizados os princípios de Direito Tributário na ausência de disposição expressa da lei. Entretanto, antes de serem observados os princípios de Direito Tributário, deve ser aplicada a analogia.

Verificação de aprendizagem

1. Que é princípio?
2. Quais são os princípios do Direito Tributário?
3. Qual a diferença entre anterioridade e irretroatividade?
4. Existe o princípio da anualidade tributária?
5. Em que consiste o princípio da legalidade tributária?
6. Em que consiste o princípio da igualdade tributária?
7. Que é liberdade de tráfego?
8. Em que consiste o princípio da capacidade contributiva e a quem se aplica?
9. Que é confisco e como se caracteriza?

Capítulo 13

TRIBUTO

1 RECEITA

Receita é toda a entrada de numerário nos cofres de uma pessoa. Receita pública é toda a entrada de numerário nos cofres do Estado.

A receita pública pode ser originária ou derivada. Receita originária é a proveniente do patrimônio do Estado, como financeira, comercial, industrial, de aluguel de um bem do Estado etc. Receita derivada é a decorrente da imposição do tributo. É a que não provém do patrimônio do Estado, mas do contribuinte.

Receita facultativa é receita que depende da vontade da pessoa de contribuir. Receita compulsória é a que independe da vontade da pessoa de contribuir, como ocorre com o tributo.

Também existem receitas correntes e de capital.

Receitas correntes são as receitas tributária, de contribuições, patrimonial, agropecuária, industrial, de serviços e outras, e, ainda, as provenientes de recursos financeiros recebidos de outras pessoas de direito público ou privado, quando destinadas a atender a despesas classificáveis em despesas correntes (§ 1º do art. 11 da Lei n. 4.320/64). Exemplos são as receitas de impostos, taxas, contribuições de melhoria, contribuições sociais etc.

São receitas de capital as provenientes da realização de recursos financeiros oriundos de constituição de dívidas; da conversão, em espécie, de bens e direitos;

os recursos recebidos de outras pessoas de direito público ou privado, destinados a atender a despesas classificáveis em despesas de capital e, ainda, o superávit do orçamento corrente. São exemplos de receitas de capital: as operações de crédito, a alienação de bens, a amortização de empréstimos, a transferência de capital.

O preço público é o número de unidades monetárias que o Estado exige de uma pessoa pela venda de um bem material (exemplo: mercadoria) ou imaterial (serviço). É cobrado por meio de tarifa. Preço público é uma receita não tributária, pois depende da vontade da pessoa de contribuir para adquirir o bem público. Não tem por base o poder fiscal do Estado. Não é compulsório. Preço público é facultativo, decorre do contrato e não da lei. Serve o preço para remunerar atividades estatais delegáveis e impróprias. É legítima a cobrança da tarifa de água, fixada de acordo com as categorias de usuários e as faixas de consumo (Súmula 407 do STJ).

2 CONCEITO DE TRIBUTO

Define o art. 3º do CTN tributo como "toda prestação pecuniária compulsória, em moeda ou valor que nela se possa exprimir, que não constitua sanção de ato ilícito, instituída em lei e cobrada mediante atividade administrativa plenamente vinculada".

Tributo é uma receita pública derivada que tem por objetivo uma prestação pecuniária compulsória, que não se constitua sanção de ato ilícito, instituída em lei e cobrada mediante atividade administrativa plenamente vinculada.

Importa o tributo receita pública e não particular. É uma receita pública derivada do patrimônio do particular e não originária do patrimônio do Estado, como de aluguéis, receitas financeiras etc.

Compreende o tributo prestação de dar, de pagar. Não se trata de obrigação de fazer ou não fazer. Tributo é o objeto da relação tributária. O tributo tem por objetivo carrear para os cofres do Estado meios financeiros para a satisfação das necessidades da coletividade.

Prestação pecuniária é a que pode ser exigida em moeda ou valor que nela se possa exprimir. O tributo é cobrado em dinheiro.

A definição é criticada, pois, se a prestação é pecuniária, será exigida em moeda. Giuliani Fonrouge define tributo como "una prestación obligatoria comúnmente en dinero, exigida por el Estado en virtud de su poder de imperio y que da lugar a relaciones jurídicas de derecho público"[1].

---

1 FONROUGE, Giuliani. *Derecho financeiro*. 3. ed. Buenos Aires: Depalma, 1962, v. 1, p. 257.

O tributo é compulsório. Compulsório não quer dizer obrigatório, mas significa que independe da vontade da pessoa de contribuir. A pessoa não paga o tributo porque quer ou gosta. Se isso ocorresse, não pagaria o tributo.

O CTN faz referência a prestação exigida "em moeda ou valor que nela se possa exprimir". Se a prestação é pecuniária, já está expressa em moeda. Não é mais exigido tributo em espécie (*in natura*) ou em serviço (*in labore*). Tributo *in natura* seria o pago, por exemplo, em mercadorias. Exemplo de tributo *in labore* seria o pagamento do tributo com serviços prestados à comunidade por um ou alguns dias por ano. O § 4º do art. 12 do Decreto-lei n. 195/67 permite ao contribuinte liquidar a contribuição de melhoria com títulos da dívida pública, emitidos especialmente para financiamento da obra pela qual foi lançado. O pagamento será feito pelo valor nominal do título, se o preço do mercado for inferior.

Não se constitui o tributo em sanção de ato ilícito. Não é uma penalidade, como na sanção pelo descumprimento da lei. Mesmo quem explora um ato ilícito paga imposto de renda, se tiver renda, como ocorre com as pessoas que exploram casas de tolerância, vendem armas proibidas, exploram tráfico de drogas etc. O imposto não incide sobre a atividade ilícita prestada pela pessoa, mas sobre a renda auferida com a atividade, pois o fato gerador ocorreu, que é ter disponibilidade econômica ou jurídica de renda.

A previsão do tributo deve estar inserida em lei para que possa ser cobrado, de acordo com o princípio da estrita legalidade tributária. Se não houve a previsão em lei, descrevendo o fato gerador, quem é o contribuinte, a base de cálculo, a alíquota, não poderá o tributo ser exigido. É o que se depreende do art. 97 do CTN.

A atividade administrativa plenamente vinculada é feita pelo lançamento do fiscal. Atividade administrativa plenamente vinculada compreende o ato de que a autoridade administrativa não tem a liberdade de agir, em mais de uma situação. A autoridade fica inteiramente vinculada à previsão legal. A autoridade administrativa não tem discricionariedade para exigir o tributo. No ato administrativo discricionário, a autoridade administrativa tem opções dentro da previsão da lei para poder agir, fazendo-o por conveniência ou oportunidade.

Representa o tributo um instrumento de transferência de recursos dos particulares para o Estado.

A natureza específica do tributo é determinada pelo fato gerador da respectiva obrigação, sendo irrelevantes para qualificá-la: (a) a denominação e demais características formais adotadas pela lei; (b) a destinação legal do produto de sua arrecadação (art. 4º do CTN).

Não importa o nome que se dá ao tributo, se imposto, contribuição etc., mas sim o seu fato gerador. Pouco importam também os fins determinados pela lei para arrecadar o tributo, mas qual é o seu fato gerador.

3 CLASSIFICAÇÃO

Quanto à competência impositiva, os tributos são: federais, estaduais, distritais e municipais.

Quanto à vinculação à atividade do Estado, os tributos podem ser divididos em vinculados e não vinculados. São vinculados quando sua arrecadação é destinada para um fim específico, como a contribuição de melhoria para a construção de uma obra pública, a taxa para a prestação de um serviço etc. Não são vinculados os impostos, pois sua arrecadação não tem destinação específica. É usada para fazer frente às necessidades da coletividade.

Quanto à função, os tributos podem ser classificados em fiscais, extrafiscais e parafiscais.

No tributo fiscal, o Estado arrecada valores para o bem geral da coletividade, como no imposto.

Tributos extrafiscais são tributos que têm por objetivo a interferência no domínio econômico, mas também para restringir certas condutas das pessoas, como de atividades nocivas. Exemplo seria o tributo contra o cigarro.

Tributos parafiscais (ao lado do Estado) são tributos vinculados à satisfação de certas situações que não são características do Estado (exemplo: as contribuições sociais).

Também é possível fazer a divisão entre tributos diretos e indiretos.

Nos tributos diretos, quem paga e suporta o ônus é o contribuinte de direito, não repassando nada a terceiro (exemplo: imposto de renda). Nos tributos indiretos, quem realmente suporta o tributo é o contribuinte de fato, que, ao comprar a mercadoria, tem repassado pelo contribuinte de direito o tributo para o preço dela (exemplo: ICMS).

Afirma Alfredo Augusto Becker que "hoje praticamente a totalidade da doutrina condena o critério da repercussão, considerando-o absolutamente artificial e sem qualquer fundamento científico. A Ciência das Finanças Públicas e a Política Fiscal têm demonstrado que aquele critério repousa na simplicidade da ignorância", concluindo ser impraticável esta classificação. Demonstra, ainda, a completa inutilidade em se classificar um tributo em direto ou indireto. É de se fazer a indagação: quando é que se saberá se um tributo é direto ou indireto? Portanto, tal classificação despe-se de qualquer conceituação[2]. Outros autores manifestam-se no mesmo sentido, como: Gastón Jèze, que considera essa classificação "sem caráter científico" e "sem utilidade prática"[3], e Benedecto Caplán, que entende que tais critérios são "imprecisos"[4]. Daí a divergência na doutrina na classificação dos tributos em diretos e indiretos, o que se ressente de precisão científica, pois em alguns casos se aplica e em outros, não.

4 ESPÉCIES

Indica o art. 5º do CTN que são espécies de tributos os impostos, as taxas e as contribuições de melhoria.

O art. 217 do CTN, acrescentado pelo Decreto-lei n. 27, de 14-11-1966, já mostrava que os tributos não são apenas impostos, taxas e contribuições de melhoria. Já havia em 1966 uma quarta espécie, que era a contribuição social, pois já se fazia referência a contribuição sindical, quotas de previdência, contribuição do fundo de assistência, contribuição do FGTS.

A análise sistemática dos arts. 145, 148 e 149 da Constituição mostra que as espécies tributárias são cinco: o imposto, a taxa, a contribuição de melhoria (art. 145), as contribuições sociais (art. 149) e o empréstimo compulsório (art. 148). Todas essas espécies estão inseridas no Capítulo I do Título VI da Constituição. Este capítulo é denominado "Sistema Tributário Nacional". Assim, têm natureza tributária as referidas espécies, pois, do contrário, não estariam inseridas no referido capítulo da Constituição.

A conclusão que se extrai do que foi exposto é que o art. 5º do CTN foi derrogado pela Constituição de 1988, que amplia as espécies tributárias, incluindo o empréstimo compulsório e as contribuições sociais.

4.1 Pedágio

O § 1º do art. 11 da Constituição de 1891 vedava aos Estados e à União criar impostos de trânsito pelo território de um Estado, ou na passagem de um para outro, sobre produtos de outros Estados da República, ou estrangeiros, e bem assim sobre os veículos, de terra e água, que os transportarem.

---

2 BECKER, Alfredo Augusto. *Teoria geral do direito tributário*. 2. ed. São Paulo: Saraiva, 1972. p. 489-491.

3 JÈZE, Gastón. *Cours élémentaire des sciences de finance et de législation financière française*. 5. ed. Paris, 1912, p. 399.

4 CAPLÁN, Benedecto. *Finanzas publicas*. Buenos Aires: Oresme, 1954. p. 143.

O inciso IX do art. 17 da Constituição de 1934 proibia à União, aos Estados, ao Distrito Federal e aos Municípios cobrar, sob qualquer denominação, impostos interestaduais, intermunicipais, de viação ou de transporte, ou quaisquer tributos que, no território nacional, gravassem ou perturbassem a livre circulação de bens ou pessoas e dos veículos que os transportassem.

Previa o art. 25 da Constituição de 1937 que o território nacional constituiria uma unidade do ponto de vista alfandegário, econômico e comercial, não podendo no seu interior estabelecerem-se quaisquer barreiras alfandegárias ou outras limitações ao tráfego, vedado assim aos Estados, como aos Municípios cobrar, sob qualquer denominação, impostos interestaduais, intermunicipais, de viação ou de transporte, que gravassem ou perturbassem a livre circulação de bens ou de pessoas e dos veículos que os transportassem.

Vedava o art. 27 da Constituição de 1946 à União, Estados, Distrito Federal e Municípios estabelecer limitações ao tráfego de qualquer natureza por meio dos tributos interestaduais ou intermunicipais, ressalvada a cobrança de taxas, inclusive pedágio, destinadas exclusivamente à indenização das despesas de construção, conservação e melhoramento de estradas. Mostrava a norma constitucional que o pedágio era uma espécie de taxa.

O inciso II do art. 20 da Constituição de 1967 vedava à União, aos Estados, ao Distrito Federal e aos Municípios estabelecer limitações ao tráfego, no território nacional, de pessoas ou mercadorias, por meio de tributos interestaduais ou intermunicipais, exceto o pedágio para atender ao custo de vias de transporte.

O inciso V do art. 150 da Constituição de 1988 veda à União, aos Estados, ao Distrito Federal e aos Municípios estabelecer limitações ao tráfego de pessoas ou bens, por meio de tributos interestaduais ou intermunicipais, ressalvada a cobrança de pedágio pela utilização de vias conservadas pelo Poder Público. Dá a entender que é tributo, pois ressalva a cobrança do pedágio.

Uns acham que o pedágio é taxa de uso, mas não há previsão constitucional nesse sentido.

Não é taxa de serviço, pois também não é específico e divisível o custo do serviço.

Taxa é receita derivada. Provém do patrimônio do particular.

Pedágio é receita originária, pois é proveniente do patrimônio público.

Pedágio, em muitos lugares, não é receita pública, mas de empresa privada que explora a concessão da rodovia. Não é exatamente compulsório, pois concorre a vontade da pessoa em não pagar o pedágio, indo por outra estrada ou não viajando para não usá-la.

Pedágio é para custear a utilização de vias conservadas pelo Poder Público, segundo o inciso V do art. 150 da Constituição, e não a conservação feita por empresas privadas, concessionárias de serviços públicos, nas estradas. O pedágio não serve para custear a construção de estrada, mas a sua conservação pelo Poder Público. A conservação compreende a manutenção, que não deixa de ser espécie de conservação.

As empresas que exploram pedágio pagam o ISS. O fato gerador é o custo das vias de transporte ou a sua conservação.

Tarifa é a remuneração de serviço público prestado sob o regime de direito privado.

Verificação de aprendizagem

1. Que é receita?
2. Que é receita corrente?
3. Que é receita de capital?
4. Que é tributo?
5. Que é sanção de ato ilícito?
6. Qual a classificação do tributo quanto à competência?
7. Qual a classificação do tributo quanto à atividade do Estado?
8. Quais são as espécies de tributo?
9. Pedágio é tributo?

Capítulo 14

IMPOSTO

1 HISTÓRICO

Inicialmente, o imposto tinha a característica de pagamento voluntário, passando posteriormente a uma prestação compulsória.

Era o imposto uma compensação pela atividade do chefe, passando a ser uma contribuição devida à Fazenda Pública.

Tinha por pressuposto uma prestação inerente a certos grupos de pessoas, passando a ser geral.

Era pago por meio de prestação em espécie ou de trabalho, passando a ser pago em dinheiro.

Na Constituição de 1934, os impostos da União eram: (a) sobre a importação de mercadorias de procedência estrangeira; (b) de consumo de quaisquer mercadorias, exceto os combustíveis de motor de explosão; (c) de renda e proventos de qualquer natureza, excetuada a renda cedular de imóveis; (d) de transferência de fundos para o exterior; (e) sobre atos emanados de seu governo, negócios de sua economia e instrumentos de contratos ou atos regulados por lei federal; (f) nos Territórios, ainda, os que a Constituição atribui aos Estados (art. 6º, I). Os impostos dos Estados eram: (a) sobre a propriedade territorial, exceto a urbana; (b) transmissão de propriedade *causa mortis*; (c) transmissão de propriedade imobiliária *in-*

ter vivos, inclusive sua incorporação ao capital de sociedade; (d) consumo de combustíveis de motor de explosão; (e) vendas e consignações efetuadas por comerciantes e produtores, inclusive os industriais, ficando isenta a primeira operação do pequeno produtor, como tal definido na lei estadual; (f) exportação das mercadorias de sua produção até o máximo de 10% *ad valorem*, vedados quaisquer adicionais; (g) indústrias e profissões; (h) atos emanados de seu governo e negócios de sua economia, ou regulados por lei estadual (art. 8º, I). Os Municípios tinham: (a) o imposto de licenças; (b) os impostos predial e territorial urbanos, cobrado o primeiro sob a forma de décima ou de cédula de renda; (c) o imposto de diversões públicas; (d) o imposto cedular sobre a renda de imóveis rurais (art. 13, § 2º).

A Constituição de 1937 mantinha praticamente o mesmo sistema anterior. Os impostos da União eram: (a) sobre a importação de mercadorias de procedência estrangeira; (b) de consumo de quaisquer mercadorias; (c) de renda e proventos de qualquer natureza; (d) de transferência de fundos para o exterior; (e) sobre atos emanados de seu governo, negócios de sua economia e instrumentos de contratos ou atos regulados por lei federal; (f) nos Territórios, ainda, os que a Constituição atribui aos Estados (art. 20, I). Os impostos dos Estados eram: (a) sobre a propriedade territorial, exceto a urbana; (b) transmissão de propriedade *causa mortis*; (c) transmissão de propriedade imobiliária *inter vivos*, inclusive sua incorporação ao capital de sociedade; (d) vendas e consignações efetuadas por comerciantes e produtores, isenta a primeira operação do pequeno produtor, como tal definido em lei estadual; (e) exportação de mercadorias de sua produção até o máximo de 10% *ad valorem*, vedados quaisquer adicionais; (g) indústrias e profissões; (h) atos emanados de seu governo e negócios de sua economia, ou regulados por lei estadual (art. 23, I). Os Municípios tinham: (a) o imposto de licenças; (b) imposto predial e territorial urbano; (c) o imposto de diversões públicas (art. 28, I a III).

Na Constituição de 1946, os impostos da União eram: (a) importação de mercadorias de procedência estrangeira; (b) consumo de mercadorias; (c) produção, comércio, distribuição e consumo, e bem assim importação e exportação de lubrificantes e de combustíveis líquidos ou gasosos de qualquer origem ou natureza, estendendo-se esse regime, no que fosse aplicável, aos minerais do país e à energia elétrica; (d) renda e proventos de qualquer natureza; (e) transferência de fundos para o exterior; (f) negócios de sua economia, atos e instrumentos regulados por lei federal (art. 15). Os impostos dos Estados eram os sobre: (a) a propriedade territorial, exceto a urbana; (b) transmissão de propriedade *causa mortis*; (c) transmissão de propriedade imobiliária *inter vivos* e sua incorporação ao capital das sociedades; (d) vendas e consignações efetuadas por comerciantes e produtores, inclusive industriais, isenta, porém, a primeira operação do pequeno produtor, conforme o definir a lei estadual; (e) exportação de mercadorias de sua produção para o estrangeiro, até o máximo de 5% *ad valorem*, vedados quaisquer adicionais; (f) atos regulados por lei estadual, os do serviço de sua justiça e os negócios de sua economia (art. 19). Os impostos dos Municípios eram: (a) predial e territorial urbano; (b) de licença; (c) de indústrias e profissões; (d) sobre diversões públicas; (e) sobre atos de sua economia ou assuntos de sua competência.

A Emenda Constitucional n. 18/65 instituiu a reforma tributária, determinando características econômicas aos impostos e não mais jurídicas, como era a regra anterior. Foram divididos os impostos em quatro grupos: (a) sobre comércio exterior (imposto de importação, imposto de exportação); (b) sobre o patrimônio e a renda (imposto de renda, imposto territorial rural, imposto predial e territorial urbano, de transmissão de bens imóveis); (c) sobre a produção e a circulação (ICM, IPI, ISS, IOF, imposto sobre transportes e comunicações); (d) impostos especiais: relativos a combustíveis e lubrificantes, a energia elétrica e sobre minerais. Os impostos da União eram: (a) sobre a importação de produtos estrangeiros; (b) sobre a exportação, para o estrangeiro, de produtos nacionais ou nacionalizados; (c) sobre a propriedade territorial rural; (d) sobre a renda e proventos de qualquer natureza; (e) sobre produtos industrializados; (f) sobre a produção, importação, circulação, distribuição ou consumo de combustíveis e lubrificantes líquidos ou gasosos de qualquer origem ou natureza; (g) sobre a produção, importação, distribuição ou consumo de energia elétrica; (h) sobre operações de crédito, câmbio e seguro, e sobre operações relativas a títulos e valores mobiliários; (i) sobre serviços de transportes e comunicações, salvo os de natureza estritamente municipal; (j) sobre a produção, circulação ou consumo de minerais do país; (h) impostos extraordinários, na iminência de guerra externa, de forma temporária. Os Estados ficaram com os impostos sobre: (a) a transmissão, a qualquer título, de bens imóveis por natureza ou por acessão física, como definidos em lei, e de direitos reais sobre imóveis, exceto os direitos reais de garantia; (b) operações relativas à circulação de mercadorias, realizadas por comerciantes, industriais e produtores. Os Municípios ficaram com os impostos sobre: (a) propriedade predial e territorial urbana; (b) serviços de qualquer natureza, não compreendidos na competência tributária da União e dos Estados.

A Lei n. 5.172/66, que é o CTN, complementou as disposições da Emenda Constitucional n. 18, de acordo com o sistema de características econômicas instituído.

A Constituição de 1967 agrupou os impostos em relação a cada ente da Federação. Os impostos da União eram os sobre: (a) importação de produtos estrangeiros; (b) exportação, para o estrangeiro, de produtos nacionais ou nacionalizados; (c) propriedade territorial rural; (d) rendas e proventos de qualquer natureza, salvo ajuda de custo e diárias pagas pelos cofres públicos; (e) produtos industrializados; (f) operações de crédito, câmbio, seguro, ou relativas a títulos ou valores mobiliários; (g) serviços de transporte e comunicações, salvo os de natureza estritamente municipal; (h) produção, importação, circulação, distribuição ou consumo de lubrificantes e combustíveis líquidos e gasosos; (i) produção, importação, distribuição ou consumo de energia elétrica; (j) extração, circulação, distribuição ou consumo de minerais do país (art. 22). Os impostos dos Estados e do Distrito Federal eram os sobre: (a) transmissão, a qualquer título, de bens imóveis por natureza e acessão física, e de direitos reais sobre imóveis, exceto os de garantia, bem como sobre direitos à aquisição de imóveis; (b) operações relativas à circulação de mercadorias, inclusive lubrificantes e combustíveis líquidos, realizados por produtores, industriais e comerciantes (art. 24). Os impostos dos Municípios eram os sobre: (a) propriedade predial e territorial urbana; (b) serviços de qualquer natureza não compreendidos na competência tributária da União ou dos Estados, definidos em lei complementar (art. 25). Tinham Estados e Municípios participação em impostos federais.

A Emenda Constitucional n. 1/69 trouxe pequenas modificações nessa configuração dos impostos. Os impostos da União eram os sobre: (a) importação de produtos estrangeiros, facultado ao Poder Executivo, nas condições e nos limites estabelecidos em lei, alterar-lhe as alíquotas ou as bases de cálculo; (b) exportação, para o estrangeiro, de produtos nacionais ou nacionalizados, observado o disposto no final do item anterior; (c) propriedade territorial rural; (d) renda e proventos de qualquer natureza, salvo ajuda de custo e diárias pagas pelos cofres públicos na forma da lei; (e) produtos industrializados, observado o final do item *a*; (f) operações de crédito, câmbio, seguro, ou relativas a títulos ou valores mobiliários; (g) serviços de comunicações, salvo os de natureza estritamente municipal; (h) produção, importação, circulação, distribuição ou consumo de lubrificantes e combustíveis líquidos ou gasosos e de energia elétrica, imposto que incidirá uma só vez sobre quaisquer dessas operações, excluída a incidência de outro tributo sobre elas; (i) extração, circulação, distribuição ou consumo de minerais do país enumerados em lei, imposto que incidirá uma só vez sobre qualquer dessas operações, observado o disposto no final do item anterior; (j) transportes, salvo os de natureza estritamente municipal (art. 21). O item *j* foi acrescentado pela Emenda Constitucional n. 8, de 14-4-1977. Os Estados e o Distrito Federal tinham os impostos sobre: (a) transmissão, a qualquer título, de bens imóveis por natureza e acessão física e de direitos reais sobre imóveis, exceto os de garantia, bem como sobre a cessão de direitos e sua aquisição; (b) operações relativas à circulação de mercadorias realizadas por produtores industriais e comerciantes, imposto que não será cumulativo e do qual se abaterá, nos termos do disposto em lei complementar, o montante cobrado nas anteriores pelo mesmo ou por outro Estado. A isenção ou não incidência, salvo determinação em contrário da legislação, não implicará crédito de imposto para abatimento daquele incidente nas operações seguintes; (c) propriedade de veículos automotores, vedada a cobrança de impostos ou taxas incidentes sobre a utilização de veículos. Esse imposto foi acrescido pela Emenda Constitucional n. 7/77 (art. 23). Os Municípios ficaram com os impostos sobre: (a) propriedade predial e territorial urbana; (b) serviços de qualquer natureza não compreendidos na competência tributária da União ou dos Estados, definidos em lei complementar (art. 24).

A Constituição de 1988 modificou um pouco o sistema anterior, extinguindo os impostos únicos, prevendo o imposto sobre grandes fortunas.

2 CONCEITO

Imposto é o que não é facultativo. Como o próprio nome diz é imposto. Independe da vontade da pessoa de pagar.

O imposto é o tributo que tem por fato gerador uma situação independente de qualquer atividade estatal específica, relativa ao contribuinte (art. 16 do CTN).

O Código Tributário alemão (*Abgabenordnung*), de 1977, por exemplo, define imposto como prestação pecuniária que não configure contraprestação por um serviço especial, exigida por entidade de direito público, para a obtenção de receitas, de todos os que realizarem o fato ao qual a lei vincula o dever de prestação; a obtenção de receita poderá ter finalidade acessória. Direitos aduaneiros e direitos compensatórios são impostos no sentido do referido Código (§ 3º). Louis Trotabas e Jean Marie Cotteret definem impostos como "le procédé de répartition des charges, budgetaires entre les individus d'après leurs facultés contributives"[1].

É genérico o imposto, pois atende aos interesses gerais da coletividade, que não podem ser exatamente divididos.

Representa uma prestação não vinculada, justamente por ser geral. Só por ser imposto mostra que a prestação não é voluntária, mas compulsória.

O imposto é indivisível.

---

1 TROTABAS, Louis; COTTERET, Jean Marie. *Droit fiscal*. 3. ed. Paris: Dalloz, 1977, p. 10.

Não tem por objetivo o imposto um crédito de particular. O imposto também não pode ser devolvido a certo particular, distinto do contribuinte, pois visa atender a necessidades gerais da coletividade.

É vedada a vinculação da receita de impostos a órgão, fundo ou despesa, ressalvadas a repartição do produto da arrecadação dos impostos a que se referem os arts. 158 e 159 da Constituição, a destinação de recursos para as ações e serviços públicos de saúde, para manutenção e desenvolvimento do ensino e para realização de atividades da administração tributária, como determinado, respectivamente, pelo § 2º do art. 198, arts. 212 e 37, XXII, e a prestação de garantias às operações de crédito por antecipação de receita, previstas no § 8º do art. 165 da Constituição (art. 167, IV, da Lei Maior).

A regra da Constituição anterior fazia referência à vedação da vinculação da receita de tributo a órgão, fundo ou despesa. Hoje, a disposição é mais restrita, pois diz respeito apenas a impostos. Admite, porém, as ressalvas mencionadas.

A proibição é justificada pelo fato de que o imposto tem destinação genérica. Seu objetivo é atender aos interesses da coletividade.

Taxas, contribuições de melhoria e contribuições sociais podem estar vinculadas a órgão, fundo ou despesa.

3 CLASSIFICAÇÃO

Os impostos podem ser: (a) reais, quando recaem sobre a coisa, como os impostos sobre a propriedade, independentemente de quem é o dono da coisa. O IPTU recai sobre a propriedade urbana. O IPVA incide sobre a propriedade de veículos automotores. Não são levadas em consideração condições pessoais ou a totalidade da renda da pessoa; (b) pessoais, quando incidem sobre as pessoas, como o imposto de renda, que incide sobre a renda da pessoa.

Podem ser os impostos: (a) diretos; (b) indiretos, que quem paga é o consumidor final, como no IPI e ICMS. Os tributos indiretos surgem como forma de tributar o clero e os nobres, que não pagavam impostos diretos.

Os impostos podem ser classificados em relação à natureza econômica de seu fato gerador: (a) sobre o comércio exterior (imposto de importação ou de exportação); (b) sobre o patrimônio (IPTU, IPVA) e a renda; (c) sobre a produção (IPI) e a circulação (ICMS, ISS); (d) impostos especiais. Nos exemplos mencionados, não interessa a situação jurídica a ser tributada, mas o aspecto econômico.

Entretanto, o imposto abrange atividade administrativa plenamente vinculada, pois o fiscal está adstrito à previsão da lei para fazer o lançamento para constituir o crédito tributário.

Sempre que possível, os impostos terão caráter pessoal e serão graduados segundo a capacidade econômica do contribuinte, facultado à administração tributária, especialmente para conferir efetividade a esses objetivos, identificar, respeitados os direitos individuais e nos termos da lei, o patrimônio, os rendimentos e as atividades econômicas do contribuinte (§ 1º do art. 145 da Constituição). Essa regra diz respeito apenas a impostos e não à taxa, contribuição de melhoria ou contribuição social. Se não for possível, os impostos não terão caráter pessoal e não serão graduados de acordo com a capacidade econômica do contribuinte.

Competem à União, em Território Federal, os impostos estaduais e, se o Território não for dividido em Municípios, cumulativamente, os impostos municipais; ao Distrito Federal cabem os impostos municipais.

Verificação de aprendizagem

1. Que é imposto?
2. O imposto é vinculado? Por quê?
3. Como se classifica o imposto quanto à natureza econômica do fato gerador?

Capítulo 15

TAXA

1 HISTÓRICO

Estabelecia a Constituição de 1934 competência privativa da União para cobrar taxas telegráficas, postais e de outros serviços federais; de entrada, saída e estadia de navios e aeronaves, sendo livre o comércio de cabotagem às mercadorias nacionais e às estrangeiras que já tenham pago imposto de importação (art. 6º, II). Os Estados poderiam cobrar taxas de serviços estaduais (art. 8º, II). Os Municípios poderiam cobrar taxas de serviços municipais (art. 13, § 2º, V). Os tributos somente eram impostos e taxas.

Na Constituição de 1937, a União poderia cobrar taxas telegráficas, postais e de outros serviços federais; de entrada, saída e estadia de navios e aeronaves, sendo livre o comércio de cabotagem às mercadorias nacionais e às estrangeiras que já tenham pago imposto de importação (art. 20, II). Os Estados poderiam cobrar taxas de serviços estaduais (art. 23, II) e os Municípios, taxas de serviços municipais (art. 28, IV).

A taxa passou a ter previsão legal com o Decreto-lei n. 1.804, de 24-11-1939. Estabelecia a referida norma que a taxa abrangia "remuneração de serviços específicos prestados ao contribuinte ou postos à sua disposição".

Esse conceito foi reformulado pelo § 2º do art. 1º do Decreto-lei n. 2.416, de 17-7-1940, passando a taxa a ser exigida "como remuneração de serviços específicos prestados ao contribuinte ou postos à sua disposição".

Constatava-se nesse momento que a taxa já tinha natureza tributária. As espécies de tributos eram apenas duas: impostos e taxas.

A Constituição de 1946 previa competência comum da União, dos Estados, do Distrito Federal e dos Municípios para cobrar taxas (art. 30, II).

O art. 18 da Emenda Constitucional n. 18, de 1º-12-1965, estabelecia a competência da União, dos Estados, do Distrito Federal e dos Municípios, no âmbito de suas respectivas atribuições, para "cobrar taxa em função do exercício regular do poder de polícia, ou pela utilização, efetiva ou potencial, de serviços públicos específicos e divisíveis, prestados ao contribuinte ou postos à sua disposição". Pela primeira vez, o conceito de taxa estava inserido na Lei Maior, podendo ser exigida tanto pela União, como pelos Estados, Distrito Federal e Municípios, pois havia competência comum.

Acrescentou o art. 77 do CTN apenas que o fato gerador da taxa seria "o exercício do poder de polícia, ou a utilização, efetiva ou potencial, de serviço público específico e divisível, prestado ao contribuinte ou posto à sua disposição". O Ato Complementar n. 34, de 30-1-1967, apenas acrescentou a palavra *regular* após *exercício*, referindo-se ao poder de polícia.

Dispôs o inciso II do art. 19 da Constituição de 1967 que havia competência comum dos entes tributantes para arrecadar "taxas pelo exercício regular do poder de polícia ou pela utilização de serviços públicos de sua atribuição, específicos e divisíveis, prestados ao contribuinte ou postos à sua disposição". Não constava do preceito constitucional a expressão *efetiva ou potencial*.

A Emenda Constitucional n. 1/69 incluiu novamente essa expressão no inciso I do art. 18, rezando que as taxas poderiam ser instituídas e arrecadadas "em razão do exercício do poder de polícia ou pela utilização efetiva ou potencial de serviços públicos específicos e divisíveis, prestados ao contribuinte ou postos à sua disposição". A palavra *regular*, que se refere ao exercício do poder de polícia, foi, porém, novamente suprimida da Lei Magna.

Determinou o inciso II do art. 145 da Constituição de 1988, que as taxas podem ser instituídas "em razão do poder de polícia ou pela utilização, efetiva ou potencial, de serviços públicos específicos e divisíveis, prestados ao contribuinte ou postos a sua disposição". Nota-se que a atual redação constitucional a respeito de taxa é quase igual à da Emenda Constitucional n. 1/69, com exceção da vírgula entre a expressão "serviços públicos específicos e divisíveis".

2 CONCEITO

A taxa tem por fato gerador o exercício regular do poder de polícia, ou a utilização, efetiva ou potencial, de serviço público específico e divisível, prestado ao contribuinte ou posto a sua disposição (art. 77 do CTN).

Taxa é a espécie de tributo que compreende atividade estatal específica em relação ao contribuinte, em razão da prestação de serviço público específico e divisível ou do poder de polícia estatal.

Integra a taxa espécie do gênero tributo, assim como o imposto, a contribuição de melhoria, as contribuições sociais e o empréstimo compulsório.

É um tributo vinculado, pois está ligado à atividade estatal específica em relação ao contribuinte.

3 DISTINÇÃO

A taxa compreende atividade estatal específica em relação ao contribuinte, enquanto no imposto isso não ocorre. A taxa é um tributo vinculado a essa atuação estatal específica relativa ao contribuinte, enquanto o imposto não é.

Imposto é um tributo que independe de atividade estatal relativa ao contribuinte. Não é, portanto, vinculado.

Diz respeito a taxa a prestação de serviços específicos e divisíveis, prestados ou postos à disposição do contribuinte. A contribuição de melhoria concerne a obra pública. Na taxa, não existe obra pública como atividade estatal.

Tanto a taxa como a contribuição de melhoria são tributos vinculados.

A contribuição de melhoria é decorrente de valorização de imóvel proveniente de obra pública. Se não houver valorização do imóvel, não há contribuição de melhoria.

A construção de uma ponte é uma obra pública, enquanto a prestação de serviços de limpeza de lixo jogado na ponte é um serviço público.

Mesmo que não haja valorização do imóvel, mas o serviço público for prestado, a taxa será devida.

Difere a taxa do preço público.

A taxa é uma espécie do gênero tributo. É compulsória, pois independe da vontade da pessoa em contribuir.

O preço público é uma receita pela utilização de um bem de propriedade do Estado. O contribuinte não é obrigado a utilizar um bem do Estado. Não é compulsório, mas facultativo.

O preço público pode ser o pagamento pelo serviço público prestado por um ente não estatal.

Na taxa, o serviço pode estar à disposição do contribuinte, mas não ser usado e o tributo é devido. No preço público, o serviço pode estar à disposição do contribuinte, como a água encanada, o gás encanado, mas o contribuinte não o utilizar. Não será obrigado a pagar o preço, pois poderia abrir um poço artesiano ou uma fossa na sua casa.

4 COMPETÊNCIA

As taxas são de competência comum da União, dos Estados, do Distrito Federal e dos Municípios, no âmbito de suas atribuições.

5 CLASSIFICAÇÃO

Podem as taxas ser de polícia ou de serviços.

A taxa de polícia é decorrente do poder de polícia da Administração Pública. Poder de polícia é o poder que o Estado tem de, limitando o direito individual, promover o bem público. Compreende o poder de polícia a atividade da administração que, limitando ou disciplinando direito, interesse ou liberdade, regula a prática de ato ou abstenção de fato, em razão de interesse público concernente à segurança, à higiene, à ordem, aos costumes, à disciplina da produção e do mercado, ao exercício de atividades econômicas dependentes de concessão ou autorização do Poder Público, à tranquilidade pública ou ao respeito à propriedade e aos direitos individuais ou coletivos (art. 78 do CTN). É discricionário o poder de polícia e não vinculado. Exemplos são as taxas de vistoria, de licença e funcionamento de estabelecimentos, de anúncio público etc.

Considera-se regular o exercício do poder de polícia quando desempenhado pelo órgão competente nos limites da lei aplicável, com observância do processo legal e, tratando-se de atividade que a lei tenha como discricionária, sem abuso ou desvio de poder (parágrafo único do art. 78 do CTN).

A taxa de polícia abrange atividade administrativa por parte do Estado.

A polícia administrativa é dividida em geral e especial. Polícia geral é a de segurança e de costumes. A polícia de segurança visa à prevenção da criminalidade. A de costumes diz respeito a jogos, alcoolismo, entorpecentes etc. Exemplo de polícia especial é a polícia ferroviária.

Para que se legitime a cobrança da taxa de polícia é preciso que o poder de polícia seja efetivamente exercido pelo Poder Público.

A taxa de polícia deve ter por base o custo da atividade fiscalizadora do Estado. Se independe de atuação estatal específica, é imposto.

É ilegítima a cobrança de taxa, pelo município, na renovação de licença para localização de estabelecimento comercial ou industrial, justamente porque não foi exercido o poder de polícia.

Taxa de serviço é a dependente do serviço prestado ou posto à disposição do contribuinte. Exemplo seria a taxa de limpeza pública.

As custas têm natureza de taxa de prestação de serviços judiciais. Só podem ser alteradas por lei (STF, RE 116.208-2, TP, j. 20-4-1990, Rel. Min. Moreira Alves, *LTr* 54-7/870), diante do princípio da legalidade tributária.

Serviço prestado ao contribuinte é o realizado efetivamente e não meramente a possibilidade de ser algum dia proporcionado. Serviço posto à disposição é o que a Administração Pública proporciona ao contribuinte, mesmo que este não o utilize. O serviço foi posto à disposição do contribuinte mediante atividade administrativa em efetivo funcionamento. Exemplifica-se: o fato de o contribuinte deixar de colocar o lixo para ser recolhido. Tal situação não pode implicar a inexigência do tributo, pois o serviço está sendo colocado à disposição do sujeito passivo.

Serviço público é a atividade realizada pelo Estado para atender uma necessidade da coletividade.

Dispõe o inciso II do art. 79 do CTN, que são considerados específicos os serviços "quando possam ser destacados em unidades autônomas de intervenção, de utilidade ou de necessidade públicas".

Divisível é o serviço público que pode ser prestado aos contribuintes (*uti singuli*), dividindo-se em prestações individualmente utilizadas, que permitem divisão de seu custo. Serviços *ut singuli* ou singulares são os divisíveis. Os que podem ser utilizados individualmente. Os que podem ser mensuráveis. O inciso II do art. 79 do CTN dispõe que divisível é o serviço suscetível de utilização, separadamente, por parte de cada um de seus usuários. Para Rubens Gomes de Sousa, são situações que "podem ser individualizadas e destacadas do complexo dos serviços e atividades gerais do

Estado"[1]. Para Bernardo Ribeiro de Moraes, são "serviços que podem ser individualizados, permitindo que se identifique e se avalie, isoladamente do complexo da atividade estatal, a parcela utilizada individualmente pela pessoa ou grupo de pessoas. O serviço público indivisível se caracteriza, ao contrário, por ser impossível a determinação da quantidade específica que cada cidadão da comunidade absorve do aludido serviço"[2]. Hector B. Villegas afirma que "a atividade estatal a que se vincula o gravame taxa deve ser susceptível de ser dividida em unidades de uso ou consumo que possam ser atribuíveis a pessoas concretas, determinadas"[3].

O serviço deve ser específico e ao mesmo tempo divisível. Um serviço não pode ser divisível se não for específico. Serviço específico não é serviço geral.

O serviço de iluminação pública não pode ser cobrado por meio de taxa, pois é um serviço dirigido a toda a coletividade, que não pode ser dividido em unidades autônomas para cada contribuinte. Trata-se de serviço *uti universi* e não *uti singuli*, quer dizer: prestado a toda a comunidade e não individualmente a cada contribuinte. Deve, portanto, ser custeado por meio de impostos e não de taxas, por ser indivisível, contrariando o inciso III do art. 79 do CTN e o inciso II do art. 145 da Constituição.

A iluminação pública favorece a todas as pessoas que passam na rua e também aos donos de imóveis, porém não é possível individualizar a quantidade de luz gasta em relação a cada pessoa, para ser possível a cobrança da taxa.

O STF entende que o serviço de iluminação pública não pode ser remunerado mediante taxa (Súmula Vinculante 41).

A taxa de limpeza pública também não pode ser exigida do contribuinte, por não se tratar de serviço divisível, por ter sido prestado a toda a coletividade, sem a possibilidade de divisão em unidades autônomas. Não há como determinar quanto cada contribuinte deve pagar individualmente pelo lixo removido, inclusive porque há pessoas que têm muito mais lixo a ser recolhido do que outras. O serviço não pode, assim, ser mensurado individualmente para cada contribuinte, mas apenas globalmente, descaracterizando a taxa. A pessoa que levasse seu lixo para uma cidade, por não ser sua beneficiária de coleta de lixo, não pagaria a taxa, embora recebesse a prestação dos serviços. A coleta pode ser prestada a qualquer pessoa, inclusive aos que passam pela cidade. Não há como mensurar o valor a ser pago individualmente em relação a cada sujeito passivo.

---

1 SOUSA, Rubens Gomes de. *Compêndio de legislação tributária*. 2. ed. Rio de Janeiro: Financeiras, 1954. p. 124.

2 MORAES, Bernardo Ribeiro de. *Doutrina e prática das taxas*. São Paulo: Revista dos Tribunais, 1976. p. 142.

3 VILLEGAS, Hector B. Verdades e ficções em torno da taxa, *RDP*, v. 17, p. 329.

A taxa cobrada exclusivamente em razão dos serviços públicos de coleta, remoção e tratamento ou destinação de lixo ou resíduos provenientes de imóveis não viola o art. 145, II, da Constituição (Súmula Vinculante 19 do STF).

Não pode, ainda, ser exigida do contribuinte a taxa de vigilância, por não ser serviço específico e divisível. É impossível a divisão do serviço prestado em unidades autônomas.

A vigilância beneficia a coletividade das pessoas, a população, de um modo geral, e não o indivíduo especificamente. Tanto que não é possível mensurar qual é o benefício obtido e qual é o valor do serviço efetivamente prestado a cada munícipe.

A taxa de fiscalização de anúncios pode ser cobrada pelo Município desde que haja efetivamente a prestação de serviços de fiscalização por parte do ente público.

É constitucional a taxa de fiscalização dos mercados de títulos e valores mobiliários instituída pela Lei n. 7.940/89 (Súmula 665 do STF).

6 CARACTERÍSTICAS ESSENCIAIS

A taxa, para ser cobrada, depende da atuação do Estado, dirigida especificamente ao contribuinte. Trata-se de prestação unilateral. O destino da arrecadação acaba sendo para atender à atividade estatal dirigida ao contribuinte. A referida atividade só pode ser prestada pelo Poder Público, ainda que por delegação a particular, mas não diretamente por este.

A taxa é um tributo vinculado, pois sua receita será destinada ao custeio da atividade prestada pelo Estado. Diz respeito a contraprestação pelo serviço prestado ou posto à disposição do contribuinte. Não pode o produto da arrecadação da taxa ser transferido para outros fins, mesmo para obras públicas, pois é vinculado ao serviço ou poder de polícia.

7 BASE DE CÁLCULO

Dispunha o parágrafo único do art. 18 da Emenda Constitucional n. 18/65 que "as taxas não terão base de cálculo idêntica à que corresponda a imposto referido nesta Emenda".

O § 2º do art. 19 da Constituição de 1967, determinava que "para a cobrança das taxas não se poderá tomar como base de cálculo a que tenha servido para a incidência dos impostos".

Não pode a taxa ter base de cálculo ou fato gerador idênticos aos previstos para os impostos, nem ser calculada em função do capital das empresas (parágrafo único do art. 77 do CTN).

Tinha o § 2º do art. 18 da Emenda Constitucional n. 1/69, a mesma redação prevista na Constituição de 1967.

A redação do § 2º do art. 145 da Constituição, é um pouco diferente: "as taxas não poderão ter base de cálculo própria de impostos".

Assim, as taxas não podem ter base de cálculo de impostos previstos na Constituição, como os de renda, de serviços, o predial e territorial urbano etc.

A base de cálculo da taxa tem de ser específica. Se sua base de cálculo é de imposto, estamos diante de imposto e não de taxa, sendo seu custeio geral e não específico, como o da taxa. A taxa também não poderá ser adicional ao imposto, pois haveria também a mesma base de cálculo.

A taxa não pode ter por base de cálculo o capital das empresas, por não ser uma prestação de serviço, mas um imposto com incidência sobre o capital.

As taxas, por sua própria natureza, representam o ressarcimento do valor da atuação estatal a elas correspondente. Somente podem ser medidas com base nos custos dessa mesma atuação. Inútil, errada e inconstitucional é a tomada, para base de cálculo da taxa de remoção de lixo domiciliar e vigilância e conservação e limpeza de vias públicas e iluminação pública, dos componentes quantificativos próprios do IPTU, tais como: área construída, testada do imóvel, localização, categoria etc.

É constitucional a adoção, no cálculo do valor de taxa, de um ou mais elementos da base de cálculo própria de determinado imposto, desde que não haja integral identidade entre uma base e outra (Súmula Vinculante 29 do STF).

Só pode ser exigida a taxa se prevista em lei. Aplica-se a ela também o princípio da legalidade.

Verificação de aprendizagem

1. Que é taxa?
2. Que é taxa de serviço?
3. Que é taxa de polícia?
4. Que é poder de polícia?
5. A taxa é um tributo vinculado? Por quê?
6. A taxa pode ter base de cálculo de imposto?

Capítulo 16

CONTRIBUIÇÃO DE MELHORIA

1 HISTÓRICO

J. H. Meirelles Teixeira afirma que a contribuição de melhoria surge na Inglaterra quando a drenagem dos pântanos de Romney ficou a cargo dos proprietários adjacentes, que ficaram responsáveis pelo custo da obra, sua manutenção e reparação[1].

Para outros, a contribuição de melhoria teria surgido em Florença, na Itália, em 1296, quando foram feitos melhoramentos para a construção de uma praça onde está a Igreja de Santa Maria dei Fiore. As obras produziram valorização das propriedades e foram custeadas por seus proprietários.

João Baptista Moreira assevera que a lei francesa de 31-12-1672 foi o primeiro diploma legal sobre o tema, pois era exigida uma *taxe* dos proprietários de imóveis que tinham aumentado de valor seu imóvel em razão dos trabalhos públicos[2].

Em 1812, na Bahia, exigia-se fintas no levante de obras públicas.

---

1 TEIXEIRA, J. H. Meirelles. A taxa de melhoria e a Carta de 1937. *Estudos de Direito Administrativo*, São Paulo: Prefeitura Municipal, v. 1, p. 134, 1949.

2 MOREIRA, João Baptista. *Contribuição de melhoria e imposição da valorização imobiliária*. Rio de Janeiro: Forense. Tratado de Direito Tributário Brasileiro, 1981, v. 8, p. 168.

No período da República, eram cobradas taxas de execução de calçamento.

Em 30-9-1931 a Lei n. 89 de Taquaritinga criou contribuição de melhoria para custear obra de pavimentação de via pública. Essa lei foi declarada inconstitucional pelo STF.

A Constituição de 1934 estabeleceu que, provada a valorização do imóvel por motivo de obras públicas, a administração, que as tiver efetuado, poderá cobrar dos beneficiados contribuição de melhoria (art. 124).

A Constituição de 1937 não tratou da contribuição de melhoria, como a Lei Maior anterior.

O Decreto n. 2.416, de 17-6-1940, adotou a divisão tributária em apenas taxas e impostos, pois a Constituição não versava sobre contribuição de melhoria.

Dispunha o inciso I do art. 30 da Constituição de 1946 que era de competência da União, dos Estados, do Distrito Federal e dos Municípios cobrar contribuição de melhoria, quando se verificava valorização do imóvel, em consequência de obras públicas.

A Emenda Constitucional n. 18/65 estabeleceu que competia à União, aos Estados, ao Distrito Federal e aos Municípios, no âmbito de suas respectivas atribuições, cobrar contribuição de melhoria para fazer frente ao custo de obras públicas de que decorra valorização imobiliária, que tem como limite total a despesa realizada e como limite individual o acréscimo de valor que da obra resultar para cada imóvel beneficiado (art. 19).

O CTN, ao complementar a Constituição, determina no art. 81 que a contribuição de melhoria, cobrada pela União, pelos Estados, pelo Distrito Federal ou pelos Municípios, no âmbito de suas respectivas atribuições, é instituída para fazer face ao custo de obras públicas de que decorra valorização imobiliária, que tem como limite total a despesa realizada e como limite individual o acréscimo de valor que da obra resultar para o beneficiado. Houve, portanto, reprodução da determinação da Emenda Constitucional n. 18.

O Decreto-lei n. 195, de 24-2-1967, dispõe sobre a cobrança da contribuição de melhoria. Trata-se de norma geral que teve por fundamento o § 2º do art. 9º do Ato Institucional n. 4, de 7-12-1966.

A Constituição de 1967 determinou a competência da União, dos Estados, do Distrito Federal e dos Municípios para arrecadar a contribuição de melhoria dos proprietários de imóveis valorizados pelas obras públicas que os beneficiaram (art. 19, III). A lei fixaria os critérios, os limites e a forma de cobrança da contribuição de melhoria a ser exigida sobre cada imóvel. O total de sua arrecadação não poderia exceder o custo da obra pública que lhe der causa (§ 3º).

A Emenda Constitucional n. 1/69 determinou que a contribuição de melhoria era de competência comum da União, dos Estados, do Distrito Federal e dos Municípios, sendo arrecadada dos proprietários de imóveis valorizados por obras públicas, e que tenha como limite total a despesa realizada e como limite individual o acréscimo de valor que da obra resultar para cada imóvel beneficiado (art. 18, II).

A Emenda Constitucional n. 23, de 1º-12-1983, suprimiu o limite individual da redação constitucional anterior. O inciso II do art. 18 passou a ter a seguinte redação: "contribuição de melhoria, arrecadada dos proprietários de imóveis beneficiados por obras públicas, que terá como limite total a despesa realizada".

Prevê o inciso III do art. 145 da Constituição a contribuição de melhoria, decorrente de obras públicas. Não mais se fez referência à valorização imobiliária ou a qualquer limite para a cobrança.

2 CONCEITO

Contribuição de melhoria vem de *contributi di miglioria*, do italiano. Em espanhol, *contribución de mejoras*. Em francês, *contribution sur les plus values* ou *contribution particulier*. Na Inglaterra, *betterment tax*. Nos Estados Unidos, *special assessment*. Em alemão, *Beitrage*.

Contribuição de melhoria é o tributo que visa custear obra pública, decorrente de valorização imobiliária.

Inexistindo valorização imobiliária, não há como cobrar a contribuição de melhoria. É o que ocorreria com uma obra pública que viesse a desvalorizar o imóvel do contribuinte.

É um tributo vinculado, pois está relacionado à atividade estatal prestada ao contribuinte.

O objetivo da contribuição de melhoria é recuperar o investimento feito pelo fisco na obra pública. Visa evitar que o contribuinte tenha também um enriquecimento em decorrência da obra pública.

3 DISTINÇÃO

Distingue-se a contribuição de melhoria da taxa.

A contribuição de melhoria é decorrente de obra pública que implique valorização imobiliária. A taxa é decorrente da prestação de serviços ou do poder de polícia, mas não implica realização de obra pública ou valorização imobiliária.

Na obra pública, existe atividade estatal que termina com a valorização do bem imóvel do contribuinte. Na taxa, o serviço é prestado constantemente, como o serviço de coleta de lixo.

O sujeito ativo não poderá cobrar taxa de pavimentação, pois, no caso, a pavimentação é obra pública que implica valorização do imóvel do contribuinte. Assim, só poderá ser cobrada mediante contribuição de melhoria e não por intermédio de taxa.

4 COMPETÊNCIA

A contribuição de melhoria é de competência da União, dos Estados, do Distrito Federal e dos Municípios, no âmbito de suas atribuições.

5 FATO GERADOR

A contribuição de melhoria tem como fato gerador o acréscimo do valor do imóvel localizado nas áreas beneficiadas direta ou indiretamente por obras públicas.

O fato gerador da contribuição de melhoria, que é a obra pública, é instantâneo e único.

Não basta que haja obra. É preciso que seja pública e haja valorização do imóvel para se cobrar a contribuição de melhoria. Não pode ser cobrada contribuição de melhoria decorrente de obra privada ou particular.

Objetiva-se a devolução ao Poder Público do valor despendido com a obra pública, em razão da valorização do imóvel.

As obras que implicam valorização imobiliária são: (á) abertura, alargamento, pavimentação, iluminação, arborização, esgotos pluviais e outros melhoramentos de praças e vias públicas; (b) construção e ampliação de parques, campos de desportos, pontes, túneis e viadutos; (c) construção ou ampliação de sistemas de trânsito rápido, inclusive todas as obras e edificações necessárias ao funcionamento do sistema; (d) serviços de obras de abastecimento de água potável, esgotos, instalações de redes elétricas, telefônicas, transportes e comunicações em geral ou de suprimento de gás, funiculares, ascensores e instalações de comodidade pública;

(e) proteção contra secas, inundações, erosão, ressacas, e de saneamento e drenagem em geral, diques, cais, desobstrução de barras, portos e canais, retificação e regularização de cursos de água e irrigação; (f) construção de estradas de ferro e construção, pavimentação e melhoramento de estradas de rodagem; (g) construção de aeródromos e aeroportos e seus acessos; (h) aterros e realizações de embelezamento em geral, inclusive desapropriações em desenvolvimento de plano de aspecto paisagístico (art. 2º do Decreto-lei n. 195). Tais hipóteses são taxativas e não meramente exemplificativas. Assim, se uma obra não está incluída no art. 2º do Decreto-lei n. 195 não poderá ser cobrada a contribuição de melhoria em relação a tal hipótese.

Prevê o inciso III do art. 145 da Constituição a contribuição de melhoria, decorrente de obras públicas. Há quem sustente que não há mais necessidade de valorização imobiliária para a cobrança da contribuição de melhoria, porque a Constituição não mais dispõe nesse sentido. Entretanto, a Lei Maior trata de contribuição de melhoria, decorrente de melhoria que foi proporcionada ao imóvel. Não se trata de contribuição de "pioria". Dessa forma, a contribuição de melhoria só pode decorrer de valorização do imóvel. Do contrário, ela não tem sentido e representaria imposto.

6 CONTRIBUINTES

Responde pelo pagamento da contribuição de melhoria o proprietário do imóvel ao tempo de seu lançamento, e essa responsabilidade transmite-se aos adquirentes e aos sucessores, a qualquer título, do domínio do imóvel. No caso de enfiteuse, responde pela contribuição de melhoria o enfiteuta.

No imóvel locado, é lícito ao locador exigir aumento de aluguel correspondente a 10% ao ano da contribuição de melhoria efetivamente paga.

É nula a cláusula do contrato de locação que atribua ao locatário o pagamento, no todo ou em parte, da contribuição de melhoria efetivamente paga.

Os bens indivisos serão considerados como pertencentes a um só proprietário, e aquele que for lançado terá direito de exigir dos condôminos as parcelas que lhes couberem.

7 BASE DE CÁLCULO

A contribuição relativa a cada imóvel será determinada pelo rateio da parcela do custo da obra a que se refere a alínea c, do item 1, pelos imóveis situados na zona beneficiada em função dos respectivos fatores individuais de valorização (§ 1º do art. 82 do CTN).

Tem a contribuição de melhoria como limite total a despesa realizada (custo da obra) e como limite individual o acréscimo de valor que da obra resultar para cada imóvel beneficiado.

A Constituição de 1988 não mais faz referência a limites, mas nada impede que a legislação ordinária o faça, pois a matéria é de legislação ordinária, que vai estabelecer limitações à exigência da contribuição de melhoria. A contribuição não pode ser cobrada em limites superiores à despesa realizada ou ao acréscimo de valor resultante do benefício causado ao imóvel, em razão de que se trata de contribuição decorrente da valorização do imóvel e não de prejuízo causado a ele. O contribuinte tem de pagar aquilo que proporcionalmente houve de valorização em seu imóvel e nada mais além disso. Se o sujeito ativo cobra mais do que a valorização do imóvel, ele está cobrando imposto do contribuinte. Isso não tem previsão constitucional.

8 REQUISITOS PARA A COBRANÇA

A lei relativa à contribuição de melhoria observará os seguintes requisitos mínimos:

I – Publicação prévia dos seguintes elementos:

a) memorial descritivo do projeto;

b) orçamento do custo da obra;

c) determinação da parcela do custo da obra a ser financiada pela contribuição;

d) delimitação da zona beneficiada;

e) determinação do fator de absorção do benefício da valorização para toda a zona ou para cada uma das áreas diferenciadas, nelas contidas.

II – Fixação de prazo não inferior a 30 dias, para impugnação, pelos interessados, de qualquer dos elementos referidos no item anterior.

III – Regulamentação do processo administrativo de instrução e julgamento da impugnação a que se refere o item anterior, sem prejuízo de sua apreciação judicial.

9 LANÇAMENTO

O lançamento da contribuição de melhoria é realizado depois de executada a obra de melhoramento em sua totalidade ou em parte suficiente para beneficiar determinados imóveis, após publicado o respectivo demonstrativo de custos. Se já foi terminada a pavimentação ou a rede de água ou esgoto, já é possível verificar a parte que beneficiou os imóveis os quais já tiveram completada a obra. Não há como se cobrar a contribuição se não se sabe qual é o custo total da obra ou o limite individual da obra que implicou valorização do imóvel do contribuinte.

Por ocasião do respectivo lançamento, cada contribuinte deverá ser notificado do montante da contribuição, da forma e dos prazos de seu pagamento e dos elementos que integraram o respectivo cálculo. Isso se justifica para que o contribuinte possa impugnar o lançamento, principalmente atendo-se ao fato de que a contribuição não pode ser superior ao custo da obra, nem superior ao acréscimo de valor do respectivo imóvel.

Os proprietários de imóveis situados nas zonas beneficiadas pelas obras públicas têm o prazo de 30 dias, a começar da data da publicação do edital para a impugnação de qualquer dos elementos dele constantes, cabendo ao impugnante o ônus da prova.

A impugnação deverá ser dirigida à Administração competente, por meio de petição, que servirá para o início do processo administrativo conforme venha a ser regulamentado por decreto federal.

O contribuinte poderá reclamar ao órgão lançador contra: (a) erro na localização e dimensões do imóvel; (b) cálculo dos índices atribuídos; (c) valor da contribuição; (d) número de prestações.

Os requerimentos de impugnação de reclamação, como também quaisquer recursos administrativos, não suspendem o início ou o prosseguimento das obras, nem terão efeito de obstar a administração quanto à prática dos atos necessários ao lançamento e à cobrança da contribuição de melhoria.

A contribuição de melhoria será paga pelo contribuinte de forma que sua parcela anual não exceda de 3% do maior valor fiscal de seu imóvel, atualizado à época da cobrança.

O ato da autoridade que determinar o lançamento poderá fixar descontos para o pagamento a vista, ou em prazos menores do que o lançado.

As prestações da contribuição de melhoria serão corrigidas monetariamente, de acordo com os coeficientes aplicáveis na correção dos débitos fiscais.

O atraso no pagamento das prestações fixadas no lançamento sujeitará o contribuinte à multa de mora de 12% ao ano.

No caso de serviço público concedido, o poder concedente poderá lançar e arrecadar a contribuição.

Mediante convênio, a União poderá legar aos Estados e aos Municípios, ou ao Distrito Federal, o lançamento e a arrecadação da contribuição de melhoria por motivo de obra pública federal, fixando a porcentagem da receita que caberá ao Estado ou ao Município que arrecadar a contribuição.

Nas obras federais, quando, por circunstância da área a ser lançada ou da natureza da obra, o montante previsto na arrecadação da contribuição de melhoria não compensar o lançamento pela União, ou por seus órgãos, esse lançamento poderá ser delegado aos municípios interessados e nesse caso:

a) caberão aos Municípios o lançamento, a arrecadação e as receitas apuradas;

b) o órgão federal delegante se limitará a fixar os índices e os critérios para o lançamento.

A cobrança da contribuição de melhoria resultante de obras executadas pela União, situadas em áreas urbanas de um único Município, poderá ser efetuada pelo órgão arrecadador municipal, em convênio com o órgão federal que houver realizado as referidas obras. A conservação, a operação e a manutenção das obras referidas anteriormente, depois de concluídas, constituem encargos do Município em que estiverem situadas.

Verificação de aprendizagem

1. Que é contribuição de melhoria?
2. Qual é a diferença entre contribuição de melhoria e taxa?
3. Qual é o fato gerador da contribuição de melhoria?
4. Quais são os requisitos para sua cobrança?
5. Como é feito o lançamento da contribuição de melhoria?

Capítulo 17

CONTRIBUIÇÃO SOCIAL

1 DENOMINAÇÃO

O inventário Schuman, em 1946, classificou as várias espécies de receitas, designando como parafiscalidade a contribuição destinada a financiar o seguro social e também as necessidades de grupos profissionais e econômicos.

Inexiste perfeccionismo quanto ao uso do termo *contribuição*, que foi sendo modificado no decorrer dos tempos.

A palavra *contribuição* tem uma acepção antiga, no sentido de receita tributária (imposto), como se observa no direito português. Nesse sistema, existiram contribuições para a jornada d'El Rei, conforme Provisão de 13-12-1612; a contribuição destinada a compor o dote da rainha da Grã-Bretanha foi instituída pelo Alvará de 12-7-1666[1]. Leciona Joaquim José Caetano Pereira e Sousa que, "em matéria de finanças, esta palavra (contribuição) se entende todo o gênero de imposição". Ele enumerava contribuições decretadas pelo Rei: contribuição sobre a carne e o vinho, criada pela Carta Régia de 29-11-1674; contribuição do tabaco, instituída pela Provisão de 13-11-1680; contribuição para o casamento de D. Isabel,

---

1 THOMAZ, Manoel Fernandes. *Repertório geral das leis extravagantes do Reino de Portugal*. Coimbra, 1815. t. 1, verbete *contribuição*.

estabelecida pela Provisão de 15-3-1681; contribuição para a construção das estradas do Alto Douro, criada pelo Alvará de 23-3-1802, entre outras[2]. Foi também usada a palavra *contribuição* pelo Alvará de 9-5-1654[3]. Ainda em Portugal, o Decreto de 31-12-1852 criou a contribuição predial; a Lei de 30-7-1860 instituiu a contribuição industrial; e o Decreto de 19-4-1832 estabeleceu a contribuição de registro. Hoje, o sistema português ainda tem uma contribuição predial: o imposto de renda sobre aluguéis; e uma contribuição industrial: o imposto de renda sobre o lucro das indústrias[4].

No Direito espanhol, o termo *contribución* é empregado com o significado de *imposto*. A Constituição de Cádiz, de 1813, outorgava, no art. 131, às Cortes a faculdade de estabelecer *contribuciones directas* ou *indirectas*. A Constituição monárquica de 1876, em seu art. 3º, também previa o mesmo. Antigamente, o imposto de renda na Espanha era chamado de *contribución general sobre la renta*. Ainda hoje existem impostos nesse país com o nome de *contribución territorial rústica y pecuaria* e *contribución territorial urbana*. Atualmente, na Espanha, há distinção entre *contributiones especiales* e *exaciones parafiscales*. Estas últimas corresponderiam a nossas contribuições tributárias ou sociais. A primeira é o gênero no qual se enquadraria a espécie contribuição de melhoria. Outras contribuições especiais podem ser cobradas excepcionalmente, como a contribuição para o custeio do serviço de extinção de incêndio[5]. As exações parafiscais não estão adstritas às regras que tratam de impostos, como aos princípios gerais da tributação, da reserva da lei, do caráter orçamentário etc.

Na França, *contribution* significava pagamento voluntário. Posteriormente, passou a ser sinônimo de *impôt*. Mirabeau entendia que imposto era natural e contribuição era casual e voluntária, distinguindo-se aquele em relação a esta pela essência e pelos efeitos[6]. Na Revolução Francesa, o termo *imposto* foi repudiado e substituído por *contribution*, com a seguinte justificativa: "*l'impôt est le terme chéri du despotisme; tandis que celui de contribution appartient à une société libre*". Du Pont de Nemours, citado por René Stourm[7], dizia em 1790 que o vocábulo *imposto* deveria ser banido, pois traduzia a ideia de autoridade superior à própria nação.

---

2 SOUSA, Joaquim José Caetano Pereira e. *Esboço de um dicionário jurídico*. Lisboa, 1827. t. 1, verbete *contribuição*.

3 Coleção de Legislação Fiscal, Coimbra, 1878. p. 251.

4 TAVARES, Assis. *Curso de fiscalidade da empresa*. Lisboa, 1982. p. 287.

5 VEGA HERRERO, Manuela. *Las contribuciones especiales*. Madri: Tecnos, 1975. p. 29.

6 MIRABEAU. *Théorie de l'impôt*. Haia: Aale, 1972. p. 67-68.

7 STOURM, René. *Systèmes généraux d'impôts*. 3. ed. Paris: M. Giard & Brière, 1912. p. 23.

A Declaração dos Direitos do Homem e do Cidadão, da Constituição francesa de 1791, mencionava a expressão *contribuição comum* (art. 1º, item 13). No item 2 da Constituição, ainda se empregava o termo *contribution* como imposto: "todas as contribuições serão partilhadas entre todos os cidadãos de modo igual em proporção com as suas faculdades". Os financistas franceses dividiam os impostos em contribuições diretas e indiretas. Gaston Jèze confirma a sinonímia que era empregada entre *impôts, taxes, contributions, redevances, cotisations* etc[8]. O Código Geral dos Impostos (*Code Général des Impôts*), na edição da Dalloz de 1977, emprega a expressão *contribuições indiretas* para se referir a certos impostos (título III). O imposto do selo e de registro é denominado de contribuição indireta[9]. Edwin R. A. Seligman já dizia que "*in France contribution is even today commonly used as synonymous with tax*"[10].

Os impostos especiais na Itália também são denominados de *contributi*, mas algumas vezes também trazem em seu bojo a ideia de taxa. Há autores que classificam os tributos como *contributo* (contribuição), *imposta* e *tassa*. A causa da contribuição é o benefício resultante da atividade do Estado, havendo contribuições para o custeio de serviço de esgoto, saneamento, uso de estrada etc. Esse tipo de contribuição seria um misto de taxa, contribuição de melhoria e preço público. Ensina Giovanni Ingrosso que a doutrina dominante admite a contribuição como um terceiro gênero de tributo, embora inexista conceito pacífico sobre o assunto[11].

O termo *contribuição* na Alemanha também se confundia com imposto. Nas cidades ao norte da Bavária, existia uma *Kontribution* de guerra cobrada em Coburb no século XV. Johan Heinrich Gottlob von Justi dizia que o termo *contribuição* era empregado para denominar os impostos incidentes sobre bens imóveis[12]. O mesmo autor mostrava também que a palavra *Kontribution* tinha igualmente o significado de auxílio, equivalente à expressão *Beitrag*, que era pagamento oferecido pelos súditos para custeio do Estado[13]. Hoje, a expressão *Beitrag* tem o significado de contribuição, que seria financiamento de uma instituição que confere a quem as paga vantagem especial.

---

8 JÈZE, Gaston. *Cours élementaire de science des finances et de législation financiére française*. 5. ed. Paris: M. Giard & Brière, 1912. p. 609.

9 BAMBIER, Claude. *Les impôts en France*. Paris: Dalloz, 1983. p. 329.

10 SELIGMAN, Edwin R. A. *Essays in taxation*. Nova York: s.c.e., 1969. p. 5.

11 INGROSSO, Giovanni. *I contributi nel sistema tributario italiano*. Napoli: Dott. Eugenio Jovene, 1964. p. 12-13.

12 VON JUSTI, Johan Heinrich Gottlob. *System des finanzwesens*. Halle: Aale, 1969. p. 407.

13 Idem, ibidem, p. 429.

Costuma-se, ainda, empregar na Inglaterra[14] e no Canadá[15] o termo *contribuição* com o significado de imposto.

No Brasil imperial, utilizava-se a palavra *contribuição* com o significado de imposto. A Constituição de 1824 continha no inciso X do art. 15 a competência atribuída à assembleia geral de "fixar anualmente as despesas públicas e repartir a *contribuição direta*". O art. 171 da mesma norma previa que todas as *contribuições diretas* seriam anualmente estabelecidas pela assembleia geral, mostrando a indicação de gênero, num sentido de tributo. A Lei n. 70, de 22-10-1836, ao fixar o orçamento para 1837/1838, estabeleceu contribuição sobre o couro para o consumo (art. 8º, n. 1). A mesma lei previa ainda contribuição para o montepio (art. 14, item 22). Essa contribuição foi prevista nos orçamentos até 1853. A Lei n. 317, de 21-10-1843, criou a contribuição extraordinária incidente sobre os vencimentos recebidos dos cofres públicos. A primeira Constituição a usar o termo *contribuição* foi a de 1934, consagrando a necessidade de se instituir exigência complementar para a previdência e assistência social, prevendo "a instituição de previdência, mediante *contribuição* igual da União, do empregador e do empregado, em favor da velhice, da invalidez, da maternidade e nos casos de acidente do trabalho ou de morte" (art. 121, § 1º, *h*). A Carta Magna de 1937 assegurava ao sindicato e a outras associações profissionais o poder de impor contribuições (art. 138). A Carta Política de 1967 explicitava que seriam direitos dos trabalhadores a "previdência social, mediante contribuição da União, do empregador e do empregado, seguro desemprego, proteção da maternidade e nos casos de doença, velhice, invalidez e morte" (art. 158, XVI). O § 1º do art. 159 da mesma norma, mencionava que o sindicato poderia "arrecadar, na forma da lei, *contribuições* para o custeio da atividade dos órgãos sindicais e profissionais e para a execução de programas de interesse das categorias por eles representadas". A Emenda Constitucional n. 1/69 praticamente repete a mesma orientação no inciso XVI do art. 165, quanto à contribuição previdenciária e no § 1º do art. 166 no que diz respeito às contribuições sindicais.

A Emenda Constitucional n. 8/77 incluiu também o interesse das categorias profissionais.

2 CONCEITO

Contribuição social é o tributo destinado a custear atividades específicas, que não são inerentes à função do Estado.

Caracteriza-se pela finalidade específica: custear a seguridade social etc.

---

14 BOOTH, Neil D. *Social security contributions*. Londres, 1982. p. 4.

15 BROADWAY, Robin W.; KITCHEN, Harry M. *Canadian tax policy*. Toronto, 1984. p. 297.

3 ESPÉCIES

As contribuições sociais podem ser de intervenção no domínio econômico, de interesses de categorias profissionais ou econômicas e para o custeio da seguridade social (art. 149 da Constituição).

3.1 Contribuições de intervenção no domínio econômico

As contribuições de intervenção no domínio econômico têm natureza extrafiscal. Exemplos: salário-educação, FGTS.

O § 5º do art. 212 da Constituição, é expresso no sentido de que a educação básica pública terá como fonte adicional de custeio a contribuição social do salário-educação, recolhida pelas empresas, na forma da lei.

Embora o FGTS tenha característica de interesse de categoria profissional, ele também tem natureza de contribuição de intervenção no domínio econômico para efeito de arrecadar recursos para o Sistema Financeiro da Habitação. É regulado pela Lei n. 8.036/90.

As disposições do Código Tributário Nacional não se aplicam às contribuições para o FGTS (Súmula 353 do STJ). Se é tributo, deveriam ser aplicadas as regras do CTN ao FGTS.

A contribuição de intervenção no domínio econômico deveria ser instituída de forma temporária, justamente para corrigir a distorção existente em certo momento. Tem função regulatória. Se o objetivo da contribuição não é regular certa situação, tem natureza de mero instrumento de arrecadação.

3.2 Contribuições de interesse de categorias profissionais ou econômicas

O art. 149 da Constituição estabelece conjunção alternativa: tanto podem ser contribuições apenas de interesse de categoria profissional, como ao mesmo tempo de categorias profissionais e econômicas. Exemplo: contribuição destinada aos órgãos fiscalizadores do exercício da profissão (OAB, CREA, CRC, CRM etc.).

O inciso IV do art. 8º da Constituição, faz referência à contribuição instituída em assembleia geral sindical para o custeio do sistema confederativo e a outra prevista em lei. Esta é a contribuição sindical, descrita nos arts. 578 a 610 da CLT. A contribuição confederativa não tem natureza tributária, mas privada. Obrigados os associados do sindicato (Súmula 666 e Súmula Vinculante 40 do STF).

3.3 Contribuição para o custeio da seguridade social

A contribuição para o custeio do sistema da seguridade social é prevista no § 6º do art. 195 da Constituição. A Seguridade Social compreende a Previdência Social, a Assistência Social e a Saúde.

Estabelece o art. 195 da Constituição que as contribuições sociais destinadas ao custeio da seguridade social são:

I – Dos empregadores, da empresa e da entidade a ela equiparada na forma da lei, incidentes sobre:

a) a folha de salários e demais rendimentos do trabalho pagos ou creditados, a qualquer título, à pessoa física que lhe presta serviço, mesmo sem vínculo empregatício. A contribuição da empresa incidente sobre a folha de salários é de 20% sobre a remuneração, além da contribuição para o custeio das prestações de acidente do trabalho, que também tem por base a remuneração;

b) a receita ou o faturamento. Sobre o faturamento incide a Cofins (Lei Complementar n. 70/91). O PIS incide sobre o faturamento da empresa (Lei Complementar n. 7/70) e serve para custear as prestações de seguro-desemprego e abono (art. 239 da Constituição);

c) o lucro. A contribuição social sobre o lucro é prevista na Lei n. 7.689/88.

II – Do trabalhador e dos demais segurados da previdência social. Compreende a contribuição dos segurados empregado, doméstico, temporário, avulso, autônomo, eventual, equiparado a autônomo, empresário e facultativo.

III – Sobre a receita de concursos de prognósticos. São as contribuições que incidem sobre os concursos de loto, sena, loteria esportiva, loteria federal etc.

IV – Do importador de bens, ou serviços do exterior, ou de quem a lei a ele equiparar (Lei n. 10.865/2004).

A lei ordinária definirá os setores de atividade econômica para os quais as contribuições incidentes sobre o faturamento e do importador serão não cumulativas. Essa regra será aplicada inclusive na hipótese de substituição gradual, total ou parcial, da contribuição da empresa incidente sobre a folha de salários pela incidente sobre a receita ou faturamento.

O CTN prevê no art. 217, acrescentado pelo Decreto-lei n. 27, de 14-11-1966, a ressalva da incidência e exigibilidade das seguintes contribuições: (I) *contribuição* sindical; (II) *contribuição* previdenciária, que eram as antigas quotas de previdência previstas na Lei n. 3.807, de 26-8-1960; (III) *contribuição* ao Fundo de Assistência e Previdência do Trabalhador Rural, de que trata o art. 158 da Lei n. 4.214, de 2-3-1963; (IV) *contribuição* do FGTS, criada pela Lei n. 5.107, de 13-9-1966; (V) *contribuição* prevista no § 2º do art. 34 da Lei n. 4.863, de 29-11-1965 e suas alterações e outras de fins sociais criadas por lei. Tais contribuições são consideradas apenas sob a denominação contribuição ou contribuição especial[16]. São contribuições que estão relacionadas não à atuação do Estado, mas sim a custear certas despesas, como a aposentadoria (contribuição social da seguridade social), o fundo de garantia do tempo de serviço (contribuição do FGTS), categorias profissionais ou econômicas (contribuição sindical).

Os municípios e o Distrito Federal poderão instituir contribuição, na forma das respectivas leis, para o custeio do serviço de iluminação pública, observado o disposto no art. 150, I e III, da Lei Maior (art. 149-A da Constituição).

Não existe obrigação da instituição da contribuição, mas mera faculdade.

A referida contribuição não representa uma das antigas espécies previstas no art. 149 da Constituição. Não se trata de contribuição de intervenção no domínio econômico, de interesse de categoria profissional ou econômica ou para a Seguridade Social.

A regra do art. 149-A da Constituição representa nova forma de contribuição social: para custeio de serviço de iluminação pública.

A norma constitucional faz referência que se trata de contribuição destinada ao custeio de serviço de iluminação pública. Isso vinha sendo feito por meio de taxa, porém era utilizada base de cálculo de imposto e ela não era específica e divisível, tornando impossível a cobrança por intermédio de taxa.

Depende a referida contribuição da edição de lei ordinária de cada município brasileiro e do Distrito Federal para que possa ser cobrada (art. 150, I, da Lei Maior). A Constituição não cria tributo, apenas outorga competência aos municípios e ao Distrito Federal para fazê-lo. A lei ordinária municipal é que vai criar o tributo, diante do princípio da legalidade.

---

16 Bernardo Ribeiro de Moraes usa a expressão *contribuição especial* (*Compêndio de direito tributário*. Rio de Janeiro: Forense, 1984. p. 320 a 337).

A contribuição não poderá ser cobrada em relação a fatos geradores ocorridos antes do início da vigência da lei ordinária que os houver instituído.

Não poderá a contribuição ser exigida no mesmo exercício financeiro em que haja sido publicada a lei ordinária que os instituiu ou aumentou.

É facultada a cobrança da contribuição na fatura de consumo de energia elétrica.

Se todas as pessoas são beneficiadas pela iluminação pública, o custeio deve ser feito por meio de imposto e não por contribuição. Residências e empresas devem pagar o mesmo tributo, pois não há como dizer que consomem energia diversa só pelo exercício de atividade.

4 NATUREZA JURÍDICA

Aliomar Baleeiro afirma que as contribuições ora são impostos, ora taxas[17]. Haveria uma natureza jurídica híbrida, de imposto e taxa ao mesmo tempo. Entretanto, uma coisa não pode ser e deixar de ser ao mesmo tempo. Ensina Geraldo Ataliba que, "em direito, as coisas são ou não são. Não há meio-termo jurídico. Em direito não há mais ou menos. Ou é ou não é. Um comportamento não é lícito ou ilícito. Ou consentido ou proibido. Ou exigido ou não exigido"[18]. Logo, não se pode dizer que a contribuição ora é imposto, ora taxa. Ou é uma coisa ou é outra.

A teoria parafiscal é defendida por aqueles que fazem distinção entre tributos fiscais e parafiscais. Lembra Bernardo Ribeiro de Moraes que "as contribuições parafiscais (*parafinanzas*) são assim denominadas tendo em vista a natureza da pessoa em cujo favor são criadas e o especial regime de contabilização financeira. Representam, tais contribuições, as finanças paralelas, isto é, as finanças que se situam ao lado do Estado"[19]. São contribuições que ficam ao lado do Estado (da raiz grega *para*, com significado de "ao lado", ou "junto a"). A contribuição parafiscal seria a exigência que sustentaria encargos do Estado que não lhe seriam próprios, como ocorre com a Seguridade Social.

Diferencia-se a contribuição parafiscal da fiscal. A contribuição dita parafiscal tem fim social, enquanto a contribuição fiscal tem fim político.

---

17 BALEEIRO, Aliomar. *Uma introdução à ciência das finanças*. Rio de Janeiro: Forense, 1978. p. 282. No mesmo sentido, Maurice Duverger. *Institutions financières*. Paris: Presses Universitaires, 1956. p. 94 ss.

18 ATALIBA, Geraldo. *Hipótese de incidência tributária*. São Paulo: Revista dos Tribunais, 1984. p. 163.

19 MORAES, Bernardo Ribeiro de. *Compêndio de direito tributário*. Rio de Janeiro: Forense, 1993. p. 622.

As características da contribuição parafiscal seriam o caráter compulsório da exigência, e não o facultativo, a não inclusão da respectiva receita no orçamento do Estado, mas num orçamento especial, o destino do produto de sua arrecadação para o custeio de certas atividades estatais, visando atender a necessidades econômicas e sociais de certos grupos ou categorias, a administração da receita por uma entidade descentralizada, com delegação do Estado. Nesse contexto, seria inserida a contribuição do FGTS. Sua administração seria feita por um órgão (Caixa Econômica Federal), com a finalidade de arrecadar contribuições das categorias econômicas, descentralizando a atividade do Estado com vistas ao levantamento do FGTS, nas hipóteses especificadas na lei, além de servir para o financiamento do Sistema Financeiro da Habitação.

Na contribuição parafiscal, há correspondência entre os encargos e os proventos, o que inocorre nos tributos de natureza fiscal. Nos tributos parafiscais, há vantagem com seu pagamento, enquanto isso não ocorre nos tributos de natureza fiscal. No caso do FGTS, um grupo contribui (empregador) e o outro é beneficiário (empregados).

Essa teoria seria criticada sob o fundamento de o sujeito ativo não ser a própria entidade estatal, mas outra pessoa especificada pela lei, que arrecada a contribuição. Assim, o fato de outra pessoa arrecadar o FGTS, que não o Estado, não alteraria seu regime tributário, persistindo a natureza de tributo.

O inciso I do § 2º do art. 21 da Emenda Constitucional n. 1 previa que a União poderia instituir contribuições, nos termos do inciso I do mesmo artigo, tendo em vista a intervenção no domínio econômico e o interesse da Previdência Social ou de categorias profissionais. O inciso I tratava da possibilidade de serem alteradas a alíquota e a base de cálculo pelo Poder Executivo nas condições previstas em lei. Até esse momento, a jurisprudência entendia que a natureza da contribuição era de tributo.

Com a Emenda Constitucional n. 8/77, foi dada nova redação ao citado inciso: a União poderia instituir "contribuições, observada a faculdade prevista no item I deste artigo, tendo em vista intervenção no domínio econômico ou o interesse de categorias profissionais e para atender diretamente à parte da União no custeio dos encargos da Previdência Social". A mesma Emenda acrescentou o inciso X ao art. 43 da Emenda Constitucional n. 1, com a seguinte redação: "contribuições sociais para custear os encargos previstos nos arts. 165, II, V, XIII, XVI e XIX, 166, § 1º, 175, § 4º, e 178". Pela primeira vez nota-se que a Constituição usa a expressão *contribuição social* para referir-se às exações citadas no inciso X do art. 43.

A jurisprudência vinha sendo pacífica no sentido de entender a contribuição à seguridade social como tributo até a edição da Emenda Constitucional n. 8. Com base nessas alterações, passou-se a entender que o termo *contribuições sociais*, previsto no inciso X do art. 43 da Emenda Constitucional n. 1, tinha significado diverso da palavra *tributos* contida no inciso I do mesmo artigo. O inciso I do § 2º do art. 21 da Emenda Constitucional n. 1, com a redação determinada pela Emenda Constitucional n. 8, não mais fazia menção a interesses da Previdência Social, pois foi retirada a expressão do referido inciso; daí, passou-se a entender que não mais tinha caráter tributário a contribuição securitária. O mesmo raciocínio passou a ser usado em relação ao FGTS.

Mesmo havendo mudança na redação do inciso I do § 2º do art. 21 da Emenda Constitucional n. 1, não ocorreu nenhuma modificação na natureza jurídica da contribuição prevista no citado inciso. Ao substituir a expressão "*e o interesse da Previdência Social*" por "*e para atender diretamente à parte da União no custeio dos encargos da Previdência Social*", não trouxe nenhuma modificação na natureza da contribuição ali contida, nem mesmo da contribuição da Previdência Social, que continuou a ter por base o princípio da tríplice forma de custeio: ente público, trabalhador e empresa. Houve apenas mudança de redação, acrescentando-se a contribuição de interesse de categorias profissionais, não trazendo nenhuma mudança à natureza da contribuição em comentário, que continuava a ser tributária. Se o constituinte queria deixar claro que a natureza da contribuição não era tributária, ou pretendia fazer distinção entre as contribuições e os impostos ou taxas, não logrou seu intento, pois não foi expresso ou claro nesse sentido.

É de se ressaltar que a contribuição prevista no inciso I do § 2º do art. 21 estava inserida no Capítulo V da Constituição, que tem o título "Do Sistema Tributário". Logo, a natureza desse tipo de contribuição só pode ser tributária, pois assim foi o desejo do constituinte.

Erros cometidos pelo legislador constituinte ou a utilização de palavras ou expressões incorretas não servem para alterar a natureza de certo ato ou fato jurídico. "Estes devem ser conceituados pelos seus efeitos, pela sua eficácia real, e não por princípios abstratos que não se coadunem com eles."[20] "É claro, pois, que se a formação de uma lei está em contradição com a natureza intrínseca do instituto jurídico que, nominalmente, passa a utilizar, deve desprezar-se a denominação ina-

---

[20] GUIMARÃES, Carlos da Rocha. *Prescrição e decadência*. Rio de Janeiro: Forense, 1984. p. 183.

dequada e passar a interpretar-se a lei de acordo com os princípios que regem o instituto realmente aplicável ao caso."

Embora só o § 2º do art. 21 da Emenda Constitucional n. 1 mencionasse que ao empréstimo compulsório seriam aplicadas as disposições relativas a tributos e a normas gerais de Direito Tributário, não se podia dizer que as contribuições previstas no inciso I do mesmo artigo não tivessem natureza de tributo. O art. 18 rezava que a União poderia exigir impostos, taxas e contribuições de melhoria, porém não fazia referência à aplicação das disposições relativas a tributos e a normas gerais de Direito Tributário e nem por isso tais exações deixavam de ter natureza tributária.

O fato de a Emenda Constitucional n. 8 ter feito distinção entre tributos e contribuições não queria dizer que o tributo tinha natureza diversa da contribuição, apenas que esta tinha certas peculiaridades, entre elas a de ser uma exação vinculada ao destino de sua arrecadação, conforme fosse definido em lei. Ademais, tanto os tributos como as contribuições estavam elencados no capítulo da Constituição que tratava do Sistema Tributário Nacional. Logo, só poderia a contribuição ter natureza tributária.

Com a edição da Emenda Constitucional n. 8, o Supremo Tribunal Federal passou a entender, porém, que não tinha a contribuição do FGTS natureza de tributo[21].

A Constituição voltou a usar a expressão *contribuições sociais* no art. 149, que é gênero. Destacou a Lei Maior três espécies de contribuições sociais: as de intervenção no domínio econômico, as de interesse das categorias profissionais e econômicas e as contribuições da seguridade social, que são as previstas no § 6º do art. 195 da Constituição.

Interessa, inicialmente, analisar se a contribuição inserida no art. 149 da Constituição tem natureza tributária ou não, tendo em vista as polêmicas sobre o tema. Uma corrente defende a natureza tributária e a outra, não.

A teoria que esposa a natureza tributária para a contribuição prevista no art. 149 da Constituição indica os seguintes fundamentos: (a) a competência da União

---

21 Sua natureza era de prestação social definida no inciso XIII do art. 165 da Emenda Constitucional n. 1 de 1969 (STF, TP, RE 100.249-2-SP, j. 2-12-1987, Rel. Min. Néri da Silveira, *DJU* 1-7-1988, p. 16.903, in *LTr* 55-05/577 e *RTJ* 136/681; STF, RE 17.986-4, Rel. Min. Ilmar Galvão, *DJU* 19-3-1993, p. 4.282; STF, RE 116.761-1, Rel. Min. Moreira Alves, *DJU* 2-4-1993, p. 5.622; STF, RE 114.252-9-SP, Rel. Min. Moreira Alves, *DJU* 11-3-1988, p. 4.747; STF, RE 110.012-5-AL, Rel. Min. Sydney Sanches, *DJU* 11-3-1988, p. 4.745).

disciplinada no art. 149 da Lei Maior está incluída no Capítulo da Lei Magna que versa sobre o Sistema Tributário Nacional; (b) o art. 149 determina que seja observado o disposto nos arts. 146, III, e 150, I e III, sem prejuízo das previsões do § 6º do art. 195 da Lei Magna para as contribuições da seguridade social, ou seja: observância de que as normas gerais em matéria de legislação tributária sejam editadas por lei complementar, proibição de que sejam instituídas sem lei, de cobrança em relação a fatos geradores ocorridos antes do início da vigência da lei que as houver instituído ou aumentado e vedação de sua exigência antes de decorridos 90 dias. Essa teoria indica que as contribuições seriam uma quarta espécie tributária. Seria mera redundância o fato de que o art. 149 da Constituição faz alusão aos arts. 146, III, e 150, I e III, e § 6º do art. 195 da mesma norma, o que continuaria a mostrar sua natureza tributária[22].

A corrente adversa preconiza que as contribuições previstas no art. 149 da Lei Fundamental não têm natureza tributária, pois, se tivessem, não haveria necessidade de o art. 149 da Constituição fazer alusão ao art. 146, visto que estariam de plano incluídas entre as normas gerais objeto de legislação tributária. Essa teoria é defendida por Valdir de Oliveira Rocha[23]. Afirma Luiz Mélega que, "se as contribuições fossem tributos, a determinação do art. 149 seria dispensável. Aliás, ela só se justificaria pelo fato de tais contribuições não terem natureza tributária"[24]. Argumenta-se, ainda, que o art. 145 da Lei Magna indica apenas três espécies de tributos: impostos, taxas e contribuições de melhoria. Como a lei não contém palavras inúteis, a alusão feita pelo art. 149 da Constituição estaria a mostrar que realmente não têm natureza tributária as contribuições nele previstas.

O art. 149 da Constituição consagra contribuições de natureza tributária, ao prever que compete exclusivamente à União instituir contribuições sociais, de intervenção no domínio econômico e de interesse das categorias profissionais e eco-

---

22 Entendem que a natureza jurídica da contribuição do art. 149 da Constituição é de tributo: BOTALLO, Eduardo Domingos. *Contribuições sociais*: questões polêmicas. 1995. p. 17 (breves considerações sobre a natureza das contribuições sociais e algumas de suas decorrências); MELO, José Eduardo Soares de. *Contribuições sociais*: questões polêmicas. São Paulo: Dialética, 1995. p. 44 e 48; MACHADO, Hugo de Brito. *Curso de direito tributário*. 19. ed. São Paulo: Malheiros, 2001. p. 313-314; MARTINS, Ives Gandra. *Sistema tributário na Constituição de 1988*. São Paulo: Saraiva, 1990. p. 125.

23 ROCHA, Valdir de Oliveira. Determinação do montante do tributo. *IOB*, São Paulo, p. 70, n. 183, 1992; Contribuições sociais. *Caderno de Pesquisas Tributárias* n. 17, p. 299-310; Contribuições de seguridade social sobre faturamento – incidência e não incidência. *Repertório IOB de Jurisprudência*, n. 23/93, Caderno 1, p. 468 e 467; Natureza jurídica das contribuições do art. 149 da Constituição. *Repertório IOB de Jurisprudência*, n. 5/95, p. 101.

24 MÉLEGA, Luiz. Algumas reflexões sobre o regime jurídico das contribuições na Carta Política de 1988, *Direito Tributário Atual*, n. 11/12, p. 3295.

nômicas, observados certos dispositivos constitucionais, e sem prejuízo do disposto no § 6º do art. 195 da Constituição, quanto às contribuições a que alude o preceito legal. Dispõe, ainda, que "os Estados, o Distrito Federal e os Municípios poderão instituir contribuição, cobrada de seus servidores, para o custeio, em benefício destes, de sistemas de previdência e assistência social" (parágrafo único do art. 149 da Lei Maior). Ensina Paulo de Barros Carvalho que as contribuições sociais "são entidades tributárias, subordinando-se em tudo e por tudo às linhas definitórias do regime constitucional peculiar aos tributos"[25]. Parece que o constituinte não teve muita técnica jurídica ao tentar falar do Sistema Tributário Nacional, empregando inclusive expressões como tributo e contribuição, imposto e contribuição como sinônimas (§ 6º do art. 150 da Constituição e § 7º do mesmo artigo, de acordo com a Emenda Constitucional n. 3, de 7-3-1993). Roque Antonio Carrazza leciona que as contribuições sociais "são, sem sombra de dúvida, tributos, uma vez que devem necessariamente obedecer ao *regime jurídico tributário*, isto é, aos princípios que informam a tributação, no Brasil. Estamos, portanto, que estas 'contribuições' são verdadeiros *tributos* (embora qualificados pela finalidade que devem alcançar)"[26]. O fato de o art. 149 da Constituição fazer alusão ao art. 146 da mesma norma é mera redundância, explicitando que as contribuições previstas na primeira norma estão também adstritas às normas gerais de Direito Tributário, principalmente à exigência de serem estabelecidas por lei complementar, pois poderiam estar sujeitas a apenas algumas delas, da forma como o faz o mesmo art. 149 ao se referir aos princípios que lhe são aplicáveis quanto ao art. 150 da Lei Maior. Assim, as contribuições sociais previstas no art. 149 da Constituição têm natureza tributária, pois inclusive estão incluídas no capítulo da Lei Maior que versa sobre o Sistema Tributário Nacional.

A Constituição emprega em vários artigos o substantivo *contribuição*, como no inciso III do art. 145, quando versa sobre a contribuição de melhoria, espécie do gênero tributo, no art. 149, ao tratar de contribuições sociais de intervenção no domínio econômico e de interesse das categorias profissionais e econômicas, no § 1º do art. 149, quando estipula sobre a possibilidade de Estados, Distrito Federal e Municípios cobrarem de seus servidores contribuições para o custeio de

---

[25] CARVALHO, Paulo de Barros. *Curso de direito tributário*. São Paulo: Saraiva, 1991, p. 35.

[26] CARRAZZA, Roque Antonio. *Curso de direito constitucional tributário*. São Paulo: Malheiros, 1997. p. 304. Luiz Emygdio F. da Rosa Junior também entende ter natureza tributária a contribuição prevista no art. 149 da Constituição (*Manual de direito financeiro e direito tributário*. 12. ed. Rio de Janeiro: Renovar, 1998. p. 412).

sistema de previdência e assistência social, no art. 195, ao especificar as contribuições para o custeio do sistema da seguridade social. O inciso IV do art. 8º da Constituição faz menção a duas contribuições: uma para o custeio do sistema confederativo e outra prevista em lei, que é a sindical. Todas essas contribuições não têm natureza tributária. A contribuição prevista em lei que se verifica na parte final do inciso IV do art. 8º da Constituição também não tem natureza tributária, pois é facultativa.

Com a Emenda Constitucional n. 3 veio a lume um argumento a mais, corroborando o entendimento daqueles que sustentam não ter natureza tributária a contribuição prevista no art. 149 da Constituição, tendo em vista a distinção entre tributo e contribuição estabelecida pelo atual § 6º do art. 150 da Lei Magna, ao prever que "qualquer subsídio ou isenção, redução de base de cálculo, concessão de crédito presumido, anistia ou remissão, relativos a impostos, taxas ou contribuições, só poderá ser concedido mediante lei específica, federal, estadual ou municipal, que regule exclusivamente as matérias enumeradas ou o correspondente *tributo* ou *contribuição*, sem prejuízo do disposto no art. 155, § 2º, XII, g". Poder-se-ia argumentar que, se o constituinte empregou duas expressões distintas, não o fez aleatoriamente; daí fazer menção ao termo *tributo* ou *contribuição*. Entretanto, no mesmo artigo já se verifica que o termo *contribuições*, seguindo as palavras *impostos* e *taxas*, indica que as contribuições são espécies do gênero tributo. Aires Barreto esclarece, porém, que mesmo após a Emenda Constitucional n. 3, não houve qualquer alteração da natureza jurídica da contribuição do art. 149 da Constituição, pois, "como as palavras utilizadas pelo legislador não observam rigor científico, sua significação não pode ser tomada por sua singela literalidade, mas há de ser confirmada pelo sistema constitucional. Para ilustrar esse asserto basta aferir, entre tantos outros exemplos de equívocos de linguagem, o exibido pelo § 7º do art. 195. Ali se emprega a palavra *isenção* para estatuir o que, em verdade, é imunidade"[27]. Isso mostra a falta de precisão do legislador constituinte no emprego das palavras, evidenciando, mesmo, a existência de equívoco no uso das palavras *tributo* ou *contribuição*.

Alterou também a Emenda Constitucional n. 3 a redação do § 7º do art. 150 da Constituição, usando os termos *imposto* e *contribuição*: "A lei poderá atribuir a sujeito passivo de obrigação tributária a condição de responsável pelo pagamento de *imposto* ou *contribuição*, cujo fato gerador deva ocorrer posteriormente, assegurada a imediata e preferencial restituição da quantia paga, caso não se realize o fato

---

[27] BARRETO, Aires F. Natureza jurídica das contribuições dos arts. 149 e 195 da CF. *Repertório IOB de Jurisprudência*, n. 6/95, texto 1/8.516, p. 116.

gerador presumido". O emprego, aqui, da palavra *contribuição* tanto pode referir-se à contribuição social como à contribuição de melhoria, mas parece que diz respeito à contribuição social, pois seria, à primeira vista, difícil imaginar a antecipação de contribuição de melhoria sem que houvesse obra pública, como se depreende do inciso III do art. 145 da Lei Maior. Contudo, ainda é possível dizer que a contribuição a que se refere o parágrafo é espécie do gênero tributo.

O STF entende que a natureza da contribuição social é de tributo[28].

São as contribuições sociais tributos vinculados. A vinculação é feita a órgão, fundo (FGTS) ou despesa. A Constituição veda a vinculação de impostos a órgão, fundo ou despesa (art. 167, IV), mas não de contribuições.

A contribuição da Seguridade Social tem sua arrecadação destinada ao custeio da Previdência Social, da Assistência Social e Saúde.

O inciso I do art. 154 da Constituição mostra, indiretamente, que outras contribuições podem ser criadas com o mesmo fato gerador e a mesma base de cálculo de outros impostos, pois apenas novos impostos não podem ter aquelas características.

As contribuições que têm por base o art. 149 da Constituição só poderiam ser exigidas por meio de lei complementar[29], respeitando os princípios da irretroatividade da lei e da anterioridade (art. 150, III, *a* e *b*). O próprio art. 149 da Constituição determina a observância do inciso III do art. 146 da Lei Maior. A alínea *a* do inciso III do art. 146 da Lei Maior dispõe apenas que a lei complementar estabeleça o fato gerador, a base de cálculo e o contribuinte dos impostos, mas não das contribuições. Há, porém, decisão do STF em relação à contribuição social sobre o lucro, em que aquele colegiado entende que pode tal exação ser exigida por meio de lei ordinária[30].

5 COMPETÊNCIA

A competência para instituir as contribuições sociais descritas no art. 149 da Constituição é da União. Assim, Estados, Distrito Federal e Municípios não poderão instituir as referidas contribuições.

---

28 2ª T., RE 217.251-1-MG, Rel. Min. Nelson Jobim, *DJU*, 16-4-1999; 2ª T., Ag. 174.540-2-AP, Rel. Min. Maurício Corrêa, *DJU*, 26-4-1996.

29 No mesmo sentido, Ives Gandra da Silva Martins. *Sistema tributário na Constituição de 1988*. São Paulo: Saraiva, 1990. p. 119.

30 STF Pleno, RE 138.281, j. 1º-7-1992, *DJU* 28-8-1992, p. 13456.

Os Estados, o Distrito Federal e os Municípios poderão instituir contribuição, cobrada de seus servidores, para o custeio, em benefício de sistemas de previdência social e assistência social (§ 1º do art. 149 da Constituição).

6 CONTRIBUINTES

A norma legal é que irá definir quem são os contribuintes das contribuições sociais.

Os incisos do art. 195 da Constituição mostram que: (a) a empresa ou a entidade a ela equiparada é a contribuinte das contribuições sobre a folha de salários, o faturamento e o lucro (I, alíneas *a* a *c*); (b) os trabalhadores são contribuintes das contribuições destinadas ao custeio da Previdência Social.

7 BASE DE CÁLCULO

A base de cálculo da contribuição social sobre o lucro é o lucro ajustado, conforme a previsão da legislação.

A base de cálculo da Cofins e do PIS é o faturamento ou a receita bruta da empresa.

A contribuição sindical dos empregados tem por base de cálculo um dia de trabalho por ano e a da empresa é calculada sobre seu capital.

8 LANÇAMENTO

Geralmente, o lançamento da contribuição social é feito por homologação. O contribuinte antecipa o pagamento para, posteriormente, o fisco examinar se o pagamento foi feito corretamente.

A contribuição da empresa, destinada ao custeio da Seguridade Social, tem o lançamento feito por declaração, pois a empresa presta informações ao fisco por meio da guia GFIP.

9 CONSIDERAÇÕES GERAIS

O ingresso do valor deve ser destinado ao custeio da atividade.

As contribuições sociais e de intervenção no domínio econômico: (a) não incidirão sobre as receitas decorrentes de exportação; (b) incidirão sobre a importação de produtos estrangeiros ou serviços; (c) poderão ter alíquotas: (1) *ad valo-*

rem, tendo por base o faturamento, a receita bruta ou o valor da operação e, no caso de importação, o valor aduaneiro; (2) específica, tendo por base a unidade de medida adotada.

A lei definirá as hipóteses em que as contribuições incidirão uma única vez.

A lei que instituir contribuição de intervenção no domínio econômico relativa às atividades de importação ou comercialização de petróleo e seus derivados, gás natural e seus derivados e álcool combustível deverá atender aos seguintes requisitos: (1) a alíquota da contribuição poderá ser: (a) diferenciada por produto ou uso; (b) reduzida e restabelecida por ato do Poder Executivo, não se lhe aplicando o princípio da anterioridade; (2) os recursos arrecadados serão destinados: (a) ao pagamento de subsídios a preços ou transporte de álcool combustível, gás natural e seus derivados e derivados de petróleo; (b) ao financiamento de projetos ambientais relacionados com a indústria do petróleo e do gás; (c) ao financiamento de programas de infraestrutura de transportes.

A contribuição de intervenção no domínio econômico foi criada pela Lei n. 10.336, de 19-12-2001. São contribuintes da Cide o produtor, o formulador e o importador, pessoa física ou jurídica, dos combustíveis líquidos. A Cide tem por fato gerador a importação e a comercialização no mercado interno de gasolina, diesel, querosene de aviação, óleo combustível, gás liquefeito de petróleo, inclusive o derivado de gás natural e de nafta e álcool etílico combustível. A Cide não recai sobre as receitas de exportação, para o exterior, dos produtos mencionados. A base de cálculo é a unidade de medida adotada na lei para os produtos citados. É responsável solidário pela Cide o adquirente de mercadoria de procedência estrangeira, no caso de importação realizada por sua conta e ordem, por intermédio de pessoa jurídica importadora. A administração e a fiscalização da Cide compete à Secretaria da Receita Federal.

Verificação de aprendizagem

1. Que é contribuição social?
2. Quais são suas espécies?
3. Que é contribuição social de interesse de categoria econômica ou profissional?
4. Quais são as contribuições sociais destinadas à Seguridade Social?
5. Qual é a natureza jurídica da contribuição social?
6. De quem é a competência para estabelecer a contribuição social?
7. Como se opera o lançamento da contribuição social?

Capítulo 18

EMPRÉSTIMO COMPULSÓRIO

1 HISTÓRICO

A Emenda Constitucional n. 18/65 determinou no art. 4º que somente a União, em casos excepcionais definidos em lei complementar, poderá instituir empréstimo compulsório. Os casos excepcionais é que eram definidos em lei complementar e não o próprio empréstimo compulsório, que, na prática, foi instituído por Decreto-lei.

O art. 15 do CTN especificou os casos excepcionais em que o empréstimo compulsório poderia ser instituído.

A Constituição de 1967 previa no § 4º do art. 19, que somente a União, em casos excepcionais definidos em lei complementar, poderá instituir empréstimo compulsório.

A Emenda Constitucional n. 1/69 determinou que somente a União, em casos excepcionais definidos em lei complementar, poderá instituir empréstimo compulsório (§ 3º do art. 18). A União poderia instituir empréstimos compulsórios em casos especiais definidos em lei complementar, aos quais se aplicarão as disposições constitucionais relativas aos tributos e às normas gerais do direito tributário (art. 21, § 2º, II).

Na Constituição de 1988, a matéria foi regulada no art. 148.

2 FINALIDADE

O empréstimo compulsório tem por objetivo:

a) atender a despesas extraordinárias, decorrentes de calamidade pública, de guerra externa ou sua iminência;

b) zelar pelo investimento público de caráter urgente e de relevante interesse nacional (art. 148 da Constituição).

3 NATUREZA JURÍDICA

Havia várias correntes que defendiam a natureza jurídica do empréstimo compulsório.

San Tiago Dantas entendia que o empréstimo compulsório era um contrato de empréstimo de natureza coativa de direito público. O ato de vontade era reduzido a um simples ato de obediência[1].

Gaston Jèze leciona que o empréstimo compulsório é uma requisição de dinheiro, mediante o pagamento de indenização, consistente no reembolso do valor com juros. O requisitante o fixava unilateralmente. Não era empréstimo, pois não resultava de livre acordo entre as partes. Não poderia ser imposto, porque seria devolvido[2].

Maurice Duverger menciona que o empréstimo compulsório tem natureza mista, compreendendo empréstimo e imposto. Era imposto, porque havia imposição unilateral e autoritária por parte do Estado[3].

Amílcar de Araújo Falcão entendia que o empréstimo compulsório era verdadeiro tributo. Não era exatamente um empréstimo pelo fato de que era obrigatório e determinado por lei. O fato de ser restituível não descaracteriza sua natureza tributária[4].

A Súmula 418 do STF entendia que "o empréstimo compulsório não é tributo, e sua arrecadação não está sujeita à exigência constitucional de prévia autorização orçamentária".

O empréstimo compulsório estava regulado no art. 15 do CTN. Se estava no CTN, não poderia deixar de ser tributo.

---

1 DANTAS, San Tiago. *Problemas de direito positivo*. Rio de Janeiro: Forense, 1953. p. 13.

2 JÈZE, Gaston. *Cours de science des finances et de législation financière française*. Paris: Giard, 1922. p. 468-469.

3 DUVERGER, Maurice. *Institutions financières*. 3. ed. Paris: PUF, 1960. p. 174.

4 FALCÃO, Amílcar de Araújo. *Sistema tributário brasileiro*. Rio de Janeiro: Financeiras, 1965. p. 55-58.

Na vigência da Emenda Constitucional n. 1/69, o empréstimo compulsório estava inserido no Capítulo V, que tratava do Sistema Tributário. Só poderia ser instituído nos casos especiais definidos em lei complementar, aos quais se aplicarão as disposições constitucionais relativas aos tributos e às normas gerais do direito tributário (art. 21, § 2º, II). Com essa determinação, passou-se a entender que o empréstimo compulsório teria natureza tributária, porque a emenda era clara no sentido de serem aplicadas as disposições constitucionais relativas aos tributos e às normas gerais do direito tributário.

A Fazenda Nacional defendia a tese de que existiam dois tipos de empréstimos compulsórios: o previsto no § 3º do art. 18, e o descrito no inciso II do § 2º do art. 21 da Constituição. Somente o segundo tinha natureza tributária. O primeiro não possuía essa natureza.

O STF entendeu que ambos os dispositivos tinham natureza de tributo e não seria possível distingui-los[5].

A Constituição de 1988 determinou o empréstimo compulsório no art. 148 que também está inserido no capítulo I do título VI. Ele trata do Sistema Tributário Nacional. Logo, a natureza jurídica do empréstimo compulsório é de tributo.

O art. 4º do CTN é claro no sentido de que a natureza jurídica do tributo independe do destino de sua arrecadação e, portanto, se é restituível. O que importa é a natureza compulsória do referido empréstimo, independentemente da vontade da pessoa em querer pagá-lo.

O imposto de renda, por exemplo, pode ser restituído.

4 CRIAÇÃO

Exige o art. 148 da Constituição que a instituição de empréstimo compulsório só pode ser feita por lei complementar. Isso quer dizer que sua criação não pode ser feita por lei ordinária ou por medida provisória.

As hipóteses de criação de empréstimo compulsório são apenas: (a) para atender a despesas extraordinárias, decorrentes de calamidade pública, de guerra externa ou sua iminência; (b) no caso de investimento público de caráter urgente e de relevante interesse nacional, não podendo ser cobrado no mesmo exercício financeiro em que haja sido publicada a lei que o instituiu ou aumentou. Com isso, a Constituição derrogou o inciso III do art. 15 do CTN, no que diz respeito à hi-

---

5 STF, Pleno, RE 111.954-3-PR, j. 1º-6-1988, Rel. Min. Oscar Corrêa, *DJU*, 24-6-1988, p. 16117.

pótese de empréstimo compulsório no caso de conjuntura que exija a absorção temporária de poder aquisitivo.

Nos casos em que o empréstimo compulsório for instituído para atender a despesas extraordinárias, decorrentes de calamidade pública, de guerra externa ou sua iminência (art. 148, I, da Constituição), não precisará atender ao princípio da anterioridade.

Nas hipóteses em que o empréstimo compulsório for instituído para atender investimento público de caráter urgente e de relevante interesse nacional, deve ser observado o princípio da anterioridade. Isso significa que, uma vez instituído por lei complementar, só poderá ser cobrado no exercício seguinte. Afirma Hugo de Brito Machado que "o investimento público de relevante interesse nacional pode exigir recursos a que somente em vários anos seria possível atender com os tributos existentes. Por isto, é possível a instituição de um empréstimo compulsório que funcionará como simples antecipação da arrecadação"[6].

A aplicação dos recursos provenientes de empréstimo compulsório será vinculada à despesa que fundamentou sua instituição (parágrafo único do art. 148 da Constituição). Assim, deve haver vinculação entre o produto da arrecadação do empréstimo e a causa motivadora de sua instituição.

A lei fixará obrigatoriamente o prazo do empréstimo e as condições de seu resgate (parágrafo único do art. 15 do CTN). Pelo CTN, a lei seria a ordinária, porque o CTN foi editado na vigência da Emenda Constitucional n. 18, que só exigia que as hipóteses de empréstimo compulsório estivessem previstas em lei complementar. Entretanto, a Constituição de 1988 não mais dispõe que as hipóteses de empréstimo são definidas em lei complementar, mas o próprio empréstimo compulsório. Isso quer dizer que a lei complementar é que irá fixar obrigatoriamente o prazo do empréstimo e as condições de seu resgate, derrogando o parágrafo único do art. 15 do CTN.

Verificação de aprendizagem

1. Que é empréstimo compulsório?
2. Como se caracteriza?
3. Quais são as espécies de empréstimo compulsório?
4. Qual a finalidade do empréstimo compulsório?
5. Qual a natureza jurídica do empréstimo compulsório?

---

6 MACHADO, Hugo de Brito. *Curso de direito tributário*. 8. ed. São Paulo: Malheiros, 1993. p. 45.

Capítulo 19

SISTEMA TRIBUTÁRIO NACIONAL

1 CONCEITO

Sistema é o conjunto organizado de várias partes que são coordenadas entre si e interdependentes.

Os sistemas tributários podem ser rígidos e flexíveis.

No sistema rígido, não há possibilidade de o legislador ordinário estabelecer regras diferenciadas do previsto na Constituição, que disciplina integralmente o sistema. É o que ocorre no sistema brasileiro.

No sistema flexível, o legislador ordinário tem amplas possibilidades de alterar a discriminação de rendas tributárias.

2 COMPETÊNCIA TRIBUTÁRIA

Competência vem do latim *competentia*, de *competere* (estar no gozo ou no uso de, ser capaz, pertencer ou ser próprio).

A competência tributária consiste no poder atribuído pela Constituição ao ente público para exigir o tributo a ele pertinente.

As normas de competência tributária são normas de estrutura da federação. São uma garantia do contribuinte. É uma prerrogativa em que o ente pode criar e cobrar o tributo que lhe é pertinente. Representa um limite constitucional ao poder de tributar, pois o ente não pode exigir tributo não previsto na Constituição.

Pode a competência tributária ser dividida em privativa, comum e residual.

Na competência privativa, a Constituição define quais os tributos poderão ser cobrados pelo sujeito ativo.

Na competência tributária comum, duas ou mais entidades políticas têm poderes para estabelecer o mesmo tributo. É o que ocorre em relação a taxas, contribuições de melhoria, que podem ser estabelecidas tanto pela União, como pelos Estados-membros, Distrito Federal e Municípios.

Na competência tributária residual, o ente público fica com o poder de criar tributos, diversos dos previstos na Constituição. O inciso I do art. 154 da Constituição permite que a União institua, mediante lei complementar, impostos diversos dos previstos na Constituição, desde que não sejam cumulativos e não tenham fato gerador e base de cálculo próprios dos impostos nela discriminados. Verifica-se que a regra diz respeito apenas a impostos e não a tributos. A exigência só pode ser feita por lei complementar e não por lei ordinária. A competência residual é apenas da União. Estados-membros, Distrito Federal e Municípios não a possuem. A União também não poderá estabelecer adicionais aos impostos já previstos na Constituição em razão da vedação contida no inciso I do art. 154.

Bis in idem significa incidir no mesmo. *Bis*: repetido. *In idem*: a mesma coisa. No *bis in idem*, apenas uma unidade tributante exige o tributo. A exigência incide sobre o mesmo fato. Há duas normas jurídicas exigindo do mesmo contribuinte dois tributos. É uma forma de aumento do primeiro tributo.

Na bitributação, há identidade de tributos concorrentes. O contribuinte é o mesmo. Duas entidades tributantes diversas exigem o tributo do contribuinte. É o que ocorria no sistema anterior à Emenda Constitucional n. 18/65, que permitia à União e aos Estados decretar outros tributos além dos que lhes eram atribuídos pela Constituição, porém o imposto federal excluiria o estadual idêntico (art. 24 da Constituição de 1937 e art. 21 da Constituição de 1946).

A atribuição constitucional de competência tributária compreende a competência legislativa plena, ressalvadas as limitações contidas na Constituição da República, nas Constituições estaduais e nas Leis Orgânicas do Distrito Federal e dos Municípios (art. 6º do CTN).

Os tributos cuja receita seja distribuída, no todo ou em parte, a outras pessoas jurídicas de direito público pertencem à competência legislativa daquela a que tenham sido atribuídos (parágrafo único do art. 6º do CTN). Assim, o imposto de renda só pode ser de competência legislativa da União e não dos Estados ou dos Municípios.

A competência tributária é indelegável, salvo atribuição das funções de arrecadar ou fiscalizar tributos, ou de executar leis, serviços, atos ou decisões administrativas em matéria tributária, conferida por pessoa jurídica de direito público a outra (art. 7º do CTN). Nada impede que a lei atribua a uma autarquia da União a possibilidade de arrecadar e fiscalizar determinada contribuição. É o que se chama de competência tributária delegada. Esta não inclui a competência legislativa, mas apenas a de fiscalizar e arrecadar os tributos.

A atribuição compreende as garantias e os privilégios processuais que competem à pessoa jurídica de direito público que a conferir. Assim, no exemplo da autarquia, esta tem competência para arrecadar e fiscalizar a contribuição, mas também cobrá-la judicialmente, mediante execução fiscal (art. 1º da Lei n. 6.830).

Pode a atribuição ser revogada, a qualquer tempo, por ato unilateral da pessoa jurídica de direito público que a tenha conferido.

Não constitui delegação de competência o cometimento a pessoas de direito privado do encargo ou da função de arrecadar tributos. É o que ocorre com os bancos, que podem arrecadar os tributos e repassá-los ao ente tributante.

O não exercício da competência tributária não a defere à pessoa jurídica de direito público diversa daquela a que a Constituição a tenha atribuído (art. 8º do CTN). Assim, se o Município não institui e cobra o IPTU, o Estado não poderá fazê-lo, pois aquele imposto é de competência municipal e não estadual.

A invasão de competência só existe em relação a impostos, pois quanto às taxas e às contribuições de melhoria a competência é comum e não privativa, e atende a situações específicas. Seria o caso de o Estado instituir e cobrar um imposto pertencente ao Município ou vice-versa. Diante da regra do art. 8º do CTN, não existe essa hipótese, pois a competência tributária está perfeitamente definida na Constituição.

Verificação de aprendizagem

1. Que é sistema?
2. Que é competência tributária?
3. Como se caracteriza a competência tributária privativa?
4. Como se caracteriza a competência tributária comum?
5. Como se caracteriza a competência tributária residual?
6. O que é *bis in idem*?
7. O que é bitributação?

Capítulo 20

LIMITAÇÕES CONSTITUCIONAIS AO PODER DE TRIBUTAR

As limitações constitucionais ao poder de tributar são garantias do contribuinte contra o insaciável poder fiscal do Estado.

Poder de tributar é a atribuição determinada ao poder tributante para criar, aumentar, diminuir, extinguir ou deixar de arrecadar o tributo de sua competência.

É proibido à União, aos Estados, ao Distrito Federal e aos Municípios:

a) exigir ou aumentar tributo sem lei que o estabeleça. É a aplicação do princípio da legalidade tributária, de que nenhum tributo pode ser exigido sem que exista lei para tanto. Somente a lei pode estabelecer: (a) a instituição de tributos, ou sua extinção; (b) a majoração de tributos, ou sua redução, salvo impostos de importação e exportação, IPI, IOF; (c) a definição do fato gerador da obrigação tributária principal; (d) a fixação da alíquota do tributo e de sua base de cálculo; (e) a cominação de penalidades para as ações ou omissões contrárias a seus dispositivos, ou para outras infrações nela definidas; (f) as hipóteses de exclusão, suspensão e extinção de créditos tributários, ou de dispensa ou redução de penalidades (art. 97 do CTN);
b) instituir tratamento desigual entre contribuintes que estejam em situação equivalente, proibida qualquer distinção em razão de ocupação ou função por eles exercida, independentemente da denominação jurídica dos rendimentos, títulos ou direitos. É a observância do princípio da iso-

nomia em matéria tributária. Pessoas que estejam em situações iguais devem ter o mesmo tratamento;

c) cobrar tributos: (1) em relação a fatos geradores ocorridos antes do início da vigência da lei que os houver instituído ou aumentado. É a determinação de que a norma tributária não pode ter efeito retroativo; (2) no mesmo exercício financeiro em que haja sido publicada a lei que os instituiu ou aumentou, isto é, a aplicação do princípio da anterioridade da lei tributária; (3) antes de decorridos 90 dias da data em que haja sido publicada a lei que os instituiu ou aumentou, observado o disposto no item 2;
d) utilizar tributo com efeito de confisco;
e) estabelecer limitações ao tráfego de pessoas ou bens, por meio de tributos interestaduais ou intermunicipais, ressalvada a cobrança de pedágio pela utilização de vias conservadas pelo Poder Público. É a liberdade de tráfego das pessoas e mercadorias.

1 IMUNIDADE

1.1 Evolução histórica

No Império Romano, os tributos eram denominados *munera*, pelo caráter de *munus* público. Passaram a surgir privilégios do *munus* particular, chamados *immunitas*, com o sentido de exoneração. Na Idade Média, havia enormes privilégios para o clero, a nobreza e outras pessoas, que não pagavam impostos, obtendo imunidade. Com o passar dos anos e principalmente nos séculos XVII e XVIII, vieram reformas fiscais visando reprimir esses abusos.

A imunidade passou a integrar os textos constitucionais num sentido de autolimitar o poder tributário do Estado, impedindo a tributação sobre rendas, serviços ou bens públicos, de partidos políticos, de instituições de educação ou de assistência social sem fins lucrativos; templos de qualquer culto; livros, jornais e periódicos, assim como o papel destinado a sua impressão.

Tem por fundamento a imunidade razões políticas, religiosas, morais, culturais ou assistenciais.

1.2 Evolução constitucional

O inciso X do art. 17 da Constituição de 1934 determinava que a imunidade atingia tributos.

A Constituição de 1946 proclamava a imunidade recíproca ao utilizar a expressão *bens, rendas e serviços uns dos outros* (art. 31, V, *a*). A Emenda Constitucional n. 18/65 alterou a classificação dos impostos utilizando a expressão para *o patrimônio, a renda ou os serviços uns dos outros* (art. 2º, IV, *a*). Assim foi confirmado nas Constituições posteriores.

O inciso III do art. 20 da Constituição de 1967, vedava à União, aos Estados, ao Distrito Federal e aos Municípios a criação de impostos sobre: (a) patrimônio, renda ou serviços uns dos outros; (b) templos de qualquer culto; (c) o patrimônio, a renda ou os serviços de partidos políticos e de instituições de educação ou de assistência social, observados os requisitos fixados em lei; (d) o livro, os jornais e os periódicos, assim como o papel destinado a sua impressão. O disposto na letra *a* é extensivo às autarquias, no que se refere ao patrimônio, à renda e aos serviços vinculados a suas finalidades essenciais, ou delas decorrentes; mas não se estende, porém, aos serviços públicos concedidos, cujo tratamento tributário é estabelecido pelo poder concedente no que se refere aos tributos de sua competência (§ 1º).

Também tratou do tema o inciso III do art. 19 da Emenda Constitucional n. 1/69. As alíneas *a d* têm praticamente a mesma redação da Constituição de 1967, possuindo, porém, o mesmo conteúdo. O § 1º explicita que o disposto na alínea *a* é extensivo às autarquias, no que se refere ao patrimônio, à renda e aos serviços vinculados a suas finalidades essenciais ou delas decorrentes; mas não se estende aos serviços públicos concedidos, nem exonera o promitente comprador da obrigação de pagar imposto que incidir sobre imóvel objeto de promessa de compra e venda.

O inciso VI do art. 150 da Constituição de 1988 vedou à União, aos Estados, ao Distrito Federal e aos Municípios instituir impostos sobre: (a) patrimônio, renda ou serviços, uns dos outros; (b) templos de qualquer culto; (c) patrimônio, renda ou serviços dos partidos políticos, inclusive suas fundações, das entidades sindicais dos trabalhadores, das instituições de educação e de assistência social, sem fins lucrativos, atendidos os requisitos da lei; (d) livros, jornais, periódicos e o papel destinado a sua impressão; (e) fonogramas e videofonogramas musicais produzidos no Brasil contendo obras musicais ou literomusicais de autores brasileiros e/ou obras em geral interpretadas por artistas brasileiros bem como os suportes materiais ou arquivos digitais que o contenham, salvo na etapa de replicação industrial de mídias ópticas de leitura a laser. O § 2º do mesmo artigo dispõe que a vedação da letra *a* é extensiva às autarquias e às fundações instituídas e mantidas pelo Poder Público, no que se refere ao patrimônio, à renda e aos serviços, vinculados a suas finalidades essenciais ou às finalidades delas decorrentes. Determina o § 3º que as vedações da letra *a* e do § 2º não se aplicam ao patrimônio, à renda e aos serviços, relacionados com exploração de atividades econômicas regidas pelas normas aplicáveis a empreendimentos privados, ou em que haja contraprestação ou pagamento de preços ou tarifas pelo usuário, nem exonera o promitente comprador da obrigação de pagar imposto relativamente ao bem imóvel. As vedações disciplinadas nas letras *b* e *c* compreendem somente o patrimônio, a renda e os serviços, relacionados com as finalidades essenciais das entidades nelas mencionadas. A lei determinará medidas para que os consumidores sejam esclarecidos acerca dos impostos que incidam sobre mercadorias e serviços.

1.3 Etimologia

Imunidade vem do latim *immunitas*, que significa exoneração.

1.4 Conceito

Alguns autores conceituam a imunidade como não incidência qualificada[1]. Seria não incidência constitucionalmente qualificada por disposição expressa da Lei Maior. Haveria uma regra negativa de competência na Constituição, impedindo a tributação pelo ente público.

Outros autores entendem que a imunidade é um caso de exclusão constitucional da competência tributária.

A imunidade pode ser considerada como limitação constitucional que suprime o poder de tributar do Estado. Por meio da imunidade, a Constituição suprime parcela do poder fiscal, vedando que a União, os Estados-membros e os Municípios criem tributos para certas pessoas, fatos ou coisas. É uma não incidência de origem constitucional, uma barreira constitucional que impede a exigência do tributo. Deixa de ocorrer o fato gerador da obrigação tributária, pois a Lei Maior determina que o poder tributante não pode exigir o tributo em certos casos nela especificados.

Ruy Barbosa Nogueira[2] mostra na figura seguinte que a imunidade representa uma barreira à tributação pelo legislador ordinário:

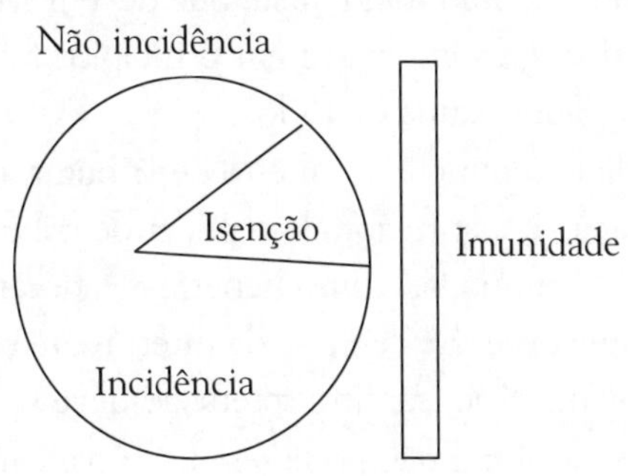

---

1 FALCÃO, Amílcar de Araújo. Conceito de imunidade tributária. *Revista de Administração Municipal*, Rio de Janeiro: IBAM, n. 64, p. 217, 1964.

2 NOGUEIRA, Ruy Barbosa. *Curso de direito tributário*. 8. ed. São Paulo: Saraiva, 1987. p. 184.

No período anterior a 5-10-1988, já se falava que a imunidade era uma limitação ao poder de tributar, porém a partir da promulgação da Constituição de 1988 houve uma explicitação nesse sentido. No Título VI, *Da Tributação e do Orçamento*, Capítulo I, *Do Sistema Tributário Nacional*, Seção II, *Das Limitações do Poder de Tributar*, especificaram-se claramente quais seriam essas limitações, entre as quais está a imunidade tributária. A imunidade não é um privilégio, mas apenas uma proteção do interesse público que visa ao desenvolvimento econômico. Daí se falar numa exclusão ao poder de tributar, de modo a proteger os valores que são considerados necessários e permanentes ao bem comum.

Imunidade é um obstáculo à exigência do tributo.

A imunidade é uma forma de incompetência tributária.

A Constituição define valores que julga não deverem ser tributados.

Somente se configura a imunidade tributária na Constituição. Lei de hierarquia inferior à Lei Maior não pode estabelecer imunidades. Somente quem tem poder para discriminar rendas tributárias – a Constituição – é que pode instituir imunidade. Há exclusão da competência de tributar do sujeito ativo, expressamente determinada pela própria Lei Maior.

É sempre ampla a imunidade tributária, isto é, sem restrições ou meios-termos. Ninguém é imune apenas em parte ou até certo ponto. Se o poder tributante, na imunidade, deixa de receber competência para legislar sobre o imposto em relação a certas pessoas, fatos e coisas, é evidente que o instituto acobertará tudo, não comportando fracionamento algum.

Em face da doutrina, nenhuma imunidade fiscal deveria ser admissível, pois implicaria uma "desigualdade". Entretanto, as instituições modernas, com objetivos de alta relevância social e política, não podem deixar de lado a criação de certas regras constitucionais de não incidência, que devem ser obedecidas na discriminação de rendas. Tais regras erigem-se em princípios fundamentais do regime, que devem ser resguardados acima de tudo.

Não sendo a imunidade renúncia do direito de tributar, não representa favor fiscal algum. Como limitação constitucional ao poder de tributar, suas normas devem ser interpretadas ou examinadas como genéricas, adotando-se uma exegese ampliativa. Como não é uma exceção, deixa-se de interpretar a imunidade por meio de processo restritivo. Ao contrário, sua interpretação deve ser sempre ampliativa, pois o legislador infraconstitucional não pode restringir o alcance da Lei Maior.

1.5 Distinção

É possível distinguir a imunidade da isenção e da não incidência.

A isenção é a dispensa do pagamento do tributo devido, excluindo, por meio da lei, a tributação. É uma situação que implica a exclusão do crédito tributário (art. 175, I, do CTN). O crédito tributário existe; apenas a lei dispensa seu pagamento. Na imunidade, o crédito tributário nem chega a existir, pois é a própria Constituição que determina que não poderá haver a incidência tributária sobre certo fato. A isenção depende, portanto, da lei. A imunidade tem previsão na Constituição. A isenção tem previsão na lei ordinária do ente tributante, que dispensa o recolhimento do tributo.

A não incidência ocorre quando a situação tributária fica fora do campo da tributação, inexistindo a ocorrência do fato gerador, por ter ficado fora da hipótese de incidência tributária.

Incidir vem do latim *incidere*, de cair ou ir sobre. Tem sentido de incorrer, acontecer, suportar ou recair.

A incidência, pelo contrário, é o fato de a lei ter previsto a hipótese de incidência e, havendo o fato gerador previsto em lei, dar início à obrigação tributária.

1.6 Classificação

Pode a imunidade ser dividida em subjetiva e objetiva. A imunidade subjetiva é a determinada em razão da pessoa, isto é, *ratione personae*, como em relação aos sindicatos. Já a imunidade objetiva é prevista em razão do objeto tributado, ou seja, *ratione materiae*, como no papel destinado à impressão de livros.

Adequado tratamento tributário do ato cooperativo não é hipótese de imunidade. É para tratar adequadamente a cooperativa na condição de cooperativa, em razão das peculiaridades que lhe são próprias.

1.7 Campo de aplicação

Antigamente, a imunidade aplicava-se apenas em relação a impostos, e não a todos os tributos, como taxas e contribuições, que têm natureza contraprestacional ou indenizatória.

Em alguns casos, a Constituição menciona que certas contribuições não podem ser exigidas pelo ente público. Por se tratar de norma prevista na própria Constituição, estamos diante de imunidade, que impede a possibilidade da exigência da contribuição. Dispõe o § 7º do art. 195 da Constituição que "são isentas de contribuição para a seguridade social as entidades beneficentes de assistência social que atendam às exigências estabelecidas em lei". Na verdade, não se trata de isenção, mas de imunidade, pois esta é prevista na Constituição, enquanto a primeira é determinada na lei ordinária.

A regra contida no inciso II do art. 195 da Constituição pode ser considerada imunidade em relação a contribuições, pois não incide a contribuição previdenciária sobre aposentadorias e pensões concedidas pelo Regime Geral de Previdência Social.

A imunidade tributária conferida a instituições de assistência social sem fins lucrativos somente alcança as entidades fechadas de previdência social privada quando não houver contribuição dos beneficiários (Súmula 730 do STF).

Na Constituição há outras imunidades: imunidade de contribuição de intervenção no domínio econômico em relação a receitas de exportação (art. 149, § 2º, I), imunidade do ITR de pequenas glebas rurais (art. 153, § 4º, II), imunidade de taxas para o exercício do direito de petição e obtenção de certidões (art. 5º, XXXV, *a* e *b*), imunidade de taxa judiciária para propositura de ação popular (art. 5º, LXXIII).

Seriam regras de imunidade as contidas no inciso III do § 3º do art. 153; do inciso LXXVI, *a* e *b*, do art. 5º; do inciso LXXVII do art. 5º da Lei Maior.

A imunidade tem sido interpretada de forma ampla pelo STF, como em relação a entidade destinada a assegurar os meios de vidas aos carentes, caracterizando-se como entidade beneficente de assistência social para fins de imunidade (ADIn 2.028 MC/DF, Rel. Min. Moreira Alves, *DJ* 16-6-2000, p. 30).

1.8 Imunidade recíproca

A Constituição veda à União, aos Estados-membros, ao Distrito Federal e aos Municípios instituir impostos sobre o patrimônio, a renda ou os serviços, uns dos outros (art. 150, VI, *a*). É a consagração da imunidade recíproca das pessoas de Direito Público interno quanto a seus patrimônios, rendas ou serviços.

A imunidade recíproca é: (a) genérica, pois atinge todos os impostos; (b) incondicionada, por não depender de regulamentação pelo legislador infraconstitucional; (c) e subjetiva, pois diz respeito a pessoas e não ao objeto da tributação.

Veda-se a tributação, com impostos, sobre patrimônio, rendas e serviços das entidades de direito constitucional, que abrangem as pessoas de direito público interno expressamente nomeadas.

O intuito da vedação constitucional é não onerar as unidades políticas da Federação, evitando que elas transformem-se em contribuintes umas das outras, numa inutilidade de pagamentos recíprocos. O objetivo é evitar, outrossim, que União, Estados-membros, Distrito Federal e Municípios se hostilizem.

Não poderia, por exemplo, a União tributar Estados e Municípios pelo Imposto de Renda sem ter que dividir a arrecadação desse tributo com eles.

Imunidade recíproca diz respeito a impostos e não a taxas, mas não se pode admitir que um poder público instituísse taxa em relação a outro ente público, pois ambos visam ao interesse público. Não teria sentido um ente público contrariar o interesse público. Não se justifica uma atividade estatal específica de um ente público em relação a outro.

Essa vedação recíproca de tributação entre os entes tributantes é imperativo do regime, cujas entidades políticas componentes não podem ficar expostas às fontes de discórdia e conflitos, resultantes de livre tributação entre si.

Inexiste imunidade para o patrimônio, a renda ou os serviços do próprio poder tributante em relação aos impostos de sua competência. O que existe, na hipótese, é a impossibilidade de incidência fiscal, é uma proibição imanente ditada pela natureza das coisas. Não tem sentido a tributação do poder tributante sobre si próprio. Haveria confusão quando a mesma pessoa fosse credora e devedora de si mesma. Por outro lado, há a impossibilidade lógica no fato de uma única pessoa figurar em ambos os polos (negativo e positivo) de uma mesma relação jurídica.

Patrimônio é o conjunto de bens pertencentes a uma pessoa. Podem ser os bens imóveis ou móveis.

Se as empresas do governo exercem atividade econômica, não se pode falar em imunidade.

A imunidade recíproca é extensiva às autarquias, tão somente no que se refere ao patrimônio, à renda e aos serviços vinculados a suas finalidades essenciais ou delas decorrentes (§ 2º do art. 150 da Constituição). E com razão, pois a autarquia integra o organismo estatal, como uma *longa manus* do Poder Público. Mesmo antes da expressa disposição constitucional, a jurisprudência estendia às autarquias a imunidade recíproca dos entes públicos, nos limites das finalidades essenciais para cujo desempenho tenham sido criadas.

O STF entende que a imunidade se estende às autarquias e fundações instituídas e mantidas pelo Poder Público, inclusive os conselhos de fiscalização, que são consideradas autarquias especiais (ADIn 1.717/DF).

A imunidade recíproca não se aplica ao patrimônio, à renda e aos serviços, relacionados com exploração de atividades econômicas regidas pelas normas aplicáveis a empreendimentos privados, ou em que haja contraprestação ou pagamento de preços ou tarifas pelo usuário, nem exonera o promitente comprador da obrigação de pagar imposto relativamente ao bem imóvel (§ 3º do art. 150 da Constituição).

A empresa pública, a sociedade de economia mista e outras entidades que explorem atividade econômica sujeitam-se ao regime jurídico próprio das empresas privadas (§ 1º do art. 173 da Constituição), inclusive de Direito Tributário. Logo, pagam tributos e não são beneficiadas por imunidade.

O STF entende que o Correio tem direito à imunidade constitucional por ser empresa pública prestadora de serviço público (RE 407.099-5-RS, 2ª T., Rel. Min. Carlos Velloso, *DJ* 6-8-2004).

1.9 Templos de qualquer culto

Já estava a imunidade dos templos de qualquer culto consignada antes da reforma tributária de 1965, conforme a alínea *b* do inciso V do art. 31 da Constituição de 1946. Com o anteprojeto da Emenda Constitucional n. 18/65, procurou-se restringir a imunidade apenas à expressão *templos de qualquer culto*, na parte a este destinada. Todavia, a Emenda citada não aceitou a expressão orientada pela jurisprudência que trazia o verdadeiro alcance da norma constitucional, restringindo eventuais ampliações indevidas de seu espírito.

A Constituição procurou respeitar a liberdade de consciência, não privando ninguém de aprender, cultuar e praticar sua fé. Para isso, considera por igual todas as religiões, não privando pessoa alguma da prática de seus cultos. Ao contrário, todos os indivíduos podem exercer livremente sua fé. Tanto faz se o culto é da Igreja católica, como da presbiteriana, batista etc.

A imunidade dos templos é para qualquer edifício, tenha ou não a forma característica de igreja, de casa ou qualquer outra e também ao local destinado à prática de atos religiosos, ao funcionamento de um culto de uma seita qualquer. Alcança a imunidade de templos de qualquer culto, ou seja, de qualquer religião, sem distinção alguma.

Não pode haver a incidência de impostos sobre missas, batizados, primeira comunhão, casamentos ou outros atos religiosos.

Prédios alugados que não sejam destinados à prática de atos religiosos podem ser tributados.

As vedações contidas no tópico analisado compreendem somente o patrimônio, a renda e os serviços, relacionados com as finalidades essenciais das entidades nelas mencionadas (§ 4º do art. 150 da Constituição).

1.10 Partidos políticos

A Constituição de 1967 e a Emenda Constitucional n. 1/69, determinavam a imunidade para "o patrimônio, a renda ou os serviços dos partidos políticos".

Dispõe a alínea c do inciso VI do art. 150 da Constituição de 1988 que é vedada a instituição de impostos sobre "patrimônio, renda ou serviços dos partidos políticos, inclusive suas fundações, das entidades sindicais dos trabalhadores, das instituições de educação e de assistência social, sem fins lucrativos, atendidos os requisitos de lei".

A Constituição de 1988 estendeu a imunidade às fundações dos partidos políticos, às entidades sindicais dos trabalhadores, bem como manteve a imunidade às instituições de educação e de assistência social, sem fins lucrativos, de acordo com a disposição de lei.

As vedações expressas na alínea *c* do inciso VI do art. 150 da Constituição compreendem somente o patrimônio, a renda e os serviços, relacionados com as finalidades essenciais das entidades nelas mencionadas. Essa regra amplia a determinação que estava contida no § 2º do art. 14 do CTN, que só se referia a serviços.

Ainda quando alugado a terceiros, permanece imune ao IPTU o imóvel pertencente a qualquer das entidades referidas na alínea *c* do inciso VI do art. 150 da Constituição, desde que o valor dos aluguéis seja aplicado nas atividades para as quais tais entidades foram constituídas (Súmula Vinculante 52 do STF).

A imunidade diz respeito apenas às entidades sindicais dos trabalhadores e não às dos empregadores. Não deveria existir essa distinção na Lei Maior. A imunidade das entidades sindicais deveria ser genérica e não apenas às entidades de trabalhadores.

Se as instituições de educação e de assistência social tiverem fins lucrativos, não gozam de imunidade. Não poderão, portanto, distribuir lucros.

Para que as entidades descritas na letra *c* do inciso VI do art. 150 da Lei Magna possam gozar da imunidade, mister se faz o atendimento dos requisitos determinados no art. 14 do CTN: (a) não distribuição de qualquer receita de seu patrimônio ou de suas rendas, a título de lucro ou participação em seu resultado; (b) aplicação integral, no país, de seus recursos na manutenção de seus objetivos institucionais. O inciso II do art. 14 do CTN mostra que os serviços não precisam ser gratuitos, mas os recursos devem ser aplicados integralmente de acordo com os objetivos estatutários; (c) manutenção de escrituração de suas receitas e despesas em livros revestidos de formalidades capazes de assegurar sua exatidão.

1.11 Livros, jornais

A Constituição consagra, ainda, a imunidade sobre livros, jornais, periódicos e o papel destinado a sua impressão (art. 150, VI, *d*).

A imunidade é objetiva, pouco importando a quem pertença o livro, o jornal ou o periódico.

Essa imunidade tem por objetivo baratear o custo dos livros, jornais e periódicos, englobando não só a atividade principal, mas também a atividade-meio, como os anúncios. Objetiva dar a todas as pessoas maior acesso à cultura, à informação e à educação. Seu fundamento é a difusão do conhecimento e da cultura. Tem fundamento cultural. Prestigia a liberdade de pensamento e a disseminação da cultura. Não pode ficar mais caro e dificultar sua compra pela incidência do tributo.

Livro é proveniente do latim *libru, liber, libri*. Nos dicionários são encontrados os seguintes conceitos: "reunião de folhas impressas ou manuscritas em volume"; "reunião de cadernos cosidos entre si e brochados ou encadernados"; "reunião de cadernos manuscritos ou impressos, cosidos entre si e brochados ou encadernados" (Mata Machado); "reunião de folhas ou cadernos, soltos, cosidos ou por qualquer outra forma presos por um dos lados, e enfeixados ou montados em capa flexível ou rígida" (Aurélio); designa "toda coleção de cadernos, impressos, manuscritos ou em branco, isto é, sem conter qualquer escrito, ligados entre si por uma costura ou por outro método, protegidos exteriormente por duas capas" (De Plácido e Silva).

Quanto ao método de confecção, os livros podem ser brochados, encadernados ou contratados. Brochados são os costurados ou grampeados, envoltos em capas flexíveis. Encadernados são os costurados com maior firmeza e segurança.

As definições de livro mostram que ele é feito de papel e não meio eletrônico. Livro compreende tipografia, sistema feito por impressão, utilizando tinta e não meio eletrônico.

Jornal vem do italiano *giornale*, que é o diário. É o que ocorre diariamente. É o periódico que mostra os acontecimentos do dia a dia.

Periódico vem do latim *periodicu*. Diz respeito a período. É o que se repete em intervalos regulares. Tem significado também de publicação.

A expressão *o papel destinado à impressão* refere-se a livros, jornais e periódicos, que é exatamente o que vem antes da oração. A palavra *impressão* se refere a livros, jornais e periódicos, que serão impressos. Logo, os livros, jornais e periódicos devem ser impressos em papel, utilizando, portanto, tinta, para haver direito a imunidade. O papel compõe o livro, jornal ou periódico, mas não a utilização de meio eletrônico. Aplica-se o brocardo *in claris cessat interpretatio*, ou seja, nos textos claros não há margem para interpretações diversas.

Não gozam da imunidade os periódicos que sejam criados por meio eletrônico, pois as regras relativas à imunidade, como as de isenção, devem ser interpretadas restritivamente.

Se o constituinte quisesse que os meios eletrônicos gozassem de imunidade, teria incluído no dispositivo constitucional a seguinte expressão: "inclusive quando se empregar meio eletrônico", porém não o fez. Isso significa que a imunidade não se estende à criação por meio eletrônico.

A finalidade da Constituição não é estender a imunidade ao "livro eletrônico". Do contrário, seria clara nesse sentido. Em outubro de 1988 já existiam computadores e meios eletrônicos, mas o legislador constituinte nada falou sobre o tema.

O STF já decidiu que apenas os materiais relacionados com o papel, como o papel fotográfico, inclusive para fotocomposição por *laser*, sensibilizados, não impressionados, para imagens monocromáticas e papel telefoto são abrangidos pela imunidade tributária. Logo, não pode incluir o meio eletrônico.

Apenas o papel destinado à impressão está contido na imunidade prevista na Constituição. A tinta para a sua impressão não está inserida na imunidade.

Não importa que a tiragem da edição seja pequena, a qualidade do livro não seja boa; se o papel não é bom, gozará o livro de imunidade.

A imunidade tributária não se aplica aos serviços de empresa que faz distribuição, transporte ou a entrega de livros, jornais, periódicos e do papel destinado à sua impressão (STJ, AgRG RE 530.121, Rel. Min. Ricardo Lewandowski, *DJe* 29-3-2011).

A imunidade prevista na alínea *d* do inciso VI do art. 150 da Constituição abrange os filmes e papéis fotográficos necessários à publicação de jornais e periódicos (Súmula 657 do STF).

Se a Igreja distribui folhetos nas missas, pode-se considerá-los periódicos, pois circulam toda a semana, sendo que os anúncios neles incluídos estão imunes ao ISS.

1.12 Fonogramas e videofonogramas

A Emenda Constitucional n. 75, de 15-10-2013, apresentou o item *e* ao inciso VI do art. 150 da Constituição. Passa a existir imunidade sobre fonogramas e videofonogramas musicais produzidos no Brasil contendo obras musicais ou literomusicais de autores brasileiros e/ou obras em geral interpretadas por artistas brasileiros, bem como os suportes materiais ou arquivos digitais que o contenham, salvo na etapa de replicação industrial de mídias ópticas de leitura a laser.

Fonograma é um sinal gráfico que representa um som. É o som gravado.

Videofonograma é o produto da fixação da imagem e som em suporte material.

A imunidade do inciso VI do art. 150 da Constituição tem característica objetiva por imunizar a produção e comercialização de fonogramas e videofonogramas musicais.

Há necessidade de que os fonogramas ou videofonogramas musicais sejam produzidos no Brasil. Devem, ainda, conter obras musicais ou literomusicais de autores brasileiros e/ou obras em geral interpretadas por artistas brasileiros. Se a obra musical ou literomusicais não forem produzidas no Brasil, mas produzidas no exterior, ou não forem interpretadas por artistas brasileiros, não haverá a imunidade. Não se aplica a intérpretes estrangeiros.

Não importa quem comercialize o fonograma. É uma forma de comunicação em sons. É o que ocorre com o CD, disco laser.

Obras literomusicais têm o aspecto literário e musical, com saraus gravados, seja em meio físico ou digital.

Na etapa da replicação industrial de mídias ópticas de leitura a laser haverá a incidência do tributo. Replicação é o processo de duplicação da molécula de ácido desoxirribonucleico por meio da cópia de um molde já existente. É a prensagem. É a fabricação a partir da matriz especial que contém os dados a serem reproduzidos.

O objetivo da norma é de acesso à música brasileira com menor custo e desestimular a pirataria.

A imunidade alcança um setor econômico e não uma entidade ou instituição. Entretanto, a entidade não poderá ter lucro na atividade, devendo atender ao inciso I do art. 14 do CTN.

2 OUTRAS LIMITAÇÕES

A lei determinará medidas para que os consumidores sejam esclarecidos acerca dos impostos que incidem sobre mercadorias e serviços.

Qualquer subsídio ou isenção, redução de base de cálculo, concessão de crédito presumido, anistia ou remissão, relativo a impostos, taxas ou contribuições, só poderá ser concedido mediante lei específica, federal, estadual ou municipal, que regule exclusivamente as matérias enumeradas ou o correspondente tributo ou contribuição (§ 6º do art. 150 da Constituição). A União não pode isentar tributo dos Estados e dos Municípios, porque os tributos estaduais ou municipais a ela não pertencem. Somente pode isentar quem tem competência tributária para criar o tributo.

O disposto no inciso VI do art. 150 da Constituição quanto à imunidade não exclui a atribuição, por lei, às entidades nele referidas, da condição de responsáveis pelos tributos que lhes caiba reter na fonte, e não as dispensa da prática de atos, previstos em lei, assecuratórios de obrigações tributárias por terceiros (§ 1º do art. 9º do CTN). É o que ocorre com a União, os Estados, o Distrito Federal e os Municípios que devem reter o Imposto de Renda na Fonte em relação a pagamentos feitos a seus funcionários.

É vedado à União:

a) instituir tributo que não seja uniforme em todo o território nacional, ou que implique distinção ou preferência em relação a Estado, ao Distrito Federal ou a Município, em detrimento de outro. É admitida a concessão de incentivos fiscais destinados a promover o equilíbrio do desenvolvimento socioeconômico entre as diferentes regiões do país;
b) tributar a renda das obrigações da dívida pública dos Estados, do Distrito Federal e dos Municípios, bem como a remuneração e os proventos dos respectivos agentes públicos, em níveis superiores aos que fixar para suas obrigações e para seus agentes. O Imposto de Renda tem aplicação uniforme no âmbito nacional. Não seria possível estabelecer distinções;
c) instituir isenções de tributos da competência dos Estados, do Distrito Federal ou dos Municípios. As isenções de tributos estaduais, distritais ou municipais só poderão ser feitas por meio de lei editada pelos próprios Estados, Distrito Federal ou Municípios. Na vigência da Constituição anterior, era possível que a União isentasse tributos estaduais e municipais mediante lei complementar. Essa regra foi proibida na Constituição atual.

É proibido aos Estados, ao Distrito Federal e aos Municípios estabelecer diferença tributária entre bens e serviços, de qualquer natureza, em razão de sua procedência ou destino. O objetivo é evitar a chamada "guerra fiscal", em que são concedidas vantagens para a instalação de empresas num ou noutro território em detrimento de outro.

O inciso II do art. 146 da Constituição prevê que cabe à lei complementar regular as limitações constitucionais ao poder de tributar. A palavra *regular*, contida no referido inciso, tem o sentido de estabelecer limitações.

Verificação de aprendizagem

1. No que consiste a limitação constitucional ao poder de tributar do Estado?
2. Que é imunidade?
3. Diferenciar imunidade de isenção e de não incidência.
4. Que é imunidade subjetiva?
5. Que é imunidade objetiva?
6. Que é imunidade recíproca?

Capítulo 21

DISCRIMINAÇÃO DE RENDAS TRIBUTÁRIAS

A discriminação das rendas tributárias é estabelecida pela Constituição. Representa a partilha do poder tributário e a distribuição das respectivas receitas entre os entes tributantes. Os arts. 157 a 162 da Constituição fazem a repartição das receitas tributárias.

1 DISCRIMINAÇÃO DE RENDAS

Discriminação de rendas quer dizer especificação das receitas em relação a cada ente tributante da federação.

1.1 Impostos da União

Compete à União instituir impostos sobre: (a) importação de produtos estrangeiros; (b) exportação, para o exterior, de produtos nacionais ou nacionalizados; (c) renda e proventos de qualquer natureza; (d) produtos industrializados; (e) operações de crédito, câmbio e seguro, ou relativas a títulos ou valores mobiliários; (f) propriedade territorial rural; (g) grandes fortunas, nos termos de lei complementar.

1.2 Impostos dos Estados e do Distrito Federal

Compete aos Estados e ao Distrito Federal instituir impostos sobre: (a) transmissão *causa mortis* e doação, de quaisquer bens ou direitos; (b) operações relativas à circulação de mercadorias e sobre prestações de serviços de transporte interestadual e intermunicipal e de comunicação (ICMS), ainda que as operações e as prestações iniciem-se no exterior; (c) propriedade de veículos automotores (IPVA).

A Emenda Constitucional n. 3/93 suprimiu o adicional de 5% do imposto de renda pago à União, destinado aos Estados, que era chamado de imposto de renda estadual.

1.3 Impostos dos municípios

Compete aos municípios instituir impostos sobre: (a) propriedade predial e territorial urbana (IPTU); (b) transmissão *inter vivos*, a qualquer título, por ato oneroso, de bens imóveis, por natureza ou acessão física, e de direitos reais sobre imóveis, exceto os de garantia, bem como cessão de direitos a sua aquisição; (c) serviços de qualquer natureza (ISS), não compreendidos no ICMS, definidos em lei complementar.

A partir da vigência da Emenda Constitucional n. 3/93, o município não mais tem competência para instituir o imposto de vendas a varejo de combustíveis líquidos e gasosos, exceto óleo diesel, como havia previsão no inciso III do art. 156 da Constituição, em sua redação original.

2 REPARTIÇÃO DAS RECEITAS TRIBUTÁRIAS

Em relação ao ouro, quando definido em lei como ativo financeiro ou instrumento cambial, sujeita-se exclusivamente à incidência do imposto sobre operações de crédito e câmbio. É transferido o montante da arrecadação: (a) 30% para o Estado, o Distrito Federal ou o Território, conforme a origem; (b) 70% para o Município de origem.

Pertencem aos Estados e ao Distrito Federal:

I – o produto da arrecadação do imposto da União sobre a renda e proventos de qualquer natureza, incidente na fonte, sobre rendimentos pagos, a qualquer título, por eles, suas autarquias e pelas fundações que instituírem e mantiverem;

II – 20% do produto da arrecadação do imposto que a União instituir no exercício da competência que lhe é atribuída pelo inciso I do art. 154 da Constituição.

Pertencem aos Municípios:

I – o produto da arrecadação do imposto da União sobre a renda e proventos de qualquer natureza, incidente na fonte, sobre rendimentos pagos, a qualquer título, por eles, suas autarquias e pelas fundações que instituírem e mantiverem;

II – 50% do produto da arrecadação do imposto da União sobre a propriedade territorial rural, relativamente aos imóveis nela situados, cabendo a totalidade na hipótese de o município fazer a opção de fiscalização e cobrança, na forma da lei;

III – 50% do produto da arrecadação do imposto estadual sobre a propriedade de veículos automotores licenciados em seus territórios;

IV – 25% do produto da arrecadação do imposto estadual sobre operações relativas à circulação de mercadorias e sobre prestações de serviços de transporte interestadual e intermunicipal e de comunicação. Nesse caso, as parcelas serão creditadas aos Municípios, conforme os seguintes critérios: (a) três quartos, no mínimo, na proporção do valor adicionado nas operações relativas à circulação de mercadorias e nas prestações de serviços, realizadas em seus territórios; até um quarto, de acordo com o que dispuser lei estadual ou, no caso dos Territórios, lei federal.

A União entregará:

I – do produto da arrecadação dos impostos sobre renda e proventos de qualquer natureza e sobre produtos industrializados, 49% na seguinte forma: (a) 21,5% ao Fundo de Participação dos Estados e do Distrito Federal; (b) 22,5% ao Fundo de Participação dos Municípios; (c) 3%, para aplicação em programas de financiamento ao setor produtivo das Regiões Norte, Nordeste e Centro-Oeste, por meio de suas instituições financeiras de caráter regional, de acordo com os planos regionais de desenvolvimento, ficando assegurada ao semiárido do Nordeste a metade dos recursos destinados à Região, na forma que a lei estabelecer; (d) 1% ao Fundo de Participação dos Municípios, que será entregue no primeiro decêndio do mês de dezembro de cada ano; (e) 1% ao Fundo de Participação dos Municípios, que será entregue no primeiro decêndio do mês de julho de cada ano;

II – do produto da arrecadação do Imposto sobre Produtos Industrializados, 10% aos Estados e ao Distrito Federal, proporcionalmente ao valor das respectivas exportações de produtos industrializados. A Lei n. 8.016, de 8-4-1990, versa sobre a entrega das quotas de participação dos Estados e do Distrito Federal na arrecadação do IPI;

III – do produto da arrecadação da contribuição de intervenção no domínio econômico prevista no § 4º do art. 177 da Constituição, 29% para os Estados e o Distrito Federal, distribuídos na forma da lei, observada a destinação a que se refere o inciso II, *c*, do referido parágrafo. Do montante de recursos que cabe a cada Estado, 25% serão destinados aos seus Municípios, na forma da lei.

A Lei Complementar n. 62, de 28-12-1989, versa sobre as normas para cálculo, entrega e controle de liberações dos recursos dos Fundos de Participação.

Para efeito de cálculo da entrega a ser efetuada de acordo com o previsto no inciso I, excluir-se-á a parcela da arrecadação do Imposto de Renda e Proventos de Qualquer Natureza pertencente aos Estados, ao Distrito Federal e aos Municípios, de acordo com o disposto no inciso I do art. 157 e inciso I do art. 158 da Constituição.

Nenhuma unidade federada poderá destinar parcela superior a 20% do montante a que se refere o item 2, devendo o eventual excedente ser distribuído entre os demais participantes, mantido, em relação a esses, o critério de partilha nele estabelecido.

A Lei Complementar n. 61/89, dispõe sobre normas para participação dos Estados e do Distrito Federal no produto da arrecadação do IPI, relativamente às exportações.

Os Estados entregarão aos respectivos Municípios 25% dos recursos que receberem de acordo com o item 2, observados os critérios estabelecidos nos incisos I e II do parágrafo único do art. 158 da Constituição.

A Lei Complementar n. 63, de 11-1-1990, dispõe sobre critérios e prazos de crédito das parcelas do produto da arrecadação de impostos de competência dos Estados e de transferências por estes recebidas, pertencentes aos Municípios.

É vedada a retenção ou qualquer restrição à entrega e ao emprego dos recursos atribuídos, nessa seção, aos Estados, ao Distrito Federal e aos Municípios, neles compreendidos adicionais e acréscimo relativos a impostos.

A proibição prevista no parágrafo anterior não impede a União e os Estados de condicionarem a entrega de recursos:

I – ao pagamento de seus créditos, inclusive de suas autarquias;

II – ao cumprimento do disposto nos incisos II e III do § 2º do art. 198 da Constituição.

Cabe à lei complementar:

I – definir valor adicionado para fins do disposto no inciso I do parágrafo único do art. 158 da Constituição;

II – estabelecer normas sobre a entrega de recursos de que trata o art. 159 da Constituição, especialmente sobre os critérios de rateio dos fundos previstos em seu inciso I, objetivando promover o equilíbrio socioeconômico entre Estados e entre Municípios. O Tribunal de Contas da União efetuará o cálculo das quotas referentes aos fundos de participação;

III – dispor sobre o acompanhamento, pelos beneficiários, do cálculo das quotas e da liberação das participações previstas nos arts. 157 a 159 da Constituição.

A União, os Estados, o Distrito Federal e os Municípios divulgarão, até o último dia do mês subsequente ao da arrecadação, os montantes de cada um dos tributos arrecadados, os recursos recebidos, os valores de origem tributária entregues e a entregar e a expressão numérica dos critérios de rateio.

Os dados divulgados pela União serão discriminados por Estado e por Município; os dos Estados, por Município.

Verificação de aprendizagem

1. Que é a discriminação de rendas tributárias?
2. Quais são os impostos da União?
3. Quais são os impostos dos Estados?
4. Quais são os impostos do Distrito Federal?
5. Quais são os impostos dos Municípios?
6. Como a União divide a arrecadação do Imposto de Renda e do IPI?

Capítulo 22

OBRIGAÇÃO TRIBUTÁRIA

1 CONCEITO

A relação jurídica tributária é obrigacional. Compreende um sujeito ativo (Estado), que exige uma prestação (objeto) do sujeito passivo (contribuinte).

A lei descreve a hipótese de incidência, a situação hipotética em que o contribuinte terá de pagar o tributo. Ocorrida a hipótese de incidência, temos o fato gerador da obrigação tributária. O fato gerador faz nascer a relação tributária. O sujeito passivo terá a obrigação legal de pagar o tributo ao sujeito ativo. O Estado passa a ter o direito de receber a prestação pecuniária do contribuinte.

Na obrigação, o sujeito ativo (credor) exige do sujeito passivo (devedor) uma prestação (objeto) em decorrência da lei ou do contrato (causa). Divide-se a obrigação em dar, fazer e não fazer. A obrigação de dar abrange a entrega da coisa ou de pagar certa quantia. A obrigação é positiva quando compreende prestação de dar ou de fazer alguma coisa. É negativa quando diz respeito a não fazer algo.

Consiste a obrigação tributária no poder que o Estado tem de exigir do contribuinte uma prestação positiva ou negativa, de acordo com a previsão da lei.

Distingue-se a obrigação tributária (art. 113 do CTN) do crédito tributário (art. 139 do CTN). A obrigação tributária antecede o crédito tributário. É o primeiro passo. O conteúdo da obrigação tributária ainda não é determinado e o sujeito passivo não está identificado. O crédito tributário vem depois da obrigação tributária. É o segundo passo. Surge com o lançamento.

Os elementos da obrigação tributária são: (a) sujeito ativo, que é a pessoa que pode exigir a obrigação tributária: o Estado; (b) sujeito passivo, que é a pessoa física ou jurídica obrigada pela lei a cumprir a prestação tributária; (c) causa: a lei é que determina a obrigação jurídica tributária e não a vontade da pessoa; (d) objeto: é a prestação positiva ou negativa a que está obrigado o contribuinte em decorrência da lei.

Na obrigação tributária, a prestação é determinada por força de lei, e não em decorrência do contrato mantido entre os envolvidos. Tem, portanto, a obrigação tributária natureza pública. É a obrigação proveniente da previsão legal (*obligatio ex lege*) e não em decorrência da vontade da pessoa (*ex voluntates*). Só pode ser a obrigação tributária alterada por força de lei. Na obrigação de natureza privada, é possível alterá-la pela vontade das partes.

2 ESPÉCIES

A obrigação tributária é principal ou acessória.

No Direito Civil, principal é o bem que existe sobre si, abstrata ou concretamente (art. 92 do Código Civil).

No Direito Tributário, a obrigação principal não é decorrente de coisa. Obrigação principal surge com a ocorrência do fato gerador, que tem por objeto o pagamento de tributo ou penalidade pecuniária e extingue-se juntamente com o crédito dela decorrente (§ 1º do art. 113 do CTN). O conteúdo da obrigação principal é patrimonial. O sujeito passivo entrega numerário ao Estado.

No âmbito do Direito Civil, entram na classe das coisas acessórias os frutos, produtos e rendimentos (art. 95 do Código Civil). Diz respeito, portanto, a coisas. Obrigação acessória é a que segue a sorte do principal (art. 92 do Código Civil).

No Direito Tributário, a obrigação acessória é diferente da previsão do Direito Civil. Decorre a obrigação acessória da legislação tributária e tem por objeto as prestações, positivas ou negativas, nela previstas no interesse da arrecadação ou da fiscalização dos tributos. Prestações positivas são escriturar livros fiscais, apresentar documentos, guardá-los por certo período, inscrever-se o contribuinte no cadastro fiscal. Prestações negativas são abster-se o contribuinte de receber mercadorias sem exigir nota fiscal. O contribuinte também tem de tolerar a fiscalização tributária, que irá examinar documentos e livros fiscais.

Não se pode dizer que existe correlação absoluta entre a obrigação acessória e a principal, uma vez que, não existindo a obrigação principal, não há a acessória. O contribuinte pode não ter imposto de renda a pagar, pois no ano-base teve prejuízo, nem penalidade a pagar. Entretanto, dependendo do caso, tem o contribuinte obrigação de ter livros fiscais e escriturá-los. O fato de não os possuir implica que o não cumprimento da obrigação acessória importa o pagamento de penalidade pecuniária, embora não exista obrigação principal de pagar o tributo.

A obrigação acessória, pelo simples fato de sua inobservância, converte-se em obrigação principal relativamente à penalidade pecuniária (§ 3º do art. 113 do CTN). O fato de o contribuinte, por exemplo, não ter escrituração fiscal, não guardar documentos, importa a conversão em obrigação principal, em que o fiscal lavra multa pela ausência de escrituração ou de documentos, que é justamente a penalidade pecuniária (obrigação principal). O não cumprimento da obrigação acessória representa o fato gerador de uma obrigação principal, que é a multa. Na verdade, a obrigação principal seria mesmo o pagamento do tributo devido pelo contribuinte. Não tem a obrigação tributária acessória conteúdo patrimonial. O não cumprimento da obrigação acessória pelo sujeito passivo converte-a em penalidade, que se traduz em importância a ser paga ao Estado.

3 NATUREZA JURÍDICA

Analisar a natureza jurídica de um instituto é procurar enquadrá-lo na categoria a que pertence no ramo do Direito.

A obrigação tributária principal tem natureza de obrigação de dar, de pagar o tributo ou penalidade.

Representa a obrigação tributária acessória obrigação de fazer (escriturar o livro Diário), ou de não fazer (não deixar de emitir nota fiscal pela venda da mercadoria), de tolerar (admitir a fiscalização).

As obrigações podem ser: (a) legais, decorrentes de lei; (b) contratuais, provenientes do contrato; (c) decorrentes de ato ilícito, quando a pessoa pratica um ato contrário ao Direito.

A obrigação tributária é decorrente da previsão da lei. Independe da vontade da pessoa. A vontade desta é irrelevante para o nascimento da obrigação tributária.

4 FATO GERADOR

4.1 Denominação

São encontradas as denominações *fato gerador, hipótese de incidência, suporte fático, fato tributável, pressuposto de fato, situação de fato, fato imponível.*

Muitas vezes, é usada a expressão *hipótese de incidência* como sinônimo de *fato gerador* ou vice-versa. Entretanto, a hipótese de incidência é a situação descrita na lei como, em tese, o contribuinte poderá nela incidir e ser exigido o tributo. É uma situação hipotética. Já o fato gerador é a situação de fato, é a concretização da hipótese de incidência.

Geraldo Ataliba usa a expressão *hipótese de incidência* para significar a descrição genérica e abstrata da situação feita pela lei. Fato imponível é o fato efetivamente ocorrido[1]. O CTN emprega uma única vez a expressão *hipótese de incidência* no inciso II do art. 104.

Pontes de Miranda usava a expressão *suporte fático*, que é a tradução da palavra alemã *Tatsbestand*.

4.2 Conceito

A figura do fato gerador não é pertinente apenas ao Direito Tributário, mas a qualquer outro ramo do Direito que também tenha fatos geradores de obrigações. O Direito Tributário irá estudá-lo mais pormenorizadamente.

Rubens Gomes de Sousa conceitua fato gerador como "o fato (ou o conjunto de fatos correlatos), de cuja ocorrência a lei faz depender o nascimento do direito do Estado ao imposto"[2].

Ensina Gaston Jèze que fato gerador é "o fato ou conjunto de fatos que permitem aos entes do fisco exercerem sua competência legal de criar um crédito de tal importância, a título de tal imposto, contra tal contribuinte"[3].

Na verdade, o fato gerador não diz respeito apenas ao imposto, mas a qualquer tributo, ao dar nascimento à obrigação tributária.

Ensina Ruy Barbosa Nogueira que fato gerador é "o conjunto dos pressupostos abstratos descritos na norma de direito material, de cuja concreta realização decorrem os efeitos jurídicos previstos"[4].

Fato gerador é a situação de fato ou de direito que dá ensejo à obrigação tributária, incidindo o tributo.

4.3 Distinção

Distingue-se a hipótese de incidência do fato gerador. As expressões não podem ser empregadas como sinônimos.

---

1 ATALIBA, Geraldo. *Hipótese de incidência tributária*. São Paulo: Revista dos Tribunais, 1973. p. 51.

2 SOUSA, Rubens Gomes de. *Estudos de direito tributário*. São Paulo: Saraiva, 1950. p. 163.

3 JÈZE, Gaston. O fato gerador do imposto. *RDA* 2-I/50.

4 NOGUEIRA, Ruy Barbosa. *Curso de direito tributário*. 8. ed. São Paulo: Saraiva, 1987. p. 154.

Hipótese de incidência é a situação abstrata, hipotética, descrita na lei para a incidência do tributo. É uma simples previsão legal. A hipótese de incidência é a descrição na lei do fato gerador.

O fato gerador é a situação concreta para a incidência do tributo. É a efetivação da hipótese de incidência.

4.4 Classificação

Leciona Amílcar de Araújo Falcão que "instantâneos são os fatos geradores que ocorrem num momento dado de tempo e que, cada vez que surgem, dão lugar a uma relação obrigacional tributária autônoma. Complexivos ou periódicos são os fatos geradores cujo ciclo de formação se completa dentro de um determinado período de tempo e que consistem num conjunto de fatos, circunstâncias ou acontecimentos globalmente considerados"[5]. Exemplo de fato gerador periódico é o Imposto de Renda da pessoa jurídica, que incide a cada término do ano, quando da elaboração do balanço.

O fato gerador compreende aspectos:

a) objetivos: a previsão da lei;
b) subjetivos, envolvendo a pessoa do contribuinte;
c) espacial, o lugar onde é devido o tributo;
d) temporal: a lei vigente à época da sua ocorrência;
d) valorativo, a base de cálculo;
f) tarifário, a alíquota aplicada à base de cálculo.

O critério material é a conduta descrita na norma tributária, contendo um verbo e um complemento.

Pode o fato gerador conter elementos simples (um fato) ou complexos (vários fatos).

O art. 114 do CTN define fato gerador da obrigação principal como "a situação definida em lei como necessária e suficiente à sua ocorrência" (art. 114 do CTN).

Situação quer dizer o conjunto de fatos que são definidos em lei e dão ensejo à exigência do tributo. Pode ser a situação jurídica, como mostra o art. 116 do CTN, e não apenas de fato.

Somente a lei é que poderá estabelecer o fato gerador da obrigação tributária principal (art. 97, III, do CTN). Admite o inciso V do art. 97 do CTN que apenas

---

[5] FALCÃO, Amílcar de Araújo. *Fato gerador da obrigação tributária*. São Paulo: Revista dos Tribunais, 1974. p. 126.

a lei pode estabelecer a cominação de penalidades para as ações ou omissões contrárias a seus dispositivos, ou para outras infrações nela definidas. Ocorre que também a lei é que irá definir o fato gerador da obrigação tributária acessória, pois, do contrário, o contribuinte não terá obrigação de observá-lo, em razão de que ninguém é obrigado a fazer ou deixar de fazer algo a não ser em virtude de lei (art. 5º, II, da Constituição).

A situação de fato estabelecida na lei será necessária e suficiente. É a situação necessária, pois sem ela não nasce a obrigação tributária. É suficiente porque basta a sua ocorrência para o tributo ser devido.

Exemplo de fato gerador da obrigação principal é ter disponibilidade econômica ou jurídica de renda para efeito do imposto de renda.

Fato gerador da obrigação acessória é qualquer situação que, na forma da legislação aplicável, impõe a prática ou a abstenção de ato que não configure obrigação principal (art. 115 do CTN). Prática ou abstenção quer dizer a obrigação de fazer ou não fazer que não se configura como obrigação principal, de acordo com a previsão da lei. Isso quer dizer, também, que a obrigação acessória deve estar prevista em lei. Exemplos: a obrigação do contribuinte em apresentar anualmente declaração de Imposto de Renda, em exibir livros e notas fiscais etc.

4.5 Ocorrência do fato gerador

Considera-se ocorrido o fato gerador e existentes seus efeitos:

a) tratando-se de situação de fato, desde o momento em que se verifiquem as circunstâncias materiais necessárias a que produza os efeitos que normalmente lhe são próprios. Exemplo de situação de fato é a prestação de serviços;

b) tratando-se de situação jurídica, desde o momento em que esteja definitivamente constituída, nos termos do direito aplicável (art. 116 do CTN).

O fato gerador vai compreender um fenômeno econômico, que será descrito na lei tributária. Pode compreender um negócio jurídico, previsto no direito privado e estabelecido na lei tributária para fins da incidência do tributo.

É definido o fato gerador por um verbo mais um substantivo: prestar serviços, auferir renda, ter propriedade.

A lei poderá dispor em sentido contrário ao exposto anteriormente, em relação à ocorrência do fato gerador.

Para efeito da letra (b) e salvo disposição de lei em contrário, os atos ou negócios jurídicos condicionais reputam-se perfeitos e acabados:

a) sendo suspensiva a condição, desde o momento de seu implemento;
b) sendo resolutória a condição, desde o momento da prática do ato ou da celebração do negócio (art. 117 do CTN).

Considera-se condição a cláusula que subordina o efeito do ato jurídico a evento futuro e incerto (art. 121 do Código Civil).

Condição suspensiva é a que depende de condição que será realizada no futuro para produzir os efeitos do ato jurídico. Exemplo: "irei vender o apartamento quando você se casar". O fato gerador da condição suspensiva é o momento em que ela ocorre no futuro. Assim, no exemplo, o fato gerador do imposto de transmissão só ocorrerá com a venda do imóvel, quando a pessoa se casar.

Condição resolutiva ocorre quando os efeitos do ato jurídico vão sendo observados desde o início da condição; porém, a eficácia da cláusula cessa quando ocorrer o evento futuro e incerto. Exemplo: seria a hipótese em que uma pessoa paga a outra um valor enquanto ficar solteira. O fato gerador da condição resolutiva ocorre desde o momento da prática do ato ou da celebração do negócio. A renda é considerada auferida desde o momento em que há o pagamento. Com o casamento, cessa o pagamento da renda.

Esclareça-se que o lançamento irá reportar-se à data da ocorrência do fato gerador da obrigação, regendo-se pela lei então vigente (*tempus regit actum*), ainda que posteriormente modificada ou revogada (art. 144 do CTN).

Prevê o parágrafo único do art. 116 do CTN que a autoridade administrativa poderá desconsiderar atos ou negócios jurídicos praticados com a finalidade de dissimular a ocorrência do fato gerador do tributo ou a natureza dos elementos constitutivos da obrigação tributária, observados os procedimentos a serem estabelecidos em lei ordinária. Retrata o artigo espécie de norma antievasão. Evasão fiscal tem o sentido de evadir, de fugir à tributação. Elisão fiscal é eliminar, suprimir a tributação. É a economia lícita do pagamento do tributo.

O parágrafo único do art. 116 do CTN depende de complementação por lei ordinária para ter eficácia plena na parte que permite à Administração Pública desconsiderar o ato ou o negócio jurídico.

Haverá simulação nos negócios jurídicos quando: (a) aparentarem conferir ou transmitir direitos a pessoas diversas daquelas às quais realmente se conferem, ou transmitem; (b) contiverem declaração, confissão, condição ou cláusula não verdadeira; (c) os instrumentos particulares forem antedatados, ou pós-datados (§ 1º do art. 167 do Código Civil).

Base de cálculo é a grandeza econômica escolhida pelo legislador para estabelecer a tributação. É a dimensão do fato gerador. A base de cálculo deve manter relação direta com o fato gerador da obrigação tributária. A base de cálculo tem as seguintes funções: (a) mensurar o valor do tributo devido; (b) objetiva: determina a dívida; (c) comparativa, pois precisa ser analisada em conjunto com o fato gerador da obrigação tributária para confirmá-lo.

Vespasiano criou um tributo sobre mictórios públicos. Seu filho Tito sugeriu-lhe que o imposto fosse extinto, em razão do que estava sendo tributado. Vespasiano pegou uma moeda e pediu para Tito cheirá-la, indagando: fede? O filho respondeu: "non olet" (não fede). Vespasiano mostrou ao filho que o dinheiro arrecadado com a tributação não é acompanhado do cheiro do fato tributado.

O que importa não é o aspecto moral, mas se existe substância econômica a ser tributada.

O art. 118 do CTN estabeleceu que a definição do fato gerador é interpretada abstraindo-se: I – a validade jurídica dos atos efetivamente praticados pelos contribuintes, responsáveis ou terceiros, bem como da natureza do seu objeto ou dos seus efeitos; II – dos efeitos dos fatos efetivamente ocorridos. Havendo o fato gerador da obrigação tributária, nasce a incidência tributária, inclusive quanto às atividades ilícitas praticadas pelo contribuinte. As atividades ilícitas, portanto, podem ser tributadas pelo legislador.

5 SUJEITO ATIVO

Sujeito ativo da obrigação tributária é a pessoa jurídica de direito público titular da competência para exigir seu cumprimento (art. 119 do CTN).

Somente as pessoas jurídicas dotadas de poder legislativo é que podem ser sujeitos ativos. São sujeitos ativos a União, os Estados, o Distrito Federal e os Municípios.

Não pode ser sujeito ativo da obrigação tributária pessoa jurídica de direito privado, que não tem competência tributária para exigir tributos.

A competência tributária é estabelecida na Constituição em relação aos entes públicos.

A pessoa jurídica de direito público que se constituir pelo desmembramento territorial de outra sub-roga-se nos direitos desta, cuja legislação tributária aplicará até que entre em vigor a sua própria (art. 120 do CTN). É o que ocorre com o desmembramento de municípios que conquistam sua emancipação em relação ao município anterior. Enquanto o novo município não tiver legislação própria, poderá utilizar-se da legislação do município anterior.

A lei poderá dispor em sentido contrário ao afirmado no parágrafo anterior.

6 SUJEITO PASSIVO

Sujeito passivo da obrigação principal é a pessoa obrigada ao pagamento de tributo ou penalidade pecuniária (art. 121 do CTN).

O sujeito passivo é dividido em: (a) contribuinte; (b) responsável.

Contribuinte é a pessoa física ou jurídica que tem relação pessoal e direta com a situação que constitua o respectivo fato gerador. O contribuinte é o sujeito passivo direto. Contribuinte do IPTU é o proprietário do imóvel, o titular do domínio útil ou seu possuidor a qualquer título (art. 34 do CTN). Não importa, por exemplo, se o imóvel está alugado e não está em uso pelo proprietário.

Responsável é a pessoa, sem revestir-se da condição de contribuinte, cuja obrigação decorre de disposição expressa de lei. É o que poderia ser chamado de *sujeito passivo indireto*. O empregador é responsável pela retenção e recolhimento do Imposto de Renda na Fonte sobre os pagamentos feitos a seus empregados. O empregador não é contribuinte do imposto no exemplo citado, pois não é obrigado ao pagamento do tributo, mas é responsável, porque a lei lhe atribui essa condição.

Distingue-se o contribuinte do responsável. O contribuinte tem o débito (*debitum, Schuld*), que é a obrigação de pagar e a responsabilidade (*Haftung*), e está sujeito à obrigação. O responsável tem apenas responsabilidade. O contribuinte adquire essa condição com o fato gerador da obrigação. O responsável está obrigado por força da lei que regula a responsabilidade.

A sujeição passiva indireta pode ocorrer por transferência e por substituição.

Na transferência, o sujeito passivo existe por força de lei, porém esta atribui a outra pessoa a obrigação de pagar o tributo.

Na substituição tributária, a lei estabelece o sujeito passivo da relação tributária em razão de uma pessoa que está a ela diretamente vinculada, que irá suportar o ônus tributário. É também denominado *contribuinte de fato*.

Sujeito passivo da obrigação acessória é a pessoa obrigada às prestações que constituam seu objeto.

As convenções particulares, relativas à responsabilidade pelo pagamento de tributos, não podem ser opostas à Fazenda Pública, para modificar a definição legal do sujeito passivo das obrigações tributárias correspondentes (art. 123 do CTN). É a hipótese em que o comprador do imóvel estabelece no contrato de venda e compra que o vendedor é responsável pelo IPTU do imóvel. Essa cláusula contratual vale para as partes, contudo não tem valor perante o fisco, pois o sujeito passivo do imposto é o comprador. A lei, porém, poderá dispor em sentido contrário.

Dispõe o parágrafo único do art. 233 da Lei n. 6.404/76 que no contrato de cisão pode haver determinação quanto à responsabilidade das partes envolvidas em relação a certas obrigações. Entretanto, essa responsabilidade não pode ser oposta ao sujeito ativo para modificar a definição do sujeito passivo quanto às obrigações tributárias correspondentes. Em matéria tributária, vale a regra do art. 123 do CTN e não da Lei n. 6.404/76.

A lei poderá atribuir ao sujeito passivo de obrigação tributária a condição de responsável pelo pagamento de imposto ou contribuição, cujo fato gerador deva ocorrer posteriormente, assegurada a imediata e preferencial restituição da quantia paga, caso não se realize o fato gerador presumido (§ 7º do art. 150 da Lei Magna). A norma, porém, não diz respeito a taxas. A contribuição a que se refere a Constituição é a social e não a de melhoria.

7 CAPACIDADE TRIBUTÁRIA

Capacidade em direito é a aptidão determinada pela ordem jurídica para o gozo e exercício de um direito por seu titular.

Todo sujeito de direito pode gozar e fruir as vantagens decorrentes dessa condição, mas nem sempre está habilitado a exercer esse direito em toda a sua extensão.

A capacidade ativa tributária é a atribuição determinada pela lei ao credor de poder exigir o tributo.

A capacidade passiva tributária é a atribuição determinada para o devedor ficar no polo passivo da relação tributária.

A capacidade tributária passiva independe (art. 126 do CTN):

a) da capacidade civil das pessoas naturais. O CTN usa a expressão *pessoa natural*. O mais certo seria falar em pessoa física. Pouco importa a idade, o estado civil, se a pessoa tem capacidade plena, relativa ou incapacidade para fins tributários. Importa o que a lei tributária estabelece quando define o contribuinte da obrigação tributária. O contribuinte tanto pode ser menor de 16 anos, quanto louco, pródigo etc. A capacidade tributária não coincide com a capacidade de Direito Civil;

b) de achar-se a pessoa natural sujeita a medidas que importem a privação ou limitação do exercício das atividades civis, comerciais ou profissionais, ou da administração direta de seus bens ou negócios. Se o comerciante faliu e está impedido de exercer o comércio, ou se o advogado está impedido de exercer a advocacia por determinação da OAB, isso não tem qualquer relevância para fins tributários. Dessa forma, se o comerciante continua vendendo mercadorias, o advogado prestando serviços, haverá incidência respectivamente do ICMS sobre as mercadorias vendidas e do ISS sobre os serviços prestados;

c) de estar a pessoa jurídica regularmente constituída; basta que configure uma unidade econômica ou profissional. Pouco importa se a pessoa jurídica registrou seus atos constitutivos na Junta Comercial ou no Cartório de Registro das Pessoas Jurídicas. Demonstrado que existe uma unidade econômica que forma empresa ou profissional, com a prestação de serviços, estará configurada a condição de contribuinte. Assim, tanto é devedor do tributo a sociedade de direito, como a sociedade irregular ou a de fato. O condomínio de pessoas também é sujeito passivo da obrigação, mesmo que não esteja devidamente constituído.

8 SOLIDARIEDADE

Há solidariedade, quando na mesma obrigação concorrem mais de um credor, ou mais de um devedor, cada um com direito ou obrigado à dívida toda (parágrafo único do art. 264 do Código Civil).

A solidariedade tributária decorre da previsão da lei.

O credor tem a faculdade de exigir a obrigação de uma, de outra pessoa ou de ambas as pessoas ao mesmo tempo. É uma solidariedade passiva.

São solidariamente obrigadas:

a) as pessoas que tenham interesse comum na situação que constitua o fato gerador da obrigação principal. Trata-se da solidariedade de fato, pois compreende várias pessoas que tenham interesse comum. A solidariedade de fato abrange apenas os contribuintes. Se existe interesse comum, a solidariedade tem fundamento no inciso I do art. 124 do CTN. A lei não precisa dispor nesse sentido. Não havendo interesse comum, a solidariedade depende da previsão estabelecida na lei ordinária;
b) as pessoas expressamente designadas por lei (art. 124 do CTN). Compreende a hipótese de solidariedade de direito, pois decorre da previsão legal. São os casos descritos no art. 134 do CTN. A solidariedade de direi-

to irá ocorrer entre contribuinte e responsável. O inciso II do art. 124 do CTN permite que a lei ordinária crie hipótese de solidariedade, como a regra do inciso IX do art. 30 da Lei n. 8.212/91, que estabelece a solidariedade das empresas pertencentes ao grupo econômico para efeito de recolhimento da contribuição previdenciária.

Não comporta benefício de ordem a solidariedade tributária. O fisco não precisa cobrar a dívida tributária em primeiro lugar do sujeito passivo direto, para depois, se não existirem bens, tentar cobrar o débito do devedor solidário. Pode o sujeito ativo cobrar a dívida do próprio devedor solidário.

Pode a lei dispor em sentido contrário sobre os efeitos da solidariedade. A lei tributária pode dar efeitos diversos para a solidariedade. Dispõe o art. 109 do CTN que os princípios gerais de direito privado utilizam-se para pesquisa da definição, do conteúdo e do alcance de seus institutos, conceitos e formas, mas não para a definição dos respectivos efeitos tributários. A lei, portanto, pode estabelecer efeitos tributários diversos quanto à solidariedade tributária.

Não dispondo a lei em contrário, são os seguintes os efeitos da solidariedade:

a) o pagamento efetuado por um dos obrigados aproveita aos demais. Haverá, portanto, a quitação da dívida tributária de todas as pessoas envolvidas e do sujeito ativo. Evidentemente, a pessoa que fizer o pagamento da dívida pode voltar-se contra os demais devedores;

b) a isenção ou remissão de crédito exonera todos os obrigados, salvo se outorgada pessoalmente a um deles, subsistindo, nesse caso, a solidariedade quanto aos demais pelo saldo. A isenção diz respeito a dispensa pela lei do pagamento do tributo. A remissão também é forma de extinção do crédito tributário, e significa o perdão da dívida. Outorgada a isenção ou remissão apenas em relação a um dos obrigados, subsiste a solidariedade em relação aos demais pelo restante da dívida;

c) a interrupção da prescrição, em favor ou contra um dos obrigados, favorece ou prejudica os demais. A prescrição é a perda da pretensão ao direito de cobrança da dívida. Na interrupção da prescrição, recomeça a correr o prazo prescricional por inteiro. A prescrição tanto pode operar-se em favor do obrigado, como quando o fisco não puder mais cobrar a dívida tributária, como contra o contribuinte, que não mais poderá cobrar o tributo pago indevidamente. Se a interrupção da prescrição favorecer ou contrariar um dos obrigados, poderá também ajudar ou prejudicar os demais obrigados solidariamente.

Nos casos de impossibilidade de exigência do cumprimento da obrigação principal pelo contribuinte, respondem solidariamente com este nos atos em que intervierem ou pelas omissões de que forem responsáveis: (a) os pais, pelos tributos devidos por seus filhos menores; (b) os tutores e curadores, pelos tributos devidos por seus tutelados ou curatelados; (c) os administradores de bens de terceiros, pelos tributos devidos por estes; (d) o inventariante, pelos tributos devidos pelo espólio; (e) o administrador judicial e o comissário, pelos tributos devidos pela massa falida ou na recuperação judicial; (f) os tabeliães, escrivães e demais serventuários de ofício, pelos tributos devidos sobre os atos praticados por eles, ou perante eles, em razão de seu ofício; (g) os sócios, no caso de liquidação de sociedade de pessoas.

O disposto só se aplica, em matéria de penalidades, às de caráter moratório.

9 DOMICÍLIO TRIBUTÁRIO

Domicílio vem do latim *domicilium*, que é proveniente de *domus* (casa, moradia).

O domicílio civil da pessoa física é o lugar onde ela estabelece sua residência com ânimo definitivo (art. 70 do Código Civil).

Residência é o lugar em que a pessoa habita, onde faz refeições, dorme.

O *domicílio tributário* é o lugar em que o sujeito passivo irá ter direitos e obrigações em relação ao sujeito ativo da obrigação tributária.

Depreende-se do art. 127 do CTN que o sujeito passivo tributário pode eleger seu domicílio tributário para efeito da formação da obrigação tributária, como nas hipóteses em que tem mais de uma residência ou mais de um domicílio.

O contribuinte ou responsável pode eleger o domicílio tributário, na forma da legislação aplicável.

O domicílio tributário das pessoas físicas é sua residência habitual, ou, sendo esta incerta ou desconhecida, o centro habitual de sua atividade. O CTN considera o domicílio a residência habitual da pessoa, pois esta pode ter mais de uma. No caso da residência da pessoa ser incerta ou desconhecida, deve-se considerar o centro habitual da atividade da pessoa, que corresponde ao domicílio do art. 70 do Código Civil, como onde exerce suas atividades comerciais, industriais, de prestação de serviços.

As pessoas jurídicas de direito privado ou as firmas individuais têm como domicílio tributário o lugar de sua sede, ou, em relação aos atos ou fatos que derem origem à obrigação, o de cada estabelecimento. A pessoa jurídica não tem residência, pois não mora, tem sede. Se a pessoa jurídica tem mais de um estabelecimento (filiais, sucursais, agências, escritórios, canteiro de obras), cada um deles será sujeito passivo se der origem à obrigação tributária.

As pessoas jurídicas de direito público têm como domicílio tributário qualquer de suas repartições no território da entidade tributante. É o que ocorre com as autarquias e fundações públicas. Ressalte-se que as pessoas jurídicas de direito público gozam de imunidade apenas em relação a impostos sobre o patrimônio, renda e serviços.

Quando não couber a aplicação das regras mencionadas anteriormente, considerar-se-á como domicílio tributário do contribuinte ou responsável o lugar da situação dos bens ou da ocorrência dos atos ou fatos que deram origem à obrigação.

A autoridade administrativa pode recusar o domicílio eleito, quando impossibilite ou dificulte a arrecadação ou a fiscalização do tributo, aplicando-se então a regra do parágrafo anterior. Para tanto, a autoridade administrativa deverá fundamentar por que não aceita o domicílio tributário do contribuinte. O motivo muitas vezes poderá ser a impossibilidade ou dificuldade de fiscalização ou arrecadação dos tributos, ou de domicílio falso.

10 RESPONSABILIDADE TRIBUTÁRIA

O responsável responde por dívida de terceiro e não por dívida própria.

Sem prejuízo do disposto nos arts. 128 a 138 do CTN, a lei pode atribuir de modo expresso a responsabilidade pelo crédito tributário a terceira pessoa, vinculada ao fato gerador da respectiva obrigação, excluindo a responsabilidade do contribuinte ou atribuindo-a a este em caráter supletivo do cumprimento total ou parcial da referida obrigação (art. 128 do CTN).

A lei a que se refere o CTN é a ordinária de cada ente tributante.

O crédito tributário diz respeito a qualquer tributo e não apenas a impostos e contribuições sociais.

Para que seja atribuída responsabilidade a terceiro, há necessidade de lei, pois ninguém é obrigado a fazer ou deixar de fazer algo a não ser em virtude de lei. Esta deve eleger um terceiro vinculado ao fato gerador da obrigação. O terceiro pode ter responsabilidade exclusiva por determinação da lei ou responsabilidade solidária ou subsidiária.

Assim, seria possível classificar a responsabilidade tributária em: (a) a relativa ao substituto tributário, que assume o lugar do contribuinte, que deixa de ter responsabilidade; (b) os responsáveis solidários ou subsidiários. Estes têm responsabilidade em caráter supletivo, pois, se o tributo não for pago pelo sujeito passivo, haverá responsabilidade subsidiária do terceiro.

Prevê o art. 128 do CTN sobre responsabilidade em relação a fato gerador efetivamente ocorrido, e não em relação a fato gerador futuro.

A lei estabelece em primeiro lugar o contribuinte para pagar o tributo. Depois elege o responsável, que pode ser por sucessão ou por morte.

11 SUBSTITUIÇÃO PASSIVA TRIBUTÁRIA

Incidência econômica do tributo é a parcela do ônus econômico suportada definitivamente por uma pessoa, que, durante a trajetória da repercussão econômica do tributo, fica impossibilitada de repercutir esse ônus econômico sobre outra.

A incidência jurídica do tributo dá-se quando do nascimento do dever jurídico tributário que ocorre após a incidência da regra jurídica sobre sua hipótese de incidência realizada.

O contribuinte de fato é a pessoa que sofre a incidência econômica do tributo, suportando definitivamente o referido ônus econômico. Por sua vez, o contribuinte de direito é o que sofre a incidência jurídica do tributo, figurando no polo passivo da relação jurídica tributária.

A repercussão econômica do tributo dá-se a partir do momento em que o contribuinte de direito procura, ao sofrer a repercussão do ônus econômico do tributo, transferir esse ônus para outra pessoa, que poderá fazê-lo a outra, no todo ou em parte, sucessivamente.

A repercussão jurídica do tributo, por sua vez, pode ocorrer independentemente da repercussão econômica, a qual pode ser contrariada ou favorecida pelo legislador, que outorga ao contribuinte de *iure* o direito de repercutir o ônus econômico do tributo sobre outra determinada pessoa. Referida repercussão pode ocorrer pelo sistema de reembolso ou por retenção na fonte.

Retenção na fonte é uma técnica de tributação.

Pode a substituição tributária ser: (a) progressiva, estabelecida por ficções e presunções; (b) regressiva.

Substituição regressiva ou para trás ou diferimento. Ocorre no ICMS em relação a produtos primários (grão de soja, de amendoim) quando da saída do produto industrializado (óleo de soja, de amendoim). É mais difícil ao fisco fiscalizar muitos produtos primários.

Substituição progressiva ou para frente é uma técnica para antecipar a arrecadação do tributo.

Outra questão que convém ser explorada, antes de tratar sobre o substituto tributário propriamente dito, é a referente à classificação dos tributos pela doutrina em diretos e indiretos, segundo o critério da repercussão econômica do tributo.

Direto seria o tributo que o contribuinte de direito está impossibilitado de repercutir. Indireto, por outro lado, seria o tributo que o contribuinte de direito pode repercutir.

São cometidos muitos erros nos tribunais em matéria tributária e até mesmo quando da elaboração das leis, graças à classificação dos tributos em diretos e indiretos, consoante o critério da repercussão econômica, considerado por grande parte da doutrina como artificial e sem qualquer fundamento jurídico.

Alguns autores fazem, ainda, a referida distinção baseados em diferentes critérios: do lançamento ou da temporalidade da hipótese de incidência. Entretanto, tais teorias, igualmente, não possuem qualquer respaldo científico ou, ainda, valor prático.

Inexiste critério para justificar a classificação dos tributos em diretos e indiretos, o que, aliás, já foi concluído por Seligman, em 1909, e, ainda, por Gaston Jèze, em 1912.

Os especialistas em Ciência das Finanças Públicas e Política Fiscal acham o problema da repercussão econômica extremamente complexo, obscuro, instável e de difícil previsão.

Não há um método de análise estatística que ponha em evidência a incidência econômica de um sistema de tributos em relação a determinada conjuntura econômica.

Em cada país, sob determinadas condições de tempo e de lugar, e tendo-se presente o contexto econômico da época, após complexo estudo, pode-se alcançar uma relativa previsibilidade da provável repercussão econômica do tributo.

Não há como conhecer a verdadeira incidência econômica. A identificação do contribuinte de fato é impraticável.

Mediante tal realidade, o legislador tributário, ante o conflito de interesses econômicos e impraticabilidades científicas, dá a seguinte solução: para a composição da hipótese de incidência da regra jurídica tributária, o legislador escolhe fatos que tenham presunção de renda ou capital de determinado indivíduo. Para contribuinte de direito (sujeito passivo da relação jurídica tributária), toma determinado indivíduo de cuja renda ou capital a hipótese de incidência é fato de presunção de capacidade contributiva.

A substituição tributária consiste no seguinte: existe substituto legal tributário toda vez em que o legislador escolheu para sujeito passivo da relação jurídica tributária outro qualquer indivíduo, em substituição a determinada pessoa de cuja renda ou capital a hipótese de incidência é fato presumido.

Na substituição tributária é eleito um terceiro pela lei. Entretanto, o substituto é contribuinte passivo originário. Faz parte do polo passivo da relação tributária.

Se, em lugar do contribuinte originário, o legislador escolhe para sujeito passivo da relação jurídica tributária outro qualquer, este será o substituto legal tributário.

O substituto legal é uma espécie do gênero contribuinte de direito, o qual abrange, além do primeiro, o indivíduo de cuja renda ou capital tem previsão na hipótese de incidência.

O contribuinte de fato nunca tem qualquer relação jurídica com o sujeito ativo (Estado).

Representa a substituição uma comodidade estabelecida pelo legislador ao sujeito ativo. Exemplos são as hipóteses de tributação de remédios, de sorvete, de cigarro, de automóveis etc. É mais fácil o Estado fiscalizar a montadora do que cada revendedor de veículos.

A prestação que o substituído deve ao substituto é prestação jurídica, mas não tributária. O que ele paga ao substituído não é tributo.

Saliente-se, ainda, a figura do responsável legal tributário, que não se confunde com a de quem estamos tratando.

O responsável é sempre devedor de débito próprio. O dever que o vincula ao Estado é dele próprio e não de outra pessoa.

Não existe responsável legal tributário quando o Estado pode, simultaneamente entre dois indivíduos, exigir a prestação, sem solidariedade jurídica tributária.

A responsabilidade só existe quando o Estado exige a satisfação da prestação jurídica tributária somente depois de ocorrer ou não satisfação dela pelo contribuinte de direito. Entre este último e aquele passa a existir relação jurídica de natureza fiduciária.

Quanto à relação jurídica entre substituto e substituído, é possível, primeiramente, esclarecer que não há qualquer relação entre o Estado e este último. O único sujeito passivo é o substituto. O substituído não paga tributo ao substituto, e mantém com ele uma relação de natureza privada.

Substituição tributária para frente abrange veículos, bebidas, cigarros, medicamentos.

A lei poderá atribuir a sujeito passivo de obrigação tributária a condição de responsável pelo pagamento de imposto ou contribuição, cujo fato gerador deva ocorrer posteriormente, assegurada a imediata e preferencial restituição da quantia paga, caso não se realize o fato gerador presumido (§ 7º do art. 150 da Constituição). É hipótese de substituição tributária para frente. Tem-se por ocorrido o que não ocorreu. É uma presunção.

Representa a hipótese constitucional substituição tributária progressiva em relação a fato gerador futuro e não a fato gerador já ocorrido.

A lei a que se refere a Constituição é a ordinária de cada ente tributante, pois o dispositivo não faz referência à expressão *lei complementar*.

A determinação contida no § 7º do art. 150 da Constituição diz respeito apenas a impostos e contribuições e não a taxas e contribuições de melhoria.

Assegura, porém, a Constituição a restituição imediata se não ocorrer o fato gerador. É hipótese de substituição tributária.

Quanto à legitimidade *ad causam* para a restituição do tributo, o contribuinte de direito tem-na, nos casos em que a repercussão econômica do tributo tem como fato presumido a natureza do tributo ou a existência de substituição legal tributária sem qualquer direito de reembolso ou retenção. Não a possui, entretanto, no caso de repercussão jurídica do tributo, isto é, quando a lei outorga ao contribuinte *de iure* o direito de reembolso ou retenção do tributo perante uma terceira pessoa.

A figura do responsável está presente no inciso II do art. 121 do CTN, que é a pessoa que, sem revestir a condição de contribuinte, tem obrigação, como sujeito passivo, de pagar o tributo, em decorrência de disposição legal.

A responsabilidade do terceiro decorre de lei, vinculando-o ao fato gerador que implica obrigação de pagar o tributo.

O responsável seria mero coletor do tributo, pois sua obrigação é de reter e não de pagar. A fonte retentora é mero auxiliar da administração tributária. Não é um substituto por obrigação própria, mas o executor de uma tarefa, ou seja, mero depositário.

Quando o contribuinte se aproveita do que lhe foi descontado para compensar com o imposto devido, ele é o contribuinte. A fonte age apenas como coletora do imposto. Caso haja restituição por imposto indevido, ou valor recolhido superior ao devido, ela será feita ao contribuinte e não à fonte retentora.

O agente marítimo, quando no exercício exclusivo das atribuições próprias, não é considerado responsável tributário, nem se equipara ao transportador para efeitos do Decreto-lei n. 37/66 (Súmula 192 do TFR).

12 RESPONSABILIDADE DOS SUCESSORES

Na sucessão tributária, a responsabilidade é transferida para outro devedor em razão do desaparecimento do devedor original. É o que pode ocorrer por morte do devedor original ou pela venda do imóvel ou do estabelecimento tributado.

Os arts. 129 a 133 do CTN aplicam-se por igual aos créditos tributários definitivamente constituídos ou em curso de constituição à data dos atos nela referidos, e aos constituídos posteriormente aos mesmos atos, desde que relativos a obrigações tributárias surgidas até a referida data (art. 129 do CTN).

A primeira hipótese diz respeito a créditos definitivamente constituídos, em que se exige o tributo dos sucessores, que ocorrem depois do fato gerador da obrigação tributária. O devedor era o contribuinte. Entretanto, por algum motivo, há transferência para a pessoa dos sucessores.

Na segunda hipótese, o crédito tributário está sendo constituído, mediante apuração do que é devido no momento da sucessão. É o que ocorre em relação a créditos tributários que estão sendo constituídos e aí vem a ocorrer a sucessão.

A terceira situação abrange crédito tributário constituído após a sucessão, porém o fato gerador da obrigação tributária ocorreu até a sucessão. São créditos tributários provenientes de fatos geradores ocorridos antes da data da sucessão.

Os créditos tributários relativos a impostos cujo fato gerador seja a propriedade, o domínio útil ou a posse de bens imóveis, e bem assim os relativos a taxas pela prestação de serviços referentes a tais bens, ou a contribuições de melhoria, sub-rogam-se na pessoa dos respectivos adquirentes, salvo quando conste do título a prova de sua quitação (art. 130 do CTN). É o que se pode chamar de sucessão imobiliária.

Os impostos a que se refere o art. 130 do CTN são o IPTU (art. 32 do CTN) e o ITR (art. 29 do CTN).

As taxas são as devidas pela prestação de serviços públicos específicos e divisíveis referentes ao imóvel, como, por exemplo, taxa de pavimentação, de limpeza etc.

A sub-rogação implica responsabilidade subsidiária, pois se o contribuinte não pagar o tributo, ele será exigido do responsável.

O parágrafo único do art. 677 do Código Civil de 1916 dispunha que o ônus dos impostos sobre prédios transmite-se aos adquirentes, salvo constando da escritura as certidões do recebimento, pelo fisco, dos impostos devidos e, em caso de venda em praça, até o equivalente do preço da arrematação.

Havendo transcrição na escritura de venda e compra do imóvel das certidões negativas de débitos fiscais, o tributo não pode ser exigido do adquirente. Será exigido de quem era o contribuinte.

A exigência do adquirente, com base no art. 130 do CTN, diz respeito apenas a tributos e não a acréscimos legais, como multas moratórias ou penalidades, pois a pena não pode passar da pessoa do infrator.

No caso de arrematação em hasta pública, a sub-rogação ocorre sobre o respectivo preço (parágrafo único do art. 130 do CTN). A sub-rogação não ocorre sobre o imóvel, mas sobre o preço da arrematação. O crédito tributário do sujeito passivo já deve estar incluído nesse preço. O arrematante não passa a ser responsável pelo tributo, pois recebe o imóvel livre de qualquer ônus tributário. Não foi feito um contrato entre o arrematante do leilão ou praça e o antigo proprietário, mas a alienação é decorrente de um ato judicial. Não tem, portanto, o arrematante relação jurídica com o antigo proprietário.

A regra do art. 131 do CTN mostra hipótese de responsabilidade. As pessoas nele elencadas não são contribuintes, mas responsáveis.

São pessoalmente responsáveis:

I – o adquirente ou remitente, pelos tributos relativos aos bens adquiridos ou remidos. Remição quer dizer resgate da dívida. Remissão é renúncia ou perdão pelo credor. Adquirente é a pessoa que compra o bem. Remitente é a pessoa que resgata o bem onerado ou em execução. Não é a pessoa que perdoa a dívida. A pessoa passa a ser proprietária do bem. Os bens tanto são os móveis, como os imóveis;

II – o sucessor a qualquer título e o cônjuge meeiro, pelos tributos devidos pelo *de cujus* até a data da partilha ou adjudicação, limitada essa responsabilidade ao montante do quinhão, do legado ou da meação. O sucessor é o herdeiro. A sucessão refere-se à *causa mortis*. Legatário é a pessoa que recebeu um bem (legado) em decorrência de testamento. O cônjuge não é herdeiro, mas meeiro, pois tem metade dos bens. O meeiro não adquire os bens, pois metade deles já lhe pertence. *De cujus* é a pessoa de quem se fala, que faleceu;

III – o espólio, pelos tributos devidos pelo *de cujus* até a data da abertura da sucessão (art. 131 do CTN). Espólio é o conjunto de bens, direitos e obrigações da pessoa que faleceu até a transmissão aos herdeiros. O espólio não tem personalidade jurídica, mas não deixa de ser uma unidade econômica, para efeito de ser considerado contribuinte (art. 126, III, do CTN). A responsabilidade do espólio é até a data da abertura da sucessão, que é a data do falecimento. A partir da abertura da sucessão, o espólio é contribuinte. O inciso III do art. 131 menciona que a responsabilidade é apenas em relação a tributos. Logo, a multa moratória não entra nesse conceito para fins de responsabilidade. Tributo não é uma penalidade. A penalidade não pode passar da pessoa do infrator. Admitir que os sucessores paguem a multa seria considerar que para eles deve ser também transferida a penalidade pelo ilícito alheio, que é pessoal. A pessoa que não cometeu a infração é que será punida. Há julgados entendendo de forma diversa (STJ, REsp 295.222-SP, j. 12-6-2001, Rel. Min. José Delgado, *DJ* 10-9-2001).

A ordem do art. 131 do CTN deveria ser em primeiro lugar do espólio, e somente com a partilha definida no inventário a responsabilidade seria do sucessor e do cônjuge meeiro.

Determina o art. 1.997 do Código Civil que "a herança responde pelo pagamento das dívidas do falecido; mas, feita a partilha, só respondem os herdeiros, cada qual em proporção da parte que na herança lhes coube". Julgada a partilha, fica o direito de cada um dos herdeiros circunscrito aos bens de seu quinhão (art. 2.023 do Código Civil). Assim, primeiro deveria ser feita referência à responsabilidade tributária do espólio, que vai até a data da abertura da sucessão e depois dos sucessores e do cônjuge meeiro.

Os herdeiros só efetivamente adquirem essa condição com base na aceitação da herança. Há uma situação provisória até efetivamente ser julgada a partilha. Feita esta, os herdeiros só irão responder na proporção que lhes coube na herança (art. 1.997 do Código Civil).

A pessoa jurídica de direito privado que resultar de fusão, transformação ou incorporação de outra ou em outra é responsável pelos tributos devidos até a data do ato pelas pessoas jurídicas de direito privado fusionadas, transformadas ou incorporadas (art. 132 do CTN). É a denominada *sucessão comercial*.

Transformação é a operação pela qual a sociedade passa, independentemente de dissolução e liquidação, de um tipo para outro (art. 220 da Lei n. 6.404). É o que ocorre quando a sociedade passa de limitada para anônima ou vice-versa.

Incorporação é a operação pela qual uma ou mais sociedades são absorvidas por outra, que lhes sucede em todos os direitos e obrigações (art. 227 da Lei n. 6.404/76). A sociedade incorporada deixa de existir.

Fusão é a operação pela qual se unem duas ou mais sociedades para formar sociedade nova, que lhes sucederá em todos os direitos e obrigações (art. 228 da Lei n. 6.404).

O art. 132 do CTN também se aplica à cisão, pois na época da edição do CTN não existia esse instituto. Ele surgiu com a Lei n. 6.404, que disciplinou o tema nos arts. 229 a 233. Cisão é a operação pela qual a companhia transfere parcelas de seu patrimônio para uma ou mais sociedades, constituídas para esse fim ou já existentes, extinguindo-se a companhia cindida, se houver versão de todo o seu patrimônio, ou dividindo-se seu capital, se parcial a divisão (art. 229 da Lei n. 6.404). O parágrafo único do art. 233 da Lei n. 6.404 prevê que no contrato de cisão pode haver determinação quanto à responsabilidade das partes envolvidas em relação a certas obrigações. Entretanto, essa responsabilidade não pode ser oposta ao sujeito ativo para modificar a definição do sujeito passivo, conforme prevê o art. 123 do CTN.

O disposto no art. 132 do CTN aplica-se aos casos de extinção de pessoas jurídicas de direito privado, quando a exploração da respectiva atividade seja continuada por qualquer sócio remanescente, ou seu espólio, sob a mesma ou outra razão social ou sob firma individual (parágrafo único do art. 132 do CTN). Nesse caso, a unidade econômica continua existindo, e tem, portanto, capacidade tributária passiva (art. 126, III, do CTN).

As multas não podem ser exigidas da outra empresa ou firma individual, pois são personalíssimas, salvo se o transmitente venda o negócio com o objetivo de eximir-se do pagamento da multa[6].

A pessoa natural ou jurídica de direito privado que adquirir de outra, por qualquer título, fundo de comércio ou estabelecimento comercial, industrial ou profissional, e continuar a respectiva exploração, sob a mesma ou outra razão social ou sob firma ou nome individual, responde pelos tributos, relativos ao fundo ou estabelecimento adquirido, devidos até a data do ato:

I – integralmente, se o alienante cessar a exploração do comércio, indústria ou atividade;

II – subsidiariamente com o alienante, se este prosseguir na exploração ou iniciar dentro de seis meses, a contar da data da alienação, nova ativi-

---

6 O STF já decidiu nesse sentido (*RTJ* 93/862 e *RDA* 129/98).

dade no mesmo ou em outro ramo de comércio, indústria ou profissão (art. 133 do CTN).

Aquisição envolve venda e compra de comércio ou estabelecimento. Locação não é forma de aquisição da propriedade e não pode ser considerada como forma de sucessão.

Depreende-se do art. 133 do CTN que o dispositivo faz distinção entre estabelecimento e fundo de comércio, que, portanto, não representam a mesma coisa.

Estabelecimento é cada unidade da empresa, como filial, depósito, escritório etc.

Fundo de comércio é o conjunto de bens da empresa ou do profissional, que abrange os bens corpóreos (máquinas, móveis, mercadorias etc.) e incorpóreos (nome, clientela, marca etc.), que visam o exercício da atividade.

É claro que haverá a responsabilidade por sucessão apenas quando houver a aquisição do estabelecimento ou do fundo de comércio. Mera compra de um bem móvel da empresa não irá indicar sucessão tributária.

A responsabilidade tributária é integral se o alienante cessar a exploração do comércio, indústria ou atividade. A lei não usa a palavra *exclusivamente*. Assim, o alienante continua tendo responsabilidade. Logo, a responsabilidade do adquirente é solidária com o alienante pelos tributos devidos. O alienante, mesmo tendo vendido o bem, continua responsável, pois, do contrário, poderia haver fraude.

Na responsabilidade subsidiária, a obrigação é exigida em primeiro lugar do contribuinte, do alienante. Apenas se este não pagar é que a obrigação passará a ser exigida do responsável. É o que ocorre quando o alienante prossegue na exploração ou iniciar dentro de seis meses, a contar da data da alienação, nova atividade no mesmo ou em outro ramo de comércio, indústria ou profissão. Nesse caso, o adquirente tem responsabilidade subsidiária.

O adquirente não responde por multas ou penalidades. O art. 133 do CTN menciona que o adquirente só responde pelos tributos e não por multas ou penalidades[7]. A penalidade, inclusive, não pode passar da pessoa do devedor.

A regra do art. 133 do CTN não se aplica na hipótese de alienação judicial: (a) em processo de falência. Se houvesse a observância do art. 133 do CTN, o adquirente não iria querer comprar o bem para não ser posteriormente responsabilizado; (b) de filial ou unidade produtiva isolada, em processo de recuperação judicial. Essa regra não se observa quando o adquirente for: (a) sócio da sociedade falida ou em recuperação judicial, ou sociedade controlada pelo devedor falido ou em recuperação judicial; (b) parente, em linha reta ou colateral até o quarto grau,

---

7 No mesmo sentido decisões do STF (*RTJ* 88/696 e 98/773).

consanguíneo ou afim, do devedor falido ou em recuperação judicial; (c) identificado como agente do falido ou do devedor em recuperação judicial com o objetivo de fraudar a sucessão tributária.

O § 1º do art. 133 do CTN exclui a responsabilidade de quem adquirir bem em alienação judicial em processo de falência e de filial ou unidade produtiva em processo de recuperação judicial. Pretende o dispositivo fazer com que quem adquira estabelecimento empresarial arrecadado na falência não tenha responsabilidade em decorrência de dívidas tributárias da massa ou da empresa em recuperação judicial.

Em processo de falência, o produto da alienação judicial da empresa, filial ou unidade produtiva isolada permanecerá em conta de depósito à disposição do juízo de falência pelo prazo de um ano, contado da data de alienação, somente podendo ser utilizado para o pagamento de créditos extraconcursais ou de créditos que preferem ao tributário.

13 RESPONSABILIDADE DE TERCEIROS

Nos casos de impossibilidade de exigência do cumprimento da obrigação principal pelo contribuinte, respondem solidariamente com este nos atos em que intervierem ou pelas omissões de que forem responsáveis:

I – os pais, pelos tributos devidos por seus filhos menores;

II – os tutores e curadores, pelos tributos devidos por seus tutelados ou curatelados;

III – os administradores de bens de terceiros, pelos tributos devidos por estes;

IV – o inventariante, pelos tributos devidos pelo espólio;

V – o administrador judicial, pelos tributos devidos pela massa falida ou na recuperação judicial;

VI – os tabeliães, escrivães e demais serventuários de ofício, pelos tributos devidos sobre os atos praticados por eles, ou perante eles, em razão do seu ofício;

VII – os sócios, no caso de liquidação de sociedade de pessoas (art. 134 do CTN).

A responsabilidade solidária visa a garantia do cumprimento do débito.

Para a aplicação do art. 134 do CTN, é necessária a observância de dois requisitos cumulativos: (a) haja impossibilidade da exigência do cumprimento da obrigação em relação ao contribuinte; (b) tenha o responsável feito ato que configure fato gerador do tributo ou tenha sido responsável por omissão.

O art. 134 faz referência à responsabilidade solidária das pessoas enumeradas em seus incisos. Entretanto, o tributo só pode ser cobrado do responsável quando haja impossibilidade da exigência do cumprimento da obrigação em relação ao contribuinte. O sujeito ativo deverá, primeiro, promover a ação de execução fiscal contra o contribuinte. Não sendo possível exigir a obrigação do contribuinte, seja por ausência de bens ou pelo fato que eles são insuficientes para garantir a dívida, poderá exigir a obrigação tributária dos terceiros. Estes podem invocar o benefício de ordem, caso a Fazenda Pública ajuíze a ação de execução fiscal diretamente contra os terceiros.

Os sócios, de modo geral, não têm responsabilidade sobre as dívidas da sociedade. Caso o sócio seja demandado para pagamento da dívida, terá direito de exigir que sejam executados em primeiro lugar os bens da sociedade (§ 1º do art. 795 do CPC/2015). No mesmo sentido, o art. 1.024 do Código Civil: os bens particulares dos sócios não podem ser executados por dívidas da sociedade, senão depois de executados todos os bens sociais.

O administrador judicial, o liquidante, o inventariante e o administrador, nos casos de falência, liquidação, inventário, insolvência ou concurso de credores, se, antes de garantidos os créditos da Fazenda Pública, alienarem ou derem em garantia quaisquer dos bens administrados, respondem, solidariamente, pelo valor desses bens (§ 1º do art. 4º da Lei n. 6.830/80). O dispositivo foi revogado pela Constituição de 1988. Esta exige na alínea *b* do inciso III do art. 146 que matéria relativa a obrigação tributária só possa ser determinada por lei complementar e não por lei ordinária, que é a Lei n. 6.830.

Na hipótese de sucessão empresarial, a responsabilidade da sucessora abrange não apenas os tributos devidos pela sucedida, mas também as multas moratórias ou punitivas referentes a fatos geradores ocorridos até a data da sucessão (Súmula 554 do STJ).

O disposto no art. 134 do CTN só se aplica, em matéria de penalidades, às de caráter moratório. A pena não pode passar da pessoa do infrator. Assim, o terceiro só responde pelas multas de mora, juros de mora e correção monetária e não por penalidades que digam respeito à pessoa do infrator.

São pessoalmente responsáveis pelos créditos correspondentes a obrigações tributárias resultantes de atos praticados com excesso de poderes ou infração de lei, contrato social ou estatutos:

I – as pessoas referidas no art. 134 do CTN;

II – os mandatários, prepostos e empregados;

III – os diretores, gerentes ou representantes de pessoas jurídicas de direito privado (art. 135 do CTN).

Retrata o art. 135 do CTN responsabilidade pessoal de terceiros.

As pessoas descritas no art. 134 do CTN irão responder por excesso de poderes ou infração de lei, contrato social ou estatutos, porém essa responsabilidade deve ser entendida nos termos do próprio art. 134. Esse dispositivo estabelece que a responsabilidade de terceiros só ocorre quando houver impossibilidade de exigência do cumprimento da obrigação principal pelo contribuinte. Assim, é preciso fazer a interpretação sistemática e em conjunto do art. 135 com o art. 134 do CTN.

O ato praticado é que gera a responsabilidade. Infração à lei é não pagar o tributo, que gera multa de mora e multa administrativa, que são previstas em lei. O inadimplemento da obrigação tributária pela sociedade não gera, por si só, a responsabilidade solidária do sócio-gerente (Súmula 430 do STJ), mas apenas se houver fraude, dolo ou simulação, ou se o ato for praticado com excesso de poderes ou com infração à lei, contrato social ou estatutos (REsp 260.107, *DJU* 19-4-2004).

A responsabilidade dos diretores, gerentes ou representantes é decorrente da representação ou do fato de administrarem bens alheios. Não basta ser diretor, gerente ou representante. É preciso que eles tenham incorrido em excesso de poderes ou infração de lei, contrato social ou estatutos.

Tratando-se de sociedades por ações, a responsabilidade dos sócios ou acionistas será limitada ao preço da emissão das ações subscritas ou adquiridas (art. 1.088, *in fine*, do Código Civil).

O acionista minoritário não deveria ser responsabilizado pelas dívidas da sociedade se já subscreveu e integralizou o capital. Somente em caso de fraude ou de infração à lei é que deveria responder.

O acionista controlador responde pelos danos causados por atos praticados com abuso de poder (art. 117 da Lei n. 6.404/76).

O administrador da sociedade anônima não é pessoalmente responsável pelas obrigações que contrair em nome da sociedade e em virtude de ato regular de gestão. Responde, porém, civilmente, pelos prejuízos que causar, quando proceder: (a) dentro de suas atribuições ou poderes, com culpa ou dolo; (b) com violação da lei ou do estatuto. O administrador não é responsável por atos ilícitos de outros administradores, salvo se com eles for conivente, se negligenciar em descobri-los ou se, deles tendo conhecimento, deixar de agir para impedir sua prática (art. 158 da Lei n. 6.404/76). Não pagar a dívida tributária viola a previsão da lei. Adverte Roberto Barcellos de Magalhães que "a responsabilidade dos diretores de sociedades anônimas é sempre presumida quando se trata de atos violadores da lei ou dos estatutos"[8].

---

[8] MAGALHÃES, Roberto Barcellos de. *A nova lei das sociedades por ações comentada*. Rio de Janeiro: Freitas Bastos, 1977. v. 2, p. 730.

Leciona Sampaio de Lacerda que respondem os administradores solidária e subsidiariamente quando, cientes das irregularidades de seus predecessores, não as levarem a conhecimento da assembleia geral[9]. O administrador não terá responsabilidade se dissentir da prática de determinada situação. Deve fazer consignar tal divergência na ata de reunião do órgão de administração. Se isso não for possível, deve dar ciência imediata e por escrito ao órgão de administração, ao conselho fiscal ou à assembleia geral. Somente assim se eximirá da responsabilidade[10].

Na sociedade limitada, a responsabilidade de cada sócio é restrita ao valor de suas quotas, mas todos respondem solidariamente pela integralização do capital social (art. 1.052 do Código Civil). Com a integralização do capital, o sócio passa a ter responsabilidade limitada a cada quota. A mera subscrição do capital, sem integralização, não dá ao sócio o direito à responsabilidade limitada, mas sua responsabilidade será ilimitada. Ainda que o sócio já tenha integralizado sua quota, irá responder pela integralização do restante do capital social, se outros sócios não o fizeram. Para que a responsabilidade da sociedade seja limitada, é mister que todos os sócios tenham integralizado o capital. A responsabilidade solidária diz respeito ao capital faltante e não a todo o capital, pois o art. 1.052 do Código Civil faz referência à solidariedade pela integralização do capital social. Logo, diz respeito apenas ao capital faltante e não a todo o capital. Em relação ao capital integralizado, a responsabilidade é limitada. A omissão da palavra limitada determina a responsabilidade solidária e ilimitada dos administradores que assim empregarem a firma ou a denominação da sociedade (§ 3º do art. 1.158 do Código Civil).

Mesmo na sociedade limitada, se o sócio incorrer em infração à lei, ao contrato social, será responsável pelo pagamento do tributo. Hipótese de o sócio ser responsável pelo tributo é justamente na situação em que a sociedade deixa de recolher a exação. Trata-se de infração à lei a falta de recolhimento do tributo. Assim, o sócio passa a ter responsabilidade sobre o tributo devido pela sociedade. Muitas vezes, não é feita a liquidação da sociedade, com a correspondente baixa no registro competente. Nesse exemplo, o sócio também tem sido responsabilizado pelas dívidas da sociedade. O STJ assim tem julgado[11].

Determina o art. 34 da Lei n. 12.529/2011, a desconsideração da personalidade jurídica do responsável por infração à ordem econômica, desde que configurado abuso de direito, excesso de poder, infração da lei, fato ou ato ilícito, ou violação

---

9 LACERDA, J. C. Sampaio de. *Noções fundamentais sobre sociedades anônimas*. p. 57.

10 REQUIÃO, Rubens. *Curso de direito comercial*. 20. ed. São Paulo: Saraiva, 1995. v. 2, p. 179.

11 *RSTJ* 83/63.

dos estatutos ou contrato social, mesmo quando houver falência, estado de insolvência, encerramento ou inatividade de pessoa jurídica, provocados por má administração. Para que o sócio não respondesse, deveria nomear bens da sociedade, livres e desembaraçados, quantos bastem para o pagamento do débito (§ 2º do art. 795 do CPC/2015).

Presume-se dissolvida irregularmente a empresa que deixar de funcionar no seu domicílio fiscal, sem comunicação aos órgãos competentes, legitimando o redirecionamento da execução fiscal para o sócio-gerente (Súmula 435 do STJ).

Em execução fiscal, a responsabilidade pessoal do sócio-gerente de sociedade limitada, decorrente de violação da lei ou excesso de mandato, não atinge a meação de sua mulher (Súmula 112 do TFR).

14 RESPONSABILIDADE POR INFRAÇÕES

Salvo disposição de lei em contrário, a responsabilidade por infrações da legislação tributária independe da intenção do agente ou do responsável e da efetividade, natureza e extensão dos efeitos do ato (art. 136 do CTN).

O CTN determina que a legislação tributária compreende as leis, os tratados e as convenções internacionais, os decretos e as normas complementares que versem, no todo ou em parte, sobre tributos e relações jurídicas a eles pertinentes (art. 96).

É objetiva a responsabilidade do agente ou responsável, pois independe da intenção dessas pessoas. Diz ela respeito tanto ao contribuinte, como ao responsável.

A responsabilidade é pessoal ao agente:

I – quanto às infrações conceituadas por lei como crimes ou contravenções, salvo quando praticadas no exercício regular de administração, mandato, função, cargo ou emprego, ou no cumprimento de ordem expressa emitida por quem de direito;

II – quanto às infrações em cuja definição o dolo específico do agente seja elementar;

III – quanto às infrações que decorram direta e exclusivamente de dolo específico:

a) das pessoas referidas no art. 134 do CTN, contra aquelas por quem respondem;

b) dos mandatários, prepostos ou empregados, contra seus mandantes, preponentes ou empregadores;

c) dos diretores, gerentes ou representantes de pessoas jurídicas de direito privado, contra estas (art. 137 do CTN).

A lei indica que a responsabilidade é pessoal pelo fato de que as penalidades não podem passar da pessoa do infrator.

O inciso I do art. 137 do CTN mostra contradição, pois se a pessoa exerce a administração, mandato, função, cargo ou emprego de forma regular não há delito. Ao contrário, se há delito, o exercício não é regular.

Pela parte final da cabeça do art. 137 do CTN, verifica-se que o exercício regular é o realizado de acordo com a determinação dos proprietários da empresa. Nesse caso, o contribuinte também deve ser responsável, pois foi ele quem determinou a realização do ato. Ao contrário, se o agente praticou o ato independentemente da vontade do contribuinte, será o único responsável.

Dolo específico é o que se refere a um fim especial almejado pelo agente, como de fraudar o recolhimento do tributo. Em caso de pessoa que sonegou rendimentos e posteriormente faleceu, o fisco não pode cobrar multa por essa ação dos herdeiros, pois a responsabilidade é pessoal do agente. Os herdeiros poderão sofrer a cobrança do tributo, mas não da multa por infração administrativa.

A hipótese contida no inciso III do art. 137 do CTN concerne à vontade da pessoa em praticar o ato. Assim, o agente é responsável por sua atitude dolosa e não o empregador, o mandante etc., pois estes não tiveram a vontade de praticar o ato. A responsabilidade é pessoal do agente, mesmo que ele aja em nome de terceiros.

15 DENÚNCIA ESPONTÂNEA

É excluída a responsabilidade quando é feita denúncia espontânea da infração, acompanhada, se for o caso, do pagamento do tributo devido e dos juros de mora, ou do depósito da importância arbitrada pela autoridade administrativa, quando o montante do tributo depende de apuração (art. 138 do CTN).

Na denúncia espontânea ocorre a hipótese em que o sujeito passivo reconhece e confessa a infração cometida. Isso deve ser feito de forma espontânea e não provocada. O pagamento do tributo devido e dos juros de mora deverá ser imediato e integral.

Há a exclusão da multa administrativa na denúncia espontânea, porém o sujeito passivo é obrigado a recolher os juros e a correção monetária.

A multa de mora é decorrente da infração, que foi suprida espontaneamente pelo contribuinte. No art. 138 do CTN está disposto que o contribuinte deve recolher apenas o tributo devido e os juros de mora. Não se faz referência à multa de mora, que, portanto, é indevida nessa hipótese. Exigir multa de mora seria fazer com que o contribuinte não apresentasse a denúncia espontânea e ficasse na marginalidade, esperando procedimento do fisco, pois, de qualquer forma, teria de pagar a multa administrativa.

Não se considera espontânea a denúncia apresentada após o início de qualquer procedimento administrativo ou medida de fiscalização, relacionados com a infração (parágrafo único do art. 138 do CTN). A denúncia do contribuinte deve ser feita antes de qualquer procedimento do fisco. Realizada depois do início da fiscalização, não será mais considerada espontânea.

A Súmula 208 do TFR menciona que a simples confissão de dívida, acompanhada do pedido de parcelamento, não configura denúncia espontânea. Justifica-se tal assertiva pelo fato de que não há comunicação da existência de qualquer infração. No parcelamento, não há pagamento de imediato do tributo, mas em prestações. É o mesmo entendimento do STJ.

O benefício da denúncia espontânea não se aplica aos tributos sujeitos a lançamento por homologação regularmente declarados, mas pagos a destempo (Súmula 360 do STJ).

Verificação de aprendizagem

1. Que é obrigação tributária principal?
2. Que é obrigação tributária acessória?
3. Que é fato gerador?
4. Que é sujeito ativo?
5. Que é sujeito passivo?
6. Que é contribuinte?
7. Que é responsável?
8. Que é capacidade tributária?
9. Que é domicílio tributário?
10. Como se caracteriza a responsabilidade por substituição?
11. Que é denúncia espontânea?

Capítulo 23

CRÉDITO TRIBUTÁRIO

1 CONCEITO

Crédito tributário é o direito subjetivo do sujeito ativo de uma obrigação tributária de exigir do sujeito passivo o pagamento do tributo ou da penalidade pecuniária.

O sujeito ativo é o credor da obrigação tributária. O sujeito passivo pode ser o contribuinte ou responsável, dependendo da hipótese descrita na lei. O objeto da relação jurídica tributária é o pagamento do tributo ou da penalidade pecuniária.

O crédito tributário decorre da obrigação principal e tem a mesma natureza desta (art. 139 do CTN). Representa o crédito tributário a formalização efetiva da relação jurídica entre o fisco e o contribuinte.

As circunstâncias que modificam o crédito tributário, sua extensão ou seus efeitos, ou as garantias ou os privilégios a ele atribuídos, ou que excluem sua exigibilidade não afetam a obrigação tributária que lhe deu origem (art. 140 do CTN).

É constituído o crédito tributário pelo lançamento fiscal. O crédito tributário "regularmente constituído somente se modifica ou extingue, ou tem sua exigibilidade suspensa ou excluída, nos casos previstos no CTN, fora dos quais não podem ser dispensadas, sob pena de responsabilidade funcional na forma da lei, sua efetivação ou as respectivas garantias" (art. 141 do CTN).

$$\begin{array}{c} FG \rightarrow OT \rightarrow CT \\ \qquad\qquad\quad \uparrow \\ \qquad\qquad\quad \text{Lçto.} \end{array}$$

2 DISTINÇÃO

Distingue-se o crédito tributário da obrigação tributária. Nesta, há uma situação incerta que só vai ser efetivamente definida com o lançamento, que irá constituir o crédito tributário.

O crédito tributário corresponde à obrigação tributária determinada pelo lançamento. Este individualiza a obrigação tributária. O lançamento converte a obrigação tributária em crédito tributário.

Antes do lançamento, existe a obrigação tributária. Depois do lançamento, há o crédito tributário.

Assim, o crédito tributário constituído pelo lançamento constitui uma segunda fase da relação jurídica tributária, que se inicia com o fato gerador que dá início à obrigação tributária.

3 LANÇAMENTO

Lançamento é um ato administrativo vinculado, pelo qual o agente fiscal vai verificar a ocorrência do fato gerador da obrigação correspondente, determinar a matéria tributável, verificar o montante do tributo devido, identificar o sujeito passivo, propondo, se for o caso, a aplicação da penalidade cabível. Com o lançamento, haverá a constituição do crédito tributário. O lançamento declara a obrigação tributária e constitui o crédito tributário.

O lançamento é um ato de competência privativa da autoridade administrativa. Outra pessoa não pode praticar o lançamento, ainda que haja mera homologação do tributo pago pelo sujeito passivo.

A atividade administrativa do lançamento é vinculada e obrigatória, sob pena de responsabilidade do agente fiscal. Não se trata de atividade discricionária, em que o fiscal tem mais de uma possibilidade de agir dentro da previsão legal.

É uma espécie de controle de legalidade em relação ao tributo devido.

Em certos casos, no lançamento não se vai calcular o montante devido, pois ele já foi feito pelo contribuinte, como ocorre no caso do lançamento por homologação.

O lançamento transforma a obrigação ilíquida em líquida.

O lançamento tem natureza declaratória, de verificar a existência da relação jurídica tributária, o fato gerador da obrigação, o sujeito passivo, o montante do tributo devido, a penalidade cabível. É um ato declaratório. Constata, valora e declara o fato gerador. Não cria o lançamento um direito para o sujeito ativo, mas apenas constata determinada situação. Assim, não tem o lançamento natureza constitutiva, de criar, modificar ou extinguir determinada relação jurídica. Dos arts. 140 e 143 do CTN depreende-se que a natureza jurídica do lançamento é declaratória, pois, por exemplo, há necessidade de se declarar se o valor do tributo está correto em virtude de conversão em moeda nacional.

Não é um procedimento, porque não representa sucessão de atos, mas um ato administrativo vinculado. Não há etapas para se falar em procedimento.

O lançamento pode ser feito sem qualquer procedimento anterior, como no caso em que o contribuinte calcula e paga o tributo. Pode ser realizado por um único ato isolado.

Reporta-se o lançamento ao fato gerador da obrigação e rege-se pela lei então vigente, ainda que posteriormente modificada ou revogada (art. 144 do CTN).

Aplica-se ao lançamento a legislação que, posteriormente à ocorrência do fato gerador da obrigação, tenha instituído novos critérios de apuração ou processos de fiscalização, ampliando os poderes de investigação das autoridades administrativas, ou outorgando ao crédito maiores garantias ou privilégios, exceto, neste último caso, para o efeito de atribuir responsabilidade tributária a terceiros.

O mencionado no parágrafo anterior não se aplica aos impostos lançados por períodos certos de tempo, desde que a respectiva lei fixe expressamente a data em que o fato gerador se considera ocorrido. Exemplo de imposto lançado a cada ano é o IPTU.

Em matéria de penalidades, o lançamento deve observar a lei que for mais favorável ao sujeito passivo (art. 106 do CTN).

O lançamento tem duas fases: a oficiosa e a contenciosa.

Na fase oficiosa vão ser verificados pela autoridade administrativa o fato gerador e o valor do crédito tributário, sem que haja o conhecimento do sujeito passivo. Quando a autoridade administrativa apura o que é devido, notifica o sujeito passivo para tomar ciência do lançamento. Nesse momento se inicia a fase contenciosa, se houver discussão sobre o acerto do lançamento.

O lançamento regularmente notificado ao sujeito passivo só pode ser alterado em virtude de: (a) impugnação do sujeito passivo; (b) recurso de ofício; (c) iniciativa de ofício da autoridade administrativa (art. 145 do CTN). É a fase administrativa de discussão do crédito tributário.

A modificação introduzida, de ofício ou em consequência de decisão administrativa ou judicial, nos critérios jurídicos adotados pela autoridade administrativa no exercício do lançamento, somente pode ser efetivada, em relação a um mesmo sujeito passivo, quanto a fato gerador posterior a sua introdução (art. 146 do CTN). A mudança de critério jurídico decorre da forma de interpretação utilizada pela Administração.

Prevê o inciso XIII do parágrafo único do art. 2º da Lei n. 9.784/99 que nos processos administrativos serão observados os critérios de interpretação da norma administrativa da forma que melhor garanta o atendimento do fim público a que se dirige, vedada a aplicação retroativa de nova interpretação.

Esclarece a Súmula 227 do TFR que "a mudança de critério jurídico adotado pelo fisco não autoriza a revisão do lançamento". É uma questão de segurança jurídica.

A autoridade administrativa tem a possibilidade de rever de ofício o lançamento em se tratando de erro de fato ou de direito, pois, se por erro de fato ou de direito estiver em desacordo com a lei, deve ser revisto.

Quando o valor tributário estiver expresso em moeda estrangeira, no lançamento será feita a conversão em moeda nacional ao câmbio do dia da ocorrência do fato gerador da obrigação, salvo se houver disposição de lei em contrário (art. 143 do CTN). Muitas vezes, o valor tributário pode estar expresso em moeda estrangeira, como ocorre em casos de importação ou de exportação de mercadorias e de operação de câmbio.

3.1 Espécies de lançamento

São espécies de lançamento: por declaração, por homologação e de ofício.

No lançamento por declaração, o sujeito passivo tem de prestar informações sobre matéria de fato ao fisco para que este possa fazer o lançamento. O fisco posteriormente irá confirmar os elementos concretos que levaram o contribuinte a fazer a declaração. Exemplos são os lançamentos relativos ao imposto de renda da pessoa física ou jurídica, em que elas têm de prestar informações ao fisco, do ITBI, dos impostos de importação e exportação.

A declaração do contribuinte quanto ao tributo devido não é suficiente para o lançamento, pois o fisco pode entender que o valor do tributo é superior e fazer o lançamento pelo último valor.

O lançamento por declaração somente se aperfeiçoa depois de prestadas as declarações do contribuinte, quando o fisco vai verificar se estão corretas, se estão de acordo com a lei.

A retificação da declaração por iniciativa do próprio declarante, quando vise reduzir ou a excluir tributo, só é admissível mediante comprovação do erro em que se funde, e antes de notificado o lançamento. Feito o lançamento, não haverá mais hipótese de retificação de declaração. A retificação tendente a aumentar o valor devido pode ser feita a qualquer tempo.

Os erros contidos na declaração e apuráveis por seu exame serão retificados de ofício pela autoridade administrativa a que competir a revisão daquela. É a hipótese, por exemplo, de erro de cálculo. A retificação poderá ser feita de ofício pela autoridade administrativa, mesmo que implique aumento ou diminuição do montante do tributo.

A entrega de declaração pelo contribuinte reconhecendo débito fiscal constitui o crédito tributário, dispensada qualquer outra providência por parte do fisco (Súmula 436 do STJ).

Lançamento por homologação ou autolançamento é a hipótese em que o sujeito passivo antecipa o pagamento do tributo devido independentemente da manifestação da autoridade administrativa. Posteriormente, a Administração vai analisar as informações que lhe foram prestadas e as homologa. Se o fisco não aceita o valor recolhido pelo contribuinte, instaura o procedimento para fazer o lançamento. O objeto da homologação não é o pagamento, mas a apuração do montante devido. O sujeito passivo é que vai verificar o cálculo e fazer o recolhimento do imposto. Exemplos são os impostos em que há circulação de bens ou serviços: ICMS, IPI, ISS, imposto de importação e exportação. Quando o fisco ratifica a informação do contribuinte é que ocorre a homologação.

O pagamento antecipado pelo obrigado extingue o crédito, sob condição resolutória da ulterior homologação do lançamento.

Não influem sobre a obrigação tributária quaisquer atos anteriores à homologação, praticados pelo sujeito passivo ou por terceiro, visando à extinção total ou parcial do crédito. Esses atos serão, porém, considerados na apuração do saldo porventura devido e, sendo o caso, na imposição de penalidade, ou sua graduação.

Se a lei não fixar prazo à homologação, será ele de cinco anos, a contar da ocorrência do fato gerador; expirado esse prazo sem que a Fazenda Pública se tenha pronunciado, considera-se homologado o lançamento e definitivamente extinto o crédito, salvo se comprovada a ocorrência de dolo, fraude ou simulação (§ 4º do art. 150 do CTN).

Lançamento de ofício ou unilateral ou direto é o efetuado sem qualquer provocação do contribuinte, mas pela própria fiscalização. É realizado de ofício quando: (a) a lei assim o determine; (b) a declaração não seja prestada, por quem de direito, no prazo e na forma da legislação tributária; (c) a pessoa legalmente obrigada, embora tenha prestado declaração nos termos da letra anterior, deixe de atender, no prazo e na forma da legislação tributária, a pedido de esclarecimento formulado pela autoridade administrativa, recuse-se a prestá-lo ou não o preste satisfatoriamente, a juízo daquela autoridade; (d) se comprove falsidade, erro ou omissão quanto a qualquer elemento definido na legislação tributária como sendo de declaração obrigatória; (e) se comprove omissão ou inexatidão, por parte da pessoa legalmente obrigada; (f) se comprove ação ou omissão do sujeito passivo, ou de terceiro legalmente obrigado, que dê lugar à aplicação de penalidade pecuniária; (g) se comprove que o sujeito passivo, ou terceiro em benefício daquele, agiu com dolo, fraude ou simulação; (h) se comprove que, no lançamento anterior, ocorreu fraude ou falta funcional da autoridade que o efetuou, ou omissão, pela mesma autoridade, de ato ou formalidade essencial (art. 149 do CTN).

A revisão do lançamento só pode ser iniciada enquanto não extinto o direito da Fazenda Pública de constituir o crédito tributário. Ela terá cinco anos para constituir o crédito tributário pelo lançamento, a contar da ocorrência do respectivo fato gerador.

Quando o cálculo do tributo tenha por base ou tome em consideração o valor ou o preço de bens, direitos, serviços ou atos jurídicos, a autoridade lançadora, mediante processo regular, arbitrará aquele valor ou preço, sempre que sejam omissos ou não mereçam fé as declarações ou os esclarecimentos prestados, ou os documentos expedidos pelo sujeito passivo ou pelo terceiro legalmente obrigado, ressalvadas, em caso de contestação, avaliação contraditória, administrativa ou judicial (art. 148 do CTN). A hipótese também se aplica quando inexista escrituração contábil. O inciso LV do art. 5º da Constituição assegura o contraditório tanto em processo judicial como no administrativo.

4 SUSPENSÃO DO CRÉDITO TRIBUTÁRIO

4.1 Denominação

O Capítulo III do Título III do CTN é denominado "Suspensão do Crédito Tributário". Inclui os arts. 151 a 155.

Na verdade, a denominação correta não é suspensão do crédito tributário. O crédito tributário não fica suspenso. O que ocorre é a suspensão dos efeitos do crédito tributário. Ficam realmente suspensos os efeitos e a exigibilidade do crédito tributário.

4.2 Suspensão

O crédito tributário só tem sua exigibilidade suspensa nos casos previstos no CTN (art. 151 do CTN).

Suspendem a exigibilidade do crédito tributário: (a) a moratória; (b) o depósito de seu montante integral; (c) as reclamações e os recursos, nos termos das leis reguladoras do processo tributário administrativo; (d) a concessão de medida liminar em mandado de segurança; (e) a concessão de medida liminar ou de tutela antecipada, em outras espécies de ação judicial; (f) o parcelamento.

Somente a lei pode estabelecer as hipóteses de suspensão da exigibilidade do crédito tributário (art. 97, VI, do CTN).

A suspensão da exigibilidade do crédito tributário não dispensa o cumprimento das obrigações acessórias dependentes da obrigação principal cujo crédito seja suspenso, ou dela consequente (parágrafo único do art. 151 do CTN). Logo, só há a suspensão da exigibilidade do crédito tributário em relação à obrigação principal e não quanto à obrigação acessória. Obrigações de escriturar livros, emitir notas fiscais, guardar documentos não ficam dispensadas em razão da suspensão da exigibilidade do crédito tributário da obrigação principal de pagar o tributo, mas devem ser observadas pelo contribuinte.

Estando suspensa a exigibilidade do crédito tributário, não se pode falar em mora. Não podendo o tributo ser exigido, não se pode falar em mora. Suspensa a exigibilidade, suspensa está a mora. O contribuinte não está em mora para com o fisco. Assim, não é possível exigir juros de mora e multa moratória, que são penalidades. Será possível exigir correção monetária, que não é penalidade, mas a atualização do valor do principal.

4.2.1 Moratória

Moratória vem do latim *moratorius, a, um*, do verbo *morari*. Indica o ato de retardar ou dilatar.

Consiste a moratória na dilação concedida pelo sujeito ativo ao sujeito passivo para o adimplemento do crédito tributário.

Distingue-se a moratória do parcelamento. Na moratória, não há mora no pagamento do tributo, pois é concedido novo prazo para esse fim. No parcelamento, o tributo já está vencido, sendo devido com juros e multa moratória.

Somente é concedida a moratória em casos excepcionais, como nas hipóteses de calamidade pública (seca, enchente, terremoto, frio excessivo).

Será a moratória concedida apenas por intermédio de lei ordinária do poder competente (art. 97, VI, do CTN). É também o que se depreende do parágrafo único do art. 152 e do art. 153 do CTN.

Deve a moratória ser interpretada literalmente (art. 111, I, do CTN), por se tratar de exceção à regra da exigência do crédito tributário.

Pode a moratória ser concedida em caráter geral e individual.

A moratória concedida em caráter geral diz respeito a determinada região ou a determinada categoria de contribuintes, de acordo com a previsão da lei (parágrafo único do art. 152 do CTN). Um exemplo foi a moratória autorizada no caso de inundações no Estado de Santa Catarina, que atingiu os habitantes do referido Estado. Atinge a moratória todas as pessoas, sem qualquer distinção. Não há necessidade de requerimento. As hipóteses são as relativas a: (a) pessoa jurídica de direito público competente para instituir o tributo a que se refira, como, por exemplo, a União, quanto a tributos federais; os Estados e Distrito Federal, quanto aos respectivos tributos; os Municípios, quanto aos tributos municipais; (b) União, quanto a tributos de competência dos Estados, do Distrito Federal ou dos Municípios, quando simultaneamente concedida quanto aos tributos de competência federal e às obrigações de direito privado.

A moratória concedida em caráter individual é determinada pela lei, tomando por base as condições pessoais e peculiares de cada sujeito passivo. Será concedida por despacho da autoridade administrativa, desde que autorizada por lei nas condições concedidas para a moratória em caráter geral. Depende, portanto, a moratória individual de requerimento por parte do interessado, não produzindo efeitos de imediato. Cada caso concreto terá de ser examinado pela autoridade administrativa.

A lei que conceda moratória em caráter geral ou autorize sua concessão em caráter individual especificará, sem prejuízo de outros requisitos: I – o prazo de duração do favor; II – as condições da concessão do favor em caráter individual; III – sendo o caso: (a) os tributos a que se aplica; (b) o número de prestações e seus vencimentos, dentro do prazo de duração do favor, podendo atribuir a fixação de uns e de outros à autoridade administrativa, para cada caso de concessão em caráter individual; (c) as garantias que devem ser fornecidas pelo beneficiado no caso de concessão em caráter individual.

Salvo disposição de lei em contrário, a moratória somente abrange os créditos definitivamente constituídos à data da lei ou do despacho que a conceder, ou cujo lançamento já tenha sido iniciado àquela data por ato regularmente notificado ao sujeito passivo (art. 154 do CTN). Assim, créditos ainda não constituídos, nem tendo o lançamento sido iniciado à data da concessão da moratória, não serão por ela beneficiados.

A moratória não aproveita aos casos de dolo, fraude ou simulação do sujeito passivo ou do terceiro em benefício daquele.

A concessão da moratória em caráter individual não gera direito adquirido e será revogada de ofício, sempre que se apure que o beneficiado não satisfazia ou deixou de satisfazer às condições ou não cumpria ou deixou de cumprir os requisitos para a concessão do favor, cobrando-se o crédito acrescido de juros de mora: I – com imposição da penalidade cabível, nos casos de dolo ou simulação do beneficiado, ou de terceiro em benefício daquele; II – sem imposição de penalidade, nos demais casos (art. 155 do CTN), como nas hipóteses em que não houve vício do ato jurídico e o contribuinte agiu de boa-fé.

O termo correto não é que a concessão da moratória será revogada de ofício. A revogação implica invalidação do ato administrativo em decorrência de conveniência e oportunidade. Havendo violação da lei, o ato deve ser anulado, pois se trata de ato administrativo vinculado.

No caso do item I, o tempo decorrido entre a concessão da moratória e sua revogação não se computa para efeito de prescrição do direito à cobrança do crédito. É, portanto, o caso de suspensão da prescrição em razão da má-fé do sujeito passivo.

Na hipótese do item II, a revogação só pode ocorrer antes de prescrito o referido direito. Depois de prescrito o direito, o sujeito ativo não pode mais exigir o tributo.

4.2.2 Depósito do montante integral

O depósito não é obrigatório para que o contribuinte possa impugnar a exigência fiscal. Não realizado o depósito, o fisco poderá inscrever o débito em dívida ativa e cobrá-lo, pois não há nenhum impedimento para esse fim. Feito o depósito, suspende-se a exigibilidade do crédito tributário.

Determina o art. 38 da Lei n. 6.830 que a discussão da dívida ativa só é admissível em execução mediante depósito preparatório do valor do débito, monetariamente corrigido e acrescido de juros, multa de mora e demais encargos. Entretanto, o depósito não é obrigatório, mas uma faculdade do contribuinte. Caso não faça o depósito, é que a Fazenda Pública pode exigir a dívida em ação de execução fiscal. Assim, o depósito é uma faculdade do contribuinte. Com o depósito estará suspensa a exigibilidade do crédito tributário.

Os depósitos devem ser feitos na Caixa Econômica Federal (art. 16 do Decreto-lei n. 759/69), em relação à União. O depósito judicial conta correção monetária. O § 1º do art. 11 da Lei n. 9.289, de 4-7-1996, assegurou a remuneração da caderneta de poupança aos depósitos judiciais em dinheiro. No âmbito federal, a Lei n. 9.703, de 17-11-1998, estabeleceu que os depósitos "serão repassados pela Caixa Econômica Federal para a Conta Única do Tesouro Nacional, independentemente de qualquer formalidade, no mesmo prazo fixado para recolhimento dos tributos e das contribuições federais" (§ 2º do art. 1º). A Lei n. 9.703 padece do vício da inconstitucionalidade, pois fere o direito de propriedade (art. 5º, XXII, da Constituição), em razão de que o valor depositado ainda não pertence ao fisco.

O STJ entende que o depósito somente suspende a exigibilidade do crédito tributário se for integral e em dinheiro (Súmula 112). Entretanto, o inciso II do art. 151 do CTN não exige que o depósito seja em dinheiro, mas que seja integral. Logo, não pode ser parcial. A caução e a carta de crédito devem ser admitidas como garantias.

4.2.3 Reclamações e recursos

Dispõe o inciso III do art. 151 do CTN que suspendem a exigibilidade do crédito tributário as reclamações e recursos, nos termos das leis reguladoras do processo tributário administrativo.

Feito o lançamento para constituir o crédito tributário, a autoridade administrativa deve notificar o sujeito passivo, que poderá apresentar reclamações e recursos.

Assegura a alínea *a* do inciso XXXIV do art. 5º da Constituição o direito de petição aos poderes públicos em defesa de direito ou contra ilegalidade ou abuso de poder.

Em caso de reclamações e recursos, o CTN estabelece que fica imediatamente suspensa a exigibilidade do crédito tributário. Não há necessidade de depósito integral para garantir a discussão da dívida.

O Decreto n. 70.235, de 6-3-1972, dispõe sobre o processo administrativo fiscal. A Lei n. 9.784, de 29-1-1999, regula o processo administrativo no âmbito da Administração Pública Federal. Nas esferas estaduais e municipais, cada ente de direito público pode ter legislação específica regulando o processo administrativo tributário.

4.2.4 Liminar em mandado de segurança

Prevê o inciso LXIX do art. 5º da Constituição o mandado de segurança para proteger direito líquido e certo, não amparado por *habeas corpus* ou *habeas data*, quando o responsável pela ilegalidade ou abuso de poder for autoridade pública ou agente de pessoa jurídica no exercício de atribuições do poder público.

O contribuinte tem 120 dias, a contar da ciência do ato abusivo praticado pela autoridade fiscal, para impetrar o mandado de segurança.

Será possível ao contribuinte impetrar mandado de segurança preventivo em razão de exigência inconstitucional ou ilegal.

O juiz, ao despachar a petição inicial do mandado de segurança, poderá determinar que se suspenda o ato que deu motivo ao pedido, quando for relevante o fundamento e do ato impugnado puder resultar a ineficácia da medida, caso seja deferida (art. 7º, III, da Lei n. 12.016/2009).

Na liminar em mandado de segurança, a lei não exige que haja depósito do valor integral, apenas que o juiz conceda a liminar. Por cautela, o juiz poderá exigir o depósito integral para conceder a liminar. De certa forma, isso representa uma garantia para o contribuinte, pois o valor estará depositado à disposição do juízo.

4.2.5 Concessão de medida liminar ou de tutela antecipada

O inciso V do art. 151 do CTN, com a redação da Lei Complementar n. 104, de 10-1-2001, estabelece que suspende a exigibilidade do crédito tributário a concessão de medida liminar ou de tutela antecipada, em outras espécies de ação judicial. Dessa forma, não é apenas em liminar em mandado de segurança que fica suspensa a exigibilidade do crédito tributário, mas liminar em ação cautelar ou a concessão de liminar em tutela de urgência (art. 300 do CPC/2015).

4.2.6 Parcelamento

Parcelamento é a divisão em prestações da dívida tributária já vencida.

O parcelamento será concedido na forma e condição estabelecidas em lei específica (art. 155-A do CTN).

Lei específica é a de cada ente tributante, isto é, a federal, a estadual, a distrital ou a municipal.

O parcelamento tem como consequências: (a) confissão da dívida; (b) direito do devedor à expedição de certidão positiva com efeitos de negativa (art. 206 do CTN).

O parcelamento não é espécie de extinção do crédito tributário, mas de suspensão dos efeitos do crédito tributário, pois a lei assim dispõe. Não se trata de novação para se extinguir a obrigação.

Salvo disposição de lei em contrário, o parcelamento do crédito tributário não exclui a incidência de juros e multas. A lei que determina o parcelamento poderá excluir juros e multas moratórias do referido favor. Entretanto, os juros de mora devidos até a data do parcelamento devem estar nele incluídos. Não se pode conceber que sobre o parcelamento já estão incluídos juros e que até a data do parcelamento sejam computados juros do período anterior. O § 1º do art. 155-A do CTN é claro no sentido de que a parcela não exclui a multa, salvo disposição da lei ordinária do ente tributante em sentido contrário.

A Portaria do Executivo não pode estabelecer limites de valores ao parcelamento. Os arts. 11 e 13 da Lei n. 10.522/2002 delegam ao Ministro da Fazenda a atribuição para estabelecer limites e condições para o parcelamento exclusivamente quanto ao valor da prestação mínima e à apresentação de garantias, não havendo autorização para a regulamentação de limite financeiro máximo do crédito tributário para sua inclusão no parcelamento. Não há limites de valores no art. 14-C da Lei n. 10.522/2002 (REsp 1739641/RS, Rel. Min. Gurgel de Faria, j. 21-6-2018).

São aplicadas subsidiariamente ao parcelamento as regras relativas à moratória contidas no CTN.

Lei específica disporá sobre as condições de parcelamento dos créditos tributários do devedor em recuperação judicial.

A inexistência da lei específica importa na aplicação das leis gerais de parcelamento do ente da Federação ao devedor em recuperação judicial, não podendo, neste caso, ser o prazo de parcelamento inferior ao concedido pela lei federal específica.

Na hipótese do parcelamento do crédito tributário antes do oferecimento da denúncia, essa somente poderá ser aceita na superveniência do inadimplemento da obrigação objeto da denúncia (art. 67 da Lei n. 11.941/2009).

5 EXTINÇÃO DO CRÉDITO TRIBUTÁRIO

Na extinção do crédito tributário, este deixa de existir por algum motivo previsto na legislação. É a cessação da possibilidade da exigência do crédito tributário. O devedor fica liberado da obrigação tributária.

Extinguem o crédito tributário: (a) o pagamento; (b) a compensação; (c) a transação; (d) a remissão; (e) a prescrição e a decadência; (f) a conversão do depósito em renda; (g) o pagamento antecipado e a homologação do lançamento; (h) a consignação em pagamento; (i) a decisão administrativa irreformável, assim entendida a definitiva na órbita administrativa, que não mais possa ser objeto de ação anulatória; (j) a decisão judicial passada em julgado; (k) a dação em pagamento em bens imóveis, na forma e condições estabelecidas em lei (art. 156 do CTN).

As hipóteses contidas no art. 156 do CTN não são exaustivas, pois, em tese, outras podem ocorrer na prática.

A novação não foi incluída como causa de extinção do crédito tributário, consistindo na extinção da obrigação com a constituição de nova contratação entre os envolvidos. A novação pode implicar substituição do devedor ou do credor. Entretanto, o art. 123 do CTN não permite que por convenção particular as partes modifiquem o sujeito passivo da obrigação tributária. Não se admite, portanto, novação no Direito Tributário como forma de extinção do crédito tributário, por falta de previsão legal.

A confusão ocorre quando uma mesma pessoa é credora e devedora de si mesma. Isso pode ocorrer no Direito Tributário quando, por exemplo, o município desapropria um imóvel que tinha débito de IPTU. O município passa a ser credor e devedor, ao mesmo tempo, da obrigação tributária.

Somente a lei pode estabelecer regras sobre a extinção do crédito tributário (art. 97, VI, do CTN).

A lei disporá quanto aos efeitos da extinção total ou parcial do crédito sobre a ulterior verificação da irregularidade de sua constituição, observado o disposto nos arts. 144 e 149 do CTN. É o que ocorre nas hipóteses em que o lançamento é feito por homologação, pois posteriormente é que a administração vai verificar se houve o correto recolhimento do tributo. Deve ser aplicada a lei vigente no momento da ocorrência do fato gerador (art. 144 do CTN). O lançamento poderá ser revisto de ofício nas hipóteses do art. 149 do CTN.

5.1 Pagamento

Pagamento é forma de extinção das obrigações. É a maneira normal de extinção da obrigação tributária.

Depreende-se do inciso I do art. 156 do CTN que ele se refere ao pagamento *stricto sensu*, de saldar a obrigação tributária principal.

A imposição de penalidade não elimina o pagamento integral do crédito tributário (art. 157 do CTN). O fato de a autoridade administrativa ter imposto penalidade ao sujeito passivo não quer dizer que houve a dispensa do cumprimento da obrigação principal, que é de pagar o tributo. No Direito Civil, a cláusula penal é uma alternativa do credor (art. 410 do CC), que pode preferir receber a cláusula penal e não a obrigação principal. No Direito Tributário, se o contribuinte paga apenas a multa, não quer dizer que adimpliu a obrigação principal de pagar o tributo. A multa não se compensa com o pagamento do tributo. O tributo deve ser pago com o acréscimo da multa moratória.

Reza o art. 412 do Código Civil que o valor da penalidade não pode ultrapassar o da obrigação principal. No Direito Tributário não é essa a regra. A penalidade pode até ter valor superior ao do principal, que não irá ficar limitada ao último valor.

5.1.1 Prova

O pagamento de um crédito não importa em presunção de pagamento:

a) quando parcial, das prestações em que se decomponha. No Direito Civil, o pagamento da última prestação implica presunção de estarem quitadas as anteriores (art. 322 do CC). Se o contribuinte do imposto de renda paga em prestações o referido tributo, não importa o pagamento total do crédito tributário, mas apenas das parcelas;
b) quando total, de outros créditos referentes ao mesmo ou a outros tributos (art. 158 do CTN). O pagamento do IPTU de 2009 não implica que o IPTU de 2008 esteja quitado.

5.1.2 Lugar

Quando a legislação tributária não dispuser a respeito, o pagamento é efetuado na repartição competente do domicílio do sujeito passivo (art. 159 do CTN). A regra trata do lugar do pagamento.

Se a lei ordinária não fixar o lugar do pagamento, este deve ser efetuado na repartição competente do domicílio do sujeito passivo. O devedor deve levar o pagamento ao credor. No Direito Civil ocorre o contrário, o credor é que irá receber o pagamento no domicílio do devedor (art. 327 do CC).

5.1.3 Prazo

Quando a legislação tributária não fixar o tempo do pagamento, o vencimento do crédito ocorre 30 dias depois da data em que se considera o sujeito passivo notificado do lançamento (art. 160 do CTN).

O CTN não exige que a lei fixe a data do pagamento. O art. 160 do CTN faz referência à legislação tributária. Segundo o art. 96 do CTN, a legislação tributária compreende as leis, os tratados e as convenções internacionais, os decretos e as normas complementares. Assim, todas essas normas podem fixar prazo de pagamento e não apenas a lei.

Entretanto, o prazo de pagamento do tributo deverá ser fixado na lei, de acordo com o princípio da legalidade tributária para a exigência do tributo.

A legislação federal, estadual e municipal pode fixar prazos diversos de 30 dias para o pagamento do tributo.

Norma legal que altera o prazo de recolhimento da obrigação tributária não se sujeita ao princípio da anterioridade (Súmula Vinculante 50 do STF).

A legislação tributária pode conceder desconto pela antecipação do pagamento, nas condições que estabeleça. É comum o desconto no pagamento a vista do IPTU. Alguns municípios concedem entre 3,5 a 50% de desconto, conforme a respectiva legislação municipal. A legislação também poderá estabelecer desconto na multa se o pagamento do tributo for feito dentro de certo prazo.

O crédito não integralmente pago no vencimento é acrescido de juros de mora, seja qual for o motivo determinante da falta, sem prejuízo da imposição das penalidades cabíveis e da aplicação de quaisquer medidas de garantia previstas no CTN ou em lei tributária (art. 161 do CTN).

Se a lei ordinária não dispuser de modo diverso, os juros de mora são calculados à taxa de 1% ao mês. Os juros de mora têm natureza compensatória.

O art. 1.062 do Código Civil de 1916 previa que os juros de mora, se não acordados entre as partes, seriam de 6% ao ano ou 0,5% ao mês. No Direito Tributário, a regra é de que os juros são de 1% ao mês e 12% ao ano.

São indevidos juros de mora na pendência de consulta formulada pelo devedor dentro do prazo legal para pagamento do crédito (§ 2º do art. 161 do CTN). Presume-se, portanto, a boa-fé do contribuinte, que não pode ser prejudicado e ainda ter de pagar juros de mora. Entretanto, o pagamento fora de prazo implicará acréscimo de correção monetária, dependendo da hipótese legal, pois ela não representa penalidade, mas a atualização do valor da moeda, evitando que o devedor receba quantia inferior à efetivamente devida.

5.1.4 Formas

O pagamento é efetuado:

a) em moeda corrente, cheque ou vale postal. No vale postal há a transferência de fundos de uma localidade para outra. Será vedado o pagamento em prestações *in natura*;

b) nos casos previstos em lei, em estampilha, em papel selado, ou por processo mecânico (art. 162 do CTN). Estampilha é proveniente do italiano *stampa*, que tem o significado de impressão, forma. Representa a estampilha uma pequena fórmula impressa ou pequenas estampas destinadas à cobrança do tributo. Há afirmações de que é o selo do tesouro.

Admite o art. 3º do CTN que tributo é uma prestação pecuniária, exigida em moeda ou valor que nela possa exprimir-se, indicando que o pagamento pode ser feito de outras formas, além das referidas no art. 162 do CTN. Exemplo é o adimplemento da obrigação tributária por dação em pagamento de bem imóvel, como indica o inciso XI do art. 156 do CTN.

A legislação tributária pode determinar as garantias exigidas para o pagamento por cheque ou vale postal, desde que não o torne impossível ou mais oneroso que o pagamento em moeda corrente.

O crédito pago por cheque somente se considera extinto com o resgate deste pelo sacado. Caso o sujeito passivo não tenha fundos no banco, o crédito tributário não é considerado quitado. O crédito tributário não pode, portanto, ser substituído por título de crédito, pois tem privilégios que o último não possui.

O crédito pagável em estampilha considera-se extinto com a inutilização regular daquela, ressalvado o disposto no art. 150 do CTN. Não basta o contribuinte adquirir a estampilha. É necessário que ela seja inutilizada.

A perda ou destruição da estampilha, ou o erro no pagamento por essa modalidade não dão direito à restituição, salvo nos casos expressamente previstos na legislação tributária. No caso em que o erro é imputável à autoridade administrativa, há direito a restituição pelo fisco.

O pagamento em papel selado ou por processo mecânico equipara-se ao pagamento em estampilha.

5.1.5 Imputação em pagamento

Na imputação em pagamento, a pessoa obrigada, por dois ou mais débitos da mesma natureza, ao mesmo credor, tem o direito de indicar a qual deles oferece pagamento, se todos forem líquidos e vencidos (art. 352 do Código Civil). Isso significa que o devedor é quem irá indicar quais os débitos que entende saldados.

No Direito Tributário, o credor é que irá indicar quais os débitos que considera pagos.

Existindo simultaneamente dois ou mais débitos vencidos do mesmo sujeito passivo para com a mesma pessoa jurídica de direito público, relativos a ele ou a diferentes tributos ou provenientes de penalidade pecuniária ou juros de mora, a autoridade administrativa competente para receber o pagamento determinará a respectiva imputação, obedecidas as seguintes regras, enumeradas na ordem:

I – em primeiro lugar, aos débitos por obrigação própria, isto é, em que o pagador é o contribuinte e em segundo lugar aos decorrentes de responsabilidade tributária;

II – primeiramente, às contribuições de melhoria, depois às taxas e por fim aos impostos;

III – na ordem crescente dos prazos de prescrição, isto é, os débitos mais antigos, depois os mais novos;

IV – na ordem decrescente dos montantes. Isso significa que os débitos de maior valor terão preferência aos de menor valor.

A regra de imputação de pagamentos estabelecida no art. 354 do Código Civil não se aplica às hipóteses de compensação tributária (Súmula 464 do STJ).

5.1.6 Consignação em pagamento

A importância do crédito tributário pode ser consignada judicialmente pelo sujeito passivo, nos casos:

I – de recusa de recebimento, pois não se julga competente para esse fim, ou subordinação ao pagamento de outro tributo ou de penalidade, ou ao cumprimento de obrigação acessória;

II – de subordinação do recebimento ao cumprimento de exigências administrativas sem fundamento legal, como as que são previstas no regulamento e não em lei;

III – de exigência, por mais de uma pessoa jurídica de direito público, de tributo idêntico sobre um mesmo fato gerador. Exemplo é a exigência de IPTU de um imóvel que fica na divisa entre duas cidades, em que os dois municípios querem tributar a totalidade do imóvel.

A consignação só pode versar sobre o crédito que o consignante se propõe pagar. O devedor deve depositar em juízo a importância que entende devida ao fisco. No exemplo citado, caberá ao juiz dizer quem é o município que poderá levantá-lo.

A ação de consignação em pagamento não serve para discutir o valor do débito ou do parcelamento.

Acolhido o pedido de consignação, com o respectivo trânsito em julgado da decisão, o pagamento reputa-se efetuado e a importância consignada é convertida em renda. Extingue-se, assim, o crédito tributário.

Rejeitado o pedido de consignação no todo ou em parte, cobra-se o crédito acrescido de juros de mora, sem prejuízo das penalidades cabíveis (§ 2º do art. 163 do CTN). Os juros não deveriam ser devidos, pois o depósito foi feito, ficando a cargo do banco sua remuneração. No caso em que o depósito é feito em dinheiro, cessa a responsabilidade do devedor pela atualização monetária e juros de mora (§ 4º do art. 9º da Lei n. 6.830/80), que ficam por conta do banco e não do devedor.

5.1.7 Pagamento indevido

Não pode haver o locupletamento ilícito do credor às custas do devedor. Assim, se este pagou indevidamente, tem o direito de repetir o que pagou, obtendo a restituição da importância indevidamente recolhida.

A repetição não tem o sentido de pagamento efetuado duas ou mais vezes, mas significado técnico, de devolução da quantia paga indevidamente.

Repetição do indébito tem o sentido de restituição do que foi recolhido indevidamente, restituição de pagamento indevido.

O sujeito passivo tem direito, independentemente de prévio protesto, à restituição total ou parcial do tributo, seja qual for a modalidade de seu pagamento, ressalvado o disposto no § 4º do art. 162 (art. 165 do CTN).

Previa o art. 965 do Código Civil de 1916 caber ao que pagou voluntariamente a prova de tê-lo feito por erro. O tributo não é um pagamento voluntário, mas compulsório. O contribuinte não paga o tributo porque gosta, voluntariamente, mas por força de lei. Se dependesse de sua vontade, não pagaria o tributo. Há falta de causa jurídica para a exigência do tributo. Logo, não se aplica tal dispositivo ao Direito Tributário. O contribuinte não precisa provar que pagou o tributo por erro, mas, por exemplo, porque é indevido, inconstitucional, ilegal etc.

O sujeito passivo não necessita consignar que faz o pagamento sob protesto, pois tem direito à restituição do tributo recolhido de forma indevida.

A relação entre o sujeito passivo e o fisco quanto ao recolhimento de tributo indevido não é de doação ou prestação de fato, de natureza privada. A relação é de direito público, decorrente de lei, do poder de império do Estado, embora o tributo tenha sido recolhido de forma indevida.

A primeira hipótese de restituição abrange a cobrança ou pagamento espontâneo de tributo indevido ou em valor superior ao devido em razão da legislação tributária aplicável, ou da natureza ou circunstâncias materiais do fato gerador efetivamente ocorrido (art. 165, I, do CTN). A expressão *tributo indevido ou em valor superior ao devido* mostra que há falta de causa jurídica para a exigência do tributo, que pode ser a inconstitucionalidade da norma. Na segunda parte do dispositivo, verifica-se que o contribuinte pagou o tributo por erro de fato.

A segunda situação concerne a erro na identificação do sujeito passivo, na determinação da alíquota aplicável, no cálculo do montante do débito ou na elaboração ou conferência de qualquer documento relativo ao pagamento (art. 165, II, do CTN). O dispositivo mostra outra hipótese de erro de fato no pagamento do tributo.

O terceiro caso diz respeito a reforma, anulação, revogação ou rescisão de decisão condenatória (art. 165, III, do CTN). O contribuinte pede de volta o tributo recolhido indevidamente em razão de decisão do Poder Judiciário. Na reforma, a instância superior modifica a decisão da inferior. Na anulação, houve algum vício do ato jurídico que tornou indevida a exigência. Na revogação, o ato administrativo de exigência do tributo é modificado. Na rescisão, a decisão transitada em julgado é alterada por força de ação rescisória.

Ressalva o art. 165 do CTN a hipótese contida no § 4º do art. 162 do CTN, que dispõe que a "perda ou destruição da estampilha, ou o erro no pagamento por esta modalidade não dão direito à restituição, salvo nos casos expressamente previstos na legislação tributária, ou naqueles em que o erro seja imputável à autoridade administrativa". A legislação pode, portanto, determinar a devolução de tributo pago por meio de estampilha.

A restituição de tributos que comportem, por sua natureza, transferência do respectivo encargo financeiro, somente será feita a quem prove haver assumido referido encargo, ou, no caso de tê-lo transferido a terceiro, estar por este expressamente autorizado a recebê-la (art. 166 do CTN). Dispôs o art. 166 do CTN sobre a restituição dos tributos denominados indiretos, que somente será feita se provado que não houve a transferência do encargo financeiro ao contribuinte de fato.

Nos tributos diretos, quem paga e suporta o ônus é o contribuinte de direito, não repassando nada a terceiro (exemplo: imposto de renda). Nos tributos indiretos, quem realmente suporta o tributo é o contribuinte de fato, que, ao comprar a mercadoria, tem repassado pelo contribuinte de direito o tributo para o preço dela (exemplo: ICMS).

O STF entendia, inicialmente, que, embora pago indevidamente, não cabe restituição de tributo indireto (Súmula 71). Posteriormente, a Súmula 546 esclareceu que cabe restituição do tributo pago indevidamente, quando reconhecido por decisão que o contribuinte *de iure* não recuperou do contribuinte de fato o *quantum* respectivo.

O legislador procurou evitar dizer que no imposto indireto não cabe repetição de indébito, pois quem suporta o ônus é o contribuinte de fato e não o de direito, na opinião do fisco. Na verdade, todos os tributos comportam a transferência do encargo financeiro, inclusive os chamados impostos diretos, que recaem sobre a renda, por exemplo, das pessoas jurídicas, que tranquilamente podem ratear o tributo no preço da mercadoria relativo à alíquota que pagam de imposto de renda, fazendo parte de seu custo operacional.

Não participando, porém, o terceiro do evento que constitui o fato gerador, não poderá este pleitear a devolução do tributo pago indevidamente.

Ninguém pode locupletar-se em detrimento de outrem sem causa jurídica para tanto, ficando o responsável obrigado a restituir. No Direito Civil, tal fato não representa ato ilícito, impondo apenas o dever de restituir. Já no Direito Tributário, ocorre o ato ilícito, pois inexiste lei para a exigência do tributo. No Direito Privado, há um restabelecimento do equilíbrio patrimonial com a restituição. No Direito Tributário, o contribuinte deve pagar somente os tributos que a lei determinar, e na forma que ela o fizer. Há necessidade de lei para a exigência do tributo. O contribuinte tem direito à devolução do valor pago em importância superior à devida, independentemente de provar se transferiu ou não o encargo financeiro a terceiro.

Não se pode considerar como ato ilícito o cômputo do tributo, mesmo indevido, em seus custos, não praticando o contribuinte nenhum ato ilícito se o repassar a terceiro, pois o contribuinte escolhe da maneira como lhe aprouver como comporá seus custos e os repassará aos adquirentes de suas mercadorias.

Na maioria dos casos, principalmente pequenas empresas, o contribuinte suporta o ônus do tributo indevido, não discute administrativamente, ou mesmo judicialmente. Não tem a maioria desses contribuintes interesse em discutir com o fisco, pois tem pavor de que haja fiscalização na empresa ou outra forma de retaliação, colaboração entre os fiscos, cruzamento de informações. Mesmo quando o tributo é declarado inconstitucional ou ilegal pelos tribunais, o contribuinte não tem interesse em reavê-lo, com fundamento nos motivos supraindicados.

Os contribuintes, em grande parte dos casos, pagam tributos ilegais. Poucos são os contribuintes que realmente discutem as cobranças que lhes são feitas compulsoriamente, constituindo verdadeira minoria. É por isso que o Estado continua cobrando tributos ilegais, sabendo que poucos vão discuti-los, administrativa ou judicialmente, e a maioria vai pagá-los, constituindo fonte de arrecadação extra para os cofres públicos.

Alguns juízes entendem que para provar que o contribuinte de direito não repassou para o contribuinte de fato o tributo incorporado no preço do produto, mister se faz uma perícia para apuração se o tributo não foi escriturado como custo, individualizadamente, ou parte do preço, não contida na nota fiscal. Se não procedeu dessa maneira e contabilizou o tributo como despesa operacional, conclui-se que absorveu para si o tributo indevido. Ilação que é ilógica, pois, se apropriou como despesa operacional, certamente fará a composição do preço final do produto ou da mercadoria e mesmo assim estará transferindo o tributo indevido para aquisição do produto pelo contribuinte de fato. Tal prova, no entanto, é difícil de ser feita, pois nem sempre o contribuinte toma tais cuidados em sua escrituração contábil. Nada impede, como demonstrado, que o contribuinte, tendo lucro, ou, na composição de seu lucro, repasse o tributo indevido a terceiro, o que desnatura qualquer espécie de prova pericial que se pretenda fazer.

O argumento de que o contribuinte é mero coletor de impostos também não pode subsistir, pois, sendo o tributo indevido, não tem o Estado direito nenhum a qualquer pagamento ou cobrança, e o terceiro que não é devedor de nenhum tributo está pagando o preço da mercadoria e não qualquer valor devido ao Estado, por não ser contribuinte de direito do tributo.

A diferença entre se tomar o pagamento de tributo como relação de direito público ou privado não está no fato de que o Estado se enriqueceu e o contribuinte se empobreceu, ideia originária do Direito Civil, baseada na justiça comutativa, mas, sim, na violação de direito público, na ausência de lei para exigir o tributo. Na Alemanha, adotou-se o entendimento de que quem paga o tributo, que tem relação direta com o Estado, ou a pessoa que a lei estabeleceu como contribuinte, é que terá direito de pedir a restituição do tributo e não o terceiro que indiretamente pagou o imposto no preço da mercadoria. Na Itália, não há discussão sobre se existe transferência de encargo a terceiro, mas quem pagou o tributo, isto é, o sujeito passivo, que terá direito de repetição contra o fisco. Na Suíça e na Bélgica não há qualquer necessidade de prova de o contribuinte suportar o encargo financeiro e não transferi-lo a terceiro, para depois repeti-lo.

Poder-se-ia, ainda, confundir repetição de indébito com o instituto da refusão. Nesta, a devolução é feita pelo Estado em relação a tributo devido, ao passo que naquela o Estado não dispõe do tributo, pois ele é indevido. Exemplo de refusão é o determinado pelo Decreto-lei n. 1.425, de 3-11-1975, que devolveu o IPI pago pela Telebrás e outras, quando elas adquiriram equipamentos para modernização do sistema de comunicações. O tributo era devido e foi devolvido por interesse do Estado, que restituiu o que já estava definitivamente em sua propriedade.

Como o sujeito ativo exige tributo com base em ato totalmente despido de legalidade, configura-se ato ilícito por parte do Estado, e não mais se pode falar em enriquecimento ou empobrecimento das partes. Daí por que é incorreto o disposto no art. 166 do CTN, impedindo o contribuinte de receber o tributo que pagou indevidamente, que evidentemente contraria o princípio da legalidade tributária (art. 150, I, da Constituição).

Afirma Ives Gandra da Silva Martins que "o art. 166 consagra o princípio da ilegalidade tributária como fonte de receita do sujeito ativo, gerando – para a maior parte dos tributos – condição de impossível repetição"[1].

---

[1] MARTINS, Ives Gandra da Silva. Repetição de indébito. *Caderno de Pesquisas Tributárias*, n. 8. São Paulo: Resenha Tributária, p. 160, 1983.

Ressalte-se que, na maioria dos casos, se o contribuinte for postular na administração, diretamente, a devolução do tributo pago indevidamente não vai obter sucesso. A administração dirá que não existe norma que a obrigue a devolver o tributo e não caberá a ela discutir a legalidade ou não da cobrança do tributo, mesmo sabendo sê-lo indevido. Pagará a administração o valor original, restituindo historicamente a importância recolhida a título de tributo. A melhor maneira é, portanto, socorrer-se do Poder Judiciário para dirimir quaisquer controvérsias, seja na época do recolhimento que se julga indevido, seja na oportunidade em que sabido indevido, e já recolhido, pleiteando-se sua devolução.

O Direito deve ser interpretado segundo a lógica jurídica, pois mesmo o STF está sujeito a interpretações políticas quando entende que o numerário, mesmo indevido, estará melhor nas mãos do Estado do que nas do contribuinte, tolhendo um evidente direito deste.

A restituição total ou parcial do tributo dá lugar à restituição, na mesma proporção, dos juros de mora e das penalidades pecuniárias, salvo as referentes a infrações de caráter formal não prejudicadas pela causa da restituição (art. 167 do CTN).

Vence a restituição juros não capitalizáveis, a partir do trânsito em julgado da decisão definitiva que a determinar.

As infrações de caráter formal, de não observância da lei, que independem da causa da restituição, não terão seus valores devolvidos.

O sujeito ativo tem prazo para exigir o tributo do sujeito passivo. Este também tem prazo para pedir de volta o que pagou indevidamente.

O direito de pleitear a restituição extingue-se com o decurso do prazo de cinco anos (art. 168 do CTN). O dispositivo mostra que o prazo é de decadência, pela extinção do direito e não do direito de ação, em que seria prazo de prescrição. Tal prazo não se interrompe, nem se suspende, tanto que o CTN nada menciona sobre o tema, ao contrário do parágrafo único do art. 169 do mesmo diploma.

Os prazos para que o contribuinte pleiteie a restituição serão contados:

a) nas hipóteses dos incisos I e II do art. 165 do CTN, da data da extinção do crédito tributário. Nos tributos que são objeto de lançamento por homologação, o crédito tributário não fica extinto com o pagamento, mas a partir do momento em que deveria ter sido feita a homologação, contando-se o prazo de cinco anos da data do pagamento. O STJ entendia que havia o prazo de cinco anos para a homologação do lançamento e mais cinco para postular a devolução. Era o prazo 5 + 5. Se o lançamento não for feito no prazo de cinco anos, considera-se tacitamente homologado o pagamento e não o lançamento (§ 1º do art. 150 do CTN);

b) na hipótese do inciso III do art. 165 do CTN, da data em que se tornar definitiva a decisão administrativa ou passar em julgado a decisão judicial que tenha reformado, anulado, revogado ou rescindido a decisão condenatória (art. 168 do CTN).

Para efeito da interpretação da hipótese do inciso I do art. 168 do CTN, a extinção do crédito tributário ocorre, no caso de tributo sujeito a lançamento por homologação, no momento do pagamento antecipado de que trata o § 1º do art. 150 do CTN (art. 3º da Lei Complementar n. 118/2005).

A regra do art. 3º da Lei Complementar n. 118/2005 consagra hipótese de interpretação autêntica do legislador. Não fere o princípio da separação dos poderes, pois o dispositivo foi emitido pelo poder investido da condição de legislar. Isso significa que não vale mais a regra dos 5 + 5 nos casos de lançamento por homologação, mas dos cinco anos contados do pagamento. A lei interpretativa não pode, porém, estabelecer fato gerador com efeito retroativo. Lei interpretativa é a que esclarece dúvida.

A regra do inciso I do art. 168 do CTN altera a data de início da contagem do tempo de prescrição para a recuperação de tributos pagos indevidamente. Reduz de dez para cinco anos o prazo para o exercício do direito. Acaba dificultando a restituição de tributos declarados inconstitucionais pelo STF, pois há uma demora muito grande para o processo chegar nessa Corte.

Prescreve em dois anos a ação anulatória da decisão administrativa que denegar a restituição (art. 169 do CTN). O dispositivo diz respeito apenas à repetição de indébito requerida no âmbito administrativo e não na esfera judicial. O remédio do contribuinte que pleiteou na via administrativa a restituição é a ação anulatória. O prazo é de prescrição, porque compreende a perda da pretensão ao direito. Terá o contribuinte dois anos a contar da decisão administrativa denegatória da restituição para pleitear o que foi recolhido de forma indevida.

O prazo de prescrição é interrompido pelo início da ação judicial, recomeçando seu curso, pela metade, a partir da data da intimação validamente feita ao representante judicial da Fazenda Pública interessada (parágrafo único do art. 168 do CTN). Entre a data do ajuizamento da ação e a data da citação da Fazenda Pública, não corre o prazo de prescrição. O dispositivo mostra que há um prazo de interrupção da prescrição, porque recomeça a correr novamente. Entretanto, indica também prazo de suspensão da prescrição, pois é contado o tempo anterior, tanto que recomeça a correr pela metade.

O STJ já decidiu que a distribuidora de bebidas tem direito à repetição de indébito do IPI mesmo no caso de posterior revenda ao consumidor final, pois suporta o imposto, que é destacado na nota fiscal (1ª T., R Esp 848.598/RS, Rel. Min. Luiz Fux, j. 2-12-2008, *DJe* 17-12-2008).

Na repetição de indébito tributário, a correção monetária incide a partir do pagamento indevido (Súmula 162 do STJ).

Os juros moratórios, na repetição de indébito tributário, são devidos a partir do trânsito em julgado da sentença (Súmula 188 do STJ).

5.2 Compensação

Compensação vem do latim *compensatio*, de *compensare*: contrabalançar, contrapesar.

Compensar é pesar dois valores, um contra o outro. Significa fazer um encontro de dívidas.

Compensação é forma de extinção da obrigação.

Se duas pessoas forem ao mesmo tempo credor e devedor uma da outra, as duas obrigações extinguem-se, até onde se compensarem (art. 368 do Código Civil). A compensação efetua-se entre dívidas líquidas, vencidas e de coisas fungíveis (art. 369 do Código Civil). Dívida líquida é a certa, quanto a sua existência, e determinada, quanto a seu objeto.

Previa o art. 1.017 do Código Civil de 1916 que as dívidas fiscais da União, dos Estados e dos Municípios não poderiam ser objeto de compensação, exceto nos casos de encontro de contas entre a administração e o devedor, autorizados nas leis e regulamentos da Fazenda. O CTN, porém, trata a matéria de forma diversa.

A lei pode, nas condições e sob as garantias que estipular, ou cuja estipulação em cada caso atribuir à autoridade administrativa, autorizar a compensação de créditos tributários com créditos líquidos e certos, vencidos ou vincendos, do sujeito passivo contra a Fazenda Pública (art. 170 do CTN).

O sistema de compensação pode ser: (a) legal, que decorre exclusivamente da previsão legal; (b) judicial, em que o juiz deve declará-la no processo; (c) por declaração, quando se exige que a autoridade administrativa a reconheça.

A compensação só pode ser feita por meio de lei, segundo o CTN, e não por decreto ou ato administrativo. Entretanto, a lei pode determinar à autoridade administrativa como será feita a compensação.

A lei referida é a ordinária, de cada ente tributante. Assim, haverá uma lei federal para os tributos da União, uma lei estadual, para os dos Estados e outra municipal, para os dos municípios.

Sendo vincendo o crédito do sujeito passivo, a lei determinará a apuração de seu montante, não podendo, porém, cominar redução maior que a correspondente ao juro de 1% ao mês pelo tempo a decorrer entre a data da compensação e a do vencimento.

Determinou o art. 66 da Lei n. 8.383, de 30-12-1991, que, nos casos de pagamento indevido, ou em valor superior de tributos e contribuições federais, inclusive previdenciárias, e receitas patrimoniais, mesmo quando resultante de reforma, anulação, revogação ou rescisão de decisão condenatória, o contribuinte poderá efetuar a compensação desse valor no recolhimento de importância correspondente a período subsequente. Isso será feito pelo próprio contribuinte, que irá posteriormente informar ao sujeito ativo.

Dispõe o art. 74 da Lei n. 9.430/96 que "o sujeito passivo que apurar crédito, inclusive os judiciais com trânsito em julgado, relativo a tributo ou contribuição administrado pela Secretaria da Receita Federal, passível de restituição ou de ressarcimento, poderá utilizá-lo na compensação de débitos próprios relativos a quaisquer tributos e contribuições administrados por aquele Órgão". Não há restrição à compensação em relação à mesma espécie tributária, como previa o § 1º do art. 66 da Lei n. 8.383, que, portanto, está revogado. Agora, é possível a compensação de qualquer tributo, de imposto com taxa ou com contribuição social ou entre uma contribuição social com qualquer outra. A única exigência passa a ser que o tributo seja administrado pela Secretaria da Receita Federal do Brasil. Se não o for, não será possível a compensação. É o que ocorre com a contribuição do FGTS, que não poderá ser compensada com contribuição incidente sobre o faturamento destinada ao custeio da Seguridade Social, pois a primeira não é administrada pela Secretaria da Receita Federal.

Prevê o § 3º do art. 16 da Lei n. 6.830 que a compensação é vedada na execução fiscal. Todavia, a matéria é objeto de lei complementar, que é o CTN, conforme a alínea *b* do inciso III do art. 146 da Constituição. Assim, a lei pode autorizar a compensação na execução fiscal.

É vedada a compensação mediante o aproveitamento de tributo, objeto de contestação judicial do sujeito passivo, antes do trânsito em julgado da respectiva decisão judicial (art. 170-A do CTN). É exigido o trânsito em julgado da decisão. Não pode haver compensação antes disso.

Em relação à compensação tributária, prevalece a lei vigente na data do encontro de contas (débitos e créditos entre o fisco e o contribuinte) (REsp 1.164.452/SC). Deve ser feita entre tributos da mesma espécie (REsp 1.235.348/PR, Rel. Min. Herman Benjamin, *DJe* 2-5-2011).

Afirma a Súmula 212 do STJ que não é possível a compensação por deferimento em ação cautelar ou por medida liminar cautelar ou antecipatória, permitindo, porém, que seja feita após a sentença de mérito.

O mandado de segurança constitui ação adequada para a declaração do direito à compensação tributária (Súmula 213 do STJ).

5.3 Transação

Transação é a composição amigável entre credor e devedor, mediante concessões mútuas. É um negócio jurídico bilateral, em que as partes fazem concessões recíprocas, extinguindo obrigações litigiosas ou duvidosas[2].

Determina o art. 840 do Código Civil que é lícito aos interessados prevenirem ou terminarem litígio mediante concessões mútuas.

A transação pressupõe incerteza do direito para que possam ser feitas concessões mútuas. Implica a existência de *res dubia*, de situação duvidosa.

Na transação haverá concessões mútuas entre as partes, justamente em razão da incerteza do direito debatido.

Se não existe dúvida, haverá doação de uma parte à outra ou remissão de dívidas, mas não ocorrerá transação.

A lei pode facultar, nas condições que estabeleça, aos sujeitos ativo e passivo da obrigação tributária, celebrar transação que, mediante concessões mútuas, importe em terminação de litígio e consequente extinção de crédito tributário (art. 171 do CTN).

A transação tributária tem como pressuposto a existência de lei regulando o assunto. Não havendo lei, a transação não pode ser feita. Assim, a autoridade administrativa não está autorizada a transigir, salvo na existência de lei expressa nesse sentido. Do contrário, poderia haver malversação do dinheiro público, com compensação de dívidas por interesses pessoais de cada administrador.

A lei mencionada pelo art. 171 do CTN é a ordinária de cada ente tributante.

A transação só irá ocorrer depois da existência do litígio e não antes dele. Logo, não se aplica a regra do art. 840 do Código Civil no sentido de que a transação irá prevenir litígio.

---

2 BEVILÁQUA, Clóvis. *Código Civil anotado*. Rio de Janeiro: Editora Rio, v. 2, p. 144.

O CTN emprega a palavra *litígio*, que tanto pode ocorrer num processo administrativo, como no judicial, pois compreende pretensão resistida por uma das partes. Assim, se a lei determinar, a transação poderá ser feita no processo administrativo.

Indicará a lei a autoridade competente para autorizar a transação em cada caso.

5.4 Remissão

Remissão é perdão da dívida. Difere de remição, que é resgate da dívida, importando o ato de remir.

Distingue-se a remissão da anistia. A remissão é causa de extinção do crédito tributário. A anistia é causa de exclusão do crédito tributário. A remissão implica que o crédito já tenha sido constituído pelo lançamento. A anistia importa sua concessão antes da constituição do crédito tributário. Compreende a remissão os tributos e penalidades. A anistia só diz respeito a penalidades, sendo devido o tributo.

A lei pode autorizar a autoridade administrativa a conceder, por despacho fundamentado, remissão total ou parcial do crédito tributário (art. 172 do CTN).

A lei não irá conceder a remissão, mas autorizar a autoridade administrativa a concedê-la.

O ato administrativo que concede a remissão deve ser fundamentado.

A lei a que se refere o CTN é a de cada ente tributante. O § 6º do art. 150 da Constituição exige lei específica para o ente tributante, ou seja, lei federal, estadual ou municipal, para que possa ser concedida a remissão.

A lei autorizadora da remissão deverá determinar que a autoridade administrativa atenda:

I – à situação econômica do sujeito passivo. Este pode não ter bens ou rendas para pagar o tributo;

II – ao erro ou ignorância escusáveis do sujeito passivo, quanto à matéria de fato. Não será possível, assim, remissão em relação a erro de direito;

III – à diminuta importância do crédito tributário. São os casos em que não compensa à Fazenda Pública cobrar o tributo, pois é mais caro o ajuizamento da ação e seu acompanhamento do que deixar de cobrá-lo;

IV – a considerações de equidade, em relação às características pessoais ou materiais do caso. Pessoas, portanto, que estejam nas mesmas condições devem ser tratadas igualmente;

V – a condições peculiares a determinada região do território da entidade tributante. É o que ocorre nos casos de calamidade pública decorrente de enchentes, secas.

O despacho não gera direito adquirido, aplicando-se, quando cabível, o disposto no art. 155 do CTN. Isso quer dizer que a autoridade administrativa poderá reconsiderar seu ato, pois o sujeito passivo, por exemplo, não atendia às condições previstas na lei para sua concessão.

Se houve dolo ou simulação do beneficiado ou de terceiro em benefício daquele, haverá imposição de penalidade. Nos demais casos, não haverá imposição de penalidade.

5.5 Decadência

5.5.1 Conceito

Decadência provém do latim *cadens*, de *cadere* (cair, perecer, cessar). É palavra formada pelo prefixo latino *de* (de cima de), pela forma verbal *cado* (*decadere*) e pelo sufixo *encia* (ação ou estado), tendo por significado a ação de cair ou o estado daquilo que caiu.

Juridicamente, decadência indica a extinção do direito pelo decurso do prazo fixado para seu exercício. Decadência é palavra que tem por significado "caducidade", "prazo extintivo ou preclusivo", que envolve a extinção do direito.

Decadência, no Direito Tributário, é forma de extinção da obrigação tributária, pelo fato de que o sujeito ativo não promoveu o lançamento para constituir o crédito tributário no prazo previsto em lei.

Importa a decadência no direito de constituir o crédito, de formalizá-lo, o que ocorre com o lançamento. A consequência é a exigibilidade do crédito. Se não há a constituição, não poderá existir a exigência. O objeto da decadência é o direito, que deve ser exercido dentro do tempo especificado na lei. Não observado esse prazo, o direito fica extinto.

A decadência importa o decurso de tempo para a constituição do crédito tributário, implicando a perda da possibilidade de constituição e a exigibilidade do direito ao crédito da respectiva contribuição. O direito subjetivo de o sujeito ativo exigir o tributo deixa de existir, extinguindo-se o débito. Na verdade, não seria causa de extinção do crédito tributário, mas de exclusão do referido crédito, pois ele não chega a ser constituído pelo lançamento.

5.5.2 Distinção

Difere a decadência da prescrição.

Na decadência, há a perda do direito de constituição do crédito tributário. Na prescrição, há a perda da pretensão ao direito para a cobrança do crédito tributário já constituído pelo lançamento.

A decadência no Direito Civil não importa suspensão ou interrupção de seu prazo, enquanto na prescrição isso ocorre.

Deve o juiz, de ofício, conhecer da decadência, quando estabelecida por lei (art. 210 do Código Civil).

5.5.3 Contagem de prazo

O prazo para a Fazenda Pública constituir o crédito tributário extingue-se em cinco anos. O prazo de decadência para a constituição do crédito da contribuição previdenciária também é de cinco anos (art. 173 do CTN e Súmula Vinculante 8 do STF).

A primeira hipótese de contagem do prazo de decadência é do primeiro dia do exercício seguinte àquele em que o lançamento poderia ter sido efetuado (art. 173, I, do CTN).

Nos casos de lançamento por homologação, o termo inicial do prazo de decadência é de cinco anos a contar da ocorrência do fato gerador (§ 4º do art. 150 do CTN). Exceção ocorrerá em caso de dolo, simulação ou fraude, em que o termo inicial será a hipótese prevista no inciso I do art. 173 do CTN.

Quando não houver declaração do débito, o prazo decadencial quinquenal para o Fisco constituir o crédito tributário conta-se exclusivamente na forma do art. 173, I, do CTN, nos casos em que a legislação atribui ao sujeito passivo o dever de antecipar o pagamento sem prévio exame da autoridade administrativa (Súmula 555 do STJ).

O segundo caso de contagem do prazo de decadência é da data em que se tornar definitiva a decisão que houver anulado, por vício formal, o lançamento anteriormente efetuado. Assim, o fisco teria de novo cinco anos para constituir o crédito tributário, em que haveria interrupção do prazo para a constituição do crédito tributário, que se reiniciaria a partir da data em que a decisão se tornasse definitiva. Durante o processo, o prazo de decadência não iria fluir, importando suspensão do prazo decadencial. É possível que a lei tributária determine regra nesse sentido, pois o Código Civil não prevê expressamente que na decadência não há interrupção ou suspensão do respectivo prazo. Nada impede que o CTN dê tratamento diferenciado na decadência para a constituição do crédito tributário, pois a Constituição não trata do assunto, não tornando nula a determinação legal que altere as consequências da decadência, que não está proibida no art. 110 do CTN.

O direito de constituição do crédito extingue-se definitivamente com o decurso dos prazos anteriormente mencionados, contados da data em que tenha sido iniciada a constituição do crédito por notificação, ao sujeito passivo, de qualquer medida preparatória indispensável ao lançamento (parágrafo único do art. 173 do CTN). É o que ocorre quando há lavratura de termo de início de fiscalização ou de notificação para apresentação de livros e documentos. A Fazenda Pública está iniciando a constituição do crédito com tais procedimentos.

Tratando-se de decadência, não haverá interrupção ou suspensão da fluição da contagem do prazo para a constituição do crédito tributário.

5.6 Prescrição

5.6.1 Histórico

A prescrição é um instituto que se relaciona com a ação. Historicamente, a prescrição surgiu no sistema formulário do processo romano, como exceção. O pretor, ao criar uma ação, previa um prazo dentro do qual ela deveria ser exercida, sob pena de prescrição. Esta, assim, constituía um instrumento contra o titular do direito que deixou de protegê-lo por meio da ação. Pela prescrição, portanto, o que se atinge é a ação.

No Direito Romano indicavam-se três fundamentos para a prescrição: (a) para a não fixação de relações jurídicas incertas; (b) visando castigar a negligência; e (c) de sempre haver interesse público.

Antes da vigência do CTN, o inciso VI do § 10 do art. 178 do Código Civil de 1916 regulava a prescrição tributária, determinando que "as dívidas passivas da União, dos Estados e dos Municípios, e bem assim toda e qualquer ação contra a Fazenda Federal, Estadual ou Municipal", prescreviam em cinco anos.

5.6.2 Conceito

Praescripto (do verbo *praescribero*, de *prae* + *scribero*), escrever antes do começo, lembra a parte preliminar (escrita antes) da fórmula em que o pretor romano determinava, ao juiz, a absolvição do réu, caso estivesse esgotado o prazo de ação. Uma vez extinto o lapso de tempo para o uso da ação, cabia a exceção de "prescrição temporal", em razão da falta do exercício da ação. Isso se dava no direito pretoriano, pois no direito romano antigo as ações eram perpétuas ou inatingíveis. Com a evolução do conceito de prescrição, esta passou a significar a extinção da ação pela expiração do prazo de sua duração (exercício tardio da ação). Há necessidade de se ter certeza e estabilidade nas relações jurídicas, respeitando o direito adquirido, de acordo com determinado espaço de tempo. O interesse público não se compadece com a incerteza das relações jurídicas, criadoras de desarmonia e instabilidade, e que é protegido quando se baixam normas de prescrição, evitando que se eternizem, sem solução, as situações duvidosas ou controvertidas. As pretensões tardias são inadmissíveis, trazendo incertezas nas relações humanas. Trata-se, pois, de um instituto de ordem jurídica que estabiliza as relações jurídicas. Na ordem pública, os fatos que por muito tempo não sofrem contestação adquirem a presunção de se acharem elaborados e terem gerado direito, pelo que não convém aos interesses sociais a modificação de tal situação. Na conhecida frase de Windscheid: "o que durou muito tempo, só por essa razão, parece alguma coisa de sólido e indestrutível".

Prescrição é a perda da pretensão à exigibilidade do direito, em razão do decurso do prazo. O art. 189 do Código Civil mostra que a prescrição não é mais perda do direito de ação, mas perda da exigibilidade do direito ou da pretensão do direito.

Representa a prescrição o fenômeno extintivo de uma ação ajuizável, em razão da inércia de seu titular, durante determinado espaço de tempo que a lei estabeleceu para esse fim. O silêncio da relação jurídica durante um espaço de tempo determinado pela lei significa a perda da pretensão atribuída a um direito e da correspondente capacidade defensiva. Tem a prescrição interesse público visando à harmonia social e ao equilíbrio das relações jurídicas tuteladas pela ordem pública.

5.6.3 Requisitos da prescrição

Para que ocorra a prescrição, mister se faz a existência dos seguintes pressupostos: existência de uma ação exercitável pelo titular de um direito; inércia desse titular em relação ao uso da ação durante certo tempo; ausência de ato ou fato a que a lei atribua uma função impeditiva (suspensiva ou interruptiva) do curso do prazo prescricional.

A alínea *b* do inciso III do art. 146 da Norma Ápice estabelece que os prazos de prescrição e decadência devem ser determinados por lei complementar.

A prescrição e a decadência são normas de direito material. No caso, a Constituição (art. 146, III, *b*) inclui as normas sobre prescrição e decadência como regras de direito tributário, no capítulo pertinente às disposições gerais sobre direito tributário. Assim, só por lei complementar é que se podem estabelecer prazos de prescrição e de decadência. O art. 45 da Lei n. 8.212 é inconstitucional no ponto em que determina que o prazo de prescrição da contribuição previdenciária é de 10 anos, pois não é lei complementar, mas ordinária (Súmula Vinculante 8 do STF). O prazo de prescrição da contribuição previdenciária é de cinco anos (art. 174 do CTN).

Uma vez constituído o crédito tributário pelo lançamento, a Fazenda Pública tem cinco anos para cobrá-lo. O prazo é contado da constituição do crédito tributário pelo lançamento. Isso diz respeito tanto aos impostos, taxas e contribuições de melhoria, como às contribuições sociais, que também são tributos.

5.6.4 Interrupção da prescrição

Na interrupção do prazo prescricional, este começa a correr novamente por inteiro. Implica cancelar o prazo que transcorreu anteriormente.

Na suspensão do prazo prescricional, conta-se o prazo já decorrido antes da suspensão e recomeça-se a contagem pelo restante do prazo prescricional. Importa paralisar o prazo enquanto perdurar a causa respectiva.

A primeira hipótese de interrupção da prescrição era a citação pessoal feita ao devedor. A Lei Complementar n. 118/2005 alterou o inciso I do parágrafo único do art. 174 do CTN, que passou a tratar a hipótese de interrupção da prescrição pelo despacho do juiz que ordenar a citação em execução fiscal.

A situação anterior parece ser a mais correta, pois somente com a citação é que o devedor é constituído em mora. Entre a data do despacho que ordena a citação na execução fiscal e a citação pode ocorrer um certo tempo, principalmente quando o devedor está se ocultando, mas é uma situação mais certa.

Agora, basta o despacho do juiz que ordenar a citação em execução fiscal que haverá a interrupção da prescrição.

Já dispunha o § 2º do art. 8º da Lei n. 6.830 que o despacho do juiz que ordenar a citação interrompe a prescrição.

O contribuinte só vai ter conhecimento da interrupção da prescrição quando for citado, porém a interrupção já ocorreu com o despacho do juiz que ordenou a citação na execução fiscal.

As demais alíneas mostram um conhecimento do contribuinte para interromper a prescrição.

A segunda hipótese de interrupção do prazo é com o protesto judicial.

O protesto judicial é medida de jurisdição voluntária proposta em juízo, prevista nos arts. 726 a 729 do CPC/2015. Não se trata, portanto, de medida administrativa.

É o protesto judicial utilizado pela Fazenda Pública sempre que o prazo prescricional está para vencer, sem que haja a possibilidade do ajuizamento da execução fiscal.

A terceira hipótese de interrupção do prazo prescricional é qualquer ato judicial que constitua em mora o devedor.

Trata-se de qualquer ato judicial que venha a constituir o devedor em mora. Não é, portanto, um ato administrativo.

Nesse item serão incluídas a notificação judicial, a interpelação judicial, intimações etc. Não se insere no item em comentário o protesto judicial, que está incluído na hipótese anterior.

No caso, o sujeito ativo estará manifestando sua intenção em receber o crédito que lhe é devido.

A última hipótese de interrupção da prescrição ocorre com qualquer ato inequívoco, ainda que extrajudicial, que importe em reconhecimento do débito pelo devedor. Aqui estamos diante de ato do devedor, de reconhecer que deve ao sujeito ativo. Não se trata de ato do credor.

O ato tanto poderá ser judicial, como até mesmo extrajudicial, no reconhecimento do débito pelo sujeito passivo.

A manifestação inequívoca é a que não deixa qualquer margem de dúvidas.

Ao se falar em *ato* e em *manifestação inequívoca*, deve-se entender por manifestação expressa, que pode ser verbal ou escrita. Entretanto, difícil será o reconhecimento da manifestação tácita. Seria uma declaração escrita, uma carta, o pedido de parcelamento do crédito tributário etc.

O prazo de prescrição fica interrompido com a concessão do parcelamento, pois há o reconhecimento do débito pelo devedor (art. 174, IV, do CTN). O prazo volta a fluir por ocasião do inadimplemento do parcelamento.

Interrompida a prescrição, o prazo começa a correr integralmente de novo.

O STF entende que a prescrição é contada do indébito inconstitucional pela sua declaração como efeito *ex tunc* e *erga omnes* (RE 32.631-PR, 2ª T., j. 26-6-1959, Rel. Min. Vilas Boas, *RT* 295/709).

5.6.5 Suspensão da prescrição

Nas hipóteses em que há a suspensão da exigibilidade do crédito tributário, haverá também a suspensão do prazo de prescrição.

O tempo decorrido entre a concessão da moratória e sua revogação, nos casos de dolo ou simulação do beneficiado, ou de terceiro em benefício daquele, não se computa para efeito da prescrição do direito à cobrança do crédito (parágrafo único do art. 155 do CTN). A mesma hipótese ocorre em casos de anulação do ato concessivo de remissão (parágrafo único do art. 172 do CTN), de isenção (§ 2º do art. 179 do CTN) e anistia (parágrafo único do art. 182 do CTN).

O § 3º do art. 2º da Lei n. 6.830/80 prevê que a inscrição do crédito tributário como dívida ativa suspende o prazo prescricional. Tal dispositivo foi revogado pela Constituição de 1988, pois a alínea *b* do inciso III do art. 146 da referida norma indica que prescrição e decadência só podem ser determinadas por lei complementar. A Lei n. 6.830 é lei ordinária. Assim, as hipóteses de suspensão ou interrupção da prescrição somente são as previstas no CTN ou em outra lei complementar que venha a tratar do tema.

O juiz suspenderá o curso da execução, quando não for localizado o devedor ou encontrados bens sobre os quais possa recair a penhora, e, nesses casos, não correrá o prazo de prescrição (art. 40 da Lei n. 6.830/80). Suspenso o curso da execução, será aberta vista dos autos a representante judicial da Fazenda Pública. Decorrido o prazo de um ano, sem que seja localizado o devedor ou encontrados bens penhoráveis, o juiz ordenará o arquivamento dos autos. Encontrados que sejam, a qualquer tempo, o devedor ou os bens, serão desarquivados os autos para prosseguimento da execução.

A regra do art. 40 da Lei n. 6.830/80 não torna imprescritível a dívida fiscal, diante do fato de que a Constituição exige lei complementar para tratar de prescrição e decadência (art. 146, III, *d*). O art. 40 da Lei n. 6.830 é lei ordinária e não complementar.

Se da decisão que ordenar o arquivamento tiver decorrido o prazo prescricional, o juiz, depois de ouvida a Fazenda Pública, poderá, de ofício, reconhecer a prescrição intercorrente e decretá-la de imediato (§ 4º do art. 40 da Lei n. 6.830/80).

Em execução fiscal, não localizados bens penhoráveis, suspende-se o processo por um ano, findo o qual se inicia o prazo de prescrição quinquenal intercorrente (Súmula 314 do STJ).

A prescrição dos créditos tributários pode ser reconhecida do ofício pela autoridade administrativa (art. 53 da Lei n. 11.941/2009).

5.7 Conversão do depósito em renda

O sujeito passivo pode suspender a exigibilidade do crédito tributário por meio de depósito do montante integral do tributo discutido (art. 151, II, do CTN).

O referido depósito pode ser feito no processo administrativo (§ 1º do art. 43 do Decreto n. 70.235/72), em cautelar ou em mandado de segurança.

Caso a decisão transite em julgado e seja favorável ao contribuinte, este irá levantar o valor depositado.

Na hipótese de a decisão ser desfavorável ao contribuinte, o depósito é convertido em renda.

A Fazenda Pública não poderá pedir a conversão do depósito em renda antes do trânsito em julgado da decisão.

5.8 Pagamento antecipado e homologação do lançamento

Dispõe o § 1º do art. 150 do CTN que o pagamento antecipado pelo obrigado extingue o crédito tributário, sob condição resolutória da ulterior homologação do lançamento.

Se a lei não fixar prazo à homologação, será ele de cinco anos, a contar da ocorrência do fato gerador. Expirando esse prazo sem que a Fazenda Pública se tenha pronunciado, considera-se homologado o lançamento e definitivamente extinto o crédito, salvo se comprovada a ocorrência de dolo, fraude ou simulação (§ 4º do art. 150 do CTN).

O pagamento antecipado é realizado nos tributos lançados por homologação, em que o sujeito passivo antecipa o recolhimento do tributo e espera a homologação pelo fisco. O crédito tributário não fica extinto com o pagamento, mas com a homologação feita pelo fisco.

5.9 Decisão administrativa irreformável

A decisão administrativa irreformável é a definitiva no órgão administrativo, que não mais possa ser objeto de ação anulatória (art. 156, IX, do CTN).

A decisão administrativa anula o crédito tributário, extinguindo-o. Entretanto, a obrigação tributária ainda existe, precisando de outro lançamento para constituir novo crédito tributário.

A Fazenda Pública não pode querer rever sua própria decisão por meio de ação anulatória, pois foi ela própria quem procedeu ao ato.

Na verdade, a decisão administrativa irreformável é a que não pode mais ser objeto de recurso no âmbito administrativo.

5.10 Decisão judicial passada em julgado

A decisão judicial transitada em julgado é a de que não cabe mais qualquer recurso, ao anular o lançamento.

O fato de ter sido anulado o lançamento não implica que haverá coisa julgada quanto a tributos relativos a exercícios posteriores, em relação a tributos que têm, por exemplo, fato gerador anual, como o IPTU.

Assegura o inciso XXXVI do art. 5º da Constituição a coisa julgada como um direito de qualquer pessoa.

5.11 Dação em pagamento

Ocorre dação em pagamento quando o devedor entrega ao credor coisa diversa de dinheiro, em substituição à prestação devida, visando à extinção da obrigação (art. 356 do Código Civil).

O art. 156 do CTN faz referência à dação em pagamento de bens imóveis, na forma prevista em lei. Assim, não será possível a dação em pagamento de bens móveis. A lei a que se refere o dispositivo é a lei ordinária do ente tributante.

O crédito tributário inscrito em dívida ativa da União poderá ser extinto, nos termos do inciso XI do *caput* do art. 156 do Código Tributário Nacional, mediante dação em pagamento de bens imóveis, na forma desta Lei, desde que atendidas as seguintes condições: I – a dação seja precedida de avaliação do bem ou dos bens ofertados, que devem estar livres e desembaraçados de quaisquer ônus, nos termos de ato do Ministério da Fazenda; II – a dação abranja a totalidade do crédito ou créditos que se pretende liquidar com atualização, juros, multa e encargos legais, sem desconto de qualquer natureza, assegurando-se ao devedor a possibilidade de complementação em dinheiro de eventual diferença entre os valores da totalidade da dívida e o valor do bem ou dos bens ofertados em dação (art. 4º da Lei n. 13.259/2016). O disposto acima não se aplica aos créditos tributários referentes ao Regime Especial Unificado de Arrecadação de Tributos e Contribuições devidos pelas Microempresas e Empresas de Pequeno Porte – Simples Nacional. Caso o crédito que se pretenda extinguir seja objeto de discussão judicial, a dação em pagamento somente produzirá efeitos após a desistência da referida ação pelo devedor ou corresponsável e a renúncia do direito sobre o qual se funda a ação, devendo o devedor ou o corresponsável arcar com o pagamento das custas judiciais e honorários advocatícios. A União observará a destinação específica dos créditos extintos por dação em pagamento, nos termos de ato do Ministério da Fazenda.

Permite ao contribuinte o § 4º do art. 12 do Decreto-lei n. 195, de 1967, liquidar a contribuição de melhoria com títulos da dívida pública, emitidos especialmente para financiamento da obra pela qual foram lançados, considerando-se o pagamento feito pelo valor nominal do título, se o preço do mercado for inferior. O inciso XI do art. 156 do CTN estabeleceu que apenas a dação em pagamento de bem imóvel é que será considerada como extinção do crédito tributário. Assim, houve a revogação do § 4º do art. 12 do Decreto-lei n. 195, que tem natureza de lei ordinária e dispõe em sentido contrário.

6 EXCLUSÃO DO CRÉDITO TRIBUTÁRIO

Exclusão do crédito tributário é o impedimento de sua constituição. Evita-se que o crédito tributário seja constituído. Ocorre o fato gerador, que dá início à obrigação tributária, mas o crédito tributário não chega a ser constituído porque a lei dispensa a exigência do tributo.

São hipóteses de exclusão do crédito tributário a isenção e a anistia.

Somente a lei pode estabelecer as hipóteses de exclusão do crédito tributário (art. 97, VI, do CTN).

A exclusão do crédito tributário não dispensa o cumprimento das obrigações acessórias dependentes da obrigação principal cujo crédito seja excluído, ou dela consequente (parágrafo único do art. 175 do CTN). É a hipótese em que o contribuinte foi dispensado do pagamento do tributo, mas deve ter escrituração fiscal, guardar documentos por certo tempo etc.

6.1 Isenção

Isenção é a dispensa pela lei de tributo devido. Ocorre o fato gerador da obrigação tributária, porém a lei dispensa seu pagamento (art. 175, I, do CTN). Para haver isenção, é necessário que exista lei dispensando o pagamento do tributo. Essa lei será a ordinária.

Quem tem o poder de tributar (o mais), tem o poder de isentar (o menos). Isenção é uma forma de renúncia fiscal.

Só pode existir isenção se a verba for tributável.

A isenção implica redução do campo de incidência do tributo.

Na hipótese da não incidência, a situação de fato ficou fora da tributação. Não ocorre o fato gerador, em razão de que a lei não tipifica aquela situação como hipótese de incidência tributária.

Distingue-se a isenção da alíquota zero. A isenção é hipótese de exclusão do crédito tributário, por dispensa da lei. A alíquota zero diz respeito a tributo previsto em lei, porém o elemento quantitativo, que é a alíquota, está reduzido a zero. Na alíquota zero não há isenção porque o imposto é devido, apenas a alíquota incidente sobre a base de cálculo não produz valor devido do tributo.

As isenções tributárias são formas de concessão de incentivos fiscais.

Podem as isenções ser classificadas de várias maneiras:

I – quanto à concessão: (a) gerais ou absolutas, quando concedidas a todas as pessoas por intermédio de lei; (b) específicas ou relativas, quando estabelecidas por lei, mas dependentes de despacho da autoridade administrativa para a concessão para cada caso em particular;

II – quanto à natureza: (a) onerosas ou condicionadas, dependem de um ônus para o interessado; (b) simples, puras ou gratuitas, em que o interessado não precisa atender a determinadas condições;

III – quanto ao prazo: (a) indeterminado; (b) determinado;

IV – quanto à área: (a) amplas, que se aplicam a todo o território do sujeito ativo; (b) restritas ou regionais, que se aplicam apenas a determinada região;

V – quanto aos tributos alcançados: (a) totais ou gerais, quando abrangem todos os tributos; (b) especiais ou limitadas, incluindo apenas determinado tributo;

VI – quanto à competência: (a) autônomas, quando são concedidas pelo próprio sujeito ativo tributante; (b) heterônomas, quando concedidas por norma hierarquicamente superior do sujeito ativo. O § 2º do art. 19 da Emenda Constitucional n. 1, de 1969, permitia que a lei complementar da União concedesse isenções de impostos estaduais e municipais. O inciso III do art. 151 da Constituição de 1988 veda à União conceder isenção de tributos de competência dos Estados, do Distrito Federal e dos Municípios.

O CTN não prevê isenções envolvendo elementos: (a) objetivos, dependentes do fato gerador da obrigação tributária estabelecido pela lei; (b) subjetivos, decorrentes de condições pessoais do sujeito passivo; (c) mistos, abrangendo o fato gerador e condições pessoais do sujeito passivo.

Isenção técnica pode ser a que decorre de o sujeito ativo verificar a capacidade contributiva do contribuinte para poder concedê-la.

Somente a lei pode determinar a isenção, como hipótese de exclusão do crédito tributário (art. 97, VI, do CTN). A isenção só pode ser concedida por quem tem o direito de exigir o tributo.

A outorga de isenção é interpretada literalmente (art. 111, II, do CTN). É uma situação excepcional, que deve ser interpretada restritivamente. Não se pode aplicar norma de isenção por extensão ou ampliativamente, nem por analogia.

A isenção, ainda quando prevista em contrato, é sempre decorrente de lei que especifique as condições e requisitos exigidos para sua concessão, os tributos a que se aplica e, sendo o caso, o prazo de sua duração (art. 176 do CTN). O prazo poderá ser determinado ou indeterminado.

Pode a isenção ser restrita a determinada região do território da entidade tributante, em razão de condições a ela peculiares. É o que ocorre nos casos de calamidade pública, que abrange apenas uma região ou algumas cidades.

Salvo disposição de lei em contrário, a isenção não é extensiva:

a) às taxas e às contribuições de melhoria. Isso decorre do fato de que a isenção é interpretada literalmente, não podendo ter interpretação ampliativa ou extensiva;

b) aos tributos instituídos posteriormente à sua concessão (art. 177 do CTN). Ela deve ser observada em relação a tributos que estejam em vigor na data de sua concessão.

Assim, entende-se que a isenção diz respeito apenas a impostos, salvo se a lei ordinária do ente tributante a estender a outros tributos.

A isenção, salvo se concedida por prazo certo e em razão de determinadas condições, pode ser revogada ou modificada por lei, a qualquer tempo, observado o disposto no inciso III do art. 184 do CTN (art. 178 do CTN). A redação do art. 178 do CTN foi determinada pela Lei Complementar n. 24, de 7-1-1975, que substituiu a conjunção alternativa *ou* pela conjunção aditiva *e*. A condição é cumulativa. Ela deve ser concedida por prazo certo e em razão de determinadas condições.

A exceção contida no art. 178 do CTN indica espécie de isenção a prazo certo e onerosa ou condicional. Se a isenção é concedida a prazo certo e em razão de determinadas condições, não pode ser revogada ou modificada.

A Súmula 544 do STF mostra que "as isenções tributárias concedidas, sob condição onerosa, não podem ser livremente suprimidas".

Se a isenção condicional e por prazo certo for revogada pela lei ordinária, antes do prazo anteriormente estabelecido, gera para o sujeito passivo direito subjetivo de continuar a usufruir do benefício até o final do termo estipulado originariamente.

Determina o inciso III do art. 104 do CTN que entram em vigor no primeiro dia do exercício seguinte àquele em que ocorra sua publicação os dispositivos de lei referentes a impostos sobre o patrimônio ou a renda que extinguem ou reduzem isenções, salvo se a lei dispuser de maneira mais favorável ao contribuinte. A regra do CTN foi editada na vigência da Emenda Constitucional n. 18, de 1965. A alínea *b* do inciso III do art. 150 da Constituição não fez distinção nesse sentido. Assim, a lei pode tratar de outros impostos, salvo as exceções previstas na Constituição: (a) empréstimo compulsório em caso de guerra externa ou calamidade pública (art. 148); (b) quanto aos impostos de importação, exportação, de produtos industrializados, de operações de crédito, câmbio, seguro e valores mobiliários e imposto em decorrência de guerra (§ 1º do art. 150); (c) quanto às contribuições sociais destinadas ao custeio da Seguridade Social (§ 6º do art. 196).

A isenção, quando não concedida em caráter geral, é efetivada, em cada caso, por despacho da autoridade administrativa, em requerimento com o qual o interessado faça prova do preenchimento das condições e do cumprimento dos requisitos previstos em lei ou contrato para sua concessão (art. 179 do CTN).

Tratando-se de tributo lançado por período certo de tempo, o despacho será renovado antes da expiração de cada período, cessando automaticamente seus efeitos a partir do primeiro dia do período para o qual o interessado deixou de promover a continuidade do reconhecimento da isenção.

O despacho não gera direito adquirido, aplicando-se, quando cabível, o disposto no art. 155 do CTN. Isso quer dizer que a autoridade administrativa poderá reconsiderar seu ato, pois o sujeito passivo, por exemplo, não atendia às condições previstas em lei para sua concessão.

6.2 Anistia

Tem a anistia o sentido de esquecer, perdoar.

A anistia é a exclusão do crédito tributário, no que diz respeito a penalidades pecuniárias, como multa. Atinge apenas as infrações cometidas antes da vigência da lei que a concede. Pode a anistia ser concedida em caráter geral, abrangendo penalidades, sem qualquer condição.

Difere a anistia da remissão. Remissão é o perdão da dívida, pelo fato de o crédito tributário já estar constituído. Abrange tanto o tributo, como a penalidade. A anistia abrange apenas a penalidade. O art. 180 do CTN é expresso no sentido de que abrange infrações e, portanto, não os tributos.

Declara o § 6º do art. 150 da Constituição que qualquer anistia ou remissão só poderão ser concedidas mediante lei específica. É a lei ordinária federal, estadual, distrital ou municipal que vai tratar do tema.

A anistia abrange exclusivamente as infrações cometidas anteriormente à vigência da lei que a concede, não se aplicando:

a) aos atos qualificados em lei como crimes ou contravenções e aos que, mesmo sem essa qualificação, sejam praticados com dolo, fraude ou simulação pelo sujeito passivo ou por terceiro em benefício daquele;
b) salvo disposição em contrário, às infrações resultantes de conluio entre duas ou mais pessoas naturais ou jurídicas (art. 180 do CTN).

A anistia pode ser classificada em: (a) geral, quando atenda a todas as pessoas numa certa área geográfica (art. 181, I, do CTN); (b) limitada ou restrita, abrangendo apenas determinadas hipóteses, como nas letras *a* a *c* do inciso II do art. 181 do CTN; (c) pura, quando não há contraprestação do interessado; (d) condicional, quando o sujeito passivo tem de atender a determinadas condições, como o pagamento do tributo.

A anistia concedida em caráter limitado deve observar:

a) as infrações da legislação relativa a determinado tributo;
b) as infrações punidas com penalidades pecuniárias até determinado montante, conjugadas ou não com penalidades de outra natureza;
c) determinada região do território da entidade tributante, em razão de condições a ela peculiares. É o que ocorre em relação a casos de calamidade pública, como enchentes, seca etc.;
d) a condição do pagamento de tributo no prazo fixado pela lei que a conceder, ou cuja fixação seja atribuída pela mesma lei à autoridade administrativa.

A anistia, quando não concedida em caráter geral, é efetivada, em cada caso, por despacho da autoridade administrativa, em requerimento com o qual o interessado faça prova do preenchimento das condições e do cumprimento dos requisitos previstos em lei para sua concessão (art. 182 do CTN). Na anistia geral, a concessão independe de requerimento do interessado.

O despacho referido não gera direito adquirido, aplicando-se, quando cabível, o disposto no art. 155 do CTN. Isso implica dizer que a autoridade administrativa poderá reconsiderar seu ato, pois o sujeito passivo, por exemplo, não atendia às condições previstas na lei para sua concessão.

7 GARANTIAS E PRIVILÉGIOS DO CRÉDITO TRIBUTÁRIO

As garantias do crédito tributário são divididas em duas espécies. Os privilégios e a preferência. Os privilégios abrangem a garantia de recebimento pela totalidade do patrimônio do sujeito passivo. Na preferência, o crédito tributário é pago primeiro do que qualquer outro, salvo o crédito trabalhista.

A enumeração das garantias atribuídas ao crédito tributário pelo CTN não exclui outras que sejam expressamente previstas em lei, em razão da natureza ou das características do tributo a que se refiram (art. 183 do CTN). Outras garantias podem ser estabelecidas por lei federal, estadual ou municipal, mas não poderão contrariar a previsão do CTN.

A natureza das garantias atribuídas ao crédito tributário não altera a natureza deste nem a da obrigação tributária a que corresponda. O crédito tributário continua com natureza tributária mesmo em razão das garantias previstas em lei, como garantias hipotecárias etc. Assim, ele terá sempre natureza tributária. Não passa, portanto, a ser um crédito hipotecário, bancário etc.

O crédito tributário tem fundamento na supremacia do interesse público, daí ser recebido à frente de outros créditos.

7.1 Privilégios

Os privilégios podem ser gerais ou especiais. São gerais pelo fato de que todos os bens e rendas do devedor respondem pela dívida. São especiais, quando a lei assim disponha.

Sem prejuízo dos privilégios especiais sobre determinados bens, que sejam previstos em lei, responde pelo pagamento do crédito tributário a totalidade dos bens e das rendas, de qualquer origem ou natureza, do sujeito passivo, seu espólio ou sua massa falida, inclusive os gravados por ônus real (penhor, anticrese, hipoteca) ou cláusula de inalienabilidade ou impenhorabilidade, seja qual for a data da constituição do ônus ou da cláusula, excetuados unicamente os bens e rendas que a lei declare absolutamente impenhoráveis (art. 184 do CTN). A lei faz referência a sujeito passivo, abrangendo tanto o contribuinte, como o responsável.

Declara o art. 833 do CPC/2015 que são absolutamente impenhoráveis: (a) os bens inalienáveis e os declarados, por ato voluntário, não sujeitos à execução; (b) os móveis, pertences e utilidades domésticas que guarnecem a residência do executado, salvo os de elevado valor ou que ultrapassem as necessidades comuns correspondentes a um médio padrão de vida; (c) os vestuários, bem como os pertences de uso pessoal do executado, salvo de elevado valor; (d) os vencimentos subsídios, soldos, salários, remunerações, proventos de aposentadorias, pensões, pecúlios e montepios, as quantias recebidas por liberalidade de terceiro e destinadas ao sustento do devedor e de sua família, os ganhos de trabalhador autônomo e os honorários de profissional liberal; (e) ou outros bens móveis, os livros, as máquinas, as ferramentas, os utensílios, os instrumentos, necessários ou úteis ao exercício da profissão do executado; (g) os materiais necessários para obras em andamento, salvo se essas forem penhoradas; (h) a pequena propriedade rural, assim definida em lei, desde que trabalhada pela família; (i) os recursos públicos recebidos por instituições privadas para aplicação compulsória em educação, saúde ou assistência social; (j) a quantia depositada em caderneta de poupança até o limite de 40 salários-mínimos; (k) os recursos públicos do fundo partidário recebidos por partido político, nos termos da lei.

O imóvel residencial próprio do casal, ou da entidade familiar, é impenhorável e não responderá por qualquer tipo de dívida, inclusive fiscal, previdenciária ou de outra natureza, contraídas pelos cônjuges ou pelos pais ou filhos que sejam seus proprietários e nele residam, salvo nas hipóteses previstas em lei (art. 1º da Lei n. 8.009/90). A impenhorabilidade compreende o imóvel sobre o qual se assentam a construção, as plantações, as benfeitorias de qualquer natureza e todos os equipamentos, inclusive os de uso profissional, ou móveis que guarnecem a casa, desde que quitados. Não prevalece a impenhorabilidade em relação à cobrança de impostos, predial ou territorial e de taxas e contribuições devidas em razão do imóvel familiar (art. 3º, IV).

Determina o § 2º do art. 2º da Lei n. 8.036 que as contas do FGTS em nome dos trabalhadores são absolutamente impenhoráveis.

Presume-se fraudulenta a alienação ou oneração de bens ou rendas, ou seu começo, por sujeito passivo em débito para com a Fazenda Pública por crédito tributário regularmente inscrito como dívida ativa (art. 185 do CTN).

A presunção de fraude é absoluta (*juris et de jure*) e não relativa (*juris tantum*), que admitiria prova em sentido contrário.

O disposto no art. 185 do CTN não se aplica na hipótese de terem sido reservados, pelo devedor, bens ou rendas suficientes ao total pagamento da dívida inscrita. O sujeito passivo em débito para com a Fazenda Pública deve reservar bens suficientes para a garantia de toda a dívida, sob pena de se considerar em fraude à lei. Se os bens forem insuficientes, haverá a presunção de fraude.

Qual seria o momento a ser considerado como fraude contra a Fazenda Pública? O primeiro seria a inscrição do crédito tributário como dívida ativa. O segundo seria o ajuizamento da ação. O terceiro, a citação válida do devedor. O quarto ocorreria quando penhorados os bens. O quinto com o registro da penhora.

O art. 185 do CTN é claro pelo fato de que se trata de dívida ativa. Logo, basta a inscrição em dívida ativa para se considerar em fraude à lei o ato do sujeito passivo. Não precisa haver o ajuizamento da ação para se considerar a ocorrência de fraude contra a Fazenda Pública, com a citação válida do devedor.

O inciso IV do art. 792 do CPC/2015 menciona que considera-se fraude à execução a alienação ou oneração de bens, quando, ao tempo da alienação ou oneração, corria contra o devedor demanda capaz de reduzi-lo à insolvência.

O CTN foi expresso em considerar como fraude a inscrição da dívida ativa e não a sua execução.

A lei não exige que haja a penhora de bens ou o registro da penhora no Cartório de Registro de Imóveis para se considerar o ato em fraude contra o fisco.

Na hipótese de o devedor tributário, devidamente citado, não pagar nem apresentar bens à penhora no prazo legal e não forem encontrados bens penhoráveis, o juiz determinará a indisponibilidade de seus bens e direitos, comunicando a decisão, preferencialmente por meio eletrônico, aos órgãos e entidades que promovem registros de transferência de bens, especialmente ao registro público de imóveis e às autoridades supervisoras do mercado bancário e do mercado de capitais, a fim de que, no âmbito de suas atribuições, façam cumprir a ordem judicial (art. 185-A do CTN).

A indisponibilidade limitar-se-á ao valor total exigível, devendo o juiz determinar o imediato levantamento da indisponibilidade dos bens ou valores que excederem esse limite.

Os órgãos e entidades aos quais se fizer a comunicação enviarão imediatamente ao juízo a relação discriminada dos bens e direitos cuja indisponibilidade houverem promovido (art. 185-A do CTN).

O art. 185-A do CTN deve observar o devido processo legal e o contraditório, pois apenas se o devedor não pagar nem apresentar bens à penhora no prazo legal e não forem encontrados bens penhoráveis é que será determinada a indisponibilidade de bens. O bloqueio eletrônico pode ser feito depois da citação. A indisponibilidade não poderá, portanto, ser imediata, no início do processo. A medida é de ofício, pois a lei usa o verbo *determinar* no imperativo: "determinará".

A decretação da indisponibilidade de bens e direitos, na forma do art. 185-A do CTN, pressupõe o exaurimento das diligências na busca por bens penhoráveis, o qual fica caracterizado quando infrutíferos o pedido de constrição sobre ativos financeiros e a expedição de ofícios aos registros públicos do domicílio do executado, ao Denatran ou Detran (Súmula 560 do STJ).

A palavra *direitos* compreende a penhora sobre dinheiro em conta corrente ou aplicações financeiras.

7.2 Preferências

Prefere o crédito tributário a qualquer outro, seja qual for a natureza ou o tempo de sua constituição, ressalvados os créditos decorrentes da legislação do trabalho ou de acidente do trabalho (art. 186 do CTN).

O crédito trabalhista está em primeiro lugar até 150 salários-mínimos na falência na preferência em relação ao crédito tributário. Justifica-se a preferência do crédito trabalhista em razão da sua natureza social e alimentar, pois o empregado vive do seu salário. Com ele paga seus compromissos. Tem ainda característica econômica, pois movimenta a economia. Para fins de falência, a remuneração das férias, ainda quando devida após a cessação do contrato de trabalho, terá natureza salarial (art. 148 da CLT). Isso quer dizer que as férias têm também privilégio para efeito de habilitação em falência.

Na falência:

a) o crédito tributário não prefere aos créditos extraconcursais ou às importâncias passíveis de restituição, nos termos da Lei n. 11.101/2005, nem aos créditos com garantia real, no limite do valor do bem gravado. São créditos extraconcursais: 1 – remunerações devidas ao administrador judicial e seus auxiliares, e créditos derivados da legislação do trabalho ou decorrentes de acidente do trabalho relativos a serviços prestados após a decretação da falência; 2 – quantias fornecidas à massa pelos credores; 3 – despesas com arrecadação, administração, realização do ativo e distribuição do seu produto, bem como custas do processo de falência; 4 – custas judiciais relativas às ações e execuções em que a massa falida tenha sido vencida; 5 – obrigações resultantes de atos jurídicos válidos praticados durante a recuperação judicial, ou após a decretação da falência, e tributos relativos a fatos geradores ocorridos depois da decretação da falência, respeitada a ordem de preferência estabelecida na lei de falência (art. 84 da Lei n. 11.101/2005);

b) a lei poderá estabelecer limites e condições para preferência dos créditos decorrentes da legislação do trabalho. Isso foi estabelecido pela Lei n. 11.101/2005, que prevê a prioridade no recebimento de créditos trabalhistas na falência até 150 salários-mínimos (art. 83, I);

c) a multa tributária prefere apenas aos créditos subordinados. Créditos subordinados são os previstos em lei ou contrato e os créditos dos sócios ou administradores sem vínculo empregatício (art. 83, VIII, da Lei n. 11.101/2005).

Na falência, o art. 183 da Lei n. 11.101/2005 estabeleceu a seguinte ordem de recebimento de créditos:

I – os créditos derivados da legislação do trabalho até 150 salários-mínimos, por credor, e os decorrentes de acidentes do trabalho;

II – créditos com garantia real até o limite do valor do bem gravado;

III – créditos tributários, independentemente da sua natureza (se imposto, taxa, contribuição de melhoria ou contribuição social) e tempo de constituição, excetuadas as multas tributárias.

O objetivo da preferência dada ao crédito tributário é o fato de que a Fazenda Pública não deve concorrer em igualdade de condições com outros credores, pois poderia nada receber se não houvesse bens do devedor suficientes para garantir os pagamentos. O crédito tributário passa para o terceiro lugar na classificação dos créditos na falência (art. 83, III, da Lei n. 11.101/2005). O crédito privado não pode ser recebido antes do crédito público. Deveria ser observado o interesse público e da coletividade em relação ao interesse particular, especialmente de créditos bancários. Não se justifica a renúncia fiscal em favor dos bancos.

Não se justifica a ordem estabelecida na Lei de Falências de certos créditos virem à frente do crédito tributário, pois deveria ser observado o crédito que é de direito público e que beneficia toda a sociedade. Pode ocorrer de o crédito tributário não ser recebido, caso o numerário existente seja absorvido por outros credores preferenciais.

As multas tributárias ficam em sétimo lugar.

A cobrança judicial do crédito tributário não é sujeita a concurso de credores ou habilitação em falência, recuperação judicial, inventário ou arrolamento (art. 187 do CTN). A Fazenda Pública poderia optar pela execução fiscal, sem se habilitar na massa. Entretanto, se não optar pela execução fiscal, deverá habilitar o crédito na massa para efeito de impugnação dos credores. O que o art. 187 do CTN quer dizer com o fato de que o crédito tributário não está sujeito a concurso de credores é que terá preferência em relação a todos os outros credores, com as exceções acima ressalvadas.

O art. 29 da Lei n. 6.830 também esclarece que a cobrança judicial da dívida ativa da Fazenda Pública não está sujeita a concurso de credores ou habilitação em falência, recuperação judicial, liquidação, inventário ou arrolamento.

A Súmula 44 do TRF esclarece que, "ajuizada a execução fiscal anteriormente à falência, com penhora realizada antes desta, não ficam os bens penhorados sujeitos à arrecadação do juízo falimentar; proposta a execução fiscal contra a massa falida, a penhora far-se-á no rosto dos autos do processo da quebra, citando-se o síndico".

Já previa o art. 1.571 do Código Civil de 1916 que a Fazenda Federal preferia à Estadual, e esta à Municipal. O parágrafo único do art. 187 do CTN foi mais específico, determinando que o concurso de preferência somente se verifica entre pessoas jurídicas de direito público, na seguinte ordem:

I – União;

II – Estados, Distrito Federal e Territórios, conjuntamente e *pro rata*;

III – Municípios, conjuntamente e *pro rata*.

Isso significa que em primeiro lugar são pagos os créditos da União e suas autarquias. Se sobrar algum valor, serão pagos os créditos dos Estados, Distrito Federal e Territórios e suas autarquias, conjuntamente e *pro rata* (proporcionalmente). Sobrando numerário, serão pagos os créditos municipais e suas autarquias, conjuntamente e *pro rata*. É o que se extrai do parágrafo único do art. 29 da Lei n. 6.830/80, que acrescenta ao parágrafo único do art. 187 do CTN as autarquias.

A Súmula 563 do STF mostra que o concurso de preferência a que se refere o parágrafo único do art. 187 do CTN é compatível com o disposto no inciso I do art. 9º da Constituição. Esse dispositivo hoje é o inciso III do art. 19 da Constituição de 1988, que veda à União, aos Estados, ao Distrito Federal e aos Municípios criar preferências entre si. Dessa forma, não pode prevalecer a orientação da Súmula 563 do STF, estando revogado pela Constituição de 1988 o parágrafo único do art. 187 do CTN.

São extraconcursais os créditos tributários decorrentes de fatos geradores ocorridos no curso do processo de falência (art. 188 do CTN). O CTN é claro no sentido de que são fatos geradores que ocorrem no curso da falência e não em período anterior, que ficam sujeitos às preferências estabelecidas no art. 85 da Lei n. 11.101/2005.

A concessão de recuperação judicial depende da apresentação da prova de quitação de todos os tributos, observado o disposto nos arts. 151 (suspensão do crédito tributário), 205 e 206 do CTN (certidão negativa).

Contestado o crédito tributário, o juiz remeterá as partes ao processo competente, mandando reservar bens suficientes à extinção total do crédito e seus acrescidos, se a massa não puder efetuar a garantia da instância por outra forma, ouvido, quanto à natureza e valor dos bens reservados, o representante da Fazenda Pública interessada (§ 1º do art. 188 do CTN).

São pagos preferencialmente a quaisquer créditos habilitados em inventário ou arrolamento, ou a outros encargos do monte, os créditos tributários vencidos ou vincendos, a cargo do *de cujus* ou de seu espólio, exigíveis no decurso do processo de inventário ou arrolamento (art. 189 do CTN). O sucessor a qualquer título e o cônjuge meeiro são pessoalmente responsáveis pelos tributos devidos pelo *de cujus* até a data da partilha ou da adjudicação. A responsabilidade é limitada ao montante do quinhão, do legado ou da meação (art. 131, II, do CTN).

Contestado o crédito tributário, proceder-se-á na forma do disposto no § 1º do art. 188 do CTN.

São pagos preferencialmente a quaisquer outros os créditos tributários vencidos ou vincendos, a cargo de pessoas jurídicas de direito privado em liquidação judicial ou voluntária, exigíveis no decurso da liquidação (art. 190 do CTN). Mesmo na liquidação judicial ou voluntária, os créditos tributários preferem a quaisquer outras dívidas da empresa.

Esclarece a Súmula 191 do STF que não se inclui no crédito habilitado em falência a multa fiscal com efeito de pena administrativa.

As multas tributárias poderão ser habilitadas na massa falida (art. 83, VII, da Lei n. 11.101).

8 QUITAÇÕES

A extinção das obrigações do falido requer prova da quitação de todos os tributos (art. 191 do CTN), isto é, de impostos, taxas, contribuições de melhoria e contribuições sociais.

Nenhuma sentença de julgamento de partilha ou adjudicação será proferida sem prova da quitação de todos os tributos relativos aos bens do espólio, ou às suas rendas (art. 192 do CTN). Antes de o juiz proferir sentença de julgamento de partilha ou de adjudicação, haverá necessidade de prova da quitação dos tributos relativos aos bens do espólio ou às suas rendas. A prova de quitação poderá ser feita por meio de certidão negativa.

Salvo quando expressamente autorizado por lei, nenhum departamento da administração pública da União, dos Estados, do Distrito Federal ou dos Municípios, ou suas autarquias, celebrará contrato ou aceitará proposta em concorrência pública sem que o contratante ou proponente faça prova da quitação de todos os tributos devidos à Fazenda Pública interessada, relativos à atividade em cujo exercício contrata ou concorre (art. 193 do CTN). O licitante não terá de fazer prova de todos os tributos que paga, mas apenas daqueles que dizem respeito à Fazenda Pública que está fazendo a licitação.

Verificação de aprendizagem

1. Que é crédito tributário?

2. Que é lançamento e quais são suas espécies?

3. Como se dá a suspensão dos efeitos do crédito tributário?

4. Que é moratória?

5. Como se dá o parcelamento?

6. Quais são as hipóteses de extinção do crédito tributário?

7. Qual o prazo para o pagamento do tributo?

8. Que é imputação em pagamento?

9. Como se dá a compensação tributária?

10. Que é remissão?

11. Como se conta o prazo de decadência e de prescrição?

12. Que é anistia?

13. Como se dá a preferência do crédito tributário?

Capítulo 24

ADMINISTRAÇÃO TRIBUTÁRIA

A Administração Tributária compreende o segmento da administração encarregado de gerir as receitas fiscais. Isso é feito por meio de servidores públicos. Essas pessoas estão incumbidas da fiscalização, orientação e administração dos tributos devidos ao fisco.

1 FISCALIZAÇÃO TRIBUTÁRIA

Sempre que possível, os impostos terão caráter pessoal e serão graduados segundo a capacidade econômica do contribuinte, facultado à administração tributária, especialmente para conferir efetividade a esses objetivos, identificar, respeitados os direitos individuais e nos termos da lei, o patrimônio, os rendimentos e as atividades econômicas do contribuinte (§ 1º do art. 145 da Constituição). O direito de fiscalizar é inerente à Administração Pública na exigência do tributo.

A legislação tributária, observado o disposto no CTN, regulará, em caráter geral, ou especificamente em razão da natureza do tributo de que se tratar, a competência e os poderes das autoridades administrativas em matéria de fiscalização de sua aplicação (art. 194 do CTN).

Explica o art. 96 do CTN que a expressão *legislação tributária* compreende as leis, os decretos e as normas complementares que versem sobre tributos. Assim, tais normas poderão estabelecer regras relativas à fiscalização tributária.

A regra do art. 194 do CTN é destinada ao legislador ordinário de cada ente tributante.

A legislação aplica-se às pessoas naturais ou jurídicas, contribuintes ou não, inclusive às que gozem de imunidade tributária ou de isenção de caráter pessoal.

Para os efeitos da legislação tributária, não têm aplicação quaisquer disposições legais excludentes ou limitativas do direito de examinar mercadorias, livros, arquivos, documentos, papéis e efeitos comerciais ou fiscais dos comerciantes, industriais ou produtores, ou da obrigação destes de exigi-los (art. 195 do CTN).

O § 1º do art. 33 da Lei n. 8.212 dispõe que é prerrogativa da Secretaria da Receita Federal o exame da contabilidade da empresa. Estabelece o art. 420 do CPC/2015 que o juiz, a requerimento da parte, pode ordenar a exibição integral dos livros comerciais e dos arquivos somente nos casos de liquidação de sociedades, sucessão por morte de sócio e quando e como determinar a lei.

Nenhuma autoridade, juiz ou tribunal, sob qualquer pretexto, poderá fazer ou ordenar diligência para verificar se o empresário ou a sociedade empresária observam, ou não, em seus livros e fichas, as formalidades prescritas em lei (art. 1.190 do Código Civil).

O juiz só poderá autorizar a exibição integral dos livros e papéis de escrituração quando necessária para resolver questões relativas a sucessão, comunhão ou sociedade, administração ou gestão à conta de outrem, ou em caso de falência (art. 1.191 do Código Civil). Isso indica que são exaustivas as hipóteses mencionadas. Entretanto, na prática o juiz poderá determinar outras situações de exibição, como para fazer prova no processo trabalhista, como se verifica do § 1º do art. 1.191 do Código Civil, que faz referência ao que interessar à questão judicial.

Pode o juiz, de ofício, ordenar à parte a exibição parcial dos livros e documentos, extraindo-se deles a suma que interessar ao litígio, bem como reproduções autenticadas (art. 421 do CPC/2015). O exame de livros comerciais, em ação judicial, fica limitado às transações entre os litigantes (Súmula 260 do STF).

O juiz ou tribunal que conhecer de tutela cautelar ou de ação pode, a requerimento ou de ofício, ordenar que os livros de qualquer das partes, ou de ambas, sejam examinados na presença do empresário ou da sociedade empresária a que pertencerem, ou de pessoas por estes nomeadas, para deles extrair-se o que interessar à questão (§ 1º do art. 1.191 do Código Civil). Achando-se os livros em outra jurisdição, nela se fará o exame, perante o respectivo juiz.

Recusada a apresentação dos livros, nos casos mencionados, serão apreendidos judicialmente e, na hipótese do parágrafo anterior, será considerado verdadeiro o alegado pela parte contrária para se provar pelos livros. A confissão resultante da recusa pode ser elidida por prova documental em contrário.

As restrições ao exame da escrituração, em parte ou por inteiro, não se aplicam às autoridades fazendárias, no exercício da fiscalização do pagamento de impostos, nos termos estritos das respectivas leis especiais (art. 1.193 do Código Civil).

Esclarece a Súmula 439 do STF que estão sujeitos à fiscalização tributária ou previdenciária quaisquer livros comerciais, limitado o exame aos pontos objeto da investigação.

O livro Diário é obrigatório para todos os comerciantes (art. 5º do Decreto-lei n. 486/69). O livro de Registro de Duplicatas é obrigatório para quem emite duplicatas (art. 19 da Lei n. 5.474, de 18-7-1968). O livro Entrada e Saída de Mercadorias é escriturado apenas pelos comerciantes que exploram Armazéns Gerais. O art. 100 da Lei n. 6.404/76 exige livros apenas para as sociedades por ações. São livros facultativos o Caixa, o Razão e o Conta-corrente. O livro Copiador de Cartas não é mais obrigatório (art. 11 do Decreto-lei n. 486/69).

A empresa não precisa apresentar livros facultativos ao fiscal, mas apenas os obrigatórios. Entretanto, o fiscal pode examinar todos os livros que encontrar na empresa, sejam os obrigatórios, sejam os facultativos.

O empresário e a sociedade empresária são obrigados a conservar em boa guarda toda a escrituração, correspondência e mais papéis concernentes a sua atividade, enquanto não ocorrer prescrição ou decadência no tocante aos atos neles consignados (art. 1.194 do Código Civil).

Os livros obrigatórios de escrituração comercial e fiscal e os comprovantes dos lançamentos neles efetuados serão conservados até que ocorra a prescrição dos créditos tributários decorrentes das operações a que se refiram (parágrafo único do art. 195 do CTN). A prescrição do crédito tributário ocorre em cinco anos a contar da constituição do crédito tributário (art. 174 do CTN). A legislação não menciona que o contribuinte fica dispensado de guardar livros e documentos após o prazo de decadência de cinco anos para lançar o tributo, mas o prazo de cinco anos de prescrição para cobrar o crédito tributário. Entretanto, deveria a legislação prever que o contribuinte deve guardar livros e documentos por cinco anos a contar do momento da ocorrência do fato gerador, pois, se em cinco anos não foi feito o lançamento para a constituição do crédito tributário, o tributo já não pode ser cobrado.

As autoridades administrativas federais poderão requisitar o auxílio da força pública federal, estadual ou municipal e, reciprocamente, quando vítimas de embaraço ou desacato no exercício de suas funções, ou quando necessário à efetivação de medida prevista na legislação tributária, ainda que não se configure fato definido em lei como crime ou contravenção (art. 200 do CTN). Os requisitos para a requisição são o embaraço à fiscalização, no sentido de impor resistência à fiscalização, e o desacato (art. 331 do Código Penal), que implica desrespeito ou desobediência à ação fiscal.

A autoridade administrativa que proceder a quaisquer diligências de fiscalização, ou vier a presidi-las, lavrará os termos necessários para que se documente o início do procedimento, na forma da legislação aplicável, que fixará prazo máximo para a conclusão daquelas (art. 196 do CTN).

O termo de fiscalização deverá conter a data do início em que está sendo feita a fiscalização. Essa data implicará o início do prazo de decadência para o lançamento do tributo.

Para que exista prorrogação da fiscalização, deverá existir motivação. A ausência de motivação importará em nulidade.

O CTN não fixa o prazo máximo de fiscalização. Entretanto, uma fiscalização muito longa pode causar transtornos ao contribuinte, como podem ocorrer abusos praticados pela autoridade administrativa. Não observado o prazo final de fiscalização, o auto de infração será considerado nulo.

Os termos serão lavrados, sempre que possível, em um dos livros fiscais exigidos. Quando lavrados separadamente, deles se entregará, à pessoa sujeita à fiscalização, cópia autenticada pela autoridade.

Mediante intimação escrita, são obrigados a prestar à autoridade administrativa todas as informações de que disponham com relação aos bens, negócios ou atividades de terceiros:

I – os tabeliães, escrivães e demais serventuários de ofício;

II – os bancos, casas bancárias, Caixas Econômicas e demais instituições financeiras;

III – as empresas de administração de bens;

IV – os corretores, leiloeiros e despachantes oficiais;

V – os inventariantes;

VI – os síndicos, comissários e liquidatários;

VII – quaisquer outras entidades ou pessoas que a lei designe, em razão de seu cargo, ofício, função, ministério, atividade ou profissão.

A obrigação prevista anteriormente não abrange a prestação de informações quanto a fatos sobre os quais o informante esteja legalmente obrigado a observar segredo em razão de cargo, ofício, função, ministério, atividade ou profissão. O advogado tem o direito de não depor sobre fatos de que tenha tomado conhecimento em decorrência do exercício da profissão (art. 7º, XIX, da Lei n. 8.906/94).

As autoridades e os agentes fiscais tributários da União, dos Estados, do Distrito Federal e dos Municípios somente poderão examinar documentos, livros e registros de instituições financeiras, inclusive referentes a contas de depósitos e aplicações financeiras, quando houver processo administrativo instaurado ou procedimento administrativo fiscal em curso e tais exames sejam considerados indispensáveis pela autoridade administrativa competente (art. 6º da Lei Complementar n. 105/2001). As informações obtidas das instituições financeiras serão conservadas sob sigilo fiscal (§ 5º do art. 5º).

Sem prejuízo do disposto na legislação criminal, é vedada a divulgação, para qualquer fim, por parte da Fazenda Pública ou de seus funcionários, de qualquer informação, obtida em razão do ofício, sobre a situação econômica ou financeira dos sujeitos passivos ou de terceiros e sobre a natureza e o estado de seus negócios ou atividades (art. 198 do CTN).

O Código Penal prevê como crime a revelação de fato de que tem ciência em razão do cargo e que deva permanecer em segredo, ou facilitar-lhe a revelação (art. 325).

Excetuam-se das regras do art. 198 do CTN, além dos casos previstos no art. 199 do CTN, os seguintes:

I – requisição de autoridade judiciária no interesse da justiça;

II – solicitações de autoridade administrativa no interesse da Administração Pública, desde que seja comprovada a instauração regular de processo administrativo, no órgão ou na entidade respectiva, com o objetivo de investigar o sujeito passivo a que se refere a informação, por prática de infração administrativa.

O intercâmbio de informação sigilosa, no âmbito da Administração Pública, será realizado mediante processo regularmente instaurado, e a entrega será feita pessoalmente à autoridade solicitante, mediante recibo, que formalize a transferência e assegure a preservação do sigilo.

Não é vedada a divulgação de informações relativas a:

I – representações fiscais para fins penais;

II – inscrições na Dívida Ativa da Fazenda Pública;

III – parcelamento ou moratória.

A Fazenda Pública da União e as dos Estados, do Distrito Federal e dos Municípios prestar-se-ão mutuamente assistência para a fiscalização dos tributos respectivos e permuta de informações, na forma estabelecida, em caráter geral ou específico, por lei ou convênio.

Constitui excesso de exação se o funcionário exige tributo ou contribuição social que sabe ou deveria saber indevido, ou, quando devido, emprega na cobrança meio vexatório ou gravoso, que a lei não autoriza (§ 1º do art. 316 do Código Penal).

Muitas vezes, o contribuinte não denuncia atos de excesso de exação praticados pelo fiscal por temer represálias, como a de ser feita nova fiscalização por outro fiscal, a de a fiscalização ficar muito tempo na empresa, inibindo os negócios da pessoa.

2 DÍVIDA ATIVA

A expressão *dívida ativa* dá ideia de dívida que tem atividade. É dívida que não foi paga. Ativa no sentido de que refere ao sujeito passivo da obrigação tributária.

Constitui dívida ativa tributária a proveniente de crédito dessa natureza, regularmente inscrita na repartição administrativa competente, depois de esgotado o prazo fixado, para pagamento, pela lei ou por decisão final proferida em processo regular (art. 201 do CTN).

A dívida ativa tributária nada mais é do que o fato gerador que dá início à obrigação tributária, constituído pelo lançamento do crédito tributário, que, se não pago, implica dívida vencida, ou seja: a dívida ativa.

$$\begin{array}{c} FG \rightarrow OT \rightarrow CT \rightarrow DA \\ \quad\quad\quad\quad\quad \uparrow \\ \quad\quad\quad\quad\quad \text{Lçto.} \end{array}$$

Se não há a inscrição do crédito tributário, não se pode falar em dívida ativa. A inscrição consiste no ato administrativo tendente a registrar nos livros ou fichas da administração os créditos tributários exigíveis, porque não foram pagos no momento oportuno.

A dívida ativa da União será apurada e inscrita na Procuradoria da Fazenda Nacional (§ 4º do art. 2º da Lei n. 6.830).

A fluência de juros de mora não exclui a liquidez do crédito. A dívida ativa da Fazenda Pública, que compreende a tributária e a não tributária, abrange atualização monetária, juros e multa de mora e demais encargos previstos em lei ou contrato (§ 2º do art. 2º da Lei n. 6.830).

Há necessidade de o termo da dívida ativa conter, obrigatoriamente, os seguintes requisitos:

> I – nome do devedor e, sendo o caso, o dos corresponsáveis, bem como, sempre que possível, o domicílio ou a residência de um e de outros;
>
> II – o valor originário da dívida, bem como o termo inicial e a forma de calcular os juros de mora e demais encargos previstos em lei;
>
> III – a indicação, se for o caso, de estar a dívida sujeita à atualização monetária, bem como o respectivo fundamento legal e o termo inicial para o cálculo;
>
> IV – a data e o número da inscrição, no Registro da Dívida Ativa;
>
> V – o número do processo administrativo ou do auto de infração, se neles estiver apurado o valor da dívida; se for o caso, o número do processo administrativo de que se originar o crédito.

A certidão conterá, além dos requisitos mencionados, a indicação do livro e da folha da inscrição e os mesmos elementos do termo de inscrição, sendo autenticada pela autoridade competente. O termo de inscrição e a certidão de dívida ativa poderão ser preparados e numerados por processo manual, mecânico ou eletrônico.

A omissão de quaisquer dos requisitos previstos anteriormente ou o erro a eles relativo são causas de nulidade da inscrição e do processo de cobrança dela decorrente, mas a nulidade poderá ser sanada até a decisão de primeira instância, mediante substituição da certidão nula, devolvido ao sujeito passivo, acusado ou interessado, o prazo para defesa, que somente poderá versar sobre a parte modificada (art. 203 do CTN).

A dívida regularmente inscrita goza da presunção de certeza e liquidez e tem o efeito de prova pré-constituída (art. 204 do CTN e art. 3º da Lei n. 6.830). Considera-se líquida a obrigação certa, quanto a sua existência, e determinada, quanto a seu objeto.

A presunção mencionada é relativa (*iuris tantum*) e não absoluta (*iures et de iure*), e pode ser ilidida por prova inequívoca, a cargo do sujeito passivo ou do terceiro a quem aproveite.

A inscrição suspenderá a prescrição, para todos os efeitos de direito, por 180 dias ou até a distribuição da execução fiscal, se esta ocorrer antes de findo aquele prazo (§ 3º do art. 2º da Lei n. 6.830). Esse dispositivo está revogado pela alínea *b* do inciso III do art. 146 da Constituição, pois matéria relativa a prescrição é objeto de lei complementar e a Lei n. 6.830 é ordinária.

O parágrafo único do art. 1º da Lei n. 9.492/97 permite o protesto de certidão de dívida ativa da União, dos Estados, do Distrito Federal e dos Municípios, suas autarquias e fundações públicas. O STJ autorizou o protesto da certidão de dívida ativa (REsp 1.126.515/PR, j. 16-12-2013). É uma forma de tentar fazer o devedor pagar a dívida tributária. O fisco não pode, porém, protestar certidão de dívida ativa referente a tributo pago, prescrito, em relação a sócios em que não se proporcionou contraditório e ampla defesa, ou não tiver respaldo nos requisitos previstos em lei, sob pena de caracterização de dano moral ao contribuinte.

3 CERTIDÕES NEGATIVAS

A lei poderá exigir que a prova da quitação de determinado tributo, quando exigível, seja feita por certidão negativa, expedida à vista de requerimento do interessado, que contenha todas as informações necessárias à identificação de sua pessoa, domicílio fiscal e ramo de negócio ou atividade e indique o período a que se refere o pedido (art. 205 do CTN).

Quem está exigindo a certidão negativa é a lei, de acordo com o art. 205 do CTN.

A certidão negativa será sempre expedida nos termos em que tenha sido requerida e será fornecida dentro de 10 dias da data da entrada do requerimento na repartição.

Tem os mesmos efeitos a certidão de que conste a existência de créditos não vencidos, em curso de cobrança executiva em que tenha sido efetivada a penhora, ou cuja exigibilidade esteja suspensa (art. 206 do CTN).

Se o contribuinte propuser ação de consignação em pagamento, depositando valor inferior ao feito no lançamento fiscal, o fisco poderá negar a certidão negativa, que só será expedida após o trânsito em julgado da decisão. Ao contrário, caso a empresa faça o depósito integral do valor lançado na ação de consignação em pagamento, o fisco não pode negar a emissão da certidão negativa.

A regra do art. 206 do CTN mostra a existência de uma certidão positiva de débito, com efeitos de negativa, pois os efeitos do crédito tributário estão suspensos.

Nos casos de reclamação feita para discussão de compensação, não pode a Administração Pública se negar a expedir a certidão negativa, pois os efeitos do crédito tributário estão suspensos em razão da reclamação administrativa apresentada (art. 151, III, do CTN).

O fisco não pode negar a expedição de certidão negativa se o tributo ainda não foi lançado ou se não estiver vencido. A recusa em expedir certidão negativa só é aceitável quando é apurado crédito tributário vencido pelo sujeito ativo.

Declarado e não pago o débito tributário pelo contribuinte, é legítima a recusa de expedição de certidão negativa ou positiva com efeito de negativa (Súmula 446 do STJ).

Mesmo que o contribuinte tenha pedido parcelamento, terá direito à certidão negativa, pois o parcelamento representa a prorrogação da data do pagamento. Assim, o tributo não está vencido. Se o contribuinte vem pagando regularmente os tributos objeto de parcelamento, o sujeito ativo não pode negar a expedição de certidão negativa.

Já se decidiu que se o contribuinte apresenta caução real, é de se conceder certidão positiva com efeitos de negativa (STJ, 1ª T., REsp 363.518-ES, j. 12-3-2002, Rel. Min. Garcia Vieira, *DJU* 1 15-4-2002, p. 175).

Em relação a tributos objeto de lançamento por homologação, o contribuinte só terá direito à certidão negativa depois de a Fazenda Pública homologar o pagamento antecipado.

Independentemente de disposição legal permissiva, será dispensada a prova de quitação de tributos, ou seu suprimento, quando se tratar de prática de ato indispensável para evitar a caducidade de direito, respondendo, porém, todos os participantes no ato pelo tributo porventura devido, juros de mora e penalidades cabíveis, exceto as relativas a infrações cuja responsabilidade seja pessoal ao infrator (art. 207 do CTN).

A certidão negativa expedida com dolo ou fraude, que contenha erro contra a Fazenda Pública, responsabiliza pessoalmente o funcionário que a expedir, pelo crédito tributário e juros de mora acrescidos (art. 208 do CTN). Se a certidão negativa for expedida pelo funcionário sem dolo ou fraude, não haverá responsabilidade pessoal do funcionário pelo crédito tributário e juros de mora.

O mencionado anteriormente não exclui a responsabilidade criminal e funcional que no caso couber.

Verificação de aprendizagem

1. Que é Administração Tributária?
2. Como é o procedimento do fiscal para fazer a fiscalização tributária?
3. Quais são os livros obrigatórios que a empresa deve apresentar ao fiscal?
4. Que é dívida ativa?
5. Quais são os requisitos que deve conter a dívida ativa?
6. Para que serve a certidão negativa?

Capítulo 25

ILÍCITO TRIBUTÁRIO

1 NOÇÕES GERAIS

Procedimento lícito é o que está de acordo com a ordem jurídica. Age na conformidade com a lei quem a observa. Pratica, portanto, ato lícito.

Procedimento ilícito é o que viola a ordem jurídica.

Determina o inciso I do art. 188 do Código Civil que não constituem atos ilícitos os praticados no exercício regular de um direito reconhecido. Ao contrário, os atos praticados em exercício irregular serão considerados ilícitos. São atos abusivos de direito.

O ilícito tributário é decorrente da violação da legislação tributária, como, por exemplo, o descumprimento da obrigação principal ou acessória.

Tributo não se confunde com penalidade. O tributo tem por objetivo arrecadar numerário para o Estado. A penalidade visa à observância da norma jurídica.

O ilícito tributário pode compreender três espécies: infração tributária, infração tributária e penal e infração penal. Um contribuinte faz o enquadramento erradamente para utilização de desconto padrão no imposto de renda da pessoa física. O fisco verifica o erro e apura a diferença do imposto, cobrando multa, juros e correção monetária.

A infração tributária é decorrente da inobservância da legislação tributária, como ocorre com o pagamento incorreto do tributo.

A infração tributária e penal irá ocorrer quando o contribuinte vem a burlar a legislação com o objetivo de não pagar o tributo. O fisco irá apurar o tributo e aplicar a penalidade cabível, mas também haverá crime, como, por exemplo, de sonegação fiscal.

Haverá apenas infração penal quando o fato praticado implicar apenas violação à lei penal, como do fiscal que exige tributo que sabe indevido (§ 1º do art. 316 do Código Penal).

A antijuridicidade do ato é uma só, mas ela pode ter consequências nas diversas disciplinas do Direito, implicando as respectivas sanções. A natureza da pena poderá indicar qual a modalidade do ilícito cometido. Se há crime, a sanção, por exemplo, é penal.

O Direito Penal Tributário irá cuidar dos crimes pela transgressão das leis tributárias. É um dos segmentos do Direito Penal, que irá estudar os crimes decorrentes da violação da legislação tributária.

Elisão fiscal (*tax avoidance*) significa economia de imposto, por intermédio de planejamento fiscal (*tax planning*). Elisão quer dizer eliminar, suprimir. Nada impede que o contribuinte estabeleça a prática de seus negócios de maneira que pague o menor imposto possível. É a economia lícita do pagamento do tributo. Visa minimizar a tributação. Há certa liberdade ao contribuinte para organizar sua atividade a fim de evitar a ocorrência do fato gerador.

Ninguém precisa pagar mais imposto do que a lei manda.

A evasão fiscal (*tax evasion*) tem por objetivo evitar o pagamento do tributo, mediante subterfúgios praticados pelo contribuinte para dissimular a ocorrência do fato gerador da obrigação tributária. Tem o sentido de evadir, de fugir à tributação. Constitui ilícito. Daí não se poder falar em evasão legal, pois se é evasão, não é legal.

A evasão pode ser omissiva ou comissiva. A evasão omissiva é a intencional ou não intencional, como ocorre na ignorância de pagar o tributo. A evasão comissiva é sempre intencional, podendo ser ilícita (fraude, simulação, conluio) ou lícita, que é a elisão fiscal ou economia de imposto.

Elisão subjetiva é a que compreende fatores pessoais, como residência ou domicílio do contribuinte.

Elisão objetiva é a que mostra elementos como local da fonte de produção, do exercício da atividade, da instalação do estabelecimento, visando: (a) distribuir renda; (b) acumular rendimentos; (c) transferir rendimentos para países com tributação favorecida.

São espécies de evasão a sonegação, a inadimplência fiscal, a simulação e o negócio indireto. Neste a pessoa objetiva uma finalidade diversa da sua normal.

Transferência de preços (*transfer pricing*) é a manipulação do preço do produto ou serviço nas operações de venda e compra internacionais, quando o contribuinte pode controlar ambos os polos da operação.

Os arts. 18 a 24 da Lei n. 9.430/96 pretendem disciplinar os preços de transferência.

Prevê o art. 18 da Lei n. 9.430/96 que os preços de transferência devem ser os de concorrência ou de mercado, sem superfaturamento, nem subfaturamento. Aplica-se o princípio do *arm's length*, dos preços sem interferência, no sentido da distância do braço. A filial tem de ser vista como uma unidade econômica independente para efeito de apuração do lucro.

2 CLASSIFICAÇÃO DAS INFRAÇÕES FISCAIS

As infrações fiscais podem ser classificadas em substanciais e formais[1].

Infração substancial é a que decorre do descumprimento da obrigação tributária principal, e abrange o pagamento do tributo ou da penalidade pecuniária. A infração substancial viola o próprio poder de tributar do sujeito ativo.

Infração formal ocorrerá quando houver descumprimento da obrigação tributária acessória, de procedimentos que o contribuinte deveria observar. Compreende a infração formal, a violação do poder de regular e de regulamentar.

Em razão do grau de culpabilidade, as infrações podem ser objetivas e subjetivas[2].

As infrações objetivas dizem respeito à não observância da legislação tributária, porém não há intenção ou culpa do agente em praticar o ato. Mesmo assim ao agente é atribuída uma penalidade.

As infrações subjetivas dizem respeito à pessoa do agente. São divididas em culposas e dolosas.

Nas infrações culposas, o contribuinte não tem a intenção de praticar o ato, mas o faz em decorrência de negligência, imprudência ou imperícia. Exemplo é o contribuinte que vende mercadorias e utiliza-se do modelo errado de nota fiscal para dar saída da mercadoria.

As infrações dolosas dizem respeito à vontade do agente em praticar o ato, como sonegação, fraude ou conluio.

---

1 NOGUEIRA, Ruy Barbosa. *Curso de direito tributário*. 8. ed. São Paulo: Saraiva, 1987. p. 214.

2 Idem, ibidem, p. 215.

O contribuinte não poderá, porém, ser punido pelo fato de que observou as normas regulamentares do poder tributante. É claro o parágrafo único do art. 100 do CTN no sentido de que a observância dos atos normativos, decisões administrativas e convênios exclui a imposição de penalidades, a cobrança de juros de mora e a atualização do valor monetário da base de cálculo do tributo.

3 CRIMES TRIBUTÁRIOS

O inciso LXVII do art. 5º da Constituição é expresso no sentido de vedar qualquer prisão por dívida, como ocorreria com legislação que determinasse a prisão do contribuinte que não pagou o tributo. As únicas exceções dizem respeito ao depositário infiel e em relação à prestação alimentícia. O mero não recolhimento do tributo não pode ser considerado como crime.

Alguns dos crimes tributários são previstos no Código Penal. Outros são definidos em legislação esparsa.

3.1 No Código Penal

Há crimes que são realmente tributários, como contrabando, descaminho, falsificação de papéis públicos. Existem outros crimes que são indiretamente decorrentes de matéria tributária, como excesso de exação, prevaricação, falsidade.

O contrabando é a importação ou exportação de mercadoria proibida (art. 334, primeira parte, do Código Penal). Há dolo genérico do agente na prática do ato.

Descaminho é iludir, no todo ou em parte, o pagamento de direito ou imposto devido pela entrada, pela saída ou pelo consumo de mercadoria (art. 334, parte final, do Código Penal). No descaminho é permitida a entrada ou saída da mercadoria, mas o contribuinte não paga o imposto, que é devido. No contrabando, a importação ou exportação da mercadoria é proibida pela legislação, não sendo devido imposto.

O crime de falsificação de papéis públicos é definido no inciso I do art. 293 do Código Penal, no sentido de falsificar, fabricando ou alterando o selo postal, a estampilha, o papel selado ou qualquer papel de emissão legal, destinado à arrecadação de imposto ou taxa. Na prática, o referido crime é inexistente, pois a Emenda Constitucional n. 18/65 suprimiu o imposto do selo.

O fiscal pode incorrer em concussão quando exige, para si ou para outrem, direta ou indiretamente, ainda que fora da função ou antes de assumi-la, mas em razão dela, vantagem indevida (art. 316 do Código Penal). A exigência implica meios intimidatórios ou violentos. A vantagem não é devida.

Ocorrerá corrupção passiva quando o fiscal solicitar ou receber, para si ou para outrem, direta ou indiretamente, ainda que fora da função ou antes de assumi-la, mas em razão dela, vantagem indevida, ou aceitar promessa de tal vantagem (art. 317 do Código Penal). Nesse caso, há mero pedido.

Incorrerá o funcionário em prevaricação quando retardar ou deixar de praticar, indevidamente, ato de ofício, ou praticá-lo contra disposição de lei, para satisfazer a interesse ou sentimento pessoal (art. 319 do Código Penal). É o caso do funcionário que não faz o lançamento para constituir o crédito tributário a que está obrigado por força de lei, ou então retarda a prática de tal ato.

Haverá excesso de exação se o funcionário exige tributo ou contribuição social que sabe ou deveria saber indevido, ou, quando devido, emprega na cobrança meio vexatório ou gravoso, que a lei não autoriza (§ 1º do art. 316 do Código Penal). A partir da vigência da Lei n. 8.137, de 27-12-1990, que deu nova redação ao citado parágrafo, configura excesso de exação tanto a exigência indevida de tributo, como também de contribuição social, embora, sob meu ponto de vista, contribuição social é espécie de tributo. O funcionário sabia ou deveria saber que o tributo ou contribuição são indevidos. Há vontade do funcionário em exigir o tributo que sabe indevido. Quando o tributo ou contribuição são devidos, o fiscal emprega na cobrança meio humilhante ou excessivo, não autorizado ou previsto pela lei. O sujeito ativo do crime é o funcionário. Não há necessidade de ser o fiscal, mas a pessoa que exige o tributo ou contribuição.

Pratica crime de violação de segredo funcional quem revela fato de que tem ciência em razão do cargo e que deve permanecer em segredo, ou facilitar-lhe a revelação (art. 325 do Código Penal). Revelar é tornar público o fato, que deveria guardar segredo, em razão do exercício funcional. É crime praticado por funcionário público no exercício de seu cargo. Exemplo é a divulgação de dados do contribuinte cobertos por sigilo fiscal.

A apropriação indébita genérica é prevista no art. 168 do Código Penal: apropriar-se de coisa alheia móvel, de que tem a posse ou a detenção. Apropriar é assenhorar, apossar, tomar para si algo que não lhe pertence, mas que estava em sua posse ou detenção. Há necessidade de que o sujeito ativo tenha a vontade de apropriar-se de coisa alheia móvel (*animus rem sibi habendi*), como de reter o imposto de renda na fonte do empregado e não o recolher ao fisco.

A apropriação indébita previdenciária é prevista no art. 168-A do Código Penal. Consiste em deixar de repassar à previdência social as contribuições recolhidas dos contribuintes, no prazo e forma legal ou convencional. Também são crimes deixar de: (1) recolher, no prazo legal, contribuição ou importância destinada à previdência social que tenha sido descontada de pagamento efetuado a segurados, a terceiros ou arrecadada do público. O empregador desconta do empregado a contribuição previdenciária. Se não a repassar ao INSS, incorrerá em apropriação indébita previdenciária. Contribuição arrecadada do público é a obtida nos jogos de futebol, em que 5% da arrecadação da partida desportiva é destinada ao custeio da Seguridade Social; (2) recolher contribuições devidas à previdência social que tenham integrado despesas contábeis ou custos relativos à venda de produtos ou à prestação de serviços.

Define o art. 337-A do Código Penal o crime de sonegação de contribuição previdenciária, que consiste em suprimir ou reduzir contribuição social previdenciária e qualquer acessório, mediante as seguintes condutas: (1) omitir de folha de pagamento da empresa ou de documento de informações previsto pela legislação previdenciária segurados empregado, empresário, trabalhador avulso ou trabalhador autônomo ou a este equiparado que lhe prestem serviços; (2) deixar de lançar mensalmente nos títulos próprios da contabilidade da empresa as quantias descontadas dos segurados ou as devidas pelo empregador ou pelo tomador de serviços; (3) omitir, total ou parcialmente, receitas ou lucros auferidos, remunerações pagas ou creditadas e demais fatos geradores de contribuições sociais previdenciárias.

3.2 Crimes contra a ordem tributária

3.2.1 Sonegação

Sonegação é toda ação ou omissão dolosa tendente a impedir ou retardar, total ou parcialmente, o conhecimento por parte da autoridade fazendária: (1) da ocorrência do fato gerador da obrigação tributária principal, sua natureza ou circunstâncias materiais; (2) das condições pessoais do contribuinte, suscetíveis de afetar a obrigação tributária principal ou o crédito tributário correspondente (art. 71 da Lei n. 4.502/64).

A sonegação diz respeito a fato gerador já ocorrido e não a realizar. O contribuinte oculta o fato gerador com o objetivo de não pagar o tributo devido.

3.2.2 Fraude

Fraude é toda ação ou omissão dolosa tendente a impedir ou retardar, total ou parcialmente, a ocorrência do fato gerador da obrigação tributária principal, ou a excluir ou modificar suas características essenciais, de modo a reduzir o montante do imposto devido, ou a evitar ou diferir seu pagamento (art. 72 da Lei n. 4.502/64).

Na fraude, o contribuinte falsifica dados ou insere elementos incorretos nos livros fiscais visando não pagar o tributo ou pagar valor inferior ao devido.

3.2.3 Conluio

Conluio é o ajuste doloso entre duas ou mais pessoas, naturais ou jurídicas, visando aos efeitos da sonegação ou da fraude (art. 73 da Lei n. 4.502/64).

No conluio, há a vontade de duas ou mais pessoas de não indicar, por exemplo, renda em um negócio jurídico, para não haver a respectiva tributação.

3.2.4 Crimes contra a ordem tributária

Constitui crime contra a ordem tributária suprimir ou reduzir tributo, ou contribuição social e qualquer acessório, mediante as seguintes condutas:

I – omitir informação, ou prestar declaração falsa às autoridades fazendárias. É o que ocorre quando o sujeito passivo omite informações em sua declaração de imposto de renda pessoa física ou presta declaração falsa ao fisco;

II – fraudar a fiscalização tributária, inserindo elementos inexatos, ou omitindo operação de qualquer natureza, em documento ou livro exigido pela lei fiscal;

III – falsificar ou alterar nota fiscal, fatura, duplicata, nota de venda, ou qualquer outro documento relativo à operação tributável. É o que se chama de nota calçada, que no talão de venda fica com um valor muito baixo e ao contribuinte é dado o valor correto de venda, porém não se coloca carbono na nota para preencher as demais vias;

IV – elaborar, distribuir, fornecer, emitir ou utilizar documento que saiba ou deva saber falso ou inexato;

V – negar ou deixar de fornecer, quando obrigatório, nota fiscal ou documento equivalente, relativa à venda de mercadoria ou prestação de serviço, efetivamente realizada, ou fornecê-la em desacordo com a legislação (art. 1º da Lei n. 8.137/90). Pela legislação, o ato de deixar de fornecer nota fiscal já configura crime contra a ordem tributária. Não há necessidade de o consumidor pedir a nota fiscal, ela tem de lhe ser entregue mesmo que não haja pedido nesse sentido, pois, do contrário, implicará evasão fiscal por parte do contribuinte.

Não se tipifica crime contra a ordem tributária previsto no art. 1º, incisos I a IV, da Lei n. 8.137/90, antes do lançamento definitivo do tributo (Súmula Vinculante 24 do STF).

Representa crime da mesma natureza:

I – fazer declaração falsa ou omitir declaração sobre rendas, bens ou fatos, ou empregar outra fraude, para eximir-se, total ou parcialmente, de pagamento de tributo;

II – deixar de recolher, no prazo legal, valor de tributo ou de contribuição social, descontado ou cobrado, na qualidade de sujeito passivo de obrigação e que deveria recolher aos cofres públicos. É a apropriação indébita tributária;

III – exigir, pagar ou receber, para si ou para o contribuinte beneficiário, qualquer porcentagem sobre a parcela dedutível ou deduzida de imposto ou de contribuição como incentivo fiscal;

IV – deixar de aplicar, ou aplicar em desacordo com o estatuído, incentivo fiscal ou parcelas de imposto liberadas por órgão ou entidade de desenvolvimento;

V – utilizar ou divulgar programa de processamento de dados que permita ao sujeito passivo da obrigação tributária possuir informação contábil diversa daquela que é, por lei, fornecida à Fazenda Pública (art. 2º da Lei n. 8.137/90).

Os crimes definidos no art. 2º da Lei n. 8.137 são chamados de formais ou de mera conduta. São consumados independentemente do resultado.

Determina o art. 138 do CTN que a denúncia espontânea, acompanhada do pagamento do tributo, antes do início de qualquer procedimento fiscal ou medida de fiscalização relacionados com a infração, exclui a responsabilidade por infrações da legislação tributária. Isso implica que o contribuinte não fica sujeito à sanção de natureza administrativa e penal. Não se poderia entender que o Estado estimulasse o agente a regularizar o pagamento do tributo, dispensando-o da sanção administrativa, mas impondo sanção penal.

É suspensa a pretensão punitiva do Estado, referente aos crimes previstos nos arts. 1º e 2º da Lei n. 8.137/90 e nos arts. 168-A do Código Penal (apropriação indébita previdenciária) e 337-A do Código Penal (sonegação da contribuição previdenciária), limitada a suspensão aos débitos que tiverem sido objeto da concessão de parcelamento, enquanto não forem rescindidos os parcelamentos (art. 68 da Lei n. 11.941/2009). A prescrição criminal não corre durante o período da suspensão da pretensão punitiva.

Extingue-se a punibilidade dos crimes referidos no parágrafo anterior quando a pessoa jurídica relacionada com o agente efetuar o pagamento integral dos débitos oriundos de tributos e contribuições sociais, inclusive acessórios, que tiverem sido objeto de concessão de parcelamento (art. 69 da Lei n. 11.941/2009). Em relação à pessoa física, a extinção da punibilidade ocorrerá com o pagamento integral dos valores correspondentes à ação penal.

Na hipótese de concessão de parcelamento do crédito tributário, a representação fiscal para fins penais somente será encaminhada ao Ministério Público após a exclusão da pessoa física ou jurídica do parcelamento (§ 1º do art. 83 da Lei n.

9.430/96). É suspensa a pretensão punitiva do Estado referente, durante o período em que a pessoa física ou a pessoa jurídica relacionada com o agente dos aludidos crimes estiver incluída no parcelamento, desde que o pedido de parcelamento tenha sido formalizado antes do recebimento da denúncia criminal. A prescrição criminal não corre durante o período de suspensão da pretensão punitiva. Extingue-se a punibilidade dos crimes referidos no *caput* quando a pessoa física ou a pessoa jurídica relacionada com o agente efetuar o pagamento integral dos débitos oriundos de tributos, inclusive acessórios, que tiverem sido objeto de concessão de parcelamento. O disposto acima não se aplica nas hipótese de vedação legal de parcelamento. As disposições contidas no *caput* do art. 34 da Lei n. 9.249, de 26-12-1995, aplicam-se aos processos administrativos e aos inquéritos e processos em curso, desde que não recebida a denúncia pelo juiz. Extingue-se a punibilidade dos crimes definidos na Lei n. 8.137, de 27-12-1990, e na Lei n. 4.729, de 14-7-1965, quando o agente promover o pagamento do tributo ou contribuição social, inclusive acessórios, antes do recebimento da denúncia (art. 34 da Lei n. 9.249/95).

3.3 Crimes praticados por funcionários públicos

Constitui crime funcional contra a ordem tributária, além dos previstos no Código Penal:

I – extraviar livro oficial, processo fiscal ou qualquer documento, de que tenha a guarda em razão da função; sonegá-lo, ou inutilizá-lo, total ou parcialmente, acarretando pagamento indevido ou inexato de tributo ou contribuição social;

II – exigir, solicitar ou receber, para si ou para outrem, direta ou indiretamente, ainda que fora da função ou antes de iniciar seu exercício, mas em razão dela, vantagem indevida; ou aceitar promessa de tal vantagem, para deixar de lançar ou cobrar tributo ou contribuição social, ou cobrá-los parcialmente;

III – patrocinar, direta ou indiretamente, interesse privado perante a administração fazendária, valendo-se da qualidade de funcionário público.

4 TIPOS DE SANÇÕES FISCAIS

As sanções fiscais podem ser várias.

As penas pecuniárias geralmente fixam multa pelo descumprimento da legislação tributária.

O fisco poderá apreender mercadorias em razão, por exemplo, de falta de notas fiscais, de ser proibida sua entrada no território nacional ou até pelo fato de que não houve o pagamento do tributo devido.

Na perda da mercadoria, esta deixa de ficar na posse do titular, pois, por exemplo, ela foi importada ilicitamente, em razão da vedação prevista na legislação. É o que ocorre com o contrabando.

O contribuinte pode ficar sujeito a sistema especial de fiscalização, como quando é reincidente na prática da infração tributária.

O fisco muitas vezes faz interdições, em razão de que o contribuinte é reincidente na prática de infrações. O objetivo é coagir o contribuinte a pagar o tributo devido. O contribuinte, contudo, tem direito ao devido processo legal. Ninguém será privado de seus bens sem o devido processo legal (art. 5º, LIV, da Constituição). Qualquer processo, seja judicial ou administrativo, deve proporcionar ao acusado o contraditório e a ampla defesa (art. 5º, LV, da Constituição). O sujeito ativo dispõe de meios próprios para cobrar o tributo devido, como a ação de execução fiscal. A Súmula 547 do STF já proclamou ser inadmissível a interdição de estabelecimento como meio coercitivo para cobrança de tributo. O fisco dispõe da execução fiscal para cobrar o tributo.

4.1 Sanções compensatórias

As sanções compensatórias têm natureza civil. Não visam punir o contribuinte. São sanções compensatórias os juros de mora, a correção monetária e a multa de mora.

4.1.1 Juros de mora

Os juros de mora representam o acréscimo a que o sujeito passivo fica sujeito em razão de que deixou de pagar o tributo no prazo legal. Os juros são a remuneração do capital. São juros moratórios os que visam remunerar o capital do Estado que não foi pago no prazo determinado pela legislação tributária.

Durante a pendência da consulta feita pelo contribuinte, dentro do prazo legal para pagamento do tributo, não correm juros de mora (§ 2º do art. 161 do CTN).

O Código Civil de 1916 previa a taxa de juros de mora de 6% ao ano para as obrigações civis (art. 1.062), que corresponde a 0,5% ao mês.

A lei ordinária é que irá fixar os juros de mora. Se não o fizer, os juros de mora serão de 1% ao mês (§ 1º do art. 161 do CTN).

Os juros moratórios têm natureza compensatória. Visam compensar o fisco pela falta de pagamento do tributo no prazo legal.

O art. 30 da Lei n. 10.522/2002 estabelece que os juros são a taxa Selic para débitos de qualquer natureza para com a Fazenda Nacional e os decorrentes de contribuições arrecadadas pela União são de 1% no mês do pagamento.

O objetivo da utilização da taxa Selic, como juros, é reduzir o inadimplemento em relação ao pagamento de tributos para que o contribuinte não aplique o seu dinheiro em detrimento da utilização do numerário em benefício da coletividade.

Contra a massa falida não são exigíveis juros vencidos após a decretação da falência, previstos em lei ou em contrato, se o ativo apurado não bastar para o pagamento dos credores subordinados (art. 124 da Lei de Falências). Se o ativo apurado bastar para o pagamento dos credores subordinados, os juros pelo não recolhimento do tributo no prazo legal serão devidos.

4.1.2 Correção monetária

A correção monetária nada mais representa do que a atualização do valor da moeda em razão da inflação. Não é um *plus* ou algo a mais, mas apenas a correção do valor da moeda em virtude dos efeitos inflacionários.

4.1.3 Multa de mora

A multa de mora é a decorrente do atraso no pagamento do tributo. A lei estabelece o prazo para o pagamento do tributo. Se esse prazo não for observado, o tributo é devido com a multa de mora. O acréscimo correspondente é a multa de mora.

Deverá a multa moratória ser fixada por lei.

A natureza da multa não é penal, pois tem por objetivo compensar ou ressarcir o sujeito ativo pelo atraso no recebimento do tributo. Não tem também natureza de cláusula penal, pois a relação tributária não é um contrato entre dois particulares, mas decorre de norma legal, de ordem pública.

Acaba a multa de mora tendo por objetivo também reforçar a obrigação tributária.

5 SANÇÃO PUNITIVA

Há também sanções tributárias penais. Não são penas no sentido penal, mas valores devidos ao fisco pela falta de observância da legislação tributária.

Multa fiscal é a proveniente da falta de observância da legislação tributária. Pode ser originária da falta de pagamento de tributo ou do descumprimento da obrigação acessória, porém é decorrente de o contribuinte deixar de observar a legislação tributária.

Tem natureza repressiva a multa fiscal. Visa assegurar o cumprimento da legislação tributária, tendo característica intimidatória.

A multa fiscal será aplicada de forma retroativa, pois compreende aplicação de lei mais benéfica em matéria de penalidades (art. 106 do CTN).

Não se inclui no crédito habilitado em falência a multa fiscal com efeito de pena administrativa (Súmula 192 do STF).

É legítima a cobrança de multa fiscal de empresa em regime de recuperação judicial, pois não há vedação nesse sentido na Lei de Falências.

Verificação de aprendizagem

1. Que é ilícito tributário?
2. Que é infração substancial?
3. Que é infração formal?
4. Que é infração dolosa?
5. Que é infração culposa?
6. Quais são os crimes contra a ordem tributária?
7. Quais são as sanções compensatórias?
8. Quais são as sanções punitivas?
9. Que é multa de mora?
10. Que é multa fiscal?

Capítulo 26

PROCESSO ADMINISTRATIVO TRIBUTÁRIO

1 INTRODUÇÃO

O processo administrativo tributário é a discussão no âmbito administrativo da exigência do tributo. Isso é feito, por exemplo, no Conselho Administrativo de Recursos Fiscais, nos Tribunais de Impostos e Taxas.

Esclarece o inciso LV do art. 5º da Constituição que aos litigantes, em processo judicial ou administrativo, e aos acusados em geral são assegurados o contraditório e a ampla defesa, com os meios e recursos a ela inerentes. Assim, mesmo no âmbito administrativo, devem-se assegurar o contraditório e a ampla defesa ao contribuinte.

Trata-se da aplicação da regra do *due process of law* ou devido processo legal.

Ninguém será privado da liberdade ou de seus bens sem o devido processo legal (art. 5º, LIV, da Constituição).

Prevê, ainda, o inciso XXXIV do art. 5º da Lei Magna que são a todos assegurados, independentemente do pagamento de taxas:

a) o direito de petição aos Poderes Públicos em defesa de direito ou contra ilegalidade ou abuso de poder;
b) a obtenção de certidões em repartições públicas, para a defesa de direitos e esclarecimentos de situações de interesse pessoal. A Lei n. 9.051,

de 18-5-1995, trata da expedição de certidões para defesa de direitos e esclarecimentos de situações.

2 ÂMBITO FEDERAL

No âmbito federal, o processo administrativo tributário compreende os impostos federais (imposto de renda, IPI, ITR, imposto de importação e de exportação, IOF etc.) e as contribuições sociais, como o PIS, a Cofins e a contribuição social sobre o lucro, que são administradas pela Secretaria da Receita Federal.

O processo administrativo fiscal na esfera federal é regido pelo Decreto n. 70.235, de 6-3-1972.

O procedimento fiscal tem início com:

a) o primeiro ato de ofício, escrito, praticado por servidor competente, cientificando o sujeito passivo da obrigação tributária ou seu preposto;
b) a apreensão de mercadorias, documentos ou livros;
c) o começo de despacho aduaneiro de mercadoria importada.

O auto de infração será lavrado por servidor competente, no local da verificação da falta, e conterá obrigatoriamente:

I – a qualificação do autuado;
II – o local, a data e a hora da lavratura;
III – a descrição do fato;
IV – a disposição legal infringida e a penalidade aplicável;
V – a determinação da exigência e a intimação para cumpri-la ou impugná-la;
VI – a assinatura do autuante e a indicação de seu cargo ou função e o número da matrícula.

A notificação de lançamento será expedida pelo órgão que administra o tributo e conterá obrigatoriamente:

I – a qualificação do notificado;
II – o valor do crédito tributário e o prazo para recolhimento ou impugnação;
III – a disposição legal infringida, se for o caso;
IV – a assinatura do chefe do órgão expedidor ou de outro servidor autorizado e a indicação de seu cargo ou função e o número de matrícula.

Não há necessidade de assinatura na notificação de lançamento emitida por processo eletrônico.

A impugnação será feita por escrito e instruída com os documentos em que se fundamentar. Será apresentada ao órgão preparador no prazo de 30 dias, contados da data em que for feita a intimação da exigência.

Mencionará a impugnação:

I – a autoridade julgadora a quem é dirigida;

II – a qualificação do impugnante;

III – os motivos de fato e de direito em que se fundamenta, os pontos de discordância e as razões e provas que possuir;

IV – as diligências ou perícias que o impugnante pretenda sejam efetuadas, expostos os motivos que as justifiquem, com a formulação dos quesitos referentes aos exames desejados, assim como, no caso de perícia, o nome, o endereço e a qualificação profissional do perito.

O STF considerou inconstitucional o art. 32 da Lei n. 10.522/2002, que deu nova redação ao § 2º do art. 33 do Decreto n. 70.235/72, em que se exige depósito para recorrer administrativamente, por violar o direito de petição, o contraditório e a ampla defesa (RE 388.359, 389.383, 390.513, Rel. Marco Aurélio e ADIns 1.922 e 1.976-7, j. 28-3-2007, Rel. Joaquim Barbosa, *DOU* 5-6-2007). É inconstitucional a exigência de depósito ou arrolamento prévios de dinheiro ou bens para a admissibilidade de recurso administrativo (Súmula Vinculante 21 do STF).

Na primeira instância, o processo será julgado pelas Delegacias da Receita Federal de Julgamento, quanto aos tributos e contribuições administrados pela Secretaria da Receita Federal.

Em qualquer instância o processo deve ser julgado em 30 dias.

Da decisão de primeira instância caberá recurso voluntário, total ou parcial, com efeito suspensivo, dentro dos 30 dias seguintes à ciência da decisão.

A autoridade de primeira instância recorrerá de ofício sempre que a decisão:

a) exonerar o sujeito passivo do pagamento de crédito tributário de valor total (lançamento principal e decorrentes), a ser fixado em ato do Ministro da Fazenda;

b) deixar de aplicar pena de perda de mercadorias ou outros bens cominada à infração denunciada na formalização da exigência.

Em segunda instância o processo é julgado pelo Conselho Administrativo de Recursos Fiscais.

O Conselho Administrativo de Recursos Fiscais será constituído por seções e pela Câmara Superior de Recursos Fiscais. As sessões serão especializadas por matéria e constituídas por câmaras. A 1ª Seção julga: imposto de renda pessoa jurídica e contribuição sobre o lucro; a 2ª Seção julga: imposto de renda pessoa física e contribuições previdenciárias; a 3ª Seção julga: PIS/Cofins, IPI, imposto de exportação e de importação. A Câmara Superior de Recursos Fiscais será constituída por turmas, compostas por Presidentes e Vice-Presidentes das câmaras. As câmaras poderão ser divididas em turmas.

No âmbito do processo administrativo fiscal fica vedado aos órgãos do julgamento afastar a aplicação ou deixar de observar tratado, acordo internacional, lei ou decreto, sob fundamento de inconstitucionalidade (art. 26-A do Decreto n. 70.235/72).

Com a publicação do Decreto n. 75.445, de 6-3-1975, não é mais admitido pedido de reconsideração de julgamento do Conselho Administrativo de Recursos Fiscais, tornando-se definitiva, na esfera administrativa, a decisão proferida no recurso voluntário, salvo quando for o caso de recurso do procurador representante da Fazenda, nas decisões não unânimes, contrárias à Fazenda Nacional.

Se a decisão não for unânime, cabe recurso especial dirigido à Câmara Superior de Recursos Fiscais.

Em instância especial, compete ao Ministro da Fazenda:

a) julgar recursos de decisões do Conselho Administrativo de Recursos Fiscais, interpostos pelos procuradores representantes da Fazenda junto aos mesmos Conselhos;
b) decidir sobre as propostas de aplicação de equidade apresentadas pelo Conselho Administrativo de Recursos Fiscais.

Não cabe pedido de reconsideração de ato do Ministro da Fazenda que julgar ou decidir as matérias de sua competência.

3 ÂMBITO ESTADUAL

A impugnação ao lançamento ou ao auto de infração é feita ao chefe do posto fiscal. Dessa decisão caberá recurso, de acordo com a legislação estadual para o órgão superior.

No Estado de São Paulo, existe o Tribunal de Impostos e Taxas, que é a segunda instância administrativa. Ele é composto por membros dos contribuintes e do Estado.

4 ÂMBITO MUNICIPAL

Na primeira instância, geralmente, o recurso é analisado pelo Chefe da Inspetoria Fiscal, Diretor do Departamento de Rendas Mobiliárias ou Secretário das Finanças.

Na segunda instância, pode haver um outro órgão julgador do recurso da decisão do primeiro grau.

5 ARROLAMENTO DE BENS

A autoridade fiscal competente fará o arrolamento de bens e direitos do sujeito passivo sempre que o valor dos créditos tributários de sua responsabilidade for superior a 30% de seu patrimônio conhecido (art. 64 da Lei n. 9.532/97) e o valor total dos créditos seja superior a R$ 500.000,00.

6 CONSULTA FISCAL

O sujeito passivo poderá formular consulta sobre dispositivos da legislação tributária aplicáveis a fato determinado. Ela decorre da existência de dúvida da interpretação da lei ou de determinada classificação para efeito de pagamento do tributo.

A consulta deverá ser apresentada por escrito, no domicílio tributário do consulente, ao órgão local da entidade incumbida de administrar o tributo sobre que versa.

O consulente deverá estar sempre imbuído de boa-fé ao apresentar a consulta para esclarecer a dúvida que tem a respeito da legislação tributária.

O processo administrativo de consulta é disciplinado pelos arts. 48 a 50 da Lei n. 9.430/96.

No âmbito da Secretaria da Receita Federal, os processos administrativos de consulta serão solucionados em instância única.

A competência para solucionar a consulta ou declarar sua ineficácia será atribuída:

a) a unidade central;
b) a unidade descentralizada.

Os atos normativos expedidos pelas autoridades competentes serão observados quando da solução da consulta.

Não cabe recurso nem pedido de reconsideração da solução da consulta ou do despacho que declarar sua ineficácia.

As soluções das consultas serão publicadas pela imprensa oficial, na forma disposta em ato normativo emitido pela Secretaria da Receita Federal.

Havendo diferença de conclusões entre soluções de consultas relativas a uma mesma matéria, fundada em idêntica norma jurídica, cabe recurso especial, sem efeito suspensivo, para o órgão central da Secretaria da Receita Federal. O prazo do recurso é de 30 dias a contar da ciência da solução.

Cabe a quem interpuser o recurso comprovar a existência das soluções divergentes sobre idênticas situações.

A solução da divergência acarretará, em qualquer hipótese, a edição de ato específico, uniformizando o entendimento, com imediata ciência ao destinatário da solução reformada, aplicando-se seus efeitos a partir da data da ciência.

Aplicam-se aos processos de consulta relativos à classificação de mercadorias as disposições dos arts. 46 a 53 do Decreto n. 70.235/72, que são as indicadas a seguir.

Nenhum procedimento fiscal será instaurado contra o sujeito passivo relativamente à espécie consultada, a partir da apresentação da consulta até o 30º dia subsequente à data da ciência:

a) de decisão de primeira instância da qual não haja sido interposto recurso;

b) de decisão de segunda instância.

A consulta não suspende o prazo para recolhimento de tributo, retido na fonte ou autolançado, antes ou depois de sua apresentação, nem o prazo para apresentação de declaração de rendimentos.

Dispõe o § 2º do art. 161 do CTN que não incidem juros de mora ou outras penalidades na pendência de consulta formulada pelo devedor dentro do prazo legal para pagamento do crédito tributário.

A consulta poderá ser formulada por meio eletrônico, na forma disciplinada pela Secretaria da Receita Federal.

Verificação de aprendizagem

1. Como se divide o procedimento administrativo fiscal?
2. Como é regulado o procedimento administrativo fiscal no âmbito federal?
3. Como é regulado o procedimento da consulta?

Capítulo 27

PROCESSO JUDICIAL TRIBUTÁRIO

1 INTRODUÇÃO

O processo judicial tributário será exercitado perante o Poder Judiciário e não nos órgãos administrativos da Administração Pública. São as ações previstas na legislação para efeito da garantia do contraditório e da ampla defesa do contribuinte.

Estabelece o inciso XXXV do art. 5º da Constituição que a lei não excluirá da apreciação do Poder Judiciário lesão ou ameaça a direito.

O contribuinte não é obrigado a esgotar a via administrativa para ingressar com a ação judicial que entender competente.

2 AÇÕES DE INICIATIVA DO FISCO

2.1 Execução fiscal

A ação de execução fiscal serve para a Fazenda Pública cobrar seus créditos, sejam eles tributários ou não. Entretanto, existe necessidade de que estejam inscritos na dívida ativa.

A Lei n. 6.830, de 22-9-1980, trata da execução fiscal para a cobrança da dívida ativa da União, dos Estados, do Distrito Federal, dos Municípios e respectivas autarquias (art. 1º). Na omissão da referida norma, aplica-se o CPC.

A dívida ativa da Fazenda Pública, compreendendo a tributária e a não tributária, abrange atualização monetária, juros e multa de mora, além dos demais encargos previstos em lei ou contrato.

As ações de execução fiscal não são suspensas pelo deferimento da recuperação judicial, ressalvada a concessão de parcelamento nos termos do CTN e da legislação ordinária específica (§ 7º do art. 6º da Lei n. 11.101/2005).

A petição inicial indicará apenas: (a) o juiz a quem é dirigida; (b) o pedido; (c) o requerimento para a citação. Será instruída a petição inicial com a Certidão da Dívida Ativa, que dela fará parte integrante, como se estivesse transcrita. A produção de provas pela Fazenda Pública independe de requerimento na petição inicial. O valor da causa será o da dívida constante da certidão, com os encargos legais.

A reunião de execuções fiscais contra o mesmo devedor constitui faculdade do juiz (Súmula 515 do STJ).

O executado será citado para pagar ou garantir o juízo em cinco dias, mediante depósito em dinheiro, fiança bancária ou nomear bens à penhora.

A citação será feita pelo correio, com aviso de recepção, se a Fazenda Pública não a requerer por outra forma. Considera-se feita a citação pelo correio na data da entrega da carta no endereço do executado; ou, se a data for omitida, no aviso de recepção, 10 dias após a entrega da carta à agência postal. Se o aviso de recepção não retornar no prazo de 15 dias da entrega da carta à agência postal, a citação será feita por oficial de justiça ou por edital. A citação por edital na execução fiscal é cabível quando frustradas as demais modalidades (Súmula 414 do STJ). O edital de citação será afixado na sede do juízo, publicado uma só vez no órgão oficial, gratuitamente, como expediente judiciário, com o prazo de 30 dias, e conterá, apenas, a indicação da exequente, o nome do devedor e dos corresponsáveis, a quantia devida, a natureza da dívida, a data e o número da inscrição no Registro da Dívida Ativa, o prazo e o endereço da sede do juízo. O executado ausente do país será citado por edital, com prazo de 60 dias.

Garantido o juízo, o executado poderá interpor embargos à execução, exercendo seu direito de defesa, no prazo de cinco dias.

Até a decisão de primeira instância, a Certidão de Dívida Ativa poderá ser emendada ou substituída, assegurada ao executado a devolução do prazo para embargos. A Fazenda Pública pode substituir a certidão de dívida ativa (CDA) até a prolação da sentença de embargos, quando se tratar de correção de erro material ou formal, vedada a modificação do sujeito passivo da execução (Súmula 392 do STJ).

A exceção de pré-executividade é admissível na execução fiscal relativamente às matérias conhecíveis de ofício que não demandem dilação probatória (Súmula 393 do STJ).

Recebidos os embargos, a Fazenda Pública será intimada para contrariá-los no prazo de 30 dias.

Pode a Fazenda Pública recusar a substituição do bem penhorado por precatório (Súmula 406 do STJ).

A Fazenda Pública não está sujeita ao pagamento de custas e emolumentos. A prática dos atos judiciais de seu interesse independerá de preparo ou de prévio depósito. Se vencida, a Fazenda Pública ressarcirá o valor das despesas feitas pela parte contrária.

O juiz suspenderá o curso da execução, enquanto não for localizado o devedor ou encontrados bens sobre os quais possa recair a penhora, e, nesses casos, não correrá prazo de prescrição.

Decorrido o prazo máximo de um ano, sem que seja localizado o devedor ou encontrados bens penhoráveis, o juiz ordenará o arquivamento dos autos.

Encontrados que sejam, a qualquer tempo, o devedor ou os bens, serão desarquivados os autos para prosseguimento da execução.

Em execução fiscal, a prescrição ocorrida antes da propositura da ação pode ser decretada de ofício (Súmula 409 do STJ).

2.2 Cautelar fiscal

O procedimento cautelar fiscal poderá ser instaurado após a constituição do crédito, inclusive no curso da execução judicial da dívida ativa da União, dos Estados, do Distrito Federal, dos Municípios e respectivas autarquias (art. 1º da Lei n. 8.397/92).

O objetivo da cautelar fiscal é tornar indisponíveis, de imediato, os bens do executado, até o limite da satisfação da obrigação (art. 4º da Lei n. 8.397).

A medida cautelar fiscal poderá ser requerida contra o sujeito passivo de crédito tributário ou não tributário, regularmente constituído em procedimento administrativo, quando o devedor:

I – sem domicílio certo, intenta ausentar-se ou alienar bens que possui ou deixa de pagar a obrigação no prazo fixado;

II – tendo domicílio certo, ausenta-se ou tenta ausentar-se, visando elidir o adimplemento da obrigação;

III – caindo em insolvência, aliena ou tenta alienar bens;

IV – contrai ou tenta contrair dívidas que comprometem a liquidação do seu patrimônio;

V – notificado pela Fazenda Pública para que faça o recolhimento do crédito fiscal: (a) deixa de pagá-lo no prazo legal, salvo se suspensa sua exigibilidade; (b) põe ou tenta pôr seus bens em nome de terceiros;

VI – possui débitos, inscritos ou não em Dívida Ativa, que somados ultrapassem 30% de seu patrimônio conhecido;

VII – aliena bens ou direitos sem proceder à devida comunicação ao órgão da Fazenda Pública competente, quando exigível em virtude de lei;

VIII – tem sua inscrição no cadastro de contribuintes declarada inapta, pelo órgão fazendário;

IX – pratica outros atos que dificultem ou impeçam a satisfação do crédito.

Para a concessão da medida cautelar fiscal é essencial:

a) prova literal da constituição do crédito fiscal, que é feita por meio da certidão da dívida ativa;

b) prova documental de algum dos casos mencionados no parágrafo anterior.

Quando a medida cautelar fiscal for concedida em procedimento preparatório, deverá a Fazenda Pública propor a execução da Dívida Ativa no prazo de 60 dias, contados da data em que a exigência se tornar irrecorrível na esfera administrativa (art. 11 da Lei n. 8.397/92).

3 AÇÕES DE INICIATIVA DO CONTRIBUINTE

3.1 Ação anulatória de lançamento tributário

O objetivo da ação anulatória é anular o lançamento tributário. Será processada sob o rito ordinário.

Estabelece o art. 38 da Lei n. 6.830 que na ação anulatória do ato declarativo da dívida haverá necessidade de depósito preparatório do valor do débito, monetariamente corrigido e acrescido de juros e multa de mora e demais encargos.

O depósito não é obrigatório, mas uma faculdade do contribuinte. Entretanto, será necessário para suspender a exigibilidade do crédito tributário, impedindo a Fazenda Pública de ajuizar a ação de execução fiscal.

A propositura da referida ação importa renúncia ao poder de recorrer na esfera administrativa e desistência do recurso acaso interposto.

3.2 Ação declaratória

A ação declaratória tem fundamento no inciso I do art. 19 do CPC/2015, no sentido de declarar a existência ou inexistência da relação havida entre as partes. Servirá para declarar a inexistência da relação jurídica tributária entre o fisco e o contribuinte.

Distingue-se a ação declaratória da ação anulatória. Esta tem por objetivo anular o lançamento que constituiu o crédito tributário. Na primeira, o objetivo é declarar a inexistência da relação jurídica tributária entre as partes.

A ação é processada sob o rito ordinário.

Se o contribuinte fizer o depósito do valor da dívida e encargos, estará suspensa a exigibilidade do crédito tributário. Entretanto, esse depósito não é obrigatório. Apenas inibe o fisco de propor a ação de execução fiscal.

3.3 Ação de consignação em pagamento

A ação de consignação em pagamento tem por fundamento o fato de que o fisco não quer receber o tributo ou o contribuinte não sabe a quem deve pagá-lo. Exemplo pode ser o do imóvel que está na divisa entre dois municípios e não se sabe a quem pagar o IPTU.

O contribuinte objetiva pagar tempestivamente o tributo devido, sem acréscimos, como multa e juros de mora.

O art. 164 do CTN explica as hipóteses em que pode ser consignado o crédito tributário:

I – recusa de recebimento, ou subordinação deste ao pagamento de outro tributo ou de penalidade, ou ao cumprimento de obrigação acessória;

II – de subordinação do recebimento ao cumprimento de exigências administrativas sem fundamento legal;

III – de exigência, por mais de uma pessoa jurídica de direito público, de tributo idêntico sobre um mesmo fato gerador.

A consignação só pode versar sobre o crédito que o consignante propõe-se a pagar.

Acolhido o pedido de consignação, o pagamento reputa-se efetuado, e a importância consignada é convertida em renda.

Rejeitado o pedido de consignação no todo ou em parte, cobra-se o crédito acrescido de juros de mora, sem prejuízo das penalidades cabíveis.

O procedimento a ser observado está previsto nos arts. 539 a 549 do CPC.

3.4 Ação de repetição de indébito

A ação de repetição de indébito tem por objetivo restituir o que o contribuinte pagou indevidamente à Fazenda Pública. Tem fundamento no princípio que veda o locupletamento ilícito.

O art. 165 do CTN estabelece que o sujeito passivo tem direito, independentemente de prévio protesto, à restituição total ou parcial do tributo, seja qual for a modalidade de seu pagamento, nos seguintes casos:

> I – cobrança ou pagamento espontâneo de tributo indevido ou maior que o devido em face da legislação tributária aplicável, ou de natureza ou circunstância material do fato gerador efetivamente ocorrido;
>
> II – erro na identificação do sujeito passivo, na determinação da alíquota aplicável, no cálculo do montante do débito ou na elaboração ou conferência de qualquer documento relativo ao pagamento;
>
> III – reforma, anulação, revogação ou rescisão de decisão condenatória.

A restituição do recolhido indevidamente compreende os juros de mora e as penalidades pecuniárias.

O contribuinte terá direito a juros não capitalizáveis, a contar do trânsito em julgado da decisão definitiva que a determinar.

3.5 Mandado de segurança

Mandado de segurança é o remédio constitucional para a proteção de direito líquido e certo, não amparado por *habeas corpus* ou *habeas data*, em razão de lesão ou ameaça de lesão a direito, por ato de autoridade praticado com abuso de poder (art. 5º, LXIX, da Lei Maior).

Para Hely Lopes Meirelles, direito líquido e certo é o que se apresenta manifesto em sua existência, delimitado em sua extensão e apto a ser exercitado no momento da impetração[1]. Considera-se líquida a obrigação certa, quanto a sua existência, e determinada, quanto a seu objeto.

O mandado de segurança coletivo pode ser impetrado por:

a) partido político com representação no Congresso Nacional;
b) organização sindical, entidade de classe ou associação legalmente constituída e em funcionamento há pelo menos um ano, em defesa dos in-

---

[1] MEIRELLES, Hely Lopes. *Mandado de segurança e ação popular*. 9. ed. São Paulo: Revista dos Tribunais, 1983. p. 11.

teresses de seus membros ou associados (art. 5º, LXX, da Lei Fundamental).

A impetração de mandado de segurança coletivo por entidade de classe em favor dos associados independe da autorização destes (Súmula 629 do STF).

A entidade de classe tem legitimação para o mandado de segurança ainda quando a pretensão veiculada interesse apenas a uma parte da respectiva categoria (Súmula 630 do STF).

É cabível o mandado de segurança contra ato da autoridade fiscal praticado com abuso de poder.

A norma aplicável ao mandado de segurança é a Lei n. 12.016/2009.

Pode o mandado de segurança ser impetrado por qualquer pessoa, seja física ou jurídica.

Não se concederá mandado de segurança quando se tratar:

I – do ato do qual caiba recurso administrativo com efeito suspensivo, independentemente de caução;

II – da decisão judicial da qual caiba recurso com efeito suspensivo;

III – da decisão judicial transitada em julgado.

A parte poderá na petição inicial pedir a concessão de medida liminar, desde que presentes a fumaça do bom direito (*fumus boni iuris*) e o perigo da demora (*periculum in mora*).

Os efeitos da medida liminar, salvo se revogada ou cassada, persistirão até a prolação da sentença.

Não será concedida medida liminar que tenha por objeto a compensação de créditos tributários, a entrega de mercadorias e bens provenientes do exterior.

As provas do mandado de segurança devem ser juntadas com a petição inicial.

O prazo para ajuizamento da ação é de 120 dias contados da ciência do ato ilegal praticado pela autoridade coatora.

A autoridade coatora terá 10 dias para apresentar suas informações.

A decisão, com ou sem o parecer do Ministério Público, deve ser necessariamente proferida em 30 dias.

Extingue-se o processo de mandado de segurança se o impetrante não promove, no prazo assinado pelo juiz, a citação do litisconsorte passivo (Súmula 631 do STF).

A Súmula 267 do STF estabelece que não cabe mandado de segurança contra ato judicial passível de recurso ou correição. O referido verbete comporta temperos e tem sido abrandado inclusive pelo próprio STF, pois, se o recurso não tiver efeito suspensivo e restar ilegalidade, é cabível o mandado de segurança. O mandado de segurança pode dar efeito suspensivo a recurso, desde que haja dano irreparável (*RTJ* 84/1071; 89/159; 91/181; 95/339; 103/205), quando presentes os requisitos da fumaça do bom direito, em razão de decisões convergentes dos tribunais, além de que da execução possa ocorrer dano irreparável ao impetrante, que caracteriza o *periculum in mora*. Tal se dá apenas em casos excepcionais, seguindo o entendimento do STF.

É incabível o mandado de segurança contra lei em tese (Súmula 266 do STF).

A existência de recurso administrativo com efeito suspensivo não impede o uso do mandado de segurança contra omissão da autoridade (Súmula 429 do STF).

É incabível o mandado de segurança para convalidar a compensação tributária realizada pelo contribuinte (Súmula 460 do STJ).

3.6 Tutela antecipada

O art. 300 do CPC/2015 prevê a tutela antecipada nos casos de prova inequívoca, se convencido o juiz da verossimilhança da alegação, devendo haver: (a) fundado receio de dano irreparável ou de difícil reparação; ou (b) abuso de direito de defesa ou manifesto propósito protelatório do réu.

A tutela específica de obrigação de fazer ou não fazer é prevista no art. 497 do CPC/2015. O juiz concederá a tutela específica da obrigação ou, acolhido o pedido, determinará providências que assegurem o resultado prático equivalente ao do adimplemento.

Não será possível a concessão antecipada em ações propostas contra o Poder Público, pois, nesse caso, o art. 1º da Lei n. 8.437/92 não permite sua concessão em casos de ações de natureza preventiva, como é o caso da tutela. Se a tutela antecipatória proposta contra o Poder Público visar ao pagamento em dinheiro, como na repetição de indébito, haverá também a impossibilidade de sua concessão, visto que há necessidade de precatório para pagamento (art. 100 da Constituição), que pressupõe a existência de sentença transitada em julgado. A concessão de tutela antecipada contra o Poder Público implicaria desrespeito ao citado preceito constitucional.

O direito de ação contido no inciso XXXV do art. 5º da Constituição tem de ser interpretado em conjunto, sistematicamente, com a previsão do art. 100 da Constituição. É dependente da previsão legal para ser exercitado.

O fato de as duas normas estarem dispostas na Constituição quer dizer, à primeira vista, que possuem a mesma hierarquia. A hipótese de que uma norma está no capítulo da Lei Maior que versa sobre direitos e garantias individuais também não quer dizer, num primeiro momento, que se sobrepõe ao art. 100 da Lei Magna.

Veda o art. 1º da Lei n. 9.494, de 10-9-1997, a concessão de tutela antecipada ou específica contra o Poder Público.

A tutela dos arts. 300 e 497 do CPC/2015 não poderá ser concedida para compensação de créditos tributários, a entrega de mercadorias e bens provenientes do exterior (§§ 2º e 5º do art. 7º da Lei n. 12.016/2009).

A lei não proíbe a concessão de tutela de urgência ou específica a favor do Poder Público. Deve este apenas atender aos requisitos dos arts. 300 e 497 do CPC/2015.

4 CONTROLE DE CONSTITUCIONALIDADE

O controle de constitucionalidade poderá ser feito de duas formas. A primeira é por via de exceção ou indireta, em que qualquer órgão do Poder Judiciário pode examinar o argumento de que é inconstitucional determinada norma. O segundo diz respeito ao controle direto ou concentrado, cabendo exclusivamente ao STF analisar a questão.

Somente pelo voto da maioria absoluta de seus membros ou dos membros do respectivo órgão especial poderão os tribunais declarar a inconstitucionalidade de lei ou ato normativo do Poder Público (art. 97 da Constituição).

4.1 Ação direta de inconstitucionalidade

Podem propor a ação de inconstitucionalidade:

I – o Presidente da República;

II – a Mesa do Senado Federal;

III – a Mesa da Câmara dos Deputados;

IV – a Mesa de Assembleia Legislativa;

V – o Governador de Estado;

VI – o Procurador-Geral da República;

VII – o Conselho Federal da Ordem dos Advogados do Brasil;

VIII – partido político com representação no Congresso Nacional;

IX – confederação sindical ou entidade de classe de âmbito nacional.

O Advogado Geral da União será citado para defender a constitucionalidade da lei ou do ato normativo acoimado de inconstitucional.

A Lei n. 9.868, de 10-11-1999, dispõe sobre o processo e julgamento da ação direta de inconstitucionalidade e da ação declaratória de constitucionalidade perante o STF.

A petição inicial indicará:

I – o dispositivo da lei ou ato normativo impugnado e os fundamentos jurídicos do pedido em relação a cada uma das impugnações;

II – o pedido, com suas especificações.

O relator pedirá informações aos órgãos ou às autoridades das quais emanou a lei ou o ato normativo impugnado. As informações serão prestadas no prazo de 30 dias.

A ação não comportará desistência do pedido.

Proclamada a inconstitucionalidade da lei ou do ato normativo impugnado por deliberação de pelo menos seis ministros, presentes, no mínimo, oito deles, será acolhido o pedido da ação direta. A decisão definitiva é irrecorrível, cabendo apenas embargos de declaração. Não comporta ação rescisória.

O art. 27 da Lei n. 9.868/99 dispõe que ao se declarar a inconstitucionalidade da lei, o STF, por maioria de dois terços, poderá restringir os efeitos da norma ou decidir que ela só tenha eficácia a partir de seu trânsito em julgado ou de outro momento que venha a ser fixado.

4.2 Ação declaratória de constitucionalidade

A ação declaratória de constitucionalidade poderá ser proposta pelo presidente da República, pela Mesa do Senado Federal, pela Mesa da Câmara dos Deputados ou pelo Procurador-Geral da República.

As decisões definitivas de mérito, proferidas pelo STF, nas ações declaratórias de constitucionalidade de lei ou ato normativo federal, produzirão eficácia contra todos e efeito vinculante, relativamente aos demais órgãos do Poder Judiciário e ao Poder Executivo (§ 2º do art. 102 da Constituição). Entretanto, a decisão do STF não produz efeitos *erga omnes* e não é vinculante em relação a atos estaduais, distritais ou municipais.

A Lei n. 9.868/99 trata da ação direta de inconstitucionalidade e da ação declaratória de constitucionalidade.

5 DEPÓSITOS JUDICIAIS

Os depósitos judiciais e administrativos em dinheiro referentes a processos judiciais ou administrativos, tributários ou não tributários, nos quais o Estado, o Distrito Federal ou os Municípios sejam parte, deverão ser efetuados em instituição financeira oficial federal, estadual ou distrital (art. 2º da Lei Complementar n. 151/2015).

A instituição financeira oficial transferirá para a conta única do Tesouro do Estado, do Distrito Federal ou do Município 70% (setenta por cento) do valor atualizado dos depósitos referentes aos processos judiciais e administrativos de que trata o art. 2º, bem como os respectivos acessórios (art. 3º da Lei Complementar n. 151/2015). Para implantação, deverá ser instituído fundo de reserva destinado a garantir a restituição da parcela transferida ao Tesouro.

A instituição financeira oficial tratará de forma segregada os depósitos judiciais e os depósitos administrativos.

O montante dos depósitos judiciais e administrativos não repassado ao Tesouro constituirá o fundo de reserva referido no § 1º do art. 3º supra, cujo saldo não poderá ser inferior a 30% do total dos depósitos acrescidos da remuneração que lhes foi atribuída.

Os valores recolhidos ao fundo de reserva terão remuneração equivalente à taxa referencial do Sistema Especial de Liquidação e de Custódia – Selic para títulos federais.

Compete à instituição financeira gestora do fundo de reserva manter escrituração individualizada para cada depósito efetuado na forma do art. 2º, discriminando:

I – o valor total do depósito, acrescido da remuneração que lhe foi originalmente atribuída; e

II – o valor da parcela do depósito mantido na instituição financeira, a remuneração que lhe foi originalmente atribuída e os rendimentos.

A habilitação do ente federado ao recebimento das transferências é condicionada à apresentação ao órgão jurisdicional responsável pelo julgamento dos litígios aos quais se refiram os depósitos de termo de compromisso firmado pelo chefe do Poder Executivo que preveja:

I – a manutenção do fundo de reserva na instituição financeira responsável pelo repasse das parcelas ao Tesouro;

II – a destinação automática ao fundo de reserva do valor correspondente à parcela dos depósitos judiciais mantida na instituição financeira condição esta a ser observada a cada transferência recebida;

III – a autorização para a movimentação do fundo de reserva; e

IV – a recomposição do fundo de reserva pelo ente federado, em até 48 horas, após comunicação da instituição financeira, sempre que o seu saldo estiver abaixo dos limites.

Para identificação dos depósitos, cabe ao ente federado manter atualizada na instituição financeira a relação de inscrições no Cadastro Nacional da Pessoa Jurídica – CNPJ dos órgãos que integram a sua administração pública direta e indireta.

Os recursos repassados ao Estado, ao Distrito Federal ou ao Município, ressalvados os destinados ao fundo de reserva, serão aplicados, exclusivamente, no pagamento de:

I – precatórios judiciais de qualquer natureza;

II – dívida pública fundada, caso a lei orçamentária do ente federativo preveja dotações suficientes para o pagamento da totalidade dos precatórios judiciais exigíveis no exercício e não remanesçam precatórios não pagos referentes aos exercícios anteriores;

III – despesas de capital, caso a lei orçamentária do ente federativo preveja dotações suficientes para o pagamento da totalidade dos precatórios judiciais exigíveis no exercício, não remanesçam precatórios não pagos referentes aos exercícios anteriores e o ente federado não conte com compromissos classificados como dívida pública fundada;

IV – recomposição dos fluxos de pagamento e do equilíbrio atuarial dos fundos de previdência referentes aos regimes próprios de cada ente federado, nas mesmas hipóteses do inciso III.

Independentemente das prioridades de pagamento estabelecidas, poderá o Estado, o Distrito Federal ou o Município utilizar até 10% da parcela que lhe for transferida para constituição de Fundo Garantidor de PPPs ou de outros mecanismos de garantia previstos em lei, dedicados exclusivamente a investimentos de infraestrutura.

Encerrado o processo litigioso com ganho de causa para o depositante, mediante ordem judicial ou administrativa, o valor do depósito acrescido da remuneração que lhe foi originalmente atribuída será colocado à disposição do depositante pela instituição financeira responsável, no prazo de três dias úteis, observada a seguinte composição:

I – a parcela que foi mantida na instituição financeira nos termos do § 3º do art. 3º acrescida da remuneração que lhe foi originalmente atribuída será de responsabilidade direta e imediata da instituição depositária; e

II – a diferença entre o valor referido no inciso I e o total devido ao depositante nos termos do *caput* será debitada do saldo existente no fundo de reserva de que trata o § 3º do art. 3º.

Na hipótese de o saldo do fundo de reserva após o débito referido no inciso II ser inferior ao valor mínimo estabelecido, o ente federado será notificado para recompô-lo.

Na hipótese de insuficiência de saldo no fundo de reserva para o débito do montante devido nos termos do inciso II, a instituição financeira restituirá ao depositante o valor disponível no fundo acrescido do valor referido no inciso I.

A instituição financeira notificará a autoridade expedidora da ordem de liberação do depósito, informando a composição detalhada dos valores liberados, sua atualização monetária, a parcela efetivamente disponibilizada em favor do depositante e o saldo a ser pago depois de efetuada a recomposição.

Nos casos em que o ente federado não recompuser o fundo de reserva até o saldo mínimo, será suspenso o repasse das parcelas referentes a novos depósitos até a regularização do saldo.

Na hipótese de descumprimento por três vezes da obrigação referida no inciso IV do art. 4º da Lei Complementar n. 151/2015 será o ente federado excluído da sistemática de que trata esta Lei Complementar.

Encerrado o processo litigioso com ganho de causa para o ente federado, ser-lhe-á transferida a parcela do depósito mantida na instituição financeira acrescida da remuneração que lhe foi originalmente atribuída.

O saque da parcela somente poderá ser realizado até o limite máximo do qual não resulte saldo inferior ao mínimo.

Serão transformados em pagamento definitivo, total ou parcial, proporcionalmente à exigência tributária ou não tributária, conforme o caso, inclusive seus acessórios, os valores depositados acrescidos da remuneração que lhes foi originalmente atribuída.

O Poder Executivo de cada ente federado estabelecerá regras de procedimentos, inclusive orçamentários, para a execução do disposto na Lei Complementar n. 151/2015.

É inconstitucional a exigência de depósito prévio como requisito de admissibilidade de ação judicial na qual se pretenda discutir a exigibilidade de crédito tributário (Súmula Vinculante 28 do STF).

Verificação de aprendizagem

1. Quais são as ações de iniciativa do fisco?
2. Quais são as ações de iniciativa do contribuinte?
3. É cabível a tutela antecipada contra o fisco?
4. Para que serve o mandado de segurança?
5. Como se dá o controle de constitucionalidade?
6. Quem pode apresentar a ação direta de constitucionalidade?

Capítulo 28

IMPOSTOS FEDERAIS

A União tem competência constitucional para instituir impostos sobre: (a) importação de produtos estrangeiros; (b) exportação, para o exterior, de produtos nacionais ou nacionalizados; (c) renda e proventos de qualquer natureza; (d) produtos industrializados; (e) operações de crédito, câmbio e seguro, ou relativas a títulos ou valores mobiliários; (f) propriedade territorial rural; (g) grandes fortunas, nos termos de lei complementar.

1 IMPOSTO DE IMPORTAÇÃO

Na Grécia antiga, quando Atenas entendeu de tributar à razão de 2% as exportações e importações no seu território, os comerciantes planejavam a criação de uma zona franca, longe dessa cidade, na qual pudessem estocar mercadoria sem a incidência do tributo.

1.1 Denominação

O imposto de importação também é conhecido como tarifa aduaneira, direitos de importação, tarifa das alfândegas e direitos aduaneiros.

1.2 Competência

Prescrevia a Constituição de 1934 sobre a competência da União para decretar impostos sobre importação de mercadorias de procedência estrangeira.

Era da competência privativa da União decretar impostos sobre importação de mercadorias de procedência estrangeira (art. 20, I, *a*, da Constituição de 1937).

O inciso V do art. 15 da Constituição de 1946 previa a competência da União para decretar impostos sobre importação de mercadorias de procedência estrangeira.

Dispunha o inciso I do art. 21 da Constituição de 1967 sobre a competência da União para instituir imposto sobre "importação de produtos estrangeiros, facultado ao Poder Executivo, nas condições e nos limites estabelecidos em lei, alterar-lhe as alíquotas ou as bases de cálculo".

Previa o § 29 do art. 153 da Emenda Constitucional n. 1, de 1969, a competência da União para instituir imposto sobre: "importação de produtos estrangeiros, facultado ao Poder Executivo, nas condições e nos limites estabelecidos em lei, alterar-lhe as alíquotas ou as bases de cálculo" (I).

A Constituição de 1988 reza que compete à União instituir impostos sobre importação de produtos estrangeiros (art. 153, I).

No CTN, a matéria é tratada nos arts. 19 a 22.

1.3 Fato gerador

Dispõe o art. 19 do CTN que o imposto de importação de produtos estrangeiros tem como fato gerador a entrada destes no território nacional.

O critério material da hipótese de incidência é importar. O critério temporal é a entrada da mercadoria no território nacional.

Em certos casos, se o navio chega ao porto, a aeronave pousa no aeroporto, com os produtos estrangeiros, ainda não houve entrada do produto no território nacional, pois ele pode ser destinado a outro mercado. Assim, nessa hipótese, não se considera ocorrido o fato gerador do imposto.

O CTN não institui o tributo, mas apenas estabelece regras gerais em matéria de tributação. Quem cria o tributo é a legislação ordinária.

Tratando-se de mercadoria despachada para consumo, considera-se ocorrido o fato gerador na data do registro, na repartição aduaneira, da declaração feita para fins de desembaraço aduaneiro (arts. 23 e 44 do Decreto-lei n. 37/66).

Na importação, é indevida a exigência de nova certidão negativa de débito no desembaraço aduaneiro, se já apresentada a comprovação da quitação de tributos federais quando da concessão do benefício relativo ao regime de *drawback* (Súmula 569 do STJ).

1.4 Base de cálculo

Base de cálculo é o critério eleito pelo legislador para medir o fato a ser tributado.

A base de cálculo do imposto de importação é:

a) quando a alíquota for específica, a unidade de medida adotada pela lei tributária;

b) quando a alíquota for *ad valorem*, o preço normal que o produto, ou seu similar, alcançaria, ao tempo da importação, em uma venda em condições de livre concorrência, para entrega no porto ou lugar de entrada do produto no país;

c) quando se trate de produto apreendido ou abandonado, levado a leilão, o preço da arrematação.

Alíquota é o porcentual que irá incidir sobre a base de cálculo para se apurar o montante devido do tributo.

A alíquota específica é expressa por uma quantia determinada, em razão da unidade de quantificação dos bens importados. O imposto é calculado à razão de, *v. g.*, tantos reais por metro ou quilo.

A alíquota *ad valorem* é calculada por meio de porcentagem sobre o valor do bem.

O Poder Executivo pode, nas condições e nos limites estabelecidos em lei, alterar as alíquotas ou as bases de cálculo do imposto, a fim de ajustá-lo aos objetivos da política cambial e do comércio exterior (art. 21 do CTN). Entretanto, por força do § 1º do art. 153 da Constituição de 1988, somente as alíquotas podem ser alteradas pelo Poder Executivo, e não mais a base de cálculo. É o caso do aumento da alíquota do imposto de importação para calçados chineses no mesmo exercício, em razão de dar competitividade ao produto nacional.

1.5 Contribuinte

Contribuinte do imposto é:

a) o importador ou quem a lei a ele equiparar;

b) o arrematante de produtos apreendidos ou abandonados.

1.6 Zonas

Zona primária compreende as faixas internas de portos, aeroportos, recintos alfandegados e locais habilitados nas fronteiras terrestres, bem como em outras áreas nas quais se efetuam operações de carga e descarga de mercadorias, ou embarque e desembarque de passageiros, procedentes do exterior ou a ele destinados.

Zona secundária diz respeito à parte restante do território nacional, nela incluídos as águas territoriais e o espaço aéreo correspondente.

Para efeito de adoção de medidas de controle fiscal, poderão ser demarcadas, na orla marítima e na faixa de fronteira, zonas de vigilância aduaneiras, nas quais a existência e a circulação de mercadorias estão sujeitas às cautelas fiscais, proibições e restrições que forem prescritas no regulamento.

Drawback é a importação vinculada à exportação.

1.7 Lançamento

O lançamento do imposto de importação deveria ser feito mediante declaração do sujeito passivo, prestando informações para o despacho aduaneiro das mercadorias importadas. Na prática, o pagamento do tributo é feito antes de qualquer determinação da fiscalização, implicando, portanto, lançamento por homologação.

A função do imposto é de natureza regulatória, visando regular o mercado ou a economia.

O importador é solidariamente responsável pelas informações apresentadas pelo exportador/produtor relativas aos produtos que tenha importado (art. 35 da Lei n. 12.546/2011).

Na importação, é indevida a exigência de nova certidão negativa de débito no desembaraço aduaneiro, se já apresentada a comprovação da quitação de tributos federais quando da concessão do benefício relativo ao regime de *drawback* (Súmula 569 do STJ).

2 IMPOSTO DE EXPORTAÇÃO

2.1 Competência

Previa a Constituição de 1934 a competência dos Estados para decretar impostos sobre exportação de mercadorias de sua produção até o máximo de 10% *ad valorem*, vedados quaisquer adicionais (art. 8º, I, *f*).

Na Constituição de 1937, a competência também era dos Estados para decretar impostos sobre exportação de sua produção até o máximo de 10% *ad valorem*, vedados quaisquer adicionais (art. 23, I, *e*).

A Constituição de 1946 manteve a competência dos Estados para decretar impostos sobre exportação de mercadorias de sua produção para o estrangeiro, até o máximo de 5% *ad valorem*, vedados quaisquer adicionais (art. 19, V).

A partir da edição da Emenda Constitucional n. 18/65, o imposto passou a ser de competência da União. Tanto o imposto de importação como o de exportação estão na competência federal, pois dizem respeito ao comércio exterior, implicando instrumento de política tributária.

A Constituição de 1967 atribuía competência à União para decretar impostos sobre exportação, para o estrangeiro, de produtos nacionais ou nacionalizados (art. 22, II).

Prescrevia a Emenda Constitucional n. 1, de 1969, sobre a competência da União para instituir imposto sobre exportação, para o estrangeiro, de produtos nacionais ou nacionalizados, sendo facultado ao Poder Executivo, nas condições e nos limites estabelecidos em lei, alterar-lhe as alíquotas ou as bases de cálculo (art. 21, II).

A Constituição versa sobre a competência da União para instituir impostos sobre exportação, para o exterior, de produtos nacionais ou nacionalizados (art. 153, II).

2.2 Fato gerador

Tem o imposto de exportação por fato gerador a saída dos produtos nacionais ou nacionalizados do território nacional.

O § 1º do art. 1º do Decreto-lei n. 1.578/77 considera o fato gerador ocorrido no momento da expedição da guia de exportação ou documento equivalente. Se a exportação não for feita, por qualquer motivo, o imposto deve ser restituído, não tendo ocorrido seu fato gerador (art. 6º do Decreto-lei n. 1.578/77).

2.3 Base de cálculo

A base de cálculo do imposto é:

1. quando a alíquota for específica, a unidade de medida adotada pela lei tributária;
2. quando a alíquota for *ad valorem*, o preço normal que o produto, ou seu similar, alcançaria, ao tempo da exportação, em uma venda em condições de livre concorrência.

Para os efeitos do item 2, considera-se a entrega como efetuada no porto ou lugar da saída do produto, deduzidos os tributos diretamente incidentes sobre a operação de exportação e, nas vendas efetuadas a prazo superior aos correntes no mercado internacional, o custo do financiamento.

A lei pode adotar como base de cálculo a parcela do valor ou do preço excedente de valor básico, fixado de acordo com os critérios e dentro dos limites por ela estabelecidos.

O Poder Executivo pode, nas condições e nos limites estabelecidos em lei, alterar as alíquotas ou as bases de cálculo do imposto, a fim de ajustá-lo aos objetivos da política cambial e do comércio exterior (art. 26 do CTN). Entretanto, em razão da previsão do § 1º do art. 153 da Constituição de 1988, somente as alíquotas podem ser alteradas pelo Poder Executivo, e não mais a base de cálculo.

A alíquota do imposto é de 30%, facultado ao Poder Executivo reduzi-la ou aumentá-la, para atender os objetivos da política cambial e do comércio exterior (art. 3º do Decreto-lei n. 1.578). Em caso de elevação, a alíquota do imposto não poderá ser superior a 150%.

O produto da arrecadação do imposto sobre a exportação constituirá reserva monetária, a crédito do Banco Central do Brasil, a qual só poderá ser aplicada na forma estabelecida pelo Conselho Monetário Nacional (art. 9º do Decreto-lei n. 1.578/77).

2.4 Contribuinte

Contribuinte do imposto é o exportador ou quem a lei a ele equiparar.

Exportador é qualquer pessoa que promova a saída do produto do território nacional (art. 5º do Decreto-lei n. 1.578).

A pessoa que envia a mercadoria para o exterior é o exportador. A lei não exige que o exportador seja industrial, comerciante ou produtor.

2.5 Lançamento

Geralmente, o lançamento do imposto de exportação é feito por declaração do sujeito passivo.

2.6 Função

A receita líquida do imposto destina-se à formação de reservas monetárias, na forma da lei (art. 28 do CTN).

A função do imposto de exportação é de caráter exclusivamente monetário e cambial e tem por finalidade disciplinar os efeitos monetários decorrentes da variação de preços no exterior e preservar as receitas de exportação.

3 IMPOSTO DE RENDA

O imposto de renda foi instituído pelo primeiro-ministro Willian Pitt em 1797. Visava financiar as guerras contra a França. Foi considerado o imposto que derrotou Napoleão. Inicialmente era temporário, para financiar a guerra. Depois, passou a ser definitivo.

3.1 Denominação

A denominação constitucional do imposto é Imposto sobre a Renda e Proventos de Qualquer Natureza. Na prática, é chamado de imposto de renda ou é utilizada a sigla IR.

3.2 Competência

Na Constituição de 1934, o imposto era da competência da União, excetuada a renda cedular de imóveis (art. 6º, I, *c*).

A Constituição de 1937 especificou que o imposto era da competência privativa da União, mas não se estabelecia qualquer exceção (art. 20, I, *c*). A Constituição de 1946 (art. 15, IV) trouxe determinação no mesmo sentido.

Estabeleceu o inciso IV do art. 22 da Constituição de 1967 a mesma competência para tributar rendas e proventos de qualquer natureza, salvo ajuda de custo e diárias pagas pelos cofres públicos. A Emenda Constitucional n. 1, de 1969, acrescentou ao texto anterior apenas que a exceção relativa à ajuda de custo e diárias pagas pelos cofres públicos seria na forma da lei (art. 21, IV).

O inciso III do art. 153 da Constituição de 1988 voltou a fazer referência apenas ao imposto sobre renda e proventos de qualquer natureza. Está o imposto na competência da União, pois tem âmbito nacional. Somente dessa forma é que se pode falar na redistribuição da renda nacional.

3.3 Generalidades

Renda é o aumento ou acréscimo de patrimônio.

O imposto de renda será informado pelos critérios da generalidade, da universalidade e da progressividade, na forma da lei.

A generalidade é o critério comum à maior parte das pessoas.

Universalidade é a qualidade do universal. Universalidade significa que todos pagam o imposto de renda, independentemente da denominação do rendimento, localização da pessoa, nacionalidade ou fonte.

A generalidade e a universalidade mostram que o imposto de renda será aplicado a todas as pessoas, sem qualquer distinção entre pessoas e profissões e sem critério de seletividade do imposto.

Na progressividade, à medida que aumenta a renda da pessoa, maior é a alíquota. Assim, quem ganha mais paga mais. Quem ganha menos paga menos. Hoje, porém, há quatro alíquotas do imposto. A progressividade é uma forma de seletividade, de redistribuição de renda.

3.4 Fato gerador

O imposto de renda tem por fato gerador a aquisição da disponibilidade econômica ou jurídica:

a) de renda, assim entendido o produto do capital, do trabalho ou da combinação de ambos. Renda é um acréscimo no patrimônio da pessoa. Produto do capital são os juros. O produto do trabalho é o salário, a remuneração;
b) de proventos de qualquer natureza, assim entendidos os acréscimos patrimoniais não compreendidos no item anterior, como as aposentadorias, as pensões.

A disponibilidade econômica ocorre com a renda ou provento efetivamente recebido. É o dinheiro que entra em caixa. Representa regime de caixa. É a obtenção de direitos de crédito.

Dá-se a disponibilidade jurídica com o crédito feito ao contribuinte. Compreende regime de competência, quanto ao mês a que se refere e não ao respectivo pagamento.

A disponibilidade econômica pode ser jurídica, se tem tratamento previsto em lei. Aquisição é algo que se acrescenta, é o que aumenta o patrimônio anterior.

Produto do capital são juros, lucros, aluguéis, aplicações financeiras.

Proventos têm sentido de pagamento por aposentadoria, de quem recebe pensão.

Acréscimos não realizados não são tributados.

A incidência do imposto independe da denominação da receita ou rendimento, da localização, condição jurídica ou nacionalidade da fonte, da origem e da forma de percepção. Se a fonte perceber renda, haverá a incidência do imposto.

Na hipótese de receita ou de rendimento oriundos do exterior, a lei estabelecerá as condições e o momento em que se dará sua disponibilidade, para fins de incidência do Imposto de Renda.

O Imposto de Renda incide sobre o principal e a correção monetária. Os juros são rendimento do capital e têm a incidência do imposto de renda (art. 55, XIV, do RIR). O imposto de renda incide não só sobre os juros, mas também sobre os rendimentos, inclusive a correção monetária (art. 56 do RIR). Incidirá o imposto de renda de acordo com o que a lei definir como rendimento.

Indenização não é renda, pois visa ressarcir, recompor, compensar.

O Imposto de Renda não incide sobre valor recebido a título de desapropriação amigável ou judicial (Súmula 39 do TFR), férias indenizadas (Súmula 125 do STJ), licença prêmio não gozada (Súmula 136 do STJ); o valor recebido a título de programa de incentivo à demissão voluntária (Súmula 215 do STJ) e indenização por danos morais (Súmula 498 do STJ).

Incide Imposto de Renda sobre os valores percebidos a título de indenização por horas extras trabalhadas, ainda que decorrentes de acordo coletivo (Súmula 463 do STJ).

3.5 Base de cálculo

A base de cálculo do imposto é o montante real, arbitrado ou presumido da renda ou dos proventos tributáveis (art. 44 do CTN).

O rendimento é a base de cálculo do Imposto de Renda da pessoa física.

A tabela de Imposto de Renda da pessoa física para os recebimentos mensais do contribuinte é a seguinte a partir de abril de 2015:

Base de cálculo (R$)	Alíquota (%)	Parcela a deduzir (R$)
Até 1.903,98	Isento	–
De 1.903,99 a 2.826,65	7,5	142,80
De 2.826,66 a 3.751,05	15	354,80
De 3.751,06 a 4.664,68	22,5	636,13
Acima de 4.664,68	27,5	869,36

A base de cálculo do Imposto de Renda da pessoa jurídica é o lucro real, arbitrado ou presumido.

Lucro é "o que podemos consumir numa semana e sentir-nos tão bem no fim como nos sentimos no início"[1].

Adam Smith afirma que lucro é a quantia a ser consumida sem prejudicar o capital, incluindo tanto o capital fixo como o circulante[2].

Lucro, para a teoria econômica, é considerado o resíduo da divisão do remanescente da atividade produtiva, depois de todos os pagamentos dos fatores da produção: capital (interesses), terra (aluguel), trabalho (salário).

Lucro real é o lucro líquido do período de apuração ajustado pelas adições, exclusões ou compensações (art. 6º do Decreto-lei n. 1.598/77). A regra é a empresa ser tributada com base no lucro real.

Lucro bruto é o resultado da atividade de venda de bens ou serviços que constitua objeto da pessoa jurídica. O lucro bruto corresponde à diferença entre a re-

---

1 HICK, James. *Value and capital*. 2. ed. Londres: Oxford Press, 1946. p. 172.

2 SMITH, Adam. *A riqueza das Nações*. Trad. Maria Teresa de Lemos Lima. Curitiba: Juruá, 2006.

ceita líquida das vendas e serviços e o custo dos bens e serviços vendidos (parágrafo único do art. 278 do RIR).

Receita bruta das vendas e serviços compreende o produto da venda de bens nas operações de conta própria, o preço dos serviços prestados e o resultado auferido nas operações de conta alheia.

Receita líquida de vendas e serviços será a receita bruta diminuída das vendas canceladas, dos descontos concedidos incondicionalmente e dos impostos incidentes sobre vendas.

Receita operacional é o somatório das receitas que dão origem ao lucro operacional (§ 2º do art. 1º do Decreto-lei n. 2.445/88).

Lucro operacional é o resultado das atividades, principais ou acessórias, que constituam objeto da pessoa jurídica (art. 11 do Decreto-lei n. 1.598/77).

Lucro líquido do período de apuração é a soma algébrica do lucro operacional, dos resultados não operacionais e das participações (art. 248 do RIR), devendo ser determinado com observância dos preceitos da lei comercial.

Lucro diferido é o que fica para ser tributado em exercícios futuros.

Lucro da exploração é o lucro líquido do período-base, antes de deduzida a provisão para o imposto de renda, ajustada pela exclusão: da parte das receitas financeiras que excederem as despesas financeiras; dos rendimentos e prejuízos das participações societárias; dos resultados não operacionais (art. 544 do RIR). É, portanto, a forma utilizada para se apurar o resultado de determinada atividade sujeita a algum regime especial de tributação ou que tenha benefício de isenção.

Lucro presumido é uma ficção estabelecida pela lei como se o contribuinte tivesse lucro no ano-calendário, desde que aufira receita bruta até determinado montante. É uma opção do contribuinte o lucro presumido, que, uma vez realizado, vale para todo o ano-calendário.

O lucro será arbitrado quando: (a) o contribuinte, obrigado à tributação com base no lucro real, não mantiver escrituração na forma das leis comerciais e fiscais, ou deixar de elaborar as demonstrações financeiras exigidas pela legislação fiscal; (b) a escrituração a que estiver obrigado o contribuinte revelar evidentes indícios de fraudes ou contiver vícios, erros ou deficiências que a tornem imprestável para: (1) identificar a efetiva movimentação financeira, inclusive bancária; (2) determinar o lucro real; (3) o contribuinte deixar de apresentar à autoridade tributária os livros e documentos da escrituração comercial e fiscal, ou o livro Caixa; (4) o contribuinte optar indevidamente pela tributação com base no lucro presumido; (5) o comissário ou representante da pessoa jurídica estrangeira deixar de escriturar e apurar o lucro de sua atividade separadamente do lucro comitente de residente ou domiciliado no exterior; (6) o contribuinte não mantiver, em boa ordem e segundo as normas contábeis recomendadas, livro Razão ou fichas utilizadas para resumir e totalizar, por conta ou subconta, os lançamentos efetuados no Diário.

O lucro arbitrado será estabelecido de acordo com uma porcentagem sobre a receita bruta.

Presume-se distribuição disfarçada de lucros no negócio pelo qual a pessoa jurídica: (1) aliena, por valor notoriamente inferior ao de mercado, bem do seu ativo a pessoa ligada; (2) adquire, por valor notoriamente superior ao de mercado, bem de pessoa ligada; (3) perde, em decorrência do não exercício de direito à aquisição de bem e em benefício de pessoa ligada, sinal, depósito em garantia ou importância paga para obter opção de aquisição; (4) transfere a pessoa ligada, sem pagamento ou por valor inferior ao de mercado, direito de preferência à subscrição de valores mobiliários de emissão de companhia; (5) paga a pessoa ligada aluguéis, *royalties* ou assistência técnica em montante que excede notoriamente o valor de mercado; (6) realiza com pessoa ligada qualquer outro negócio em condições de favorecimento, assim entendidas mais vantajosas para a pessoa ligada do que as que prevaleçam no mercado ou que a pessoa jurídica contrataria com terceiros. As hipóteses 1 e 4 não se aplicam nos casos de devolução de participação no capital social do titular, sócio ou acionista de pessoa jurídica em bens ou direitos, avaliados a valor contábil ou de mercado. A situação contida no item 2 não se observa quando a pessoa física transferir a pessoa jurídica, a título de integralização de capital, bens e direitos pelo valor constante na respectiva declaração de bens. A prova de que o negócio foi realizado no interesse da pessoa jurídica e em condições estritamente comutativas, ou em que a pessoa jurídica contrataria com terceiros, exclui a presunção de distribuição disfarçada de lucros, que, portanto, é relativa e não absoluta.

São isentas de imposto de renda as indenizações de férias proporcionais e o respectivo adicional (Súmula 386 do STJ).

É admissível, em embargos à execução, compensar os valores de imposto de renda retidos indevidamente na fonte com os valores restituídos apurados na declaração anual (Súmula 394 do STJ).

3.6 Contribuinte

Contribuinte do imposto é o titular da disponibilidade econômica ou jurídica, sem prejuízo de atribuir a lei essa condição ao possuidor, a qualquer título, dos bens produtores de renda ou dos proventos tributáveis (art. 45 do CTN).

Contribuinte é a pessoa física ou jurídica.

A lei pode atribuir à fonte pagadora da renda ou dos proventos tributáveis a condição de responsável pelo imposto cuja retenção e recolhimento lhe caibam (art. 45 do CTN). É o que se chama de imposto de renda retido na fonte. A retenção do imposto de renda na fonte decorre do art. 46 da Lei n. 8.541.

Com a edição da Lei n. 7.713/88, desde 1º-1-1989, restou consagrado o regime de caixa, ou seja, a renda da pessoa física é considerada recebida quando paga, não se observando o regime de competência (mês a que se refere). O cálculo não mais será feito em separado de cada mês, mas sim toma-se todo o rendimento recebido e aplica-se a tabela do mês do pagamento, com a respectiva alíquota do mês do pagamento. A lei a ser observada é a da época em que for feito o pagamento, verificando-se os dependentes e as isenções.

O art. 12-A e seus parágrafos da Lei n. 7.713/88 estabelece critérios para o cálculo do imposto de renda em relação a pagamentos acumulados, que são provenientes de anos anteriores.

O Decreto n. 3.000, de 26-3-1999, é o Regulamento do Imposto de Renda (RIR).

3.7 Lançamento

Geralmente, considera-se que o lançamento do imposto de renda é feito por declaração. Na prática, ele acaba sendo feito por homologação, pois em muitos casos o contribuinte paga mensalmente o imposto, sujeito a posterior homologação pelo sujeito ativo.

4 IMPOSTO SOBRE PRODUTOS INDUSTRIALIZADOS

4.1 Competência

O IPI representa o antigo imposto do consumo.

O imposto sobre produtos industrializados foi criado pela Emenda Constitucional n. 18/65. Era de competência da União (art. 11). Determinava-se que era seletivo em função da essencialidade dos produtos, e não cumulativo, abatendo-se, em cada operação, o montante cobrado nas anteriores. Caracterizava-se como um imposto sobre a produção, de acordo com a nomenclatura econômica determinada pela referida emenda.

A Constituição de 1967 acolheu o mesmo sistema em relação ao imposto, que continuava na competência da União, para exigi-lo sobre produtos industrializados (art. 22, V).

A Emenda Constitucional n. 1/69 dispôs no mesmo sentido (art. 21, V).

Determinou o inciso IV do art. 153 da Constituição de 1988 competir à União instituir imposto sobre produtos industrializados.

4.2 Denominação

A denominação constitucional do imposto é Imposto sobre Produtos Industrializados. Na prática, é chamado de IPI.

4.3 Fato gerador

O IPI tem como fato gerador:

a) o desembaraço aduaneiro, quando de procedência estrangeira do bem;
b) a saída do bem dos estabelecimentos do importador, industrial, comerciante ou arrematante;
c) a arrematação, quando apreendido ou abandonado e levado a leilão o bem.

Em certos casos, a lei equipara o estabelecimento do comerciante ao do industrial.

Considera-se industrializado o produto que tenha sido submetido a qualquer operação que lhe modifique a natureza ou a finalidade, ou o aperfeiçoe para o consumo.

Caracteriza industrialização qualquer operação que modifique a natureza, o funcionamento, o acabamento, a apresentação ou a finalidade do produto, ou o aperfeiçoe para consumo (parágrafo único do art. 3º da Lei n. 4.502/64). A exceção diz respeito: (a) a conserto de máquinas, aparelhos e objetos pertencentes a terceiros; (b) o acondicionamento destinado apenas ao transporte do produto; (c) o preparo de medicamentos oficinais ou magistrais, manipulados em farmácias, para venda no varejo, diretamente a consumidor, assim como a montagem de óculos, mediante receita médica; (d) a mistura de tintas entre si, ou com concentrados de pigmentos, sob encomenda do consumidor ou usuário, realizada em estabelecimento varejista, efetuada por máquina automática ou manual, desde que fabricante ou varejista não sejam empresas interdependentes, controladora, controlada ou coligadas.

Transformação é a operação que, exercida sobre matéria-prima, ou produto intermediário, importa a obtenção de espécie nova.

Beneficiamento é a operação que importa modificar, aperfeiçoar ou, de qualquer forma, alterar o funcionamento, a utilização, o acabamento ou a aparência do produto.

Montagem é a operação que consiste na reunião de produtos, partes ou peças e de que resulte um novo produto ou unidade autônoma, ainda que sob a mesma classificação fiscal. Exemplo é a reunião da lente e da armação, importando no produto óculos.

Acondicionamento ou reacondicionamento é a operação que importe em alterar a apresentação do produto, pela colocação de embalagem, ainda que em substituição da original, salvo quando a embalagem colocada destine-se apenas ao transporte da mercadoria. Exemplo é o engarrafamento de bebida.

Renovação ou recondicionamento é a operação exercida sobre produto usado ou parte remanescente de produto deteriorado ou inutilizado, que renove ou restaure o produto para utilização. Exemplo é a recauchutagem ou regeneração de pneus.

4.4 Base de cálculo

A base de cálculo do imposto é:

I – no caso do desembaraço aduaneiro, o preço normal, acrescido do montante: (a) do imposto de importação; (b) das taxas exigidas para entrada do produto no país; (c) dos encargos cambiais efetivamente pagos pelo importador ou dele exigíveis;

II – no caso da saída dos estabelecimentos: (a) o valor da operação de que decorrer a saída da mercadoria; (b) na falta do valor a que se refere a alínea anterior, o preço corrente da mercadoria, ou sua similar, no mercado atacadista da praça do remetente;

III – no caso de arrematação, o preço da arrematação.

O imposto será calculado mediante aplicação da alíquota do produto, constante da Tabela, sobre o respectivo valor tributável (art. 13 da Lei n. 4.502/64).

A base de cálculo do IPI não pode ser mudada por ato do Poder Executivo, mas apenas a alíquota (§ 1º do art. 153 da Constituição). A redução e depois o aumento da alíquota podem ser feitos no mesmo ano, como no caso de veículos, eletrodomésticos de linha branca, visando a concessão de incentivos para a aquisição de bens em épocas de crise econômica.

É seletivo o IPI em razão da essencialidade dos produtos. A essencialidade é uma maneira de se fazer justiça fiscal. A alíquota do tributo é variável em razão da essencialidade do bem à vida. Os produtos de primeira necessidade terão alíquotas menores. Os produtos supérfluos, como cigarros e bebidas, terão alíquotas maiores.

O imposto é não cumulativo, compensando-se o que lhe for devido em cada operação com o montante cobrado nas anteriores.

O saldo verificado, em determinado período, em favor do contribuinte, transfere-se para o período ou períodos seguintes.

É feito um sistema de débito e crédito para apuração do imposto, para que, quando o produto saia, haja débito, e quando o produto entre, haja crédito, de forma a verificar a não cumulatividade. Se o débito for maior do que o crédito, haverá imposto a pagar. Se o crédito for maior do que o débito, o primeiro será transferido para o mês seguinte.

Os descontos incondicionais integram a base de cálculo do IPI (STF, RE 567.935).

A aquisição de bens integrantes do ativo permanente da empresa não gera direito a creditamento do IPI (Súmula 495 do STJ).

O STF entende que não existe direito de crédito na alíquota zero (RE 109.047-2/SP, RE 370.682/SC e RE 353.657/RS), justamente porque não é devido o imposto.

Não incidirá o IPI sobre produtos industrializados destinados ao exterior.

Terá o IPI reduzido seu impacto sobre a aquisição de bens de capital pelo contribuinte, na forma da lei.

Os produtos sujeitos ao imposto, quando remetidos de um para outro Estado, ou para o Distrito Federal, serão acompanhados de nota fiscal de modelo especial, emitida em séries próprias e contendo, além dos elementos necessários ao controle fiscal, os dados indispensáveis à elaboração da estatística do comércio por cabotagem e demais vias internas.

4.5 Contribuinte

Contribuinte do imposto é:

I – o importador ou quem a lei a ele equiparar;

II – o industrial ou quem a lei a ele equiparar;

III – o comerciante de produtos sujeitos ao imposto que os forneça aos contribuintes definidos no item anterior;

IV – o arrematante de produtos apreendidos ou abandonados, levados a leilão.

Para os efeitos do IPI, considera-se contribuinte autônomo qualquer estabelecimento de importador, industrial, comerciante ou arrematante. Cada estabelecimento será, portanto, contribuinte para fins de IPI.

4.6 Lançamento

O lançamento do IPI é feito por homologação. O contribuinte escritura nos livros próprios os créditos e débitos, apurando o imposto devido e pagando-o. O fisco irá posteriormente verificar se a apuração foi feita corretamente e homologar o lançamento.

4.7 Função

O imposto tem por função o estabelecimento de uma política econômica do governo federal.

Caracteriza-se por ter função extrafiscal, de tributar com rigor artigos de luxo, como perfumes ou produtos que são nocivos à saúde das pessoas como bebidas alcoólicas e cigarros. É claro que na prática muitas pessoas não deixarão de fumar ou de beber em razão do preço do produto decorrente do imposto nele incluído, mas pode ter reflexos nesse sentido.

5 IMPOSTO SOBRE OPERAÇÕES DE CRÉDITO, CÂMBIO E SEGURO

5.1 Denominação

O inciso V do art. 153 da Constituição denomina a exigência de "imposto sobre operações de crédito, câmbio e seguro, ou relativas a títulos ou valores mobiliários".

Na prática, é chamado de IOF (imposto sobre operações financeiras), mas, na verdade, não incide só sobre operações financeiras.

São várias as incidências: imposto sobre operações de crédito, imposto sobre operações de câmbio, imposto sobre operações de seguro, imposto sobre operações com títulos ou valores mobiliários.

5.2 Competência

A Emenda Constitucional n. 18, de 1965, estabeleceu a competência da União para criar o imposto "sobre operações de crédito, câmbio e seguro, e sobre operações relativas a títulos e valores mobiliários" (art. 14, I).

A Constituição de 1967 manteve a competência da União, prevendo a exigência do imposto sobre "operações de crédito, câmbio, seguro, ou relativas a títulos ou valores mobiliários" (art. 22, VI).

A Emenda Constitucional n. 1, de 1969, manteve a mesma competência da União, com mudança de vírgulas: "operações de crédito, câmbio e seguro ou relativas a títulos ou valores mobiliários" (art. 21, VI).

A Constituição de 1988 reza sobre a competência da União para instituir impostos sobre "operações de crédito, câmbio e seguro, ou relativas a títulos ou valores mobiliários" (art. 153, V).

5.3 Fato gerador

O fato gerador do imposto é:

I – quanto às operações de crédito, sua efetivação pela entrega total ou parcial do montante ou do valor que constitua o objeto da obrigação, ou sua colocação à disposição do interessado;

II – quanto às operações de câmbio, sua efetivação pela entrega de moeda nacional ou estrangeira, ou de documento que a represente, ou sua colocação à disposição do interessado, em montante equivalente à moeda estrangeira ou nacional entregue ou posta à disposição por este;

III – quanto às operações de seguro, sua efetivação pela emissão da apólice ou documento equivalente, ou recebimento do prêmio, na forma da lei aplicável;

IV – quanto às operações relativas a títulos e valores mobiliários, a emissão, transmissão, pagamento ou resgate destes, na forma da lei aplicável.

A incidência definida no item I exclui a definida no item IV, e reciprocamente, quanto à emissão, ao pagamento ou resgate do título representativo de uma mesma operação de crédito (parágrafo único do art. 63 do CTN). Isso significa que não haverá uma incidência sobre a operação de crédito e outra incidência sobre a emissão, pagamento ou resgate do título.

Dispõe o art. 1º da Lei n. 5.143, de 20-10-1966, que o imposto incide nas operações de crédito e seguro, realizadas por instituições financeiras e seguradoras, e tem como fato gerador: (a) no caso de operações de crédito, a entrega do respectivo valor ou sua colocação à disposição do interessado; (b) no caso de operações de seguro, o recebimento do prêmio.

5.4 Base de cálculo

A base de cálculo do imposto é:

I – quanto às operações de crédito, o montante da obrigação, compreendendo o principal e os juros;

II – quanto às operações de câmbio, o respectivo montante em moeda nacional, recebido, entregue ou posto à disposição;

III – quanto às operações de seguro, o montante do prêmio;

IV – quanto às operações relativas a títulos e valores mobiliários:

a) na emissão, o valor nominal mais o ágio, se houver;

b) na transmissão, o preço ou o valor nominal ou o valor da cotação em Bolsa, como determinar a lei;

c) no pagamento ou resgate, o preço.

O art. 2º da Lei n. 5.143/66 determinou que a base de cálculo do imposto é: (a) nas operações de crédito, o valor global dos saldos das operações de empréstimos, de abertura de crédito e de desconto de títulos, apurados mensalmente; (b) nas operações de seguro, o valor global dos prêmios recebidos em cada mês.

Nas operações de câmbio e nas relativas a títulos e valores mobiliários, a base de cálculo do imposto é o valor da operação (art. 1º, IV e V, do Decreto-lei n. 1.783/80).

O Poder Executivo pode, nas condições e nos limites estabelecidos em lei, alterar as alíquotas ou as bases de cálculo do imposto, a fim de ajustá-lo aos objetivos da política monetária (art. 65 do CTN). Entretanto, por força do § 1º do art. 153 da Constituição de 1988 somente as alíquotas podem ser alteradas pelo Poder Executivo, e não mais a base de cálculo.

5.5 Contribuinte

Contribuinte do imposto é qualquer das partes na operação tributada, como dispuser a lei.

Determina o art. 2º do Decreto-lei n. 1.783/80 que são contribuintes do imposto os tomadores de crédito, os segurados, os compradores de moeda estrangeira e os adquirentes de títulos e valores mobiliários.

São responsáveis pela cobrança do imposto e por seu recolhimento ao Tesouro Nacional: (a) nas operações de crédito, as instituições financeiras; (b) nas operações de seguro, o segurador ou as instituições financeiras a quem este encarregar da cobrança do prêmio; (c) nas operações de câmbio, as instituições autorizadas a operar em câmbio; (d) nas operações relativas a títulos e valores mobiliários, as instituições autorizadas a operar na compra e venda de títulos ou valores mobiliários e nas operações de contratos derivativos, as entidades autorizadas a registrar os referidos contratos (art. 3º do Decreto-lei n. 1.783).

5.6 Lançamento

O lançamento do IOF é feito por homologação. O contribuinte paga o imposto e, posteriormente, será feito o lançamento pelo fisco.

A instituição financeira ou seguradora que, antes de qualquer procedimento fiscal, recolher espontaneamente o imposto fora do prazo previsto, ficará sujeita à multa de 20% do imposto, a qual será incluída na mesma guia correspondente ao tributo, sem necessidade de autorização ou despacho (art. 7º da Lei n. 5.143). Tal dispositivo viola o art. 138 do CTN, ao dispor sobre a denúncia espontânea, que exclui qualquer penalidade por denúncia espontânea do contribuinte e recolhimento do tributo devido.

5.7 Função

A receita líquida do imposto destina-se à formação de reservas monetárias, na forma da lei (art. 67 do CTN).

A função do imposto é extrafiscal. Visa, também, à intervenção na política de crédito, câmbio, seguro e títulos e valores mobiliários, regulando o mercado. Tem função regulatória do mercado financeiro.

6 IMPOSTO SOBRE A PROPRIEDADE TERRITORIAL RURAL

6.1 Competência

A Constituição de 1934 previa a competência privativa dos Estados para decretar imposto sobre propriedade territorial, exceto a urbana (art. 8º, I, *a*). No mesmo sentido era a redação da Constituição de 1937 (art. 23, I, *a*).

A Emenda Constitucional n. 5, de 1961, determinou a competência dos municípios para a cobrança do imposto.

Com a Emenda Constitucional n. 10, de 1964, o imposto passou a ser de competência da União.

Na Constituição de 1967, a competência passou a ser da União para decretar impostos sobre "propriedade territorial rural" (art. 22, III). A Emenda Constitucional n. 1, de 1969, tinha a mesma redação (art. 21, III).

Na Constituição de 1988, compete à União instituir imposto sobre propriedade territorial rural (art. 153, VI).

A Lei n. 9.393, de 19-12-1996, trata do imposto sobre a propriedade territorial rural.

6.2 Fato gerador

O fato gerador do ITR é a propriedade, o domínio útil ou a posse de imóvel por natureza, como definido na lei civil, localizado fora da zona urbana do município (art. 29 do CTN).

Os imóveis podem ser classificados por: (a) natureza; (b) acessão física; (c) acessão intelectual; (d) disposição de lei. Imóvel por natureza é o solo com sua superfície, os acessórios e adjacências naturais, compreendendo as árvores e frutos pendentes, o espaço aéreo e o subsolo.

No Direito Romano, o proprietário tinha um tríplice direito, que era de usar (*ius utendi*), de fruir ou gozar (*ius fruendi*) e além do uso (*ius abutendi*).

O proprietário tem o direito de usar, gozar e dispor (vender) de seus bens, como de reavê-los de quem quer que injustamente os possua.

A propriedade abrange o domínio útil e a posse do imóvel. Assim, o fato gerador pode ser o domínio útil ou a posse do imóvel.

Possuidor é a pessoa que tem de fato o exercício, pleno ou não, de algum dos poderes inerentes do domínio, ou propriedade.

Enfiteuse é a transferência dos poderes referentes ao domínio útil do imóvel mediante renda anual e conservação da substância da coisa. Enfiteuta ou foreiro é a pessoa que usa, goza e dispõe da coisa com certas restrições. Geralmente, a enfiteuse é realizada sobre terrenos.

O imposto tributa o imóvel situado na zona rural e não na zona urbana do município. Considera-se imóvel rural a área contínua, formada de uma ou mais parcelas de terras, localizada na zona rural do município (§ 2º do art. 1º da Lei n. 9.393). O imóvel que pertencer a mais de um município deverá ser enquadrado no município onde fique a sede do imóvel e, se esta não existir, será enquadrado no município onde se localize a maior parte do imóvel.

6.3 Base de cálculo

A base de cálculo do imposto é o valor fundiário. Este representa o valor da terra nua, sem qualquer benefício. A terra nua é a diferença entre o valor venal do imóvel e o valor dos bens incorporados ao imóvel.

O imposto sobre a propriedade rural (ITR): (a) será progressivo e terá suas alíquotas fixadas de forma a desestimular a manutenção de propriedades improdutivas; (b) não incidirá sobre pequenas glebas rurais, definidas em lei, quando as explore o proprietário que não possua outro imóvel. Se o proprietário possuir outro imóvel, não se aplica a referida regra; (c) será fiscalizado e cobrado pelos municípios que assim optarem, na forma da lei, desde que não implique redução do imposto ou qualquer outra forma de renúncia fiscal (§ 4º do art. 153 da Lei Maior). Há, portanto, necessidade de opção pelo município para que possa fiscalizar e cobrar o ITR, na forma da lei. O município não poderá dispensar a cobrança do imposto, pois ele é de competência da União.

Pequenas glebas rurais são os imóveis com área igual ou inferior a:

1. 100 ha, se localizado em município compreendido na Amazônia Ocidental ou no Pantanal mato-grossense e sul-mato-grossense;
2. 50 ha, se localizado em município compreendido no Polígono das Secas ou na Amazônia Oriental;

3. 30 ha, se localizado em qualquer outro município (parágrafo único do art. 2º da Lei n. 9.393/96).

O ITR não incidirá sobre as glebas rurais de área não excedente a 25 hectares quando as cultive, só, ou com sua família, o proprietário que não possua outro imóvel (art. 7º da Lei n. 5.868/72). Para gozar do benefício, o proprietário, ao receber o Certificado de Cadastro, declarará que preenche os requisitos indispensáveis a sua concessão (§ 1º do art. 7º da Lei n. 5.868/72).

São isentas do ITR: (a) as áreas de preservação permanente onde existam florestas formadas ou em formação; (b) as áreas reflorestadas com essências nativas (art. 5º da Lei n. 5.868/72).

6.4 Contribuinte

Contribuinte do imposto é o proprietário do imóvel, o titular de seu domínio útil, ou seu possuidor a qualquer título.

Proprietário é a pessoa que tem o domínio pleno do imóvel, tendo o direito de usar, gozar e dispor do bem (art. 1.228 do Código Civil).

O enfiteuta será o contribuinte do ITR, que é o titular do domínio útil, pois não tem o direito de propriedade, mas pode dispor do imóvel.

O domicílio tributário do contribuinte é o município de localização do imóvel, vedada a eleição de qualquer outro (parágrafo único do art. 4º da Lei n. 9.393/96). A disposição não tem valor diante da regra do art. 127 do CTN, que prevê a liberdade de escolha do domicílio do contribuinte, podendo tal escolha ser recusada apenas no caso de impossibilidade ou dificuldade de arrecadação ou fiscalização do tributo.

É responsável pelo crédito tributário o sucessor, a qualquer título (art. 5º da Lei n. 9.393).

6.5 Lançamento

Dispõe o art. 10 da Lei n. 9.393 que a apuração e o pagamento do ITR serão efetuados pelo contribuinte, independentemente de prévio procedimento da administração tributária, nos prazos e condições estabelecidos pela Secretaria da Receita Federal, sujeitando-se a homologação posterior.

Na prática, o contribuinte entrega a declaração do imóvel rural a cada ano. Em setembro presta informações ao Fisco.

O ITR será fiscalizado e cobrado pelos municípios que assim optarem, na forma da lei, desde que não implique redução do imposto ou qualquer outra forma de renúncia fiscal (art. 154, § 4º, III, da Constituição). A União, por intermédio da Secretaria da Receita Federal, poderá celebrar convênios com o Distrito Federal e os Municípios que assim optarem, visando a delegar as atribuições de fiscalização, inclusive a de lançamento dos créditos tributários, e de cobrança do ITR, sem prejuízo da competência supletiva da Secretaria da Receita Federal (art. 1º da Lei n. 11.250, de 27-12-2005). Deverá ser observada a legislação federal de regência do ITR.

6.6 Função

O ITR tem função extrafiscal, visando evitar latifúndios improdutivos. Pode ser utilizado, dependendo do caso, para fins de política agrária. Por esse motivo, deve ficar no âmbito da União. É um tributo de regulação da política fundiária.

7 IMPOSTO SOBRE GRANDES FORTUNAS

O imposto sobre grandes fortunas não era previsto no sistema tributário anterior.

O referido imposto será disciplinado nos termos de lei complementar. Até o momento, essa norma não existe.

Fortuna é maior que riqueza. Não incide sobre fortunas normais ou riqueza.

Não se conseguem tributar grandes fortunas, pois elas são transferidas para outras pessoas e até empresas. É um imposto pelo qual não se alcança grande arrecadação, mas apenas 1 a 2%.

Se o imposto sobre grandes fortunas for instituído implicará transferência de dinheiro ou bens para paraísos fiscais, onde não há tributação.

Se a alíquota do imposto é baixa, a receita é baixa.

Se a alíquota é alta (3% ou 4%), as pessoas levariam recursos para o exterior.

O objetivo do imposto era, inicialmente, redistribuição de renda.

A fortuna já é tributada pelo Imposto de Renda e por outros impostos que incidem sobre o patrimônio (IPVA, IPTU, ITR).

8 OUTROS IMPOSTOS

Mediante lei complementar, a União pode instituir:

a) outros impostos, desde que sejam não cumulativos e não tenham fato gerador ou base de cálculo próprios dos discriminados na Constituição.

Se o fato gerador ou a base de cálculo do novo imposto for igual aos impostos previstos nos arts. 153, 155 e 156 da Constituição, ele não poderá ser exigido. A Constituição faz referência a outros impostos previstos nela e não a outros tributos;

b) na iminência ou no caso de guerra externa, impostos extraordinários compreendidos ou não em sua competência tributária, os quais serão suprimidos, gradativamente, cessadas as causas de sua criação (art. 154 da Constituição).

Verificação de aprendizagem

1. Qual é o fato gerador do imposto de importação?
2. Que é *drawback*?
3. Qual é o fato gerador do imposto de exportação?
4. Que é progressividade para fins de imposto de renda?
5. Como se caracterizam as disponibilidades econômica e jurídica para efeito de imposto de renda?
6. Conceituar lucro real, presumido e arbitrado.
7. Explicar os conceitos de transformação, beneficiamento, montagem, acondicionamento e renovação para fins de IPI.
8. Que é valor fundiário para efeito de ITR?
9. Que é seletividade?
10. Que é não cumulatividade para efeito do IPI?
11. Como será regulado o imposto sobre grandes fortunas?

Capítulo 29

IMPOSTOS DOS ESTADOS E DO DISTRITO FEDERAL

Compete aos Estados e ao Distrito Federal instituir impostos sobre: (a) transmissão *causa mortis* e doação, de quaisquer bens ou direitos; (b) operações relativas à circulação de mercadorias e sobre prestações de serviços de transporte interestadual e intermunicipal e de comunicação (ICMS), ainda que as operações e as prestações se iniciem no exterior; (c) propriedade de veículos automotores (IPVA).

A Emenda Constitucional n. 3, de 1993, suprimiu o adicional de 5% do imposto de renda pago à União, que era chamado de imposto de renda estadual.

1 IMPOSTO DE TRANSMISSÃO *CAUSA MORTIS* E DOAÇÃO

1.1 Competência

A Constituição de 1934 previa a competência dos Estados para decretar impostos sobre transmissão de propriedade *causa mortis* (art. 8º, I, *b*). No mesmo sentido era a redação da Constituição de 1937 (art. 23, I, *b*). Na Constituição de 1946 havia também a mesma redação (art. 19, II).

Dispunha a Constituição de 1967 sobre a competência dos Estados e do Distrito Federal para decretar imposto sobre "transmissão, a qualquer título, de bens imóveis por natureza e acessão física, e de direitos reais sobre imóveis, exceto os de garantia, bem como sobre direitos à aquisição de imóveis" (art. 24, I).

Os Estados e o Distrito Federal tinham competência para instituir imposto sobre transmissão, a qualquer título, de bens imóveis por natureza e acessão física e de direitos reais sobre imóveis, exceto os de garantia, bem como sobre a cessão de direitos a sua aquisição (art. 23, I, da Emenda Constitucional n. 1/69). Não abrangia transmissão de bens móveis.

O inciso I do art. 155 da Constituição de 1988 determinou a competência dos Estados e do Distrito Federal para instituir imposto sobre transmissão *causa mortis* e doação de quaisquer bens ou direitos. Isso inclui tanto bens imóveis, como móveis.

1.2 Fato gerador

O imposto tem como fato gerador:

a) a transmissão, a qualquer título, da propriedade ou do domínio útil de bens imóveis, por natureza ou por acessão física, como definidos na lei civil;

b) a transmissão, a qualquer título, de direitos reais sobre imóveis, exceto os direitos reais de garantia;

c) a cessão de direitos relativos às transmissões anteriormente referidas.

Aberta a sucessão, o domínio e a posse da herança transmitem-se, desde logo, aos herdeiros legítimos e testamentários (art. 1.784 do Código Civil).

Imóvel por natureza é o solo com sua superfície, os acessórios e adjacências naturais, compreendendo as árvores e frutos pendentes, o espaço aéreo e o subsolo.

Imóvel por acessão física é tudo aquilo que o homem incorporar de forma permanente ao solo, como a semente lançada à terra, os edifícios e construções. Acessão quer dizer aumento, justaposição, acréscimo ou aderência de uma coisa a outra. A acessão física abrange os bens móveis incorporados ao solo, como tijolos, portas, madeiras, concreto, janelas etc.

Nas transmissões *causa mortis*, ocorrem tantos fatos geradores distintos quantos sejam os herdeiros ou legatários.

O imposto incide sobre os bens deixados pelo *de cujus*, mas não incide sobre a meação do cônjuge supérstite, pois esta parcela não representa herança (STJ, REsp 343.718/SP, Rel. Min. Eliana Calmon, j. 19-5-2005), mas a parte da própria pessoa.

A mera lavratura de procuração em causa própria não é fato gerador do ITBI, por não ter previsão no CTN.

Deve ser possível o abatimento de despesas funerárias, incidindo o imposto sobre o montante líquido da herança (STF, 1ª T., Rel. Min. Octávio Gallotti, *DJ* 7-8-1987, p. 15436).

Os direitos reais sobre bens imóveis que forem transmitidos estão sujeitos à incidência do imposto, como a servidão, o usufruto, o uso, a habitação, as rendas constituídas sobre imóveis.

Estão fora da incidência do imposto os direitos reais de garantia, que são a anticrese e a hipoteca.

Não incide imposto de transmissão *causa mortis* sobre bens localizados no exterior. A matéria deve ser objeto de lei complementar.

Na doação, o doador, por liberalidade, transfere um bem de seu patrimônio para outra pessoa, que o aceita (art. 538 do Código Civil).

1.3 Base de cálculo

A base de cálculo do imposto é o valor venal dos bens ou direitos transmitidos (art. 38 do CTN). Valor venal é o valor de mercado fixado pela legislação estadual. O preço da venda poderá ser inferior ao valor venal do imóvel, incidindo o imposto sobre o valor venal.

O montante do imposto é dedutível do devido à União, a título de imposto sobre a renda e proventos de qualquer natureza, sobre o provento decorrente da mesma transmissão (art. 40 do CTN).

A Emenda Constitucional n. 18, de 1965, tinha regra idêntica ao art. 40 do CTN. A Constituição de 1967 também mencionava que o ITBI seria deduzido do imposto de renda (§ 2º do art. 24). A Emenda Constitucional n. 1, de 1969, não tratou do tema, levando à afirmação de que o art. 40 do CTN estaria revogado. Entretanto, o art. 40 do CTN não é incompatível com a Constituição atual ou com o anterior. Não foi revogado expressamente por outra norma, não é incompatível com outra norma, nem a matéria foi regulada inteiramente por outra lei. Logo, o art. 40 do CTN está em vigor.

Uma leitura apressada do art. 40 do CTN levaria o intérprete a entender que o ITBI seria descontado do ganho auferido para efeito do cálculo do imposto de renda. Entretanto, o art. 40 do CTN é claro ao mostrar que o ITBI será deduzido do imposto de renda decorrente da transmissão do bem. Isso significa que o ITBI é uma antecipação do imposto de renda da operação de transmissão do respectivo bem imóvel.

O imposto de transmissão: (a) relativamente a bens imóveis e respectivos direitos, compete ao Estado da situação do bem, ou ao Distrito Federal; (b) relativamente a bens móveis, títulos e créditos, compete ao Estado onde se processar o inventário ou arrolamento, ou tiver domicílio o doador, ou ao Distrito Federal; (c) terá a competência para sua instituição regulada por lei complementar: (1) se o doador tiver domicílio ou residência no exterior; (2) se o *de cujus* possuía bens, era residente ou domiciliado ou teve seu inventário processado no exterior.

As alíquotas máximas do imposto serão fixadas pelo Senado Federal. A Resolução n. 9, de 5-5-1992, estabelece alíquota máxima para o imposto, de 8%.

A Súmula 112 do STJ mostra que o imposto de transmissão *causa mortis* é devido pela alíquota vigente ao tempo da abertura da sucessão.

Esclarece a Súmula 113 do STF que o imposto de transmissão *causa mortis* é calculado sobre o valor dos bens na data da avaliação.

Mostra a Súmula 114 do STF que o imposto de transmissão *causa mortis* não é exigível antes da homologação do cálculo.

Indica a Súmula 590 do STF que se calcula o imposto de transmissão *causa mortis* sobre o saldo da promessa de compra e venda de imóvel no momento da abertura da sucessão do promitente vendedor.

1.4 Contribuinte

Contribuinte do imposto é qualquer das partes na operação tributada, como dispuser a lei (art. 42 do CTN). A lei mencionada é a estadual.

Assim, será contribuinte o herdeiro ou doador.

1.5 Lançamento

O lançamento do imposto é feito por declaração, em que o contribuinte presta informações ao sujeito ativo. Entretanto, pode ser feito por homologação, em que há o pagamento do tributo e posterior conferência pela Administração.

2 IMPOSTO SOBRE CIRCULAÇÃO DE MERCADORIAS E SERVIÇOS

O imposto incide sobre operações relativas à circulação de mercadorias e sobre prestação de serviços de transporte interestadual e intermunicipal e de comunicação (ICMS), ainda que as operações e as prestações se iniciem no exterior.

2.1 Competência

O ICMS nada mais é do que uma nova roupagem com acréscimos em relação ao imposto de vendas e consignações IVC, que era de competência estadual. Na época, o ICM substituiu o IVC com a Emenda Constitucional n. 18/65.

O imposto sobre operações relativas à circulação de mercadorias, realizadas por comerciantes, industriais e produtores, foi criado pela Emenda Constitucional n. 18, de 1965 (art. 12). Enquadrava-se em impostos sobre a circulação, tendo natureza econômica. Era de competência dos Estados.

Determinou o inciso II do art. 24 da Constituição de 1967 a competência dos Estados e do Distrito Federal para instituir imposto sobre operações relativas à circulação de mercadorias, inclusive lubrificantes e combustíveis líquidos, realizadas por produtores, industriais e comerciantes.

A Emenda Constitucional n. 1, de 1969, foi mais abrangente, estabelecendo a competência dos Estados e do Distrito Federal para instituir imposto sobre operações relativas à circulação de mercadorias realizadas por produtores, industriais e comerciantes, imposto que não será cumulativo e do qual se abaterá, nos termos do disposto em lei complementar, o montante cobrado nas anteriores pelo mesmo ou por outro Estado. A isenção ou não incidência, salvo determinação contrária da legislação, não implicará crédito de imposto para abatimento daquele incidente nas operações seguintes (art. 23, II).

Na vigência da Constituição anterior, o imposto incidia sobre a circulação de mercadorias (ICM). Não havia incidência sobre prestação de serviços.

A Constituição de 1988 amplia o campo de incidência do referido imposto, que passa a incidir não só sobre a circulação de mercadorias, mas também sobre a prestação de serviços de transporte interestadual e intermunicipal e de comunicação (art. 155, I, *b*). Passa a ter a sigla ICMS. Continua o imposto de competência dos Estados e do Distrito Federal.

A Emenda Constitucional n. 3, de 1993, apenas muda a ordem dos incisos, determinando a matéria no inciso II do art. 155.

Algumas das regras gerais do imposto estão previstas no Decreto-lei n. 406. A Lei Complementar n. 87, de 13-9-1996, estabeleceu normas gerais sobre o ICMS, substituindo os convênios interestaduais.

2.2 Fato gerador

A operação de circulação de mercadorias diz respeito ao bem material na etapa da circulação econômica.

Mercadoria vem de *mercar*, *mercador*, que é a pessoa que compra o bem material para revenda, com o fito de lucro. A mercadoria, é, portanto, bem material na etapa da circulação econômica. Waldemar Ferreira afirma que mercadorias são as coisas móveis que se compram e se vendem, por atacado ou varejo, nas lojas, armazéns, mercados ou feiras[1]. Ensina J. X. Carvalho de Mendonça que a coisa "passa a ser mercadoria logo que é objeto de comércio do produtor ou do comerciante, por

---

[1] FERREIRA, Waldemar. *Tratado de direito comercial*. São Paulo: Saraiva, 1962. p. 230.

grosso ou a retalho, que a adquire para a revender a outro comerciante ou ao consumidor"[2]. O bem que sai da etapa econômica da circulação e entra na propriedade do consumidor não é mercadoria.

O imposto incide sobre:

a) operações relativas à circulação de mercadorias, inclusive o fornecimento de alimentação e bebidas em bares, restaurantes e estabelecimentos similares;
b) prestação de serviços de transporte interestadual e intermunicipal, por qualquer via, de pessoas, bens, mercadorias ou valores;
c) prestações onerosas de serviços de comunicação, por qualquer meio, inclusive a geração, a emissão, a recepção, a transmissão, a retransmissão, a repetição e a ampliação de comunicação de qualquer natureza;
d) fornecimento de mercadorias com prestação de serviços não compreendidos na competência tributária dos Municípios;
e) fornecimento de mercadorias com prestação de serviços sujeitos ao imposto sobre serviços, de competência dos Municípios, quando a lei complementar aplicável expressamente o sujeitar à incidência do imposto estadual;
f) sobre a entrada de mercadoria importada do exterior, por pessoa física ou jurídica, ainda quando se tratar de bem destinado a consumo ou ativo permanente do estabelecimento;
g) sobre o serviço prestado no exterior ou cuja prestação se tenha iniciado no exterior;
h) sobre a entrada, no território do Estado destinatário, de petróleo, inclusive lubrificantes e combustíveis líquidos e gasosos dele derivados, e de energia elétrica, quando não destinados à comercialização ou à industrialização, decorrentes de operações interestaduais, cabendo o imposto ao Estado onde estiver localizado o adquirente.

Incidirá também o ICMS:

a) sobre a entrada de bem ou mercadoria importados do exterior por pessoa física ou jurídica, ainda que não seja contribuinte habitual do imposto, qualquer que seja sua finalidade, assim como sobre o serviço prestado no

---

2 MENDONÇA, J. X. Carvalho de. *Tratado de direito comercial brasileiro*. 3. ed. Rio de Janeiro: Freitas Bastos, 1946. p. 10.

exterior, cabendo o imposto ao Estado onde estiver situado o domicílio ou o estabelecimento do destinatário da mercadoria, bem ou serviço;

c) sobre o valor total da operação, quando mercadorias forem fornecidas com serviços não compreendidos na competência tributária dos Municípios.

O ICMS não incide na gravação e distribuição de filmes e videoteipes (Súmula 135 do STJ).

Considera-se ocorrido o fato gerador do imposto no momento:

a) da saída de mercadoria do estabelecimento do contribuinte, ainda que para outro estabelecimento do mesmo titular;
b) do fornecimento de alimentação, bebidas e outras mercadorias por qualquer estabelecimento;
c) da transmissão a terceiro de mercadoria depositada em armazém geral ou em depósito fechado, no Estado do transmitente;
d) da transmissão de propriedade de mercadoria, ou de título que a represente, quando a mercadoria não tiver transitado pelo estabelecimento transmitente;
e) do início da prestação de serviços de transporte interestadual e intermunicipal, de qualquer natureza;
f) do ato final do transporte iniciado no exterior;
g) das prestações onerosas de serviço de comunicação, feita por qualquer meio, inclusive a geração, a emissão, a recepção, a transmissão, a retransmissão, a repetição e a ampliação de comunicação de qualquer natureza;
h) do fornecimento de mercadoria com prestação de serviços:
    1. não compreendidos na competência tributária dos Municípios;
    2. compreendidos na competência tributária dos Municípios e com indicação expressa de incidência do imposto de competência estadual, como definido na lei complementar aplicável (Lei Complementar n. 56/87, que fixa a lista de serviços tributados pelo ISS);
i) do desembaraço aduaneiro de mercadorias ou bens importados do exterior;
j) do recebimento, pelo destinatário, de serviço prestado no exterior;
k) da aquisição em licitação pública de mercadorias ou bens importados do exterior e apreendidos ou abandonados;
l) da entrada no território do Estado de lubrificantes e combustíveis líquidos e gasosos derivados de petróleo e energia elétrica oriundos de outro Estado, quando não destinados à comercialização ou industrialização;

m) da utilização, por contribuinte, de serviço cuja prestação se tenha iniciado em outro Estado e não esteja vinculada a operação ou prestação subsequente (art. 12 da Lei Complementar n. 87/96).

Não incidirá o ICMS sobre:

a) operações que destinem mercadorias para o exterior, nem sobre serviços prestados a destinatários no exterior, assegurados a manutenção e o aproveitamento do montante do imposto cobrado nas operações e prestações anteriores.

   A Lei Complementar n. 65, de 15-4-1991, define os produtos semielaborados que podem ser tributados pelos Estados e Distrito Federal, quando de sua exportação para o exterior.

   É compreendido no campo de incidência do ICMS o produto industrializado semielaborado destinado ao exterior:

   1. que resulte de matéria-prima de origem animal, vegetal ou mineral sujeita ao imposto quando exportada *in natura*;
   2. cuja matéria-prima de origem animal, vegetal ou mineral não tenha sofrido qualquer processo que implique modificação da natureza química originária;
   3. cujo custo da matéria-prima de origem animal, vegetal ou mineral represente mais de 60% do custo do correspondente produto, apurado segundo nível tecnológico disponível no país (art. 1º da Lei Complementar n. 65).

      O produto semielaborado, para fins de incidência de ICMS, é aquele que preenche cumulativamente os três requisitos do art. 1º da Lei Complementar n. 65/91 (Súmula 433 do STJ).

      Cabe ao Conselho Nacional de Política Fazendária (Confaz):

   1. estabelecer as regras para a apuração do custo industrial;
   2. elaborar lista dos produtos industrializados semielaborados, atualizando-a sempre que necessário.

b) operações que destinem a outros Estados petróleo, inclusive lubrificantes, combustíveis líquidos e gasosos dele derivados, e energia elétrica;

c) o ouro, assim definido em lei como ativo financeiro ou instrumento cambial. Nesse caso, o ouro será tributado pelo IOF.

A Lei n. 7.766/89 trata do ouro como ativo financeiro. Não sendo o ouro ativo financeiro ou instrumento cambial, incidirá o ICMS, por se tratar de venda de mercadoria;

d) nas prestações de serviço de comunicação nas modalidades de radiodifusão sonora e de sons e imagens de recepção livre e gratuita.

A transferência da mercadoria de um para outro estabelecimento não é sujeita ao imposto, pois o bem não está na etapa da circulação econômica. A Súmula 166 do STJ mostra que não constitui fato gerador do ICMS o simples deslocamento de mercadorias de um para outro estabelecimento do mesmo contribuinte.

À exceção do ICMS e do imposto de importação e de exportação, nenhum outro imposto poderá incidir sobre operações relativas a energia elétrica, serviços de telecomunicações, derivados de petróleo, combustíveis e minerais do país.

O fornecimento de mercadorias com prestação de serviços não previstos na lista da Lei Complementar n. 116/2003 tem a incidência do ICMS.

Nos casos em que a lista de serviços prevista na Lei Complementar n. 116/2003 faz ressalva sobre a incidência do ICMS, haverá evidentemente a incidência do referido imposto.

Não incide o ICMS na importação de bens por pessoa física ou jurídica que não seja contribuinte do imposto (Súmula 660 do STF). Essa súmula ficou superada pela Emenda Constitucional n. 33/2001, conforme art. 155, § 2º, IX, *a*, da Constituição, que passou a mencionar mesmo que não seja contribuinte habitual do imposto.

Na entrada de mercadoria importada do exterior, é legítima a cobrança do ICMS por ocasião do desembaraço aduaneiro (Súmula Vinculante 48 do STF).

É legítima a incidência do ICMS na comercialização de exemplares de obras cinematográficas, gravados em fitas de videocassete (Súmula 662 do STF).

O ICMS incide sobre o valor da tarifa de energia elétrica correspondente à demanda de potência efetivamente utilizada (Súmula 391 do STJ).

Incide o ICMS sobre o valor da venda a prazo constante da nota fiscal (Súmula 395 do STJ).

O ICMS não incide sobre serviços de habilitação de telefone celular (Súmula 350 do STJ).

As empresas de construção civil não estão obrigadas a pagar ICMS sobre mercadorias adquiridas como insumos em operações interestaduais (Súmula 432 do STJ).

O ICMS não incide sobre alienação de salvados de sinistro pelas seguradoras (Súmula Vinculante 32 do STF).

2.3 Base de cálculo

A base de cálculo do imposto é o valor da operação da circulação da mercadoria ou o preço do serviço prestado.

Não havendo indicação do valor da operação, ou não sendo determinado o preço do serviço, a base de cálculo será:

a) o preço corrente da mercadoria ou de seu similar no mercado atacadista no local da operação, ou na região, se inexistente o primeiro;

b) o valor corrente do serviço no local da prestação.

Integra a base de cálculo do tributo o valor do frete, cobrado por outro estabelecimento da mesma empresa, ou por empresa interdependente, que exceda os níveis normais de preço do serviço de transporte.

O montante do próprio ICMS integra a própria base de cálculo do tributo (art. 13, § 1º, I, da Lei Complementar n. 87/96). É o que se denomina de imposto *por dentro*. O STF entendeu constitucional o referido critério[3].

Os descontos condicionais integram a base de cálculo do tributo. Os descontos incondicionais, como para pagamento a vista, não integram a base de cálculo do imposto.

Os juros e demais importâncias pagas também integram a base de cálculo do ICMS.

O ICMS é não cumulativo, compensando-se o que for devido em cada operação relativa à circulação de mercadorias ou prestação de serviços com o montante cobrado nas anteriores pelo mesmo ou outro Estado ou pelo Distrito Federal. A Lei Complementar é que regulará a forma de compensação do imposto, o que é feito pela Lei Complementar n. 87/96.

É ilícito ao comerciante de boa-fé aproveitar os créditos de ICMS decorrentes de nota fiscal posteriormente declarada inidônea, quando demonstrada a veracidade da compra e venda (Súmula 509 do STJ).

O ICMS não compreenderá, em sua base de cálculo, o montante do imposto sobre produtos industrializados, quando a operação, realizada entre contribuintes

---

[3] STF Pleno, RE 212.209-RS, j. 23-6-1999, *Informativo do STF*, n. 154, de 30-6-1999.

e relativa a produto destinado à industrialização ou à comercialização, configure fato gerador dos dois impostos.

Resolução do Senado Federal, de iniciativa do presidente da República ou de um terço dos senadores, aprovada pela maioria absoluta de seus membros, estabelecerá as alíquotas aplicáveis às operações e prestações, interestaduais e de exportação.

É facultado ao Senado Federal:

a) estabelecer alíquotas mínimas nas operações internas, mediante resolução de iniciativa de um terço e aprovada pela maioria absoluta de seus membros;
b) fixar alíquotas máximas nas mesmas operações para resolver conflito específico que envolva interesse dos Estados, mediante resolução de iniciativa da maioria absoluta e aprovada por dois terços de seus membros.

Salvo deliberação em contrário dos Estados e do Distrito Federal, nos termos da alínea *g* do item XII do § 2º do art. 155 da Constituição, as alíquotas internas, nas operações relativas à circulação de mercadorias e nas prestações de serviços, não poderão ser inferiores às previstas para as operações interestaduais.

Nas operações e prestações que destinem bens e serviços a consumidor final, contribuinte ou não do imposto, localizado em outro Estado, adotar-se-á a alíquota interestadual e caberá ao Estado de localização do destinatário o imposto correspondente à diferença entre a alíquota interna do Estado destinatário e a alíquota interestadual.

A responsabilidade pelo recolhimento do imposto correspondente à diferença entre a alíquota interna e a interestadual de que trata o parágrafo anterior será atribuída:

a) ao destinatário, quando este for contribuinte do imposto;
b) ao remetente, quando o destinatário não for contribuinte do imposto;

No caso de operações e prestações que destinem bens e serviços a consumidor final não contribuinte localizado em outro Estado, o imposto correspondente à diferença entre a alíquota interna e a interestadual será partilhado entre os Estados de origem e de destino, na seguinte proporção (art. 99 do ADCT):

a) para o ano de 2017: 60% (sessenta por cento) para o Estado de destino e 40% (quarenta por cento) para o Estado de origem;
b) para o ano de 2018: 80% (oitenta por cento) para o Estado de destino e 20% (vinte por cento) para o Estado de origem;

c) a partir do ano de 2019: 100% (cem por cento) para o Estado de destino.

A Resolução n. 13 do Senado Federal, de 25-4-2012, fixa a alíquota de 4% do ICMS nas operações interestaduais com bens e mercadorias importadas.

É ilegal a cobrança de ICMS com base no valor da mercadoria submetido ao regime de pauta fiscal (Súmula 431 do STJ).

Os descontos incondicionais nas operações mercantis não se incluem na base de cálculo do ICMS (Súmula 457 do STJ).

2.4 Contribuinte

Contribuinte é qualquer pessoa, física ou jurídica, que realize, com habitualidade ou em volume que caracterize intuito comercial, operações de circulação de mercadorias ou prestações de serviços de transporte interestadual e intermunicipal e de comunicação, ainda que as operações e as prestações se iniciem no exterior (art. 4º da Lei Complementar n. 87/96).

A lei pode atribuir a terceiros a responsabilidade pelo pagamento do imposto e acréscimos devidos pelo contribuinte ou responsável, quando os atos ou omissões daqueles concorrerem para o não recolhimento do tributo.

Lei estadual poderá atribuir a contribuinte do imposto ou a depositário a qualquer título a responsabilidade por seu pagamento, hipótese em que assumirá a condição de substituto tributário (art. 6º da Lei Complementar n. 87).

A responsabilidade poderá ser atribuída em relação ao imposto incidente sobre uma ou mais operações ou prestações, sejam antecedentes, concomitantes ou subsequentes, inclusive ao valor decorrente da diferença entre alíquotas interna e interestadual nas operações e prestações que destinem bens e serviços a consumidor final localizado em outro Estado, que seja contribuinte do imposto.

A atribuição de responsabilidade dar-se-á em relação a mercadorias ou serviços previstos em lei de cada Estado.

2.5 Regras gerais

O ICMS atenderá ao seguinte:

I – a isenção ou não incidência, salvo determinação em contrário da legislação:

a) não implicará crédito para compensação com o montante devido nas operações ou prestações seguintes;

b) acarretará a anulação do crédito relativo às operações anteriores;

c) poderá ser seletivo, em função da essencialidade das mercadorias e serviços. O ICMS pode ser seletivo. É, portanto, uma faculdade e não obrigação. Se for seletivo, deverá sê-lo em razão da essencialidade da mercadoria. Essencial é o necessário, o indispensável. Mercadorias essenciais pagarão menos imposto. Mercadorias menos essenciais pagarão mais imposto. Os produtos de primeira necessidade poderão ter alíquotas menores. Os produtos supérfluos, como cigarros e bebidas, poderão ter alíquotas maiores;

II – cabe à lei complementar:

a) definir seus contribuintes;

b) dispor sobre substituição tributária;

c) disciplinar o regime de compensação do imposto;

d) fixar, para efeito de sua cobrança e definição do estabelecimento responsável, o local das operações relativas à circulação de mercadorias e das prestações de serviços;

e) excluir da incidência do imposto, nas exportações para o exterior, serviços e outros produtos além dos mencionados na alínea *a* do item X do § 2º do art. 155 da Constituição;

f) prever casos de manutenção de crédito, relativamente à remessa para outro Estado e exportação para o exterior, de serviços e de mercadorias;

g) regular a forma como, mediante deliberação dos Estados e do Distrito Federal, isenções, incentivos e benefícios fiscais serão concedidos e revogados;

h) definir os combustíveis e lubrificantes sobre os quais incidirá uma única vez, qualquer que seja sua finalidade, hipótese em que não se aplicará o disposto na alínea *b* do item X do § 2º do art. 155 da Constituição. Será observado o seguinte: (I) nas operações com os lubrificantes e combustíveis derivados de petróleo, o imposto caberá ao Estado onde ocorrer o consumo; (II) nas operações interestaduais, entre contribuintes, com gás natural e seus derivados, e lubrificantes e combustíveis não incluídos no item I, o imposto será repartido entre os Estados de origem e de destino, mantendo-se a mesma proporcionalidade que ocorre nas operações com as demais mercadorias; (III) nas operações interestaduais com gás natural e seus derivados, e lubrificantes e combustíveis não incluídos no item

I, destinadas a não contribuinte, o imposto caberá ao Estado de origem; (IV) as alíquotas do imposto serão definidas mediante deliberação dos Estados e do Distrito Federal, definida em lei complementar, observando-se o seguinte: (1) serão uniformes em todo o território nacional, podendo ser diferenciadas por produto; (2) poderão ser específicas, por unidade de medida adotada, ou *ad valorem*, incidindo sobre o valor da operação ou sobre o preço que o produto ou seu similar alcançaria em uma venda em condições de livre concorrência; (3) poderão ser reduzidas e restabelecidas, não se lhes aplicando o princípio da anterioridade. As regras necessárias à implementação do disposto, inclusive as relativas à apuração e à destinação do imposto, serão estabelecidas mediante deliberação dos Estados e do Distrito Federal, definidas em lei complementar;

i) fixar a base de cálculo, de modo que o montante do imposto a integre, também na importação do exterior de bem, mercadoria ou serviço.

2.6 Lançamento

O lançamento do ICMS é feito por homologação. O contribuinte apura os débitos e créditos do imposto, paga o imposto e depois o fisco vai verificar se está correto e homologá-lo.

O art. 1º da Lei n. 12.741/2012 estabelece que na venda de mercadorias e serviços deve constar da nota fiscal o valor aproximado da totalidade dos tributos, o que inclui impostos e contribuições sociais.

3 IPVA

3.1 Competência

O imposto sobre a propriedade de veículos automotores (IPVA) foi instituído pela Emenda Constitucional n. 27, de 28-11-1985, que acrescentou o inciso III ao art. 23 da Constituição de 1967, de acordo com a Emenda Constitucional n. 1/69, *verbis*:

> Art. 23. Compete aos Estados e ao Distrito Federal instituir impostos sobre:
> (...)
> III – propriedade de veículos automotores, vedada a cobrança de impostos ou taxas incidentes sobre a utilização de veículos.

Nota-se que o referido tributo é um imposto incidente sobre o patrimônio, estando dentro da classificação adotada pela Emenda Constitucional n. 18 à Constituição de 1946, ao dividir os impostos em quatro grupos: imposto sobre o comércio exterior (impostos de importação e de exportação), impostos sobre o patrimônio e a renda (ITR, IPTU, IR, imposto sobre transmissão de bens imóveis), impostos sobre a produção e a circulação (IPI, ICM, IOF, ISTC), impostos especiais (impostos únicos e extraordinários), e albergada pelo Código Tributário Nacional (CTN).

O IPVA foi instituído no Estado de São Paulo pela Lei n. 4.955, de 27-12-1985, passando a ser cobrado dos contribuintes que possuíssem veículos automotores. Não se chegou a levantar nenhuma objeção quanto à constitucionalidade da mencionada lei, pois o § 1º do art. 18 da anterior Constituição determinava:

> Art. 18. (...)
> § 1º Lei Complementar estabelecerá normas gerais de direito tributário, disporá sobre os conflitos de competência nessa matéria entre a União, os Estados, o Distrito Federal e os municípios, e regulará as limitações constitucionais ao poder de tributar.

O texto não determinava qual seria a área de atuação das normas gerais, entendendo-se que haveria necessidade de lei complementar dispor sobre fato gerador, base de cálculo e contribuinte, sendo que estes conceitos gerais estavam previstos no CTN (que é considerado lei complementar), bem como sobre os conflitos de competência e limitações constitucionais ao poder de tributar, porém não foram previstos o fato gerador, a base de cálculo e o contribuinte do IPVA pela referida norma, até porque o CTN é anterior à Emenda Constitucional n. 27/85.

Tem um novo enfoque a matéria com a promulgação da Constituição em 5-10-1988.

Veio a Lei Maior, no Título VI, "Da Tributação e do Orçamento", Capítulo I, "Do Sistema Tributário Nacional", Seção IV, "Dos Impostos dos Estados e do Distrito Federal", na alínea *c* do inciso I do art. 155, a versar sobre o IPVA:

> Art. 155. Compete aos Estados e ao Distrito Federal instituir:
> I – impostos sobre:
> (...)
> c) propriedade de veículos automotores.

A Emenda Constitucional n. 3/93 alterou a redação do art. 155 da Constituição, mas não o conteúdo, no que diz respeito ao IPVA, que agora está previsto no inciso III do mesmo artigo.

Propriedade de veículos automotores compreende veículo automotor terrestre, aéreo e aquático.

Automotor não significa veículo de transporte por tração animal ou humana.

O qualitativo "automotor" é o que se locomove por seus próprios meios. Não foram inseridos no texto constitucional veículos de transporte de tração humana e de tração animal.

Veículo automotor significa veículo autopropulsionado, ou seja, aquele que se locomove com seus próprios meios, o que envolve as aeronaves e as embarcações marítimas, além dos veículos terrestres.

Os Estados continuaram a exigir o IPVA com base nas respectivas leis estaduais, porém não havia lei complementar que fosse recepcionada pela Constituição para atender à regra da alínea *a* do inciso III do art. 146 da Norma Ápice, isto é, a existência de lei complementar que estabeleça o fato gerador, a base de cálculo e os contribuintes. Atualmente no Estado de São Paulo é a Lei Estadual n. 13.296, de 23-12-2008, que trata da matéria, que também não é a lei complementar federal exigida pela Lei Magna.

3.2 Lei complementar

Alguns doutrinadores vêm manifestando-se sobre a desnecessidade da existência de lei complementar para a cobrança de impostos não previstos na Constituição anterior[4]. Todavia, entendo que, no caso do IPVA – que não estava disposto em lei complementar, ou erigida em nível de lei complementar, como o CTN –, não houve recepção das leis estaduais que exigem o tributo. Devem ser aplicados os ensinamentos de Ives Gandra da Silva Martins quando afirma que "nenhum tributo, qualquer que fosse a sua espécie, poderia ingressar no cenário jurídico sem que houvesse, antes, sua definição em lei complementar"[5].

Argumenta-se que a instituição e cobrança podem ser feitas com a edição de lei estadual, tendo por fundamento o § 3º do art. 24 da Constituição e o § 3º do art. 34 do ADCT. No entanto, há necessidade de interpretação sistemática com os demais dispositivos contidos na Lei Magna. Se cada Estado-membro vier a legislar sobre fato gerador, base de cálculo e contribuinte haverá diversas definições sobre a matéria, distintas, em muitos casos, uma das outras, o que implica vários conceitos, sem uma unidade, que é justamente ao que visa a lei complementar. Daí, mister se faz a conjugação do art. 24 e seus parágrafos com o art. 146 da Lei Maior, que está no Capítulo "Do Sistema Tributário Nacional", ao contrário do primeiro, que está em disposição isolada do Título III, "Da Organização do Estado", Capítu-

---

4 HARADA, Kiyoshi. IPVA: o problema da ausência de lei complementar. *Repertório IOB de Jurisprudência* n. 3/97, texto 1/10697, p. 79 ss.

5 MARTINS, Ives Gandra da Silva. *Sistema tributário na Constituição de 1988*. São Paulo: Saraiva, 1989. p. 90-91.

lo II, "Da União". Não se pode, portanto, fazer interpretação divorciada desses dispositivos constitucionais.

O § 3º do art. 34 do ADCT deve ser analisado como se existisse lei complementar dispondo sobre fato gerador, base de cálculo etc. Não havendo esta, não poderá o Estado-membro instituir o imposto, pois não foi excepcionada a forma de convênio, prevista no seu § 8º, para regulamentação provisória e não permanente, como nos casos de ICMS. Caso contrário, as leis estaduais editadas também iriam entrar em conflito com o CTN, a ponto de revogá-lo. O ADCT não pode ser interpretado como norma permanente ou utilizado pelos governos estaduais para esse fim, pois se trata de norma temporária, apesar de já ter mais de 29 anos.

A exigência de lei complementar para a cobrança do IPVA é um requisito formal e não se resolve pelos §§ 1º e 4º do art. 24 da Constituição, pois seria o caso se fosse para situação transitória e não para mais de 30 anos.

Não se pode falar em competência concorrente dos Estados-membros e do Distrito Federal, prevista no art. 24 da Constituição, para instituir o IPVA, pois a alínea *c* do inciso I do art. 155 da Lei Maior determina a competência privativa deles para legislar sobre IPVA, afastando, portanto, a possibilidade de competência concorrente da citada pessoa jurídica de direito público interno sobre o imposto, que é exclusiva dos Estados-membros e do Distrito Federal. Logo, não se aplicam o citado art. 24 e seus parágrafos da Constituição, mas o Capítulo "Do Sistema Tributário Nacional", que exige lei complementar para instituição de qualquer tributo, sendo que esta norma tem quórum especial de votação, diferenciado da lei ordinária (art. 69 da Constituição), sendo hierarquicamente superior à lei estadual.

Não existindo lei complementar que possa recepcionar o IPVA, este carece de um fundamento primordial previsto na Constituição para sua instituição e cobrança, tornando-o eivado de inconstitucionalidade.

Ressalte-se que o STF entendeu ser impossível a exigência do adicional do imposto de renda, que era de competência estadual, justamente pelo fato da ausência de lei complementar[6]. *Mutatis mutandis*, a situação é a mesma em relação ao IPVA. Poderá, assim, o STF julgar também inconstitucional a exigência do IPVA por lei estadual, sem que haja lei complementar federal versando sobre o tema.

---

6 STF, TP, ADIn 028-4-SP, *DJU* 1, 8-10-1993, p. 20974/5.

Sendo, ainda, o IPVA um tributo sobre o patrimônio, tem por base de cálculo o valor venal dos veículos. O Estado de São Paulo, porém, arbitra um valor, a seu talante, que não pode ser considerado como valor venal, pela inexistência de uma planta de valores que mostre seu cálculo.

Inexistindo, portanto, a lei complementar, nem a fixação do valor venal por lei para o IPVA, mas por arbitramento e norma administrativa, ressente-se o referido tributo de vícios que tornam sua cobrança eivada de inconstitucionalidade e ilegalidades.

O Pleno do STF já declarou a inconstitucionalidade do IPVA sobre a propriedade de aeronave, em razão da falta de lei complementar para estabelecer regras gerais sobre o tributo (RE 255.111/SP, j. 29-5-2002).

3.3 Fato gerador

Fato gerador do imposto, embora não previsto em lei complementar, é a propriedade do veículo automotor, mas em decorrência do licenciamento do veículo.

O STF entende que não incide o IPVA sobre as embarcações (RE 134.509, Rel. Min. Sepúlveda Pertence, *DJ* 13-9-2002; RE 379.572, Rel. Min. Gilmar Mendes, *DJ* 1º-2-2008; RE 414.259 – AgR, Rel. Min. Eros Grau, *DJe* 15-8-2008). O STF toma por base o anexo I do Código de Trânsito Brasileiro, Lei n. 9.503, de 23-1-1997, que define veículo automotor como "todo veículo a motor de propulsão que circule por seus próprios meios, e que serve normalmente para o transporte viário de pessoas e coisas, ou para tração viária de veículos utilizados para o transporte de pessoas e coisas. O termo compreende os veículos conectados a uma linha elétrica e que não circulam sobre trilhos (ônibus elétrico)".

O conceito está na Constituição; não poderia ser delimitado pelo Código de Trânsito Brasileiro.

O Código Brasileiro de Aeronáutica, Lei n. 7.565, de 19-12-1986, não define o que seja veículo automotor aéreo. Seu art. 106 define a aeronave como "todo aparelho manobrável em voo, que possa sustentar-se e circular no espaço aéreo, mediante reações aerodinâmicas, aptos a transportar pessoas e coisas". O referido conceito compreende veículo automotor, porque necessita de motor para voar e transportar pessoas e coisas.

As indústrias automobilísticas não pagam o IPVA, pois não licenciam o veículo produzido.

O IPVA não pode ser cobrado se houve sinistro e o veículo ficou irrecuperável.

3.4 Base de cálculo

A base de cálculo é o valor venal do veículo, que é estabelecido em tabela divulgada pelos Estados.

Cada Estado determina uma alíquota, que é fixa. Muitas transportadoras, ou locadoras de veículos, têm-se mudado para o Paraná, que tem a alíquota mais baixa para a incidência do imposto.

O Senado Federal irá fixar alíquotas mínimas para o imposto.

Poderá o IPVA ter alíquotas diferenciadas em razão do tipo e utilização do veículo.

3.5 Contribuinte

Contribuinte é o proprietário do veículo que o licencia.

3.6 Lançamento

O lançamento do IPVA é feito de ofício. A Secretaria da Fazenda do Estado emite o documento e o envia anualmente para o proprietário do veículo.

A responsabilidade solidária do ex-proprietário, prevista no art. 134 do Código de Trânsito Brasileiro (CTB), não abrange o IPVA incidente sobre o veículo automotor, no que se refere ao período posterior à sua alienação (Súmula 585 do STJ).

Verificação de aprendizagem

1. Qual é a base de cálculo do imposto *causa mortis*?
2. Que é mercadoria?
3. Qual o fato gerador do ICMS?
4. Qual a base de cálculo do ICMS?
5. Qual a base de cálculo do IPVA?
6. O IPVA pode ser exigido sem lei complementar que estabeleça regras gerais?

Capítulo 30

IMPOSTOS DOS MUNICÍPIOS

Compete aos municípios instituir impostos sobre: (a) propriedade predial e territorial urbana (IPTU); (b) transmissão *inter vivos*, a qualquer título, por ato oneroso, de bens imóveis, por natureza ou acessão física, e de direitos reais sobre imóveis, exceto os de garantia, bem como cessão de direitos a sua aquisição; (c) serviços de qualquer natureza (ISS), não compreendidos no ICMS, definidos em lei complementar (art. 156 da Constituição).

A partir da vigência da Emenda Constitucional n. 3, de 1993, o município não mais tem competência para instituir o imposto de vendas a varejo de combustíveis líquidos e gasosos, exceto óleo diesel, como havia previsão no inciso III do art. 156 da Constituição, em sua redação original. O inciso III do referido artigo passou a tratar do ISS e o inciso IV do mesmo artigo foi revogado.

1 IMPOSTO SOBRE A PROPRIEDADE TERRITORIAL E PREDIAL URBANA

1.1 Competência

A Constituição de 1891 determinava que o IPTU era de competência dos Estados (art. 9º, item 2º).

A Constituição de 1934 estabeleceu a competência dos municípios para tributar o IPTU (art. 13, § 2º, II). Havia dois impostos diferentes: um era o imposto territorial e o outro era o predial.

Na Constituição de 1937, competia exclusivamente aos Estados o imposto sobre a propriedade territorial, exceto a urbana (art. 23, I, *a*). Os municípios tinham competência para instituir o imposto predial e o territorial urbanos (art. 28, II).

Houve unificação dos impostos predial e territorial urbanos com a Constituição de 1946. A competência era dos municípios para instituí-los (art. 29, I).

Na Constituição de 1967, a competência para instituir o IPTU era dos municípios (art. 25, I). Na Emenda Constitucional n. 1/69, a disposição foi no mesmo sentido (art. 24, I).

Estabelece a Constituição de 1988 a competência dos Municípios para instituir imposto sobre "propriedade predial e territorial urbana" (art. 156, I).

1.2 Fato gerador

O fato gerador do IPTU é a propriedade, o domínio útil ou a posse de bem imóvel por natureza ou por acessão física, como definido na lei civil, localizado na zona urbana do município (art. 32 do CTN).

O IPTU é um imposto real, que recai sobre a coisa, sobre a propriedade.

Classificam-se os imóveis da seguinte forma: (a) por natureza; (b) por acessão física; (c) por acessão intelectual; (d) por disposição de lei.

Imóvel por natureza é o solo com sua superfície, os acessórios e adjacências naturais, compreendendo as árvores e frutos pendentes, o espaço aéreo e o subsolo.

Imóvel por acessão física é tudo o que o homem incorporar de forma permanente ao solo, como a semente lançada à terra, os edifícios e construções. *Acessão* quer dizer aumento, justaposição, acréscimo ou aderência de uma coisa a outra. A acessão física abrange os bens móveis incorporados ao solo, como tijolos, portas, madeiras, concreto, janelas etc. Compreende a formação de ilhas, aluvião (lento deslocamento da terra), avulsão (é o deslocamento violento da terra) etc.

No Direito Romano, o proprietário tinha um tríplice direito, que era de usar (*ius utendi*), de fruir ou gozar (*ius fruendi*) e além do uso (*ius abutendi*).

O proprietário tem o direito de usar, gozar e dispor (vender) de seus bens, como de reavê-los de quem quer que injustamente os possua.

A propriedade abrange o domínio útil e a posse do imóvel. Assim, o fato gerador pode ser o domínio útil ou a posse do imóvel.

Possuidor é a pessoa que tem de fato o exercício, pleno, ou não, de algum dos poderes inerentes do domínio, ou propriedade.

Enfiteuse é a transferência dos poderes referentes ao domínio útil do imóvel mediante renda anual e conservação da substância da coisa. Enfiteuta ou foreiro é a pessoa que usa, goza e dispõe da coisa com certas restrições. Geralmente, a enfiteuse é realizada sobre terrenos.

Não incide o IPTU sobre servidão de passagem, até pelo fato de que a servidão está em imóvel alheio e não da própria pessoa.

O IPTU só pode ser exigido em relação a imóveis que estiverem na zona urbana do município. Imóveis que estiverem na zona rural serão tributados pelo ITR.

Entende-se como zona urbana a definida em lei municipal, observado o requisito mínimo da existência de melhoramentos indicados em pelo menos duas das alíneas seguintes, construídos ou mantidos pelo Poder Público:

a) meio-fio ou calçamento, com canalização de águas pluviais;
b) abastecimento de água;
c) sistema de esgotos sanitários;
d) rede de iluminação pública, com ou sem posteamento para distribuição domiciliar;
f) escola primária ou posto de saúde a uma distância máxima de três quilômetros do imóvel considerado.

A lei municipal pode considerar urbanas as áreas urbanizáveis, ou de expansão urbana, constantes de loteamentos aprovados pelos órgãos competentes, destinados à habilitação, à indústria ou ao comércio, mesmo que localizados fora das zonas definidas nos termos do parágrafo anterior.

1.3 Base de cálculo

A base de cálculo do imposto é o valor venal do imóvel (art. 33).

Valor venal é a importância obtida pela venda a vista do imóvel de acordo com as condições usuais do mercado. É o valor provável de venda no mercado.

Na determinação da base de cálculo, não se considera o valor dos bens móveis mantidos, em caráter permanente ou temporário, no imóvel, para efeito de sua utilização, exploração, aformoseamento ou comodidade. *Aformosear* quer dizer enfeitar, embelezar.

É inconstitucional a lei municipal que tenha estabelecido, antes da Emenda Constitucional 29/2000, alíquotas progressivas para o IPTU, salvo se destinada a assegurar o cumprimento da função social da propriedade urbana (Súmula 668 do STF).

O IPTU poderá ser progressivo, na forma do inciso II do § 4º do art. 182 do CTN, em razão do valor do imóvel e ter alíquotas diferentes de acordo com a localização e o uso do imóvel. O IPTU pode ser progressivo em razão da localização e do uso. A conjunção é aditiva e não alternativa. Assim, o imposto não poderá ser progressivo apenas em razão da localização ou apenas do uso, mas dos dois elementos.

É facultado ao Poder Público municipal, mediante lei específica para área incluída no plano diretor, exigir, nos termos da lei federal, do proprietário do solo urbano não edificado, subutilizado ou não utilizado, que promova seu adequado aproveitamento, sob pena, sucessivamente, de:

I – parcelamento ou edificação compulsórios;

II – imposto sobre a propriedade predial e territorial urbana progressivo no tempo;

III – desapropriação com pagamento mediante títulos da dívida pública de emissão previamente aprovada pelo Senado Federal, com prazo de resgate de até 10 anos, em parcelas anuais, iguais e sucessivas, assegurados o valor real da indenização e os juros legais (§ 4º do art. 182 da Constituição).

A Súmula 539 do STF mostra que é constitucional a lei do município que reduz o imposto predial urbano sobre imóvel ocupado pela residência do proprietário que não possua outro. O IPTU pode ser progressivo apenas para regular funções sociais da propriedade na sociedade, mas não como função de arrecadação.

O STF admite a utilização de alíquotas diferenciadas para imóveis residenciais e não residenciais. Pode ser diferenciado em razão de o imóvel ser edificado ou não, ou de ser destinado à uso residencial ou convencional.

1.4 Contribuinte

Cabe à legislação municipal estabelecer o sujeito passivo do IPTU (Súmula 389 do STJ).

Contribuinte do imposto é o proprietário do imóvel, o titular do seu domínio útil, ou seu possuidor a qualquer título (art. 34 do CTN).

Proprietário é a pessoa que tem o domínio pleno do imóvel, e tem o direito de usar, gozar e dispor do bem (art. 1.228 do Código Civil).

O enfiteuta será o contribuinte do IPTU, que é o titular do domínio útil, pois não tem o direito de propriedade, mas pode dispor do imóvel.

A imunidade de instituir impostos sobre o patrimônio não exonera o promitente comprador da obrigação de pagar imposto relativo ao bem imóvel (§ 3º do art. 150 da Constituição).

Promitente comprador de imóvel residencial transcrito em nome de autarquia é contribuinte do IPTU (Súmula 583 do STF).

Sempre que possível, os impostos terão caráter pessoal e serão graduados de acordo com a capacidade econômica do contribuinte (§ 1º do art. 145 da Constituição). Sempre que possível quer dizer que em alguns casos o princípio da capacidade contributiva não pode ser aplicado como nos impostos de natureza real, que recaem sobre a coisa. Uma forma de atender ao princípio da capacidade contributiva é a progressividade.

1.5 Lançamento

É realizado de ofício o lançamento do IPTU. Os municípios têm o cadastro dos imóveis e dos respectivos contribuintes, fazendo o lançamento do imposto anualmente.

O contribuinte do IPTU é notificado do lançamento pelo envio do carnê ao seu endereço (Súmula 397 do STJ).

2 IMPOSTO DE TRANSMISSÃO *INTER VIVOS*

2.1 Competência

O Alvará n. 3, de junho de 1809, determinou a incidência de 10% sobre as compras e vendas, arrematações e trocas de bens imóveis. A Lei de 28 de outubro de 1848 rebaixou a alíquota para 6%.

O imposto passou a ser de competência dos Estados com a Constituição de 1891 (art. 9º, III).

Previa a Constituição de 1934 a competência privativa dos Estados para decretar imposto sobre transmissão de propriedade imobiliária *intervivos*, inclusive a sua incorporação ao capital de sociedade (art. 8º, I, *e*). A redação da Constituição de 1937 era semelhante: "transmissão de propriedade imóvel intervivos, inclusive a sua incorporação ao capital da sociedade", sendo a competência exclusiva dos Estados (art. 23, I, *c*).

No mesmo sentido a redação da Constituição de 1946: "transmissão de propriedade imobiliária *intervivos* e sua incorporação ao capital de sociedades" (art. 19, III).

A Emenda Complementar n. 65, de 1961, outorgou aos Municípios a competência tributária para o imposto de transmissão de bens imóveis *inter vivos*, e determinou a competência dos Estados para tributar o imposto de transmissão de bens imóveis *causa mortis*.

A Emenda Constitucional n. 18, de 1965, determinou a competência tributária dos Estados, fundindo o imposto de transmissão *causa mortis* e *inter vivos* (art. 19, I e §§ 1º a 4º).

A Constituição de 1967 determinava a competência de Estados e do Distrito Federal para decretar imposto sobre "transmissão, a qualquer título, de bens imóveis por natureza e acessão física, e de direitos reais sobre imóveis, exceto os de garantia, bem como direitos à aquisição de imóveis" (art. 24, I). A mudança na Emenda Constitucional n. 1, de 1969, era de vírgulas e a inclusão da palavra cessão: "transmissão, a qualquer título, de bens imóveis por natureza e acessão física e de direitos reais sobre imóveis, exceto os de garantia, bem como sobre a cessão de direitos à sua aquisição" (art. 23, I).

Determinou o inciso II do art. 156 da Constituição de 1988 que compete aos municípios instituir imposto sobre transmissão *inter vivos*, a qualquer título, por ato oneroso, de bens imóveis, por natureza ou acessão física, e de direitos reais sobre imóveis, exceto os de garantia, bem como cessão de direitos a sua aquisição.

Compete o imposto ao município da situação do bem.

Normalmente, o imposto é chamado de Sisa ou ITBI.

2.2 Fato gerador

O fato gerador do imposto é a transmissão, *inter vivos*, a qualquer título, por ato oneroso, de bens imóveis, por natureza ou acessão física, e de direitos reais sobre imóveis, exceto os de garantia, bem como cessão de direitos a sua aquisição. O fato gerador é a transferência do bem imóvel e não a mera promessa de venda e compra.

O STJ entende que o imposto é devido após o registro do título hábil à transmissão, no Cartório de Registro de Imóveis (REsp 12.546-0/RJ, Rel. Min. Humberto Gomes de Barros, j. 21-10-1992).

O imposto não incide sobre transmissão gratuita de bens imóveis, mas apenas de transmissão onerosa, ou seja, sobre o produto da venda do bem imóvel.

Não incide também o imposto sobre a transmissão de bens móveis.

Imóvel por natureza é o solo com sua superfície, os acessórios e adjacências naturais, compreendendo as árvores e frutos pendentes, o espaço aéreo e o subsolo.

Imóvel por acessão física é tudo o que o homem incorporar de forma permanente ao solo, como a semente lançada à terra, os edifícios e construções. *Acessão* quer dizer aumento, justaposição, acréscimo ou aderência de uma coisa a outra. A acessão física abrange os bens móveis incorporados ao solo, como tijolos, portas, madeiras, concreto, janelas etc.

A transmissão da propriedade de imóveis por acessão intelectual está fora da incidência do imposto.

Não incide o imposto sobre heranças e doações, que ficam sujeitas ao imposto estadual de transmissão *causa mortis*.

A Súmula 110 do STF esclarece que o imposto de transmissão *inter vivos* não incide sobre a construção, ou parte dela, realizada pelo adquirente, mas sobre o que tiver sido construído ao tempo da alienação do terreno. Indica a Súmula 470 do STF que o imposto de transmissão *inter vivos* não incide sobre a construção, ou parte dela, realizada, inequivocamente pelo promitente comprador, mas sobre o valor do que tiver sido construído antes da promessa de venda.

Mostra a Súmula 326 do STF que é legítima a incidência do imposto de transmissão *inter vivos* sobre a transferência do domínio útil.

Mera promessa de compra e venda não dá origem ao fato gerador do imposto, pois não implica a efetiva venda do bem. Não é, porém, a escritura do imóvel que será o fato gerador do imposto, se a venda já foi concretizada e pago o preço, mas a alienação.

Os direitos reais sobre bens imóveis que forem transmitidos estão sujeitos à incidência do imposto, como a servidão, o usufruto, o uso, a habitação, as rendas constituídas sobre imóveis.

Estão fora da incidência do imposto os direitos reais de garantia, que são a anticrese e a hipoteca.

O imposto de transmissão *inter vivos* não incide sobre a transmissão de bens ou direitos incorporados ao patrimônio de pessoa jurídica em realização de capital, nem sobre a transmissão de bens ou direitos decorrente de fusão, incorporação, cisão ou extinção de pessoa jurídica, salvo se, nesses casos, a atividade preponderante do adquirente for a compra e venda desses bens ou direitos, locação de bens imóveis ou arrendamento mercantil (art. 156, § 2º, I, da Constituição).

Considera-se caracterizada a atividade preponderante quando mais de 50% da receita operacional da pessoa jurídica adquirente, nos dois anos anteriores e nos dois anos subsequentes à aquisição, decorrer das transações mencionadas.

Se a pessoa jurídica adquirente iniciar suas atividades após a aquisição, ou menos de dois anos dela, apurar-se-á a preponderância levando em conta os três primeiros anos seguintes à data da aquisição.

Verificada a preponderância referida, tornar-se-á devido o imposto, nos termos da lei vigente à data da aquisição, sobre o valor do bem ou direito nessa data.

O mencionado não se aplica à transmissão de bens ou direitos, quando realizada em conjunto com a da totalidade do patrimônio da pessoa jurídica alienante.

Transformação é a operação pela qual a sociedade passa, independentemente de dissolução e liquidação, de um tipo para outro (art. 220 da Lei n. 6.404). É o que ocorre quando a sociedade é transformada de limitada para sociedade anônima.

Incorporação é a operação pela qual uma ou mais sociedades são absorvidas por outra, que lhes sucede em todos os direitos e obrigações (art. 227 da Lei n. 6.404). Uma empresa absorve a anterior.

Fusão é a operação pela qual se unem duas ou mais sociedades para formar sociedade nova, que lhes sucederá em todos os direitos e obrigações (art. 228 da Lei n. 6.404).

Cisão é a operação pela qual a sociedade transfere parcelas do seu patrimônio para uma ou mais sociedades, constituídas para esse fim ou já existentes, extinguindo-se a sociedade cindida, se houver versão de todo o seu patrimônio, ou dividindo-se seu capital, se parcial a versão (art. 229 da Lei n. 6.404).

2.3 Base de cálculo

A base de cálculo é o valor venal dos bens ou direitos transmitidos (art. 38 do CTN), isto é, o valor de venda no mercado. O preço da venda poderá ser inferior ao valor venal do imóvel, incidindo o imposto sobre o valor venal.

O valor da arrematação em venda judicial é a base de cálculo do tributo e não o valor da avaliação (STJ, REsp 863.893/PR, 2006/0141866-4, 1ª T., j. 17-10-2006, Rel. Min. Francisco Falcão, *DJ* 7-11-2006, p. 277), pois foi o valor obtido na hasta pública.

O montante do imposto é dedutível do devido à União, a título de imposto de renda, sobre o provento decorrente da transmissão (art. 40 do CTN).

A alíquota do imposto será fixada na lei ordinária do Município. Não foram estabelecidos limites na Constituição, como ocorreu na vigência da Lei Maior anterior (§ 2º do art. 23). Assim, os limites serão os traçados pela lei ordinária.

É inconstitucional a lei que estabelece alíquotas progressivas para o imposto de transmissão *inter vivos* de bens imóveis com base no valor venal do imóvel (Súmula 656 do STF).

2.4 Contribuinte

Contribuinte do imposto é qualquer das partes na operação tributada, conforme dispuser a lei (art. 42 do CTN). A lei mencionada é a municipal.

Sendo vendedora uma autarquia, sua imunidade fiscal não compreende o imposto de transmissão *inter vivos*, que é encargo do comprador (Súmula 75 do STF).

2.5 Lançamento

O lançamento é feito por declaração do contribuinte. Em alguns casos, o contribuinte calcula o tributo e o recolhe, sendo que posteriormente haverá homologação pelo fisco.

3 IMPOSTO SOBRE SERVIÇOS DE QUALQUER NATUREZA

3.1 Denominação

A denominação constitucional do imposto é *imposto sobre serviços de qualquer natureza*. Na prática, é chamado de imposto sobre serviços ou usa-se a sigla *ISS*.

3.2 Competência

O imposto sobre serviços de qualquer natureza (ISS) foi criado pela Emenda Constitucional n. 18/65. Determinava o art. 18 a competência dos Municípios para instituir o imposto sobre serviços de qualquer natureza, não compreendidos na competência tributária da União e dos Estados.

A Constituição de 1967 deu a mesma competência aos Municípios para decretar o imposto sobre serviços de qualquer natureza não compreendidos na competência tributária da União ou dos Estados, definidos em lei complementar (art. 25, II). A Emenda Constitucional n. 1/69 dispôs no mesmo sentido (art. 24, II).

Na Constituição de 1988, a competência também foi atribuída aos Municípios, estabelecendo o imposto sobre serviços de qualquer natureza, não compreendidos na sujeição do ICMS (art. 155, I, *b*, da Constituição), definidos em lei complementar (art. 156, IV). A Emenda Constitucional n. 3/93 tratou sobre a competência para instituir o ISS no inciso III do art. 156.

3.3 Serviços

Serviço é um bem imaterial na etapa da circulação econômica.

O Município poderá exigir o imposto sobre serviços de qualquer natureza, não compreendidos no ICMS, definidos em lei complementar.

O ISS é disciplinado pela Lei Complementar n. 116, de 31-7-2003.

O STF entende que a lista de serviços é taxativa e não meramente exemplificativa. Apenas os serviços constantes da lista é que podem ser tributados pelo ISS[1].

Em relação ao ISS, cabe à lei complementar excluir da incidência do imposto sobre exportações de serviços para o exterior.

3.4 Fato gerador

O fato gerador do ISS é a prestação de serviços constantes da lista anexa à Lei Complementar n. 116/2003, ainda que esses não se constituam como atividade preponderante do prestador (art. 1º da Lei Complementar n. 116). Mesmo que o

---

[1] TP, RE 77.183-SP, j. 19-4-1974, Rel. Min. Aliomar Baleeiro, *RTJ* 73/490; 1ª T. RE 96.963-2-PR, j. 19-4-1983, Rel. Min. Alfredo Buzaid, *RTJ* 103/1099.

prestador de serviços venda mercadorias ou produza bens, que são suas atividades preponderantes, se prestar serviços, deverá pagar o ISS.

Na hipótese dos serviços de exploração de rodovia mediante cobrança de preço ou pedágio dos usuários, dizendo respeito a execução de serviços de conservação, manutenção, melhoramentos para adequação de capacidade e segurança de trânsito, operação, monitoração, assistência aos usuários e outros serviços definidos em contratos, atos de concessão ou de permissão ou em normas oficiais, considera-se ocorrido o fato gerador e devido o imposto em cada Município em cujo território haja extensão de rodovia explorada.

Considera-se ocorrido o fato gerador do imposto no local do estabelecimento prestador nos serviços executados em águas marítimas, excetuados os serviços portuários, ferroportuários, utilização de porto, movimentação de passageiros, reboque de embarcações, rebocador escoteiro, atracação, desatracação, serviços de praticagem, capatazia, armazenagem de qualquer natureza, serviços acessórios, movimentação de mercadorias, serviços de apoio marítimo, de movimentação ao largo, serviços de armadores, estiva, conferência, logística e congêneres.

O imposto incide também sobre o serviço proveniente do exterior do país ou cuja prestação se tenha iniciado no exterior do país.

Ressalvadas as exceções expressas na lista de serviços, os serviços nela mencionados não ficam sujeitos ao ICMS, ainda que sua prestação compreenda fornecimento de mercadorias.

O ISS incide ainda sobre os serviços prestados mediante a utilização de bens e serviços públicos explorados economicamente mediante autorização, permissão ou concessão, com o pagamento de tarifa, preço ou pedágio pelo usuário final do serviço.

A incidência do imposto não depende da denominação dada ao serviço prestado. Importa, portanto, a prestação de serviços e não a denominação utilizada pelo contribuinte.

O imposto não incide sobre:

a) as exportações de serviços para o exterior do país;

b) a prestação de serviços em relação de emprego, dos trabalhadores avulsos, dos diretores e membros de conselho consultivo ou de conselho fiscal de sociedades e fundações, bem como dos sócios-gerentes e dos gerentes-delegados. Empregado é a pessoa física que presta serviços de natureza contínua a empregador, mediante subordinação, pagamento de salário e pessoalmente (art. 3º da CLT)[2]. Trabalhador avulso é a pessoa física que presta serviços eventuais a uma ou mais pessoas, sem subordinação, porém arregimentada pelo sindicato da categoria profissional ou pelo órgão gestor da mão de obra. Diretor é a pessoa física que dirige e administra determinada empresa. O Conselho Fiscal geralmente existe nas sociedades anônimas. Pode também existir nas sociedades limitadas. Tem por objetivo fiscalizar a administração da sociedade. Sócio-gerente é a pessoa física incumbida de gerir a sociedade, de acordo com a determinação do contrato social. Gerente-delegado é a pessoa física incumbida do exercício da gerência na empresa. Pode não ser sócio, mas exercer a função de gerente temporariamente;

c) o valor intermediado no mercado de títulos e valores mobiliários, o valor dos depósitos bancários, o principal, juros e acréscimos moratórios relativos a operações de crédito realizadas por instituições financeiras.

Empresa é a atividade organizada para a produção ou circulação de bens ou serviços para o mercado, visando a lucro.

Trabalhador autônomo é a pessoa física que presta serviços habituais, por conta própria, a uma ou várias pessoas, assumindo os riscos de sua atividade[3].

Para o ISS, pouco importa se o contribuinte tem ou não estabelecimento fixo.

Os serviços incluídos na lista ficam sujeitos apenas ao ISS, ainda que sua prestação compreenda fornecimento de mercadorias.

O fornecimento de mercadorias com prestação de serviços não especificados na lista fica sujeito ao ICMS.

O fornecimento de concreto, por empreitada, para construção civil, preparado no trajeto até a obra em betoneiras acopladas a caminhões, é prestação de serviço, sujeitando-se apenas à incidência do ISS (Súmula 167 do STJ).

O ISS incide na operação de arrendamento mercantil de coisas móveis (Súmula 138 do STJ).

É inconstitucional a incidência do imposto sobre serviços de qualquer natureza (ISS) sobre operações de locação de bens móveis (Súmula Vinculante 31 do STF).

---

2 MARTINS, Sergio Pinto. *Direito do trabalho*. 34. ed. São Paulo: Saraiva, 2018. p. 239.

3 MARTINS, Sergio Pinto. *Direito da seguridade social*. 37. ed. São Paulo: Saraiva, 2018. p. 161.

3.5 Base de cálculo

A base de cálculo do imposto é o preço do serviço.

Preço é o número de unidades monetárias que se paga para adquirir determinado bem. No caso do ISS, o preço do serviço constitui-se no número de unidades monetárias que se paga para adquirir um bem incorpóreo (imaterial): serviço. O preço do serviço é o valor da contraprestação relativa ao fornecimento de trabalho etc.[4].

Quando os serviços de locação, sublocação, arrendamento, direito de passagem ou permissão de uso, compartilhado ou não, de ferrovia, rodovia, postes, cabos, dutos e condutos de qualquer natureza forem prestados no território de mais de um Município, a base de cálculo será proporcional, conforme o caso, à extensão da ferrovia, rodovia, dutos e condutos de qualquer natureza, cabos de qualquer natureza, ou ao número de postes existentes em cada município.

Não se incluem na base de cálculo do ISS o valor dos materiais fornecidos pelo prestador dos serviços de execução por administração, empreitada ou subempreitada, de obras de construção civil, hidráulica ou elétrica e de outras obras semelhantes e de reparação, conservação e reforma de edifícios, estradas, pontes, portos e congêneres.

Incide o ISS sobre o valor dos serviços de assistência médica, incluindo-se neles as refeições, os medicamentos e as diárias hospitalares (Súmula 274 do STJ).

No tocante à base de cálculo, o ISSQN incide apenas sobre a taxa de agenciamento quando o serviço prestado por sociedade empresária de trabalho temporário for de intermediação, devendo, entretanto, englobar também os valores dos salários e encargos sociais dos trabalhadores por ela contratados nas hipóteses de fornecimento de mão de obra (Súmula 524 do STJ).

3.6 Alíquota

Cabe à lei complementar fixar as alíquotas máximas e mínimas do ISS (art. 156, § 3º, I, da Constituição).

A alíquota máxima do ISS para os serviços em geral é de 5% (art. 8º, II, da Lei Complementar n. 116). Foi, assim, fixada a alíquota máxima, e podem os Municípios, por meio de lei ordinária, fixar alíquota inferior.

A alíquota mínima do Imposto sobre Serviços de Qualquer Natureza é de 2% (art. 8º-A da Lei Complementar n. 116).

O imposto não será objeto de concessão de isenções, incentivos ou benefícios tributários ou financeiros, inclusive de redução de base de cálculo ou de crédito

---

4 MARTINS, Sergio Pinto. *Manual do ISS*. 10. ed. São Paulo: Saraiva, 2017. p. 129.

presumido ou outorgado, ou sob qualquer outra forma que resulte, direta ou indiretamente, em carga tributária menor que a decorrente da aplicação da alíquota mínima de 2%, exceto para os serviços a que se referem os subitens 7.02, 7.05 e 16.01 da lista anexa à Lei Complementar n. 116.

É nula a lei ou o ato do Município ou do Distrito Federal que não respeite as disposições relativas à alíquota mínima no caso de serviço prestado a tomador ou intermediário localizado em Município diverso daquele onde está localizado o prestador do serviço.

A nulidade a que se refere o parágrafo anterior gera, para o prestador do serviço, perante o Município ou o Distrito Federal que não respeitar as disposições desse artigo, o direito à restituição do valor efetivamente pago do Imposto sobre Serviços de Qualquer Natureza calculado sob a égide da lei nula.

Cabe à lei complementar regular a forma e as condições como isenções, incentivos e benefícios fiscais serão concedidos e revogados.

3.7 Contribuinte

Contribuinte é o prestador do serviço.

Os Municípios e o Distrito Federal, mediante lei, poderão atribuir de modo expresso a responsabilidade pelo crédito tributário a terceira pessoa, vinculada ao fato gerador da respectiva obrigação, excluindo a responsabilidade do contribuinte ou atribuindo-a a este em caráter supletivo do cumprimento total ou parcial da referida obrigação, inclusive no que se refere à multa e aos acréscimos legais.

Os responsáveis estão obrigados ao recolhimento integral do imposto devido, multa e acréscimos legais, independentemente de ter sido efetuada sua retenção na fonte.

São responsáveis:

a) o tomador ou intermediário de serviço proveniente do exterior do país ou cuja prestação se tenha iniciado no exterior do país;
b) a pessoa jurídica, ainda que imune ou isenta, tomadora ou intermediária dos serviços descritos nos subitens 3.05, 7.02, 7.04, 7.05, 7.09, 7.10, 7.12, 7.14, 7.15, 7.16, 7.17, 7.19, 11.02, 17.05 e 17.10 da lista de serviços.

3.8 Local da prestação do serviço

Considera-se estabelecimento prestador o local onde o contribuinte desenvolva a atividade de prestar serviços, de modo permanente ou temporário, e que configure unidade econômica ou profissional, sendo irrelevantes para caracterizá-lo as denominações de sede, filial, agência, posto de atendimento, sucursal, escritório de representação ou contato ou quaisquer outras que venham a ser utilizadas.

O serviço considera-se prestado e o imposto devido no local do estabelecimento prestador ou, na falta do estabelecimento, no local do domicílio do prestador.

Nos itens a seguir, o imposto será devido no local:

a) do estabelecimento do tomador ou intermediário do serviço ou, na falta de estabelecimento, onde ele estiver domiciliado;
b) da instalação dos andaimes, palcos, coberturas e outras estruturas de uso temporário;
c) da execução da obra, nas obras de construção civil;
d) da demolição;
e) das edificações em geral, estradas, pontes, portos e congêneres, no caso dos serviços de reparação, conservação e reforma de edifícios, estradas, pontes, portos e congêneres;
f) da execução da varrição, coleta, remoção, incineração, tratamento, reciclagem, separação e destinação final de lixo, rejeitos e outros resíduos quaisquer;
g) da execução da limpeza, manutenção e conservação de vias e logradouros públicos, imóveis, chaminés, piscinas, parques, jardins e congêneres;
h) da execução da decoração e jardinagem, do corte e poda de árvores;
i) do controle e tratamento de efluentes de qualquer natureza e de agentes físicos, químicos e biológicos;
j) do florestamento, reflorestamento, semeadura, adubação, reparação de solo, plantio, silagem, colheita, corte, descascamento de árvores, silvicultura, exploração florestal e serviços congêneres indissociáveis da formação, manutenção e colheita de florestas para quaisquer fins e por quaisquer meios;
k) da execução dos serviços de escoramento, contenção de encostas e serviços congêneres;
l) da limpeza e dragagem de rios, portos, canais, baías, lagos, lagoas, represas, açudes e congêneres;
m) onde estiverem guardados ou estacionados veículos terrestres automotores, aeronaves e embarcações;
n) dos bens, dos semoventes ou do domicílio das pessoas vigiadas, seguradas ou monitoradas, no caso dos serviços descritos no subitem 11.02 da lista;
o) do armazenamento, depósito, carga, descarga, arrumação e guarda de bens de qualquer espécie;
p) da execução dos serviços de diversão, lazer, entretenimento e congêneres, exceto produção, mediante ou sem encomenda prévia, de eventos, espetáculos, entrevistas, *shows*, *ballet*, danças, desfiles, bailes, teatros, óperas, concertos, recitais, festivais e congêneres;

q) do município onde está sendo executado o transporte, no caso dos serviços descritos pelo item 16 da lista anexa;

r) do estabelecimento do tomador da mão de obra ou, na falta de estabelecimento, onde ele estiver domiciliado, no caso dos serviços de fornecimento de mão de obra, mesmo em caráter temporário, inclusive de empregados ou trabalhadores, avulsos ou temporários, contratados pelo prestador de serviço;

s) da feira, exposição, congresso ou congênere a que se referir o planejamento, organização e administração;

t) do porto, aeroporto, ferroporto, terminal rodoviário, ferroviário ou metroviário;

u) do domicílio do tomador dos serviços dos subitens 4.22, 4.23 e 5.09;

v) do domicílio do tomador do serviço no caso dos serviços prestados pelas administradoras de cartão de crédito ou débito e demais descritos no subitem 15.01;

w) do domicílio do tomador dos serviços dos subitens 10.04 e 15.09.

No caso dos serviços a que se refere locação, sublocação, arrendamento, direito de passagem ou permissão de uso, compartilhado ou não, de ferrovia, rodovia, postes, cabos, dutos e condutos de qualquer natureza, considera-se ocorrido o fato gerador e devido o imposto em cada município em cujo território haja extensão de ferrovia, rodovia, postes, cabos, dutos e condutos de qualquer natureza, objetos de locação, sublocação, arrendamento, direito de passagem ou permissão de uso, compartilhado ou não.

3.9 Lançamento

Geralmente, o lançamento do ISS é feito por homologação. O contribuinte recolhe o tributo e o fisco posteriormente verifica se está correto e o homologa.

Verificação de aprendizagem

1. Que é domínio útil para fins do fato gerador do IPTU?
2. Que é valor venal?
3. Qual é o fato gerador do imposto de transmissão *inter vivos*?
4. Que são serviços para fins do ISS?
5. Que é preço do serviço?
6. Quais são os contribuintes do ISS?
7. Qual é a alíquota máxima do ISS?
8. Que se entende por local da prestação de serviço para fins do ISS?

Capítulo 31

SIMPLES

A Lei n. 7.256, de 27 de novembro de 1984, foi o primeiro Estatuto da Microempresa.

O inciso I do art. 170 da Constituição prevê que deve ser dado tratamento favorecido para as empresas de pequeno porte constituídas sob as leis brasileiras e que tenham sua sede e administração no país.

Dispõe o art. 179 da Lei Maior que a União, os Estados, o Distrito Federal e os Municípios dispensarão às microempresas e às empresas de pequeno porte, assim definidas em lei, tratamento jurídico diferenciado, visando a incentivá-las pela simplificação de suas obrigações administrativas, tributárias, previdenciárias e creditícias, ou pela eliminação ou redução destas por meio de lei. A lei mencionada pelo artigo é a ordinária. Não se exige lei complementar.

O segundo estatuto foi a Lei n. 8.864/94.

A Lei n. 9.317, de 5-12-1996, estabeleceu o Sistema Integrado de Pagamento de Impostos e Contribuições das Microempresas e das Empresas de Pequeno Porte (Simples) para fins de tributação das referidas empresas. A Lei n. 9.841, de 5-10-1999, tratava sobre o Estatuto da Microempresa.

A Emenda Constitucional n. 42, de 19-12-2003, acrescentou a alínea *d* ao inciso III do art. 146 da Constituição. Ficou estabelecido que cabe à lei complementar a definição de tratamento diferenciado e favorecido para as microempresas e para as empresas de pequeno porte, inclusive regimes especiais ou simplificados no caso do ICMS, das contribuições da empresa sobre a folha de salários e demais rendimentos pagos ou creditados aos segurados que lhe prestarem serviços para fins da Seguridade Social, da previsão dos §§ 12 e 13 do art. 195 da Constituição, da contribuição do PIS/Pasep (art. 239 da Lei Maior). O objetivo foi o tratamento uniforme no âmbito nacional em relação à tributação das microempresas e empresas de pequeno porte.

Em razão da previsão da alínea *d* do inciso III do art. 146 da Constituição, foi editada a Lei Complementar n. 123/2006, que estabelece normas gerais relativas ao tratamento diferenciado e favorecido a ser dispensado às microempresas e empresas de pequeno porte no âmbito dos Poderes da União, dos Estados, do Distrito Federal e dos Municípios.

Consideram-se microempresas ou empresas de pequeno porte a sociedade empresária, a sociedade simples e o empresário a que se refere o art. 966 do Código Civil, devidamente registrados no Registro de Empresas Mercantis ou no Registro Civil de Pessoas Jurídicas, conforme o caso, desde que:

I – no caso das microempresas, o empresário, a pessoa jurídica, ou a ela equiparada, aufira, em cada ano-calendário, receita bruta igual ou inferior a R$ 360.000,00;

II – no caso das empresas de pequeno porte, o empresário, a pessoa jurídica, ou a ela equiparada, aufira, em cada ano-calendário, receita bruta superior a R$ 360.000,00 e igual ou inferior a R$ 4.800.000,00.

Considera-se pequeno empresário, para efeito de aplicação do disposto nos e arts. 970 e 1.179 do Código Civil, o empresário individual caracterizado como microempresa que aufira receita bruta anual de até R$ 81.000,00.

Receita bruta é o produto da venda de bens e serviços nas operações de conta própria, o preço dos serviços prestados e o resultado nas operações em conta alheia, não incluídas as vendas canceladas e os descontos incondicionais concedidos.

Na hipótese de haver o início de atividade no próprio ano-calendário, o limite mencionado anteriormente será proporcional ao número de meses em que a microempresa ou a empresa de pequeno porte houver exercido atividade, inclusive as frações de meses.

O enquadramento do empresário ou da sociedade simples ou empresária como microempresa ou empresa de pequeno porte bem como o seu desenquadramento não implicarão alteração, denúncia ou qualquer restrição em relação a contratos por elas anteriormente firmados.

Não se inclui no regime diferenciado e favorecido, para nenhum efeito legal, a pessoa jurídica:

I – de cujo capital participe outra pessoa jurídica;

II – que seja filial, sucursal, agência ou representação, no país, de pessoa jurídica com sede no exterior;

III – de cujo capital participe pessoa física que seja inscrita como empresário ou seja sócia de outra empresa que receba tratamento jurídico diferenciado nos termos da Lei Complementar n. 123, desde que a receita bruta global ultrapasse o limite de R$ 4.800.000,00;

IV – cujo titular ou sócio participe com mais de 10% (dez por cento) do capital de outra empresa não beneficiada pela Lei Complementar n. 123, desde que a receita bruta global ultrapasse o limite do item III acima;

V – cujo sócio ou titular seja administrador ou equiparado de outra pessoa jurídica com fins lucrativos, desde que a receita bruta global ultrapasse o limite de R$ 4.800.000,00;

VI – constituída sob a forma de cooperativas, salvo as de consumo;

VII – que participe do capital de outra pessoa jurídica;

VIII – que exerça atividade de banco comercial, de investimentos e de desenvolvimento, de caixa econômica, de sociedade de crédito, financiamento e investimento ou de crédito imobiliário, de corretora ou de distribuidora de títulos, valores mobiliários e câmbio, de empresa de arrendamento mercantil, de seguros privados e de capitalização ou de previdência complementar;

IX – resultante ou remanescente de cisão ou qualquer outra forma de desmembramento de pessoa jurídica que tenha ocorrido em um dos cinco anos-calendário anteriores;

X – constituída sob a forma de sociedade por ações;

XI – cujos titulares ou sócios guardem, cumulativamente, com a contratante do serviço relação de pessoalidade, subordinação e habitualidade.

Na hipótese de a microempresa ou empresa de pequeno porte incorrer em alguma das situações previstas no parágrafo acima, será excluída do regime de que trata a Lei Complementar n. 123/2006 com efeitos a partir do mês seguinte àquele em que incorrida a situação impeditiva.

Ao Comitê Gestor do Simples Nacional, vinculado ao Ministério da Fazenda, compete apreciar a necessidade de revisão dos valores expressos em moeda na Lei Complementar n. 123/2006.

No caso de início de atividades, a microempresa que, no ano-calendário, exceder o limite de receita bruta anual de R$ 360.000,00 passa, no ano-calendário seguinte, à condição de empresa de pequeno porte.

Na hipótese de início de atividades, a empresa de pequeno porte que, no ano-calendário, não ultrapassar o limite de receita bruta anual de R$ 360.000,00, no ano-calendário seguinte, à condição de microempresa.

A empresa de pequeno porte que, no ano-calendário, exceder o limite de receita bruta anual de R$ 4.800.000,00 fica excluída, no ano-calendário seguinte, do regime diferenciado e favorecido previsto na Lei Complementar n. 123 para todos os efeitos legais.

O Simples Nacional implica o recolhimento mensal, mediante documento único de arrecadação, dos seguintes impostos e contribuições:

I – IRPJ;

II – IPI;

III – Contribuição Social sobre o Lucro Líquido – CSLL;

IV – Cofins;

V – PIS/Pasep;

VI – contribuição patronal previdenciária, a cargo da pessoa jurídica, de que trata o art. 22 da Lei n. 8.212/91, exceto no caso da microempresa e empresa de pequeno porte que se dediquem às atividades de prestação de serviços referidas nos §§ 5º-C e 5º-D do art. 18 da Lei Complementar n. 123/06;

VII – ICMS;

VIII – ISS.

O recolhimento pelo Simples não exclui a incidência dos seguintes impostos ou contribuições, devidos na qualidade de contribuinte ou responsável, em relação aos quais será observada a legislação aplicável às demais pessoas jurídicas:

I – IOF;

II – imposto de importação;

III – imposto de exportação;

IV – ITR;

V – imposto de renda, relativo aos rendimentos ou ganhos líquidos auferidos em aplicações de renda fixa ou variável;

VI – imposto de renda relativo aos ganhos de capital auferidos na alienação de bens do ativo permanente;

VII – FGTS;

VIII – contribuição para manutenção da Seguridade Social, relativa ao trabalhador;

IX – contribuição para a Seguridade Social, relativa à pessoa do empresário, na qualidade de contribuinte individual;

X – imposto de renda relativo aos pagamentos ou créditos efetuados pela pessoa jurídica a pessoas físicas;

XI – contribuição para o PIS/Pasep, Cofins e IPI incidentes na importação de bens e serviços;

XII – ICMS devido:

a) nas operações ou prestações sujeitas ao regime de substituição tributária;

b) por terceiro, a que o contribuinte se ache obrigado, por força da legislação estadual ou distrital vigente;

c) na entrada, no território do Estado ou do Distrito Federal, de petróleo, inclusive lubrificantes e combustíveis líquidos e gasosos dele derivados, bem como energia elétrica, quando não destinados à comercialização ou industrialização;

d) por ocasião do desembaraço aduaneiro;

e) na aquisição ou manutenção em estoque de mercadoria desacobertada de documento fiscal;

f) na operação ou prestação desacobertada de documento fiscal;

g) nas operações com mercadorias sujeitas ao regime de antecipação do recolhimento do imposto, nas aquisições em outros Estados e Distrito Federal: 1 – com encerramento da tributação; 2 – sem encerramento da tributação, hipótese em que será cobrada a diferença entre a alíquota interna e a interestadual, sendo vedada a agregação de qualquer valor;

h) nas aquisições em outros Estados e no Distrito Federal de bens ou mercadorias, não sujeitas ao regime de antecipação do recolhimento do imposto, relativo à diferença entre a alíquota interna e a interestadual;

XIII – ISS devido:

a) em relação aos serviços sujeitos à substituição tributária ou retenção na fonte;

b) na importação de serviços;

XIV – demais tributos de competência da União, dos Estados, do Distrito Federal ou dos Municípios, não relacionados nos incisos anteriores;

XV – que realize atividade de locação de imóveis próprios, salvo se se referir a prestação de serviços tributados pelo ISS;

XVI – com ausência de inscrição ou com irregularidade em cadastro fiscal, municipal ou estadual, quando exigível.

As microempresas e empresas de pequeno porte optantes pelo Simples Nacional ficam dispensadas do pagamento das demais contribuições instituídas pela União, inclusive as contribuições para as entidades privadas de serviço social e de formação profissional vinculadas ao sistema sindical, de que trata o art. 240 da Constituição, e demais entidades de serviço social autônomo. Assim, haverá a dispensa do recolhimento das contribuições de terceiros para Sesc, Sesi, Senac, Senai, Sebrae, Sescoop, Sest, Senat, Senar, salário-educação e Incra.

São isentos do imposto de renda, na fonte e na declaração de ajuste do beneficiário, os valores efetivamente pagos ou distribuídos ao titular ou sócio da microempresa ou empresa de pequeno porte optante pelo Simples Nacional, salvo os que corresponderem a pró-labore, aluguéis ou serviços prestados.

A opção pelo Simples Nacional da pessoa jurídica enquadrada na condição de microempresa e empresa de pequeno porte é irretratável para todo o ano-calendário. Deverá ser realizada a opção no mês de janeiro, até o seu último dia útil, produzindo efeitos a partir do primeiro dia do ano-calendário da opção.

Não poderão recolher os impostos e contribuições na forma do Simples Nacional a microempresa ou a empresa de pequeno porte:

I – que explore atividade de prestação cumulativa e contínua de serviços de assessoria creditícia, gestão de crédito, seleção e riscos, administração de contas a pagar e a receber, gerenciamento de ativos (*asset ma-*

nagement), compras de direitos creditórios resultantes de vendas mercantis a prazo ou de prestação de serviços (*factoring*);

II – que tenha sócio domiciliado no exterior;

III – de cujo capital participe entidade da administração pública, direta ou indireta, federal, estadual ou municipal;

IV – que possua débito com o Instituto Nacional do Seguro Social – INSS, ou com as Fazendas Públicas Federal, Estadual ou Municipal, cuja exigibilidade não esteja suspensa;

V – que preste serviço de transporte intermunicipal e interestadual de passageiros, exceto quando na modalidade fluvial;

VI – que seja geradora, transmissora, distribuidora ou comercializadora de energia elétrica;

VII – que exerça atividade de importação ou fabricação de automóveis e motocicletas;

VIII – que exerça atividade de importação de combustíveis;

IX – que exerça atividade de produção ou venda no atacado de bebidas alcoólicas e bebidas tributadas pelo IPI com alíquota específica, cigarros, cigarrilhas, charutos, filtros para cigarros, armas de fogo, munições e pólvoras, explosivos e detonantes;

X – que se dedique ao loteamento e à incorporação de imóveis;

XI – que realize atividade de locação de imóveis próprios, exceto quando se referir a prestação de serviços tributados pelo ISS quando possuir característica de transporte urbano ou metropolitano ou realizar-se fretamento contínuo em área metropolitana para o transporte de estudantes ou trabalhadores.

As vedações acima relativas a exercício de atividades não se aplicam às pessoas jurídicas que se dediquem exclusivamente às atividades referidas nos §§ 5º-B a 5º-E do art. 18 da Lei Complementar n. 123/2006 ou as exerçam em conjunto com outras atividades que não tenham sido objeto de vedação no *caput* do artigo.

Poderão optar pelo Simples Nacional microempresas e empresas de pequeno porte que se dediquem exclusivamente à prestação de outros serviços que não tenham sido objeto de vedação expressa acima.

O valor devido mensalmente pela microempresa e empresa de pequeno porte, optante do Simples Nacional, será determinado mediante aplicação da tabela dos Anexos I a VI da Lei Complementar n. 123/2006.

Para efeito de determinação da alíquota, o sujeito passivo utilizará a receita bruta acumulada nos 12 meses anteriores ao do período de apuração.

Quando do início de atividade, os valores de receita bruta acumulada constantes das tabelas dos Anexos I a VI da Lei Complementar n. 123 devem ser proporcionalizados ao número de meses de atividade no período.

Sobre a receita bruta auferida no mês incidirá a alíquota, podendo tal incidência se dar, à opção do contribuinte, na forma regulamentada pelo Comitê Gestor, sobre a receita recebida no mês, sendo essa opção irretratável para todo o ano-calendário.

O contribuinte deverá considerar, destacadamente, para fim de pagamento:

I – as receitas decorrentes da revenda de mercadorias;

II – as receitas decorrentes da venda de mercadorias industrializadas pelo contribuinte.

Será disponibilizado sistema eletrônico para realização do cálculo simplificado do valor mensal devido referente ao Simples Nacional.

Da base de cálculo do ISS será abatido o material fornecido pelo prestador dos serviços previstos nos itens 7.02 e 7.05 da lista de serviços anexa à Lei Complementar n. 116/2003.

Os tributos devidos deverão ser pagos:

I – por meio de documento único de arrecadação, instituído pelo Comitê Gestor;

II – enquanto não regulamentado pelo Comitê Gestor, até o último dia útil da primeira quinzena do mês subsequente àquele a que se referir;

III – em banco integrante da rede arrecadadora do Simples Nacional, na forma regulamentada pelo Comitê Gestor.

Na hipótese de a microempresa ou a empresa de pequeno porte possuir filiais, o recolhimento dos tributos do Simples Nacional dar-se-á por intermédio da matriz.

O valor não pago até a data do vencimento sujeitar-se-á à incidência de encargos legais na forma prevista na legislação do imposto sobre a renda.

As microempresas e as empresas de pequeno porte optantes pelo Simples Nacional não farão jus à apropriação nem transferirão créditos relativos a impostos ou contribuições abrangidos pelo Simples Nacional. Não poderão, ainda, utilizar ou destinar qualquer valor a título de incentivo fiscal.

Apresentarão as microempresas e empresas de pequeno porte optantes do Simples Nacional, anualmente, à Secretaria da Receita Federal declaração única e simplificada de informações socioeconômicas e fiscais, que deverão ser disponibilizadas aos órgãos de fiscalização tributária e previdenciária, observados prazo e modelo aprovados pelo Comitê Gestor.

Ficam obrigadas as microempresas e empresas de pequeno porte optantes pelo Simples Nacional a:

I – emitir documento fiscal de venda ou prestação de serviço, de acordo com instruções expedidas pelo Comitê Gestor;

II – manter em boa ordem e guarda os documentos que fundamentaram a apuração dos impostos e contribuições devidos e o cumprimento das obrigações acessórias enquanto não decorrido o prazo decadencial e não prescritas eventuais ações que lhes sejam pertinentes.

As demais microempresas e as empresas de pequeno porte deverão, ainda, manter o livro-caixa em que será escriturada sua movimentação financeira e bancária.

A exigência de declaração única não desobriga a prestação de informações relativas a terceiros.

As microempresas e empresas de pequeno porte ficam sujeitas à entrega de declaração eletrônica que deva conter os dados referentes aos serviços prestados ou tomados de terceiros, na conformidade do que dispuser o Comitê Gestor.

Poderão as microempresas e empresas de pequeno porte optantes pelo Simples Nacional, opcionalmente, adotar contabilidade simplificada para os registros e controles das operações realizadas, conforme regulamentação do Comitê Gestor.

A exclusão do Simples Nacional será feita de ofício ou mediante comunicação das empresas optantes. Dar-se-á quando:

I – verificada a falta de comunicação de exclusão obrigatória;

II – for oferecido embaraço à fiscalização, caracterizado pela negativa não justificada de exibição de livros e documentos a que estiverem obrigadas, bem como pelo não fornecimento de informações sobre bens, movimentação financeira, negócio ou atividade que estiverem intimadas a apresentar, e nas demais hipóteses que autorizam a requisição de auxílio da força pública;

III – for oferecida resistência à fiscalização, caracterizada pela negativa de acesso ao estabelecimento, ao domicílio fiscal ou a qualquer outro local onde desenvolvam suas atividades ou se encontrem bens de sua propriedade;

IV – a sua constituição ocorrer por interpostas pessoas;

V – tiver sido constatada prática reiterada de infração ao disposto na Lei Complementar n. 123/2006;

VI – a empresa for declarada inapta;

VII – comercializar mercadorias objeto de contrabando ou descaminho;

VIII – houver falta de escrituração do livro-caixa ou esta não permitir a identificação da movimentação financeira, inclusive bancária;

IX – for constatado que durante o ano-calendário o valor das despesas pagas supera em 20% o valor de ingressos de recursos no mesmo período, excluído o ano de início de atividade;

X – for constatado que durante o ano-calendário o valor das aquisições de mercadorias para comercialização ou industrialização, ressalvadas hipóteses justificadas de aumento de estoque, for superior a 80% dos ingressos de recursos no mesmo período, excluído o ano de início de atividade;

XI – houver descumprimento da obrigação contida no inciso I do *caput* do art. 26 da Lei Complementar n. 123;

XII – omitir da folha de pagamento da empresa ou do documento de informações previsto pela legislação previdenciária, trabalhista ou tributária, segurado empregado, trabalhador avulso ou contribuinte individual que lhe preste serviço.

Nas hipóteses previstas nos incisos II a XII, a exclusão produzirá efeitos a partir do próprio mês em que incorridas, impedindo a opção pelo regime diferenciado e favorecido pelos próximos três anos-calendário seguintes.

O prazo mencionado será elevado para 10 anos caso seja constatada a utilização de artifício, ardil ou qualquer outro meio fraudulento que induza ou mantenha a fiscalização em erro, com o fim de suprimir ou reduzir o pagamento de tributo apurável.

A competência para fiscalizar o cumprimento das obrigações principais e acessórias relativas ao Simples Nacional é da Secretaria da Receita Federal e das Secretarias de Fazenda ou de Finanças do Estado ou do Distrito Federal, segundo a localização do estabelecimento, e, tratando-se de prestação de serviços incluídos na competência tributária municipal, a competência será também do respectivo Município.

As Secretarias de Fazenda ou Finanças dos Estados poderão celebrar convênio com os Municípios de sua jurisdição para atribuir a estes a fiscalização.

Aplicam-se aos impostos e contribuições devidos pela microempresa e pela empresa de pequeno porte, inscritas no Simples Nacional, as normas relativas aos juros e multa de mora e de ofício previstas para o imposto de renda, inclusive, quando for o caso, em relação ao ICMS e ao ISS.

A falta de comunicação, quando obrigatória, da exclusão da pessoa jurídica do Simples Nacional, sujeitará a pessoa jurídica a multa correspondente a 10% do total dos impostos e contribuições devidos de conformidade com o Simples Nacional no mês que anteceder o início dos efeitos da exclusão, não inferior a R$ 500,00, insusceptível de redução.

O contencioso administrativo relativo ao Simples Nacional será de competência do órgão julgador integrante da estrutura administrativa do ente federativo que efetuar o lançamento ou a exclusão de ofício, observados os dispositivos legais atinentes aos processos administrativos fiscais desse ente.

As consultas relativas ao Simples Nacional serão solucionadas pela Secretaria da Receita Federal, salvo quando se referirem a tributos e contribuições de competência estadual ou municipal, que serão solucionadas conforme a respectiva competência tributária, na forma disciplinada pelo Comitê Gestor.

Muitas vezes, os empresários têm dividido suas empresas em duas ou mais para não ficar fora do enquadramento como microempresa ou empresa de pequeno porte colocando como sócios mulher, filhos etc.

Geralmente, em relação a empresas que têm muitos funcionários pode ser interessante fazer a opção pela Lei Complementar n. 123/2006. Para as empresas que têm poucos funcionários, a tributação sobre o faturamento é mais onerosa. Cada caso é um caso e terá de ser analisado para o enquadramento nas regras da Lei Complementar n. 123/2006.

Verificação de aprendizagem

1. O que se considera como microempresa?
2. O que se considera como empresa de pequeno porte?
3. Quais os impostos e contribuições que não serão pagos de acordo com o sistema da Lei Complementar n. 123/2006?
4. Como é feita a contabilidade das microempresas?

BIBLIOGRAFIA

ABBAGNANO, Nicola. *Dicionário de filosofia*. São Paulo: Mestre Jou, 1982.

ACCIOLY, Hildebrando. *Tratado de direito internacional público*. 2. ed. Rio de Janeiro: Ministério das Relações Exteriores, 1956.

ACQUAVIVA, Marcos Cláudio. *Teoria geral do Estado*. 2. ed. São Paulo: Saraiva, 2000.

ANDRADE FILHO, Edmar Oliveira. *Direito penal tributário*. 3. ed. São Paulo: Atlas, 2001.

ASCENSÃO, José de Oliveira. *O direito*: introdução e teoria geral. Lisboa: Fundação Calouste Gulbenkian, 1978.

ATALIBA, Geraldo. *Hipótese de incidência tributária*. São Paulo: Revista dos Tribunais, 1973; 3. ed. 1984.

______. *Lei complementar na Constituição*. São Paulo: Revista dos Tribunais, 1971.

AZAMBUJA, Darcy. *Teoria geral do Estado*. 5. ed. Porto Alegre: Globo, 1969.

BALEEIRO, Aliomar. *Limitações constitucionais ao poder de tributar*. 7. ed. Rio de Janeiro: Forense, 1999; 5. ed. 1980.

______. *Direito tributário brasileiro*. 10. ed. Rio de Janeiro: Forense, 1981.

______. *Uma introdução à Ciência das Finanças*. 12. ed. Rio de Janeiro: Forense, 1978.

BARBOSA, Rui. *Oração aos moços*. Rio de Janeiro: Casa de Rui Barbosa, 1956.

BASTOS, Celso Ribeiro. *Curso de direito financeiro e de direito tributário*. 3. ed. São Paulo: Saraiva, 1994.

______. *Lei complementar*. São Paulo: Saraiva, 1985.

BATALHA, Wilson de Souza Campos. *Introdução ao estudo do direito*. Rio de Janeiro: Forense, 1981.

BECKER, Alfredo Augusto. *Teoria geral do direito tributário*. 3. ed. São Paulo: Lejus, 1998.

BERLIRI, Antonio. *Principii di diritto tributario*. Milão: Giuffrè, 1957.

BEVILÁCQUA, Clóvis. *Código Civil anotado*. Rio de Janeiro: Editora Rio. v. 2, p. 144.

______. *Teoria geral do direito civil*. 2. ed. Rio de Janeiro: Editora Rio, 1980.

BORGES, Humberto Bonavides. *Planejamento tributário*. 4. ed. São Paulo: Atlas, 1998.

______. *Gerência de impostos*. 2. ed. São Paulo: Atlas, 1998.

BORGES, José Souto Maior. *Lei complementar tributária*. São Paulo: Revista dos Tribunais, 1975.

BOTALLO, Eduardo Domingos. *Contribuições sociais*: questões polêmicas. 1995.

BOULANGER, Jean. Principes généraux du droit positif et droit positif – le droit privé français au milieu du XXe Siècle. In: *Études offertes à Georges Ripert*. Paris: LGDJ, 1950.

BUZAID, Alfredo. Imposto de indústrias e profissões no município de São Paulo. *Revista dos Tribunais*, v. 322, p. 7.

CAIS, Cleide Previtalli. *O processo tributário*. 2. ed. São Paulo: Revista dos Tribunais, 1996.

CAMPOS, Dejalma. *Direito financeiro e orçamentário*. 2. ed. São Paulo: Atlas, 2001.

______. *Imposto sobre a propriedade territorial rural*. São Paulo: Atlas, 1993.

______. *Direito processual tributário*. 7. ed. São Paulo: Atlas, 2001.

CAPLÁN, Benedecto. *Finanzas publicas*. Buenos Aires: Oresme, 1954.

CARRAZZA, Roque Antonio. *Curso de direito constitucional tributário*. 7. ed. São Paulo: Malheiros, 1995.

CARVALHO, Paulo de Barros. *Curso de direito tributário*. 4. ed. São Paulo: Saraiva, 1991.

______. *Teoria da norma tributária*. São Paulo: Lael, 1974.

______. *Fundamentos jurídicos da incidência tributária*. São Paulo, edição do autor, 1996.

CASELLA, Paulo Borba. *Direito internacional tributário brasileiro*. São Paulo: LTr, 1995.

CASSONE, Vittorio. *Direito tributário*. 13. ed. São Paulo: Atlas, 2001.

______. *Sistema tributário nacional*. 4. ed. São Paulo: Atlas, 1995.

______; CASSONE, Maria Eugênia Teixeira. *Processo tributário*: teoria e prática. São Paulo: Atlas, 2000.

CHIMENTI, Ricardo Cunha. *Direito tributário*. 3. ed. São Paulo: Saraiva, 2001.

COÊLHO, Sacha Calmon Navarro. *Comentários à constituição de 1988*: sistema tributário. 6. ed. Rio de Janeiro: Forense, 1995.

CORRÊA, Walter Barbosa. *Fontes do direito tributário*. Coord. Ives Gandra da Silva Martins. São Paulo: Saraiva, 1982.

COSTA, José M. Cardoso da. *Curso de direito fiscal*. 2. ed. Coimbra: Almedina, 1973.

COSTA, Regina Helena. *Princípio da capacidade contributiva*. 2. ed. São Paulo: Malheiros, 1996.

COUTURE, Eduardo J. *Vocabulário jurídico*. Montevidéu, 1960.

CRETELLA JR., José. Os cânones do direito administrativo. *Revista de Informação Legislativa*, Brasília, ano 25, n. 97.

______. *Curso de direito administrativo*. 11. ed. Rio de Janeiro: Forense, 1991.

DALLARI, Dalmo de Abreu. *Elementos de teoria geral do Estado*. 11. ed. São Paulo: Saraiva, 1985; 19. ed. 1995.

DALTON, Hugh. *Principles of public finance*. 9. ed. Londres: Routledge and Sons, 1936.

DENARI, Zelmo. *Curso de direito tributário*. 8. ed. São Paulo: Atlas, 2002.

DEODATO, Alberto. *Ciência das finanças*. 2. ed. São Paulo: Saraiva, 1971.

DÓRIA, Antonio Roberto Sampaio. *Elisão e evasão fiscal*. São Paulo: José Bushatsky, 1977.

______. *Distribuição disfarçada de lucros e imposto de renda*. São Paulo: Resenha Tributária, 1975.

______. *Princípios constitucionais tributários e a cláusula due process of law*. São Paulo: 1964.

DÓRIA, Sampaio. *Princípios constitucionais*. São Paulo: 1926.

DWORKIN, Ronald. *Taking right seriously*. Londres: Duckworth, 1987.

ENCICLOPÉDIA SARAIVA DE DIREITO. São Paulo: Saraiva, 1979.

FALCÃO, Amílcar de Araújo. Conceito de imunidade tributária. *Revista de Administração Municipal*, Rio de Janeiro: Ibam, n. 64, p. 217, 1964.

______. *Fato gerador da obrigação tributária*. São Paulo: Revista dos Tribunais, 1974.

FANUCCHI, Fábio. *Curso de direito tributário brasileiro*. 4. ed. São Paulo: Resenha Tributária, 1983.

______. *A decadência e a prescrição em direito tributário*. 2. ed. São Paulo: Resenha Tributária, 1971.

FEDERIGHI, Wanderley José. *Direito tributário*: parte geral. São Paulo: Atlas, 2000.

FERRAZ JÚNIOR, Tércio Sampaio. *A ciência do direito*. São Paulo: Atlas, 1977.

______. *Introdução ao estudo do direito*. São Paulo: Atlas, 1988.

FERREIRA, Waldemar. *História do direito brasileiro*. São Paulo: Saraiva, 1962.

______. *Tratado de direito comercial*. São Paulo: Saraiva, 1962.

FIGUEIREDO, Marcelo. *Teoria geral do Estado*. 2. ed. São Paulo: Atlas, 2001.

FONROUGE, Giuliani. *Derecho financiero*. 3. ed. Buenos Aires: Depalma, 1977.

GARCIA MÁYNEZ, Eduardo. *Introducción al estudio del derecho*. México: Porrúa, 1968.

GASPAR, Walter. *ISS*: teoria e prática. 2. ed. Rio de Janeiro: Lumen Juris, 1997.

GIANINI, Achile Donato. *I concetti fondamentale del diritto tributario*. Turim: Unione Tipografico Torinese, 1956.

GRAU, Eros Roberto. *A ordem econômica na Constituição de 1988*: interpretação e crítica. 2. ed. São Paulo: Revista dos Tribunais, 1991.

______. *Conceito de tributo e fontes do direito tributário*. São Paulo: Resenha Tributária, 1975.

HARADA, Kiyoshi. *Direito financeiro e tributário*. 9. ed. São Paulo: Atlas, 2002.

______. IPVA: o problema da ausência de lei complementar. *Repertório IOB de Jurisprudência* n. 3/97.

HICK, James. *Value and capital*. 2. ed. Londres: Oxford Press, 1946. p. 172.

HIGUCHI, Hiromi; HIGUCHI, Celso Hiroyuki. *Imposto de renda das empresas*. 27. ed. São Paulo: Atlas, 2002.

ICHIHARA, Yoshiaki. *Imunidades tributárias*. São Paulo: Atlas, 2000.

______. *Direito tributário*. 11. ed. São Paulo: Atlas, 2002.

______. *Princípio da legalidade tributária na Constituição de 1988*. São Paulo: Atlas, 1994.

JARACH, Dino. *Curso superior de derecho tributario*. Buenos Aires: Liceo Profesional Cima, 1969.

______. *El hecho imponible*. 2. ed. Buenos Aires: Abeledo-Perrot, 1971.

JARDIM, Eduardo Marcial Ferreira. *Manual de direito financeiro e tributário*. 2. ed. São Paulo: Saraiva, 1994.

JÈZE, Gaston. O fato gerador do imposto. *RDA* 2-I/50.

KELSEN, Hans. *Teoria pura do direito*. São Paulo: Martins Fontes, 1987.

LACERDA. J. C. Sampaio de. *Noções fundamentais sobre sociedades anônimas*.

LATORRACA, Nilton. *Direito tributário*: imposto de renda das empresas. 14. ed. São Paulo: Atlas, 1998.

MACHADO, Hugo de Brito. *Curso de direito tributário*. 19. ed. São Paulo: Malheiros, 2001.

MAGALHÃES, Roberto Barcellos de. *A nova lei das sociedades por ações comentada*. Rio de Janeiro: Freitas Bastos, 1977.

MANS PUIGARNAU, Jaime M. *Los princípios generales del derecho*. Barcelona: Bosch, 1947.

MARQUES, José Frederico. *Direito penal tributário*. São Paulo: Resenha Tributária, 1975.

MARTINS, Ives Gandra da Silva. *Comentários à Constituição do Brasil*. São Paulo: Saraiva, 1990.

______. *Da sanção tributária*. 2. ed. São Paulo: Saraiva, 1998.

______. *Direito econômico e empresarial*. Belém: Cejup, 1986.

______. Repetição de indébito. *Caderno de Pesquisas Tributárias*, São Paulo: Resenha Tributária, n. 8, p. 160, 1983.

______. *Sistema tributário na Constituição de 1988*. 2. ed. São Paulo: Saraiva, 1990.

______. *Teoria da imposição tributária*. 2. ed. São Paulo: LTr, 1998.

MARTINS, Sergio Pinto. *Direito da seguridade social.* 37. ed. São Paulo: Saraiva, 2018.

______. *Direito do trabalho.* 34. ed. São Paulo: Saraiva, 2018.

______. *Manual do ISS.* 10. ed. São Paulo: Saraiva, 2017.

______. A capacidade contributiva como princípio constitucional. *Suplemento Tributário LTr* n. 46/95, p. 309.

______. A inconstitucionalidade do IPVA. *Suplemento Tributário LTr* n. 13/96, p. 71.

______. A legalidade da tributação. *Suplemento Tributário LTr* n. 44/95, p. 299.

______. A substituição passiva tributária. *Suplemento Tributário LTr* n. 1/96, p. 1.

______. Estabelecimento prestador do ISS. *Suplemento Tributário LTr* n. 35/221, 1994.

______. Imunidade tributária. *Suplemento Tributário LTr* n. 34/95, p. 241.

______. Repetição do indébito tributário. *Suplemento Tributário LTr* n. 60/95, p. 371.

______. Taxas de serviço e suas limitações constitucionais. *Repertório IOB de Jurisprudência* n. 11/97, texto 1/11102, p. 266.

MAXIMILIANO, Carlos. *Hermenêutica e aplicação do direito.* 9. ed. Rio de Janeiro: Forense, 1984.

MEIRELLES, Hely Lopes. *Direito administrativo brasileiro.* 16. ed. São Paulo: Revista dos Tribunais, 1991; 19. ed. São Paulo: Malheiros, 1994; 24. ed. 1999.

______. *Mandado de segurança e ação popular.* 9. ed. São Paulo: Revista dos Tribunais, 1983.

MELLO, Celso Antonio Bandeira de. *Curso de direito administrativo.* 7. ed. São Paulo: Malheiros, 1995.

______. *Mandado de segurança e ação popular.* 9. ed. São Paulo: Revista dos Tribunais, 1983.

MÉLEGA, Luiz. Algumas reflexões sobre o regime jurídico das contribuições na Carta Política de 1988, *Direito Tributário Atual*, n. 11/12, p. 3295.

MELO, José Eduardo Soares de. *Aspectos teóricos e práticos do ISS.* 2. ed. São Paulo: Dialética, 2001.

______. *Contribuições sociais no sistema tributário.* 2. ed. São Paulo: Malheiros, 1996.

______. *Curso de direito tributário.* São Paulo: Dialética, 1997.

MENDONÇA. J. X. Carvalho de. *Tratado de direito comercial brasileiro.* 3. ed. Rio de Janeiro: Freitas Bastos, 1946.

MICHELI, Gian Antonio. *Curso de direito tributário.* São Paulo: Revista dos Tribunais, 1978.

MONTORO, André Franco. *Introdução à ciência do direito.* São Paulo: Revista dos Tribunais, 1995.

MORAES, Alexandre de. *Direito constitucional.* 11. ed. São Paulo: Atlas, 2002.

MORAES, Bernardo Ribeiro de. *Compêndio de direito tributário.* 2. ed. Rio de Janeiro: Forense, 1993, v. 1; 1994, v. 2.

______. *Doutrina e prática das taxas.* São Paulo: Revista dos Tribunais, 1976.

______. *Sistema tributário da Constituição de 1969*: curso de direito tributário. São Paulo: Revista dos Tribunais, 1979.

______. *Doutrina e prática do imposto sobre serviços*. São Paulo: Revista dos Tribunais, 1984.

NOGUEIRA, Liz Coli Cabral. *A consideração econômica no direito tributário*: estudos tributários. São Paulo: Resenha Tributária, 1973.

NOGUEIRA, Ruy Barbosa. *A decadência no direito tributário brasileiro*. São Paulo: Resenha Tributária, 1982.

______. *Curso de direito tributário*. 8. ed. São Paulo: Saraiva, 1987; 4. ed., 1976.

______. *Da interpretação e aplicação das leis tributárias*. São Paulo: José Bushatsky, 1965.

______. *Direito tributário aplicado*. Rio de Janeiro: Forense, 1976.

______. *Teoria do lançamento tributário*. São Paulo: Resenha Tributária, 1973.

OLIVEIRA, Fábio Leopoldo de. *Manual de direito tributário*. São Paulo: Resenha Tributária, 1982.

OLIVEIRA, José Jayme de Macêdo. *Código tributário nacional*. Comentários. Doutrina. Jurisprudência. São Paulo: Saraiva, 1998.

OLIVEIRA, Waldemar de. *O novo regulamento do IPI*. São Paulo: Resenha Tributária, 1979.

PAIVA, Ormezindo Ribeiro de. *Elemento temporal do fato gerador da obrigação tributária*. São Paulo: Resenha Tributária, 1977.

______. *Espécies normativas no direito brasileiro*. São Paulo: Resenha Universitária, 1979.

______. *Imunidade tributária*. São Paulo: Resenha Tributária, 1981.

PASQUIER, Claude du. *Introduction à la théorie générale et à la philosophie du droit*. Paris: Delachoux et Niestlé, 1978.

PIETRO, Maria Sylvia Zanella Di. *Direito administrativo*. 11. ed. São Paulo: Atlas, 1999.

PLUTARCO. *Obras morais e de costumes*. 3º v.

RAMOS, José Nabantino; VERGUEIRO, Vera Damiani. *Dicionário do imposto sobre serviços*. São Paulo: Revista dos Tribunais, 1975.

RAO, Vicente. Parecer. *RT 276/62*.

REALE, Miguel. *Filosofia do direito*. 6. ed. São Paulo: Saraiva, 1972.

______. *Lições preliminares de direito*. 23. ed. São Paulo: Saraiva, 1996.

______. *O direito como experiência*. 2. ed. São Paulo: Saraiva, 1999.

______. *Teoria do direito e do Estado*. 2. ed. São Paulo: Martins, 1960.

RÉGNIER, João Roberto Santos. *A norma de isenção tributária*. São Paulo: Resenha Tributária, 1975.

REQUIÃO, Rubens. *Curso de direito comercial*. 20. ed. São Paulo: Saraiva, 1995.

REZEK, Francisco. *Direito internacional público*. 2. ed. São Paulo: Saraiva, 1991.

ROCCO, Alfredo. *Principii di diritto comerciale*. Turim: Utet, 1928.

ROCHA, Valdir de Oliveira. *A consulta fiscal*. São Paulo: Dialética, 1996.

______. *Determinação do montante do tributo*. São Paulo: IOB, 1992.

______. *O novo processo administrativo tributário*. São Paulo: IOB, 1993.

RODRIGUES, Rafael Moreno. *Curso de legislação tributária para administradores de empresas*. São Paulo: Resenha Tributária, 1978.

RODRIGUES, Silvio. *Direito civil*. São Paulo: Max Limonad, 1962.

ROSA JR., Luiz Emygdio F. *Manual de direito financeiro & direito tributário*. 12. ed. Rio de Janeiro: Renovar, 1998.

SABBAG, Eduardo. *Manual de direito tributário*. 9. ed. São Paulo: Saraiva, 2017.

SAINZ DE BUJANDA, F. *Lecciones de derecho financiero*. Madri: Universidad Complutense. Facultad de Derecho, 1979.

SALOMÃO, Marcelo Viana. *ICMS na importação*. São Paulo: Atlas, 2000.

SALVETTI NETTO, Pedro. *Curso de teoria do Estado*. 4. ed. São Paulo: Saraiva, 1981.

SILVA, José Afonso da. *Aplicabilidade das normas constitucionais*. São Paulo: Revista dos Tribunais, 1968; 1982.

SILVA, Luciano Amaro da. *Direito tributário brasileiro*. 2. ed. São Paulo: Saraiva, 1998. 17. ed., 2011.

SMITH, Adam. *A riqueza das Nações*. Trad. Maria Teresa de Lemos Lima. Curitiba: Juruá, 2006.

______. *Riqueza das nações*. Lisboa: Fundação Calouste Gulbenkian, 1983. v. 2.

SOUSA, Rubens Gomes de. *Compêndio de legislação tributária*. 2. ed. Rio de Janeiro: Financeira, 1954; São Paulo: Resenha Tributária, 1975.

______. *Estudos de direito tributário*. São Paulo: Saraiva, 1950.

TILBERY, Henry. *Imposto de renda*: pessoas jurídicas. São Paulo: Atlas, 1985.

TORRES, Ricardo Lobo. *Curso de direito financeiro e tributário*. 3. ed. Rio de Janeiro: Renovar, 1935.

UCKMAR, Victor. *Princípios comuns de direito constitucional tributário*. São Paulo: Revista dos Tribunais, 1976.

VILLEGAS, Hector B. Verdades e ficções em torno da taxa. *RDP* 17/329.

______. *Curso de finanzas, derecho financiero y tributario*. 4. ed. Buenos Aires: Depalma, 1987.

VON WALLIS, Hugo. *Há limites na tributação sobre rendimentos?* Imposto de renda. São Paulo: IBDT: Resenha Tributária, 1981.

XAVIER, Alberto. *Administradores de sociedades*. São Paulo: Revista dos Tribunais, 1979.

ZANZUCCHI, Marco Tullio. *Istituzioni di diritto publico*. Milão: Giuffrè, 1948.

ÍNDICE REMISSIVO

D

J

L

M

N

O

P

Q

R

S